発達科学ハンドブック 1

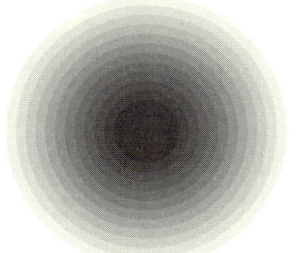

発達心理学と
隣接領域の理論・方法論

日本発達心理学会 [編] ／田島信元・南 徹弘 [責任編集]

新曜社

『発達科学ハンドブック』発刊にあたって

　日本発達心理学会は発足以来，すでに 20 年以上を経て，会員数も当初の 400 名台から約 10 倍の 4,200 名台に至るまでになりました。会員も当初の研究者中心であったのが，有能な実践家，臨床家の方々の参加も得て，その研究活動も基礎研究から実践研究まで大きく展望を広げてきたところです。今や学会員は研究・実践において社会的責務も大いに高まってきているのが現状であります。

　それだけに，それらの諸研究を遂行するうえで基盤となる諸理論の吟味，あるいは先行諸研究の概念化を行うことの重要性がますます求められていると同時に，広範になってきた諸領域の展望を行うことの難しさも痛感されるところであります。

　そこで，学会としては 2007 年に理事長諮問の検討会（後に，出版企画委員会に昇格）を設けて，学会員に寄与し得る発達心理学研究の展望をどう行えばよいか吟味を重ねてきました。その結果，1989 年の学会発足の記念として多数の有志で編纂した福村出版刊『発達心理学ハンドブック』を基盤に，それ以降のおよそ 20 年間における発達心理学研究の動向を中心に展望すること，しかし，単に情報の追加をするのではなく，この間の発達心理学研究の発展を反映した新たな発想を提起すべく，『発達科学ハンドブック』として，新構想のもとに新たに編纂し直すことになりました。

　新名称に込められた意図には，学会設立の大きな要因ともなった隣接諸領域との積極的交流を通しての「発達学」構築への気運と模索が，この 20 年において世界的展開を見せ始め，「発達科学」として統合化され始めているということがあります（第 1 巻序章参照）。当学会としても，発達心理学を「発達科学」の重要な位置を占めるものとしてその方向性を明示していくことで総合科学である「発達科学」への貢献を目指していきたいとの願いを本書の新構想に込めており，それが以下のような本ハンドブックの構成の特徴となって現れています。

（1）本ハンドブックを，当学会が責任をもって編集にあたることで，日本および世界の発達心理学，発達科学領域の研究と実践の動向を展望するだけでなく，新たな動向を創造していくことを目指した経常的な学会活動へと転化させる媒体として位置づける。

（2）上記の意図を実行に移すために，本ハンドブックは複数巻で構成することとし，総論の 2 巻を頭に据えて，3 巻以降は進化し続ける米国の *Handbook of*

Child Psychology（Wiley 刊）のようなテーマ領域ごとに展望する巻として，今後の研究動向の進展に基づき随時追加していくことができる構成とした。

　具体的には，総論の 2 巻においては，〈理論・方法論概説〉（第 1 巻）と〈研究法概説〉（第 2 巻）から成っており，発達心理学および発達心理学に影響を及ぼした隣接諸領域の理論的，方法論的基盤をもとに発達科学への道筋について概説を行うことに焦点を絞った。

　3 巻以降のテーマ領域ごとの展望巻では，今回は比較的広範なテーマを扱う 4 領域を選択，〈発達研究における時間の扱い方〉（第 3 巻），〈発達の認知的，情動的，生物学的（生命科学的，脳科学的）側面〉（第 4 巻），〈発達の社会・文化的側面〉（第 5 巻），〈発達を支援する発達臨床・障害科学論，保育・教育論〉（第 6 巻）から構成されている。

(3) 今後はおよそ 10 年ごとに既存巻の構成・内容を改訂していくとともに，経常的に新企画巻を追加していくことで，定期的展望を意欲的に進めることとする。

(4) さらに，本ハンドブックの内容から，詳細な展開が必要と思われるジャンルについて単行本発刊を企画・提案していく。

(5) そのため，毎年の年次大会において出版企画委員会主催の展望シンポジウムを企画したり，機関誌『発達心理学研究』の特集テーマを機関誌編集委員会と共同提案しながら，各ジャンルについての経常的な研究動向の展望を通して，それらを 10 年ごとの改訂，あるいは適当な時期に新領域についてハンドブック化していくといった方法論をとっていく。

　以上のような当学会の意図と経常的，将来的なハンドブック発展計画を含む本ハンドブック構成について深甚なご理解をいただき，出版をお引き受けくださった新曜社の塩浦暲社長，編集実務をご担当いただいた田中由美子さんには心からの御礼を申し上げる次第です。

2011 年 2 月吉日

　　　　　　　　　　　　　　　　　　　　　　日本発達心理学会
　　　　　　　　　　　　　　　　　　　　　　日本発達心理学会出版企画委員会

目　次

『発達科学ハンドブック』発刊にあたって　i

序　章　発達心理学の理論・方法論の変遷と今後の展望：
　　　　発達科学を目指して　1 ──────── 田島信元・南　徹弘

　第1節　発達心理学の起源　1
　第2節　発達心理学の展開　3
　第3節　総合科学としての発達科学の方向性　7

第Ⅰ部　発達心理学の基礎理論と方法論

第1章　ピアジェの認知発達理論の貢献：
　　　　過去・現在・未来　18 ──────────── 大浜幾久子

　第1節　ピアジェの「臨床法」をめぐって　18
　第2節　発生的認識論研究における心理学　27
　第3節　ピアジェと創造性　29

第2章　ヴィゴツキーの文化的発達理論の貢献：
　　　　過去・現在・未来　31 ────────────── 田島信元

　第1節　文化的発達理論の概要と位置づけ　31
　第2節　文化的発達理論の展開　34
　第3節　ヴィゴツキー理論の方法論的特徴　39

第3章　ボウルビィの愛着理論の貢献：
　　　　過去・現在・未来　43 ────────────── 戸田弘二

　第1節　愛着の個人差を規定する要因　44
　第2節　愛着理論の成人期への拡張　47

第 3 節　次世代の研究課題　50

第Ⅱ部　発達心理学の理論的・方法論的潮流

第 4 章　ネオ・ピアジェ派の考え方　58 ───── 吉田　甫
　第 1 節　ネオ・ピアジェ派の研究とは　58
　第 2 節　ケイスの理論　61

第 5 章　新成熟論の考え方　70 ───── 小島康次
　第 1 節　新成熟論とは何か　70
　第 2 節　生得性とは何か──発達と進化を架橋する「制約」概念　72
　第 3 節　新成熟論からみた発達──進化と文化のダイナミズム　76
　第 4 節　新成熟論を支える理論　79

第 6 章　生態学的知覚論の考え方：
　　　　　発達的視座から　84 ───── 山﨑寛恵・佐々木正人
　第 1 節　理論的概説──知覚に重要な環境の事実と情報のピックアップ　86
　第 2 節　発達研究における生態心理学の近年の展開　89

第 7 章　社会的学習理論の考え方　97 ───── 渡辺弥生
　第 1 節　社会的学習理論の基礎理論の概説　97
　第 2 節　中核となる理論と研究方法　100
　第 3 節　発達心理学への影響　105

第 8 章　社会文化・歴史的発生理論の考え方　110 ───── 佐藤公治
　第 1 節　道具主義的方法と文化心理学　111
　第 2 節　文化的発達と媒介手段としての文化的道具　114
　第 3 節　ヴィゴツキーの遊び研究と「心的体験」論　118

第4節　実践的行為による変革の可能性　121
第5節　ヴィゴツキー研究のさらなる課題　122

第9章　活動理論の考え方　128 ──── 山住勝広

第1節　活動の概念と活動システムのモデル　128
第2節　変化を生み出す行為の主体性への発達的介入の方法論　131
第3節　現代の発達心理学への活動理論の寄与　133

第10章　状況論の考え方：野火的活動と境界の横断　137 ──── 上野直樹

第1章　野火的活動と境界の横断　137
第2章　野火的活動の事例──オープンソース運動の略歴　139
第3章　オープンソース運動のもたらしたもの　143
第4章　野火的活動と境界の横断の再定式化　145

第11章　認知的社会化理論の考え方　147 ──── 臼井　博

第1節　認知的社会化とは──認知的社会化の2つのアプローチ　147
第2節　文化的剥奪仮説　149
第3節　心理的引き離しモデル　151
第4節　生物生態学モデル　154
第5節　まとめと今後の課題　158

第12章　新生児・乳児研究の考え方：
その小史と展望　164 ──── 川上清文・高井清子

第1節　乳児研究の歴史　164
第2節　乳児研究の方法　166
第3節　最近の乳児研究の例　168

第13章　生涯発達心理学の考え方：発達の可塑性　177 ── 鈴木　忠

第1節　生涯発達心理学の成立　177
第2節　サクセスフルエイジングと可塑性　184
第3節　発達の自己制御　187

第Ⅲ部　隣接諸領域の理論・方法論と発達心理学への示唆

第14章　比較行動学の考え方　192 ── 南　徹弘

第1節　行動比較研究の背景　192
第2節　比較行動学における「行動」　193
第3節　比較行動学の課題　195
第4節　「サル類−チンパンジー−ヒト」の身体成長の比較発達　199

第15章　霊長類学の考え方　204 ── 中村徳子

第1節　霊長類学とは　204
第2節　比較発達心理学とは　206
第3節　霊長類学からみる発達的アプローチ──こころの進化的起源　209

第16章　行動遺伝学の考え方　219 ── 児玉典子

第1節　行動遺伝学とは　219
第2節　発達心理学への行動遺伝学の貢献　222

第17章　進化学（進化心理学）の考え方　228 ── 富原一哉

第1節　理論的特徴　228
第2節　方法論的特徴　232
第3節　現代発達心理学への寄与のあり方　234

第 18 章　文化人類学の考え方：文化と発達　238　――――高田　明

- 第 1 節　文化人類学の概念　238
- 第 2 節　方法論の特徴　239
- 第 3 節　発達心理学への貢献　240
- 第 4 節　まとめに代えて　246

第 19 章　ダイナミック・システムズ・アプローチの考え方　248　――――陳　省仁

- 第 1 節　DSA の基本的考え方　249
- 第 2 節　DST の主な用語と概念　250
- 第 3 節　DSA の研究方略　252
- 第 4 節　DSA と他の主な発達理論との比較　255
- 第 5 節　結び　255

第 20 章　社会言語学の考え方　259　――――岡本能里子

- 第 1 節　社会言語学の概念　259
- 第 2 節　方法論の特徴　262
- 第 3 節　発達心理学への貢献　263
- 第 4 節　研究領域の広がりと今後の展望　268

第 21 章　認知科学の考え方　270　――――島田英昭・海保博之

- 第 1 節　認知科学の概念　270
- 第 2 節　方法論の特徴　271
- 第 3 節　発達心理学への貢献　274

第 22 章　教育学の考え方：発達の観念と教育研究　277　――――古賀正義

- 第 1 章　教育学研究の歴史と発達の科学　277
- 第 2 節　教育学研究の方法的変化と発達への接近　280

第 3 節　発達研究への教育学の貢献　283

第 23 章　家族社会学の考え方　288 ──────── 大和礼子
第 1 節　1 つめの変化──「発達は時代・社会によって多様」　288
第 2 節　2 つめの変化──「多様な人間関係の中での育児」　292

第 24 章　エスノメソドロジー（社会学）の考え方　298 ──── 高木智世
第 1 節　エスノメソドロジーの視点　298
第 2 節　会話分析を通して見えるもの　301
第 3 節　発達心理学への提言　305

第 25 章　エスノグラフィの考え方　307 ──────── 柴山真琴
第 1 節　エスノグラフィの概念　307
第 2 節　方法論の特徴　309
第 3 節　発達心理学への貢献　313

第 26 章　現象学の考え方：
　　　　　「他者と時間」の現象学を中心にして　316 ──── 増山真緒子
第 1 節　はじめに──「老いること」「死にゆくこと」　316
第 2 節　老いの現象学　317
第 3 節　レヴィナスと現象学　320
第 4 節　ハイデッガーと「死に臨むこと」　322
第 5 章　生きること，死ぬこと　323

第 27 章　小児科学の考え方　327 ──────────── 小西行郎
第 1 節　神経科学から　328
第 2 節　胎児の行動観察から　331

第 28 章　精神医学の考え方　338 ―――――――――――― 本城秀次

　第 1 節　了解概念と発達概念　338
　第 2 節　精神分析における発達概念　339
　第 3 節　診断としての発達障害　346
　第 4 節　神経発達仮説　348

第 29 章　脳科学の考え方　350 ―――――――――――― 皆川泰代

　第 1 節　脳科学の概念　350
　第 2 節　方法論の特徴と発達心理学への貢献　352
　第 3 節　機能一般的な処理から機能特異的処理へ　356

人名索引　361
事項索引　369
編者・執筆者紹介　380

装丁　桂川　潤

序章

発達心理学の理論・方法論の変遷と今後の展望：発達科学を目指して

田島信元・南　徹弘

　本章では，発達心理学がどこを起源として，どのように発展し，現在どこに向かおうとしているのか，を展望してみる。歴史的変遷は現在の動向に内包され，かつ，将来の方向性を占う重要な資源となっている。その意味で，本章によりわれわれ発達心理学徒の現在の研究上の立ち位置を明確にして，今後の目標とすべき方向性を見極めるための資料としたい。

第1節　発達心理学の起源

1　発達心理学とは

　発達心理学は，主として人間の精神的（認知的），行動的側面を対象として，人が誕生してその一生を終えるまでの期間（個体発生）に見られる発達的変化についての法則（発達のメカニズム）や特徴（発達の様相）を明らかにする心理学の一分野として定義される（田島，2005）。

　この分野はアメリカのホール（Hall, S.）が19世紀末に児童心理学として建設し，それまで無理解であった児童の権利を擁護しようという運動とあいまって発展した。しかし，発達を規定する要因について，「遺伝か環境か」が議論され，現在まで両者の相互作用を重視する方向へと研究が進んできており，生物学的要因の吟味だけでなく，加齢にともなうさまざまな経験要因との関係を重視する傾向が強くなって，生涯発達の観点から発達を広範囲な視点で見直していく枠組みに変化してきている。

　発達心理学は発生（発達）的接近法という方法論を採用する。これは，たとえば人間（大人）の認知能力を明らかにするとき，認知能力そのものが成立していく変化過程のなかにその本質があるという前提で，乳幼児，児童，青年期に至る変化過程，および子どもや大人を対象とした短期の認知の変容過程を吟味するの

である。認知能力というとき，単に「どういうことができるか」ということを知能検査や認知検査で調べるのではなく，できない段階からできるようになっていく段階への変化過程を追うことで，できないのはなぜか，できるということはどういう条件がそろう必要があるのか，などの情報を得ることが必要と考えるからである。

さらに，方法論としては，人間と動物の発達過程を比較する比較行動学（エソロジー）的接近法や，異文化間の発達過程の相違や共通点を検討する比較文化的接近法など多様な広がりをみせ，後述するように，認知・行動の発生学的説明を試みる総合的な発達科学として成長しつつある。

2　現代発達研究の視点——発達心理学の二大理論

現代の発達心理学の理論には，代表的にはピアジェ（Piaget, J.）の発生的認識論に基づく「認知発達理論」(Piaget, 1936/1978, 1952/1967, 1966/1969, 1983)（第1章参照）と，ヴィゴツキー（Vygotsky, L. S.）の認識の社会的構成理論に基づく「文化的発達理論」(Vygotsky, 1931/1970, 1934/2001, 1935/1975)（第2章参照）がある。

ほとんど同時期に提案されたこれらの理論は，それぞれが他の諸理論に比べると発達現象に対する説明力は群を抜いている大理論（メタ理論）とされる。しかし両理論は異なる視点で発達を分析しており，歴史的にはピアジェ理論が先行的に吟味され，その弱点，すなわちピアジェ理論ではどうしても説明できない部分や，もともと視野に入れていない部分を克服するものとしてヴィゴツキー理論が再評価されたという側面をもつ。しかし，いずれも，ある特定の視点から発達現象を説明するという理論のもつ特性からでたものであり，われわれはこの二大理論を重ね合わせることで，発達という現象のより広範な側面を理解することができると考えられる。事実，両理論はかなり共通面が多く，差異面にしても補完的な性格が強いと言われている (Bidell, 1988)。

両理論の共通点としては，主体（子ども）と対象（周りの人やもの）との相互作用過程を通した変化，しかも，相互に影響を及ぼしあいながら，主体，対象ともそれぞれが，それぞれの形で変化していくといった弁証法的変容過程を基底にすえた観点を提供していることである。また，ピアジェ理論が子ども自身の認知構造の変容過程に焦点化したのに対し，ヴィゴツキー理論は子どもと対象を社会・文化・歴史的文脈（環境）の中でとらえ，両者の関係性の変化を発達の所産とした，といった違いがある。しかしわれわれ発達心理学徒の使命は，社会的動物と言われる人間が，系統発生に基づく生物学的制約のもと，文化的制約としての社

会的経験を通してどのように認知構造とそれに基づく行動を獲得していくのか，その過程と方向性を見定めるという，いわばヒトの生物性と人間の文化性の統合のあり方を明らかにすることにあるので（南，1994, 2007），まさに両理論を補完的なものと位置づける必要がある。

そのためには，ピアジェ理論に基づきながら，その弱点といわれるものを克服するべく認知理論や情報処理理論などの複数の理論を組合せた複合理論によって説明しようとしたネオ・ピアジェ派，また生物学的制約性について，生得性を強調し発達概念を否定する進化心理学などの前成説に対し主体と環境との相互作用を強調したピアジェ理論の後成説的側面を踏襲したうえで，生物学的一次能力と二次能力を区別して社会・文化的制約との関係を理論化した新成熟論派などのポスト・ピアジェ理論を跡づけることが一つの解決法となろう。

一方，ヴィゴツキー理論の系譜においては，歴史－文化的な唯物論的哲学を基に独立した発展を遂げた側面があるものの，ヴィゴツキー自身がピアジェ理論を意識していたこともあり（Vygotsky, 1934/2001），ヴィゴツキーの後継者たち（ヴィゴツキー派）の考え方，および彼らが中核となる新しい文化心理学領域の建設という流れにおいてピアジェ理論，ポスト・ピアジェ理論との統合の兆しが見えてくる。そして，その結果が現在の発達科学の理論的，方法論的統合の試みに表れていると考えられるのである。

以下に，その流れを概観してみる。

第2節　発達心理学の展開

1　ポスト・ピアジェ理論の展開

(1) ネオ・ピアジェ派の展開

ピアジェが定式化した認知発達理論は「発生的認識論」と呼ばれ，認知の発生という概念を生むとともに，認知発達研究に与えた影響は多大であったが，1970年代になるとピアジェの認知発達理論に強い影響をうけながらも，ピアジェ理論に対して，とくにその発達段階説における「弱点」といわれるものを克服すべく，より具体的で詳細な説明を行う試みがなされはじめた。

その中心は，ピアジェ理論を基に，生物学的制約に重点を置いた認知理論の諸概念や情報処理理論などを取り入れ，認知のメカニズムおよび認知発達を説明したネオ・ピアジェ派と呼ばれる人々であった（第4章参照）。

理論的にはピアジェの発達段階説を踏襲し，段階を形成するメカニズムについ

ては，脳科学的モデルを基盤とした注意機制の発達論（Pascual-Leone, 1987），作業記憶活用に関する発達論（Case, 1985），スキル変換能力の発達論（Fischer & Farrar, 1987），構造マッピング（対応づけ）能力の発達論（Halford, 1987）などに示されるように，情報処理容量の制約・発達といった個別発達領域を超えた領域一般的要因を重視し，発達段階内に下位段階を設けて段階移行のメカニズムを説明する。他方，認知の発生のメカニズムと様相については，進化心理学の成果のもとに乳児期の生物学的制約に基づく物理，心，生物などの領域の素朴理論という形で複数の中核的なモジュール的知識システムの形成（たとえば，Baron-Cohen, 1995/2002；Cummins, 1998）が強調されるのであるが，進化の結果得られた発達システムには個体内外の環境に影響を受けるものが含まれており，その発生には学習などの経験が必要だという主張（Johnson, 2000）もなされている。事実，幼児期以降では，大人との共同行為に代表される社会・文化・歴史的経験に支援を受け，分化と統合という操作の熟達化を通してモジュール的知識領域間を結ぶ領域一般的な認知能力を発達させ，たとえば，心の素朴理論から生物の素朴理論，そして生物学的理論へと展開する概念発達が生起することなどが明らかにされている（Carey, 1985/1994）。また，子どもが課題解決の際に適用するルールを評価し，発達を「課題解決で採用される方略の発達」ととらえるなど（Siegler, 1987），幼児期以降の生物学的制約と社会・文化的制約の相互作用の側面に焦点をあてることで，発達の時期の違いに対応する認知発達のメカニズムの複合性を主張した。

　これらネオ・ピアジェ派の理論は，社会的支援・教育の認知発達におよぼす機能を説明する理論としてヴィゴツキー理論が注目されることにもつながり，二大理論の一方の位置づけを確かなものにするとともに，ピアジェ理論との補完性が吟味される道を開いたといえる。

(2) 新成熟論

　進化がかかわる生物学的制約性といっても，経験と緊密に相互作用する側面をもつことを強調し，個体発生の始まりから社会・文化・歴史的制約性との相互作用が発達を作り上げていくという発想に道をつけ，発達（個体発生）を「進化」（生物性）と「文化」（文化性）が密接にかかわるダイナミックな過程であることを明確に主張したのは新成熟論（進化発達心理学）派と呼ばれる人々であった（第5章参照）。

　基本的には，ネオ・ピアジェ派の主張とも軌を一にするもので，とくに重要な視点は，生物学的制約について進化に基づく生物学的一次能力と，進化と文化の相互作用に基づく生物学的二次能力の存在を仮定するところであろう（Geary,

1995, 2004/2007）。生物学的一次能力は特定の構造・機能に特化したモジュール型の能力であり，言語選択的反応や基礎的数量の把握能力など，未熟な新生児・乳児の生存にかかわる母子間の前言語的コミュニケーションを可能とする基盤的能力で，基本的に新生児期，乳児期に限定されたものと考える（Jacobsen, 1979；Legerstee, 1991）。生物学的一次能力は，子どもの生存率を高める装置であり，その役割が終了すると自然に消滅する側面もみられるのである（Oppenheim, 1981）。一方，二次能力は一次能力に基づいた神経システムのもと，より広汎な生活世界に適応するための言語能力や数的判断能力など，一次能力の派生能力として文化に支援される形で成立するもので，言語獲得のなかでも文字の読解や数概念獲得における計算能力といった幼児期以降の発達に役立つよう転用されたものと考える（Bates, 1999）。そのため，二次能力は個体の意識的な活動と文化や教育に依存し，また到達までの個人差も大きいとされる。

　以上のように，個体発生（発達）を考えるうえでは，進化に基づくハードな生物学的制約を基盤としながらも，発達の早い時期から社会・文化・歴史的制約を受けた相互作用的な過程を明らかにしていく必要があると説くのである。

　このような考え方の基盤には，ハードな進化論（総合説）の立場をとるチョムスキー（Chomsky, 1965/1970）やフォーダー（Fodor, 1983/1985）らが展開した新生得論，ないし進化心理学（たとえば，Pinker, 1997/2003）に対し，古くボールドウィン（Baldwin, 1897）が示唆し，ピアジェの後成説（Piaget, 1976/1987）やウォディントン（Waddington, 1975）の遺伝的同化説により固められてきた"環境の影響が遺伝子に対し新しい表現型（獲得形質）をもたらし，それが数世代に渡り繰り返されることによって獲得形質の遺伝形質への移行を可能とし，ヒトが進化的に高度な段階に到達した"という考え方がある。これが個体発生が進化にも影響を及ぼしてきたとする主張につながり，個体発生（発達）の過程における環境との相互作用に重点をおく理由であろう。

　以上のような考え方から，進化は領域固有の能力を発達させたのではなく，「発達システム」を発達させてきたのであり，個体発生において生得的といえるものも，遺伝的活動・神経活動・行動・（物理的, 社会的, 文化的）環境の4層の間で相互作用的に変容してきた結果であるとする進化発達心理学の考え方が出てきている（Gottlieb, 1992）。こうした発想は，次項で論じるように，進化を基盤とした発達の生物性を前提としたうえで社会・文化・歴史的制約の役割という発達の文化性との緊密な関係を論じたヴィゴツキー理論にも共通しており，また第3節で論じるように，現在，発達科学において中核的に論じられているところで

(Cairns, 1979；Cairns, Elder, & Costello, 1996/2006)，発達心理学徒としても重視すべき基盤的な視点と考えられる。

2　ヴィゴツキー理論の展開

ネオ・ピアジェ派や新成熟論派の理論では，生物学的一次能力と二次能力の区別のもと（Geary, 1995），二次能力成立における生物学的制約性と社会・文化的制約性の相互作用のあり方を積極的に理論化しており，ネオ・ピアジェ派のフィッシャーほか（Fischer & Farrar, 1987）などはその機制をヴィゴツキーの理論に依拠しているのである。

事実，生物性と文化性の道筋を明らかにしてきたもう一つの流れは，やはり進化論を基盤にしながらも，個体発生の過程において個体と環境との相互作用の過程を社会・文化・歴史的発生との関係性に基盤をおいて理論化したヴィゴツキーの文化－歴史理論（第2章，第8章参照）および活動理論（第9章参照），そして，その流れを汲む状況理論（第6章，第10章参照）や文化心理学（田島，2008）であった。

(1) 文化心理学

ヴィゴツキー理論は，当初，とくに1970年代後半に顕著に現れたピアジェ理論に対する批判的吟味のひとつとして，比較文化認知心理学の立場の人たち（たとえば，Cole & Scribner, 1974/1982）が注目してきたのであるが，こうした比較文化認知心理学的手法から出発し，80年代のチョムスキーらの新生得論に対抗する立場から，具体的な社会・文化・歴史的文脈に依存した認知能力の形成過程を明らかにする研究の隆盛がみられ，その理論的立場をより明確にして，文化－歴史的観点からの「文化心理学」としての立場を確立してきている。

シュウェーダー（Shweder, 1990）によれば，文化心理学において文化とは，人間の活動が歴史的に蓄積されたものであり，人間が生きていくうえでの特有の媒体であるとされる。つまり，この媒体はヒトが発生して以来，種の生物学的構造とともに進化してきたもので，人間の行為の制約および道具の両方として働くものととらえられる。その意味で，人間は社会・文化・歴史的な環境から意味や資源を掴み取り，利用する過程を通して心的発達を遂げていくと考えるのである。そして，ここで重要なことは，心的過程の文脈特殊性および社会的起源性とともに，「発生的」分析の必要性を強調することである。つまり，人間の心を理解するためには，それが発達していくプロセスを，系統発生，歴史的発生，個体発生，微視発生という4つの発生的領域で吟味されねばならないとする。その基本は同

一の理論的言語を用いて理論的に説明すること，具体的には，個体発生を微視発生や歴史的発生ないし系統発生に結びつけて説明することを意味し，研究上は操作可能な実際の発生（微視発生）から個体発生のあり方を予測するマイクロジェネティック・アプローチを採用することになる。

　文化概念を基本的には排除してきた既存の一般心理学，これを「第一の心理学」(Boring, 1957) と呼ぶとすれば，現代の文化心理学はそれに対する批判とともに，文化概念を取り込むための新しい問題範囲の設定と方法論に基づく「第二の心理学」を樹立することを目指してきたといえる。しかしながら現代では，「第一の心理学」が重視する発達の生物性と，「第二の心理学」が主張する発達の文化性との相互作用的観点が強調され，「第一の心理学」との統合に向けた新たな試みが，発達科学の領域で生起していることも事実である（田島，2008, 2009）。

(2) 障害児教育への傾注

　ヴィゴツキーは障害児教育の先駆者でもあった。彼は，障害児の発達について多大な関心を寄せ，世界初の研究所を設立して障害児の発達援助の方法を模索していた。彼の基本方針は，障害児も健常児と同じ発達の機序を通して発達していくというものであった。すなわち障害児にも文化的発達の一般的発生原理（社会的起源性）があてはまり，言語的媒介を通して，最近接発達領域という場において社会的支援をうけて発達を遂げると確信していたのである。こうした考え方は現代の障害児教育におけるコミュニケーション行動を重要視したアプローチに多大な影響を及ぼしているのである。

　障害児教育については，精神分析理論や比較行動学，システム理論などの隣接領域から出自したボウルビィ（Bowlby, 1969, 1973, 1980）の愛着理論，社会的発達理論（第3章参照）などの影響もあり，臨床発達心理学としての大きな発展の歴史を重ねてきており，発達科学においても発達精神病理学の観点から吟味されているところである（Costello & Angold, 1996/2006）。

第3節　総合科学としての発達科学の方向性

　ポスト・ピアジェの諸派と，ヴィゴツキー理論・文化心理学の諸理論との交絡から，「発達（発生）」概念にかかわる生物学的制約と社会・文化・歴史的制約の相互作用的変容過程の分析という流れが加速化して，隣接諸領域の間，とりわけ生物科学領域と社会科学領域との間での積極的交流を通して「発達学」構築への気運が高まり，この30年において世界的展開を見せて「発達科学」(Cairns,

Elder, & Costello, 1996/2006 参照）という総合領域が提案されている。このような状況のもと，発達心理学も総合科学としての「発達科学」のジャンルのもとに再編されつつあり，まさに，われわれ発達心理学徒は新たな局面を迎えていると言ってよいであろう（田島，2009）。発達心理学の今後の立ち位置を占う意味でも，発達科学の視点，方法論について，そのエッセンスを展望してみる。

1 発達科学の視点

発達科学は「社会学，心理学および生物行動学の研究領域における研究を導いていくために生まれた新たな統合を目指す」（Cairns, Elder, & Costello, 1996/2006, 原著, p.1）総合科学領域と定義されている。そこでは，これまで異なる領域で行われてきた発達研究の概念と研究成果を共有する目的のもとに，枠組みに関する一般的な方向づけの模索がなされてきている。

ケアンズほか（Cairns, Elder, & Costello, 1996/2006）は「人間発達に関するカロライナ共同研究機構」を通して，発達科学の課題と方法論に関わる一般的な方向づけについて共同声明を発している（原著，pp.1–6）。そこでの主張は「人間の社会的および認知的研究から生み出される発達的構成概念は，動物と乳児の基本的プロセスの研究の構成概念と生産的に融合できる。」という点に集約されている。それは，「個々人をダイナミックな，時間とともに変化する，統合され，また統合していく発達的システムの単位としてみる。」という発達科学の枠組みに基づくもので，後述する「人間志向的分析」を強調した，新しい全体論的枠組みといえるものであろう。

この観点からいえば，伝統的な「変数志向的分析」は還元論的発想といえ，人間の適応が別々の変数，すなわち行動や生物学の基本単位に分割され，分割された基本単位は，独立して分析するために全体から取り除くことができる，とされているのである。彼らは「伝統的な心理学モデルは，発達的および文脈的考察を省略することによって，パズルの半分以下のピースで行動の謎を解こうと努力してきた。」とさえ強調するのである。

たしかに，発達科学の枠組みにおいては，「人間の生物学や行為は，いつでも相互に制約されている」発達的システムの中にある，という視点があり，発達的概念の導入は複雑さを増すことは間違いない。しかし発達科学では，行動の発達の複雑さを認識することこそが大事であり，そこからシンプルで一貫した法則を抽出することを目指していく。「そのことにより，かえって，測定における精確さと節約の向上を達成できる」と考えるのである。

個体発生と文脈に関する詳細な分析を含むより多くの情報を発達的システムである個々人に適用することは，生活の具体的現実に人間が適応する仕方を理解する際に必須な成分を提供することにつながり，実践に直接的に貢献する予測的，予防的基礎研究としての発達科学の真髄でもあるだろう。実際，このように個体発生の心理生物学的構成概念に密接に結びついた，発達に関する具体的な情報を提供する"将来展望的，予測的，予防的縦断研究"は，効果的な実践プログラム策定において適切な知識を提供してきたという自負は高い（Cairns, Elder, & Costello, 1996/2006）。また発達科学は，行動が文脈の中にどのように組織されるのかという問題に新たな解決を提供することにより，行動の機能やその発達に関する伝統的概念の再評価も要求してきたが，逆に，伝統的な測度や研究計画，構成概念における過激な変化に対して圧力を生み出してもいるというのである。
　以上のような，発達科学が目指すべき一般的方向づけのもとに採用される方法論の中心は，主体と環境，個体内の生物性と文化性のダイナミックな相互作用のプロセスを，時間的枠組み，分析レベル，文脈の違いを超えて描写することである。
　発達科学を提唱してきた人々は，これまでさまざまな領域の研究において，一見異なる理論的展望を採用し，現実の領域に特有の結果を報告してきたが，その過程で「すべては発達的構造とプロセス（機能）に関して，一つの一般モデルの範囲内にある結果のパターンを生み出している。」（原著，p.i）ととらえているのである（Bronfenbrenner, 1996/2006）。まさに，さまざまな領域の諸結果に"創発的収斂と同型性"を認め始めているのである。
　さらに，彼らはヴント（Wundt, 1916）が実験心理学と民族心理学を二分して実験心理学に傾注し始める以前のボールドウィンの古典的名著（Baldwin, 1895, 1897）に依拠し，「行動と認知を研究するカギは，発達－進化－比較法であった」（Cairns, Costello, & Elder, 1996/2006，原著，p.224）という前提のもと，伝統的な実験法に加えて縦断法と比較法を中核とする方法論の統合化を図ろうとしている。発達科学という発達的パースペクティブを必須の概念と考えつつ総合科学を目指す立場のものが，心理学という学問領域の揺籃期の発想を原点として，これまでの諸成果を再検討し，新たに複数の研究領域を一つの枠組みに統合しようとすることに研究者として大きな意義を感じるところである。

2　発達科学の歴史的展開

　ケアンズほか（Cairns, Elder, & Costello, 1996/2006）によれば，発達科学という用

語は，発達的方向づけの考え方を表すものとして，1980年代以降かなり広く受け入れられてきた。発達科学は，歴史的には生物科学と社会科学の両方の専門領域に根ざしているが，この二本柱の研究領域の流れの中で体系的な発達的パースペクティブの必要性が叫ばれてきたことが発達科学領域建設の動因となったと考えられる。

　生物科学の領域では，比較心理学（動物行動学）とベルタランフィーの理論生物学に関する先駆的名著（von Beltalanffy, 1933/1962）などによる行動生物学の中で発達概念が強く求められてきたととらえられている。この流れの中では，近年，発達的心理生物学（Gottlieb, 1992 ほか），動物行動学（Bateson, 1991；Hinde, 1966 ほか），ダイナミック・システムズ・アプローチ（Thelen & Smith, 1994 ほか），発達神経生物学的アプローチ（Magnusson, 1996）などにより発展が見られてきたという。

　他方，社会科学の領域では，社会的行動や認知心理学領域での発達的アプローチの必要性は古くから強調されてきており（Baldwin, 1897；Cottrell, 1942；Lewin, 1931；Piaget, 1926；Vygotsky, 1934/2001），近年では，社会生態学（Bronfenbrenner, 1979；Sameroff & Fiese, 1990），社会的発達（Cairns, 1979；Cairns & Cairns, 1994；Eckerman, 1993；Magnusson, 1988, 1995），認知発達（Valsiner, 1987），ライフコース分析（Elder, 1995）の中で発展してきたことが指摘されている。

　以上のような歴史的展開を通して，現在，「発達科学」を推進するカロライナ共同研究機構（Cairns, Elder, & Costello, 1996/2006）においては，少なくとも「社会的発達と社会的生態学」，「発達心理生物学とエソロジー」，「ダイナミック・システムズ・アプローチ」，「発達精神病理学」，「認知発達・文化心理学」の5領域が中心的に取り上げられている状況にある（詳細は第Ⅱ，Ⅲ部各章参照）。

3　発達科学の範囲と限界

　大きな発展を遂げてきた発達科学ではあるが，研究遂行上，あるいは研究者育成のための研究スキルの訓練上，さらに発達科学が直接貢献できると考えている効果的な実践プログラム策定上，制約を受けるいくつかの問題があり，現在もその克服の過程にあるのも事実である。

　ケアンズほか（Cairns, Elder, & Costello, 1996/2006）は，制約の原因の一つが，伝統的専門領域の不活発さと既存の研究境界の厳密さにあると指摘する。方法論的，制度的障壁の根は深く，専門領域間のギャップを橋渡しすることは困難なことが多い状況である。しかし発達科学が真に力量を発揮するためには，単に隣接諸領域の発想のみを取り込んで，自専門領域での方法論でアプローチするだけでは無

理であり，最終的には自領域と他領域の方法論の検討を通して発達科学としての共通の方法論の構築が必須であると強調する。

(1) 方法論の問題

　発達的パースペクティブを必須のものとする発達科学では，時間やレベル（場所・空間）を超えて個体発生的統合の研究を促進する研究法や分析が求められるのであるが，たとえば伝統的な発達心理学では，厳密な実験計画，測度，統計を尊重するあまり年齢差に帰すべき変動を抑制・削除する傾向がある，といった問題点がある。

　また，発達科学の枠組みで特徴的な時間的変化を主要な変数として追求することは，作動している発達的メカニズムの解明に有効であるとともに，効果的な実践プログラム策定への貢献につながる具体的なケース例への適用が可能となる。個体発生的研究と時間的－世代的研究のつながりの解明には，「世代間伝達や世代間変化のプロセスの詳細な分析」が有効となるのであるが，研究される時間間隔や測定範囲の問題，たとえば，観察の時間的制約が社会によって異なるなどの問題が生じてくるのである。

(2) 方法論の統合に向けて：「縦断法」と「人間志向的分析」の採用

　マグナッソン（Magnusson, 1988）は，伝統的科学と発達科学が対立するのではなく，両者の協同的，統合的方法論の構築を目指し，個人内のプロセスと，発達過程を通した連続した変化の統合を正確に反映するような「縦断的研究計画」の提起を行っている。

　この方法論の特徴は，連続した個体発生的段階に個々人を跡づけるために，伝統的な「変数志向的分析」とともに，発達的システムの単位である個々人を変数として分析する「人間志向的分析」の採用が強調されていることである。その際，伝統的な統計的厳密さ，実験的客観性との間に明確なつながりが確立されねばならないし，違いが表れればその意味は注意深く探究され，検討されなければならない（Magnusson & Bergman, 1990）とするのである。

　具体的には，ある発達段階（例：青年期）は，その前の発達段階に影響を受け，その後の発達段階に影響する。このような発達経路は行動パターンがどのように発達段階や世代を越えて伝達されるかという問題が核心にある。このとき，発達の継続と断絶（continuity and change）の問題を解決するためには，時間経過のつながりをプロットするための個人，家族，および社会集団の縦断研究が必要となる。

　このような発達的軌跡は，変化しつつある世界の中で生じる。このことが，発達科学の枠組みをして，効果的な実践プログラム策定に直接的に貢献することに

もつながるのである。親子関係や家族構造は世界規模の劇的変容が起こっており，そこでの研究は，祖父母－孫の間の絆の確立を含む世代間の社会的絆にも注意が必要となってきているという。このようなことに対処できる効果的な実践プログラム策定に対して適切な知識が提供できるよう，適切な縦断的研究が求められている。

4　現代の発達心理学が進むべき道

これまで見てきたように，発達科学が強調する発達的パースペクティブ，個々人の生物性と文化性を統合した発達的システムとしての個人や集団の存在に関する発想は，ボールドウィン（Baldwin, 1897）以来，ピアジェやヴィゴツキーを介して発達（発生）的アプローチを堅持してきた現代の発達心理学との相似性は非常に大きいことは疑問の余地がない。実際，上記した研究者群を考えると，歴史的にも発達科学に貢献してきた発達心理学者はどの個別領域よりも多いのではないかと考えられる。しかし，伝統的発達心理学と文化心理学の対立的発想があるように，局所的には馴染めない側面があるのも事実である（田島，2009）。

われわれは，これまでのようにそれぞれの領域に特有の枠組み（理論と方法論）で研究を進めていきつつも，常に他領域，隣接諸領域の枠組みを意識しつつ，そこでの諸結果とのすりあわせ，ブロンフェンブレンナー（Bronfenbrenner, 1996/2006）のいう"創発的収斂と同型性"を発見していく努力が必要になっているのではないだろうか。まさに発達心理学領域の枠組みのもとでの進展は必須だが，それだけでなく，隣接諸領域と進展とのすりあわせを介した「統合」を推進していくことの重要性を強調しなければならない。

「発達科学」の領域は今後も大きな発展を遂げていくと思われる。たしかにいまだ異なる方法論が共存する現状ではあるが，それらがお互いに回避されないでつきあわされているというところに"理論的共有と方法論的統合"の方向性は十分可能ではないかと期待されるからである。その意味で，新しい発達心理学の発想は「発達科学」の領域での交流を深めることで実現されていくとともに，逆に，「発達科学」の中で中心的役割を担える条件を具備していくとも考える。

最後に，まとめとして「人間発達に関するカロライナ共同研究機構」の発達科学の課題と方法論にかかわる一般的な方向づけに関する共同声明について5点にまとめられたものを提示しておく（Cairns, Elder, & Costello, 1996/2006, 原著，p.1）。

1. 発達の複雑さを認識することが，その一貫性と単純さを理解するための第一歩である。

2. （そこにみられる）適応のパターンは，人の内側と外側のレベルを超えた相互作用を表している。
3. （内外のレベルの）相互作用がこれらの行動（の適応パターン）へどのように寄与するかは，相対的であり，個体発生や領域を超えて変化するので，縦断的分析により，両レベルが発達を通してどのように一つとなるのかを理解することが重要となる。
4. 発達の経路は時間と空間に関係している。時間と空間は，文化と社会における時間的変化を導き，同時に，その変化を反映している。
5. 発達科学は，胚と先行世代の両方の個体発生に注目するとともに，継続する世代を越えて繰り返されたり，方向づけが変更されるプロセスにも注目する。その目的を達成するためには，比較研究や比較文化研究，世代間研究などの方略が，標準的な実験法と組み合わされて採用されるべきである。

本章では，発達心理学の歴史的発生の過程について 1970 年代以降に焦点を絞り，どのように発展し，現在どこに向かおうとしているのか，を展望してみた。そのポイントは，ピアジェとヴィゴツキーの二大メタ理論を起点に，ポスト・ピアジェ派と文化心理学との交絡を経由し，発達の生物性と文化性の統合的理解を押し進め，現在，本シリーズのタイトルにも掲げられているように発達科学的アプローチに結集しつつあることを強調した。以上のことは，本巻の構成に反映され，第Ⅰ部，第Ⅱ部の章立ての中核をなし，発達心理学の現代の潮流を描写している。そのうえで，発達科学的理解への重要な資源として第Ⅲ部の「隣接諸領域の理論・方法論と発達心理学への示唆」の各章が位置づいている。本巻では発達科学自体の全貌は描き切れていないが，それはケアンズほか（Cairns, Elder, & Costello, 1996/2006）などに譲るとして，ここでは各章を通して，発達心理学徒である読者諸氏ご自身で現在のご専門の立場から体感していただくことが現段階の目標と考えている。今後のさらなるご貢献を切に期待する次第である。

引用文献

Baldwin, J. M.（1895）. *Mental development in the child and the race: Methods and processes.* New York: Macmillan.
Baldwin, J. M.（1897）. *Social and ethical interpretations in mental development: A study in social psychology.* New York: Macmillan.
Baron-Cohen, S.（2002）. *自閉症とマインド・ブラインドネス*（新装版，長野　敬・長畑正道・今野義孝，訳）．東京：青土社．(Baron-Cohen, S.（1995）. *Mindblindness: An essay on autism and theory of mind.* Cambridge, MA: MIT Press.)

Bates, E. (1999). On the nature and nurture of language. In E. Bizzi, P. Calissano, & V. Volterra (Eds.), *The brain of homo sapiens* (pp.241-265). Rome: Giovanni Trecanni.

Bateson, P. P. G. (Ed.). (1991). *The development and integration of behaviour: Essays in honour of Robert Hinde*. New York: Cambridge University Press.

Beltalanffy, L. von (1933/1962). *Modern theories of development: An introduction to theoretical biology*. New York: Harper.

Bidell, T. (1988). Vygotsky, Piaget and the dialectic of development. *Human Development*, 31, 329-348.

Boring, E. G. (1957). *A history of experimental psychology* (3rd ed.). New York: Appleton-Century-Crofts.

Bowlby, J. (1969). *Attachment and loss: Vol.1. Attachment*. New York: Basic Books.

Bowlby, J. (1973). *Attachment and loss: Vol.2. Separation*. New York: Basic Books.

Bowlby, J. (1980). *Attachment and loss: Vol.3. Loss*. New York: Basic Books.

Bronfenbrenner, U. (1979). *The ecology of human development*. Cambridge, MA: Harvard University Press.

Bronfenbrenner, U. (2006). 序．発達科学:「発達」への学際的アプローチ（本田時雄・高梨一彦，監訳，pp.i-x）．東京：ブレーン出版．(Bronfenbrenner, U. (1996). Foreword. In R. B. Cairns, G. H. Elder, Jr., & E. J. Costello (Eds.), *Developmental science* (pp.ix-xvii). New York: Cambridge University Press.)

Cairns, R. B. (1979). *Social development: The origins and plasticity of interchanges*. San Francisco: Freeman.

Cairns, R. B., & Cairns, B. D. (1994). *Lifelines and risks: Pathways of youth in our time*. New York: Cambridge University Press.

Cairns, R. B., Costello, E. J., & Elder, G. H., Jr. (2006). 発達科学を作る．発達科学:「発達」への学際的アプローチ（本田時雄・高梨一彦，監訳，pp.257-269）．東京：ブレーン出版．(Cairns, R. B., Costello, E. J., & Elder, G. H., Jr. (1996). The making of developmental science. In R. B. Cairns, G. H. Elder, Jr., & E. J. Costello (Eds.), *Developmental science*. (pp.223-234), New York: Cambridge University Press.)

Cairns, R. B., Elder, G. H., Jr., & Costello, E. J. (Eds.). (2006). 発達科学:「発達」への学際的アプローチ（本田時雄・高梨一彦，監訳）．東京：ブレーン出版．(Cairns, R. B., Elder, G. H., Jr., & Costello, E. J. (Eds.). (1996). *Developmental science*. New York: Cambridge University Press.)

Carey, S. (1994). 子どもは小さな科学者か（小島康次・小林好和，訳）．京都：ミネルヴァ書房．(Carey, S. (1985). *Conceptual change in childhood*. Cambridge, MA: MIT Press.)

Case, R. (1985). *Intellectual development: Birth to adulthood*. Orland, FL: Academic Press.

Chomsky, N. (1970). 文法理論の諸相（安井　稔，訳）．東京：研究社．(Chomsky, N. (1965). *Aspects of the theory of syntax*. Cambridge, MA: MIT Press.)

Cole, M. (2002). 文化心理学：発達・認知・活動への文化 – 歴史的アプローチ（天野　清，訳）．東京：新曜社．(Cole, M. (1996). *Cultural psychology: A once and future discipline*. Cambridge, MA: Belknap Press of Harvard University Press.)

Cole, M., & Scribner, S. (1982). 文化と思考：認知心理学的考察（若井邦夫，訳）．東京：サイエンス社．(Cole, M., & Scribner, S. (1974). *Culture and thought: A psychological introduction*. New York: Wiley.)

Costello, E. J., & Angold, A. (2006). 発達精神病理学．発達科学:「発達」への学際的アプローチ（本田時雄・高梨一彦，監訳，pp.191-214）．東京：ブレーン出版．(Costello, E. J., & Angold, A. (1996). Developmental psychopathology. In R. B. Cairns, G. H. Elder, Jr., & E. J. Costello (Eds.), *Developmental science*. (pp.168-189), New York: Cambridge University Press.)

Cottrell, L. S. (1942). The analysis of situational fields in social psychology. *American Sociological Review*, 7, 370-382.

Cummins, D. D. (1998). Social norms and other minds: The evolutionary roots of higher cognition. In

D. D. Cummins & C. Allen (Eds.), *The evolution of mind* (pp.28-50). New York: Oxford University Press.

Eckerman, C. O. (1993). Imitation and toddlers' achievement of co-ordinated action with others. In J. Nadel & L. Camaioni (Eds.), *New perspectives in early communicative development* (pp.116-156). New York: Routledge.

Elder, G. H., Jr. (1995). The life course paradigm: Social change and individual development. In P. Moen, G. H. Elder, Jr., & K. Lüscher (Eds.), *Examining lives in context: Perspectives on the ecology of human development* (pp.101-139). Washington, D. C.: American Psychological Association.

Fischer, K. W., & Farrar, M. J. (1987). Generalizations about generalization: How a theory of skill development explains both generality and specificity. *International Journal of Psychology*, **22**, 643-677.

Fodor, J. A. (1985). 精神のモジュール形式：人工知能と心の哲学 (伊藤笏康・信原幸弘, 訳). 東京：産業図書. (Fodor, J. A. (1983). *The modularity of mind*. Cambridge, MA: MIT Press.)

Geary, D. C. (1995). Reflections of evolution and culture in children's cognition: Implications for mathematical development and instruction *American Psychologist*, **50**, 24-37.

Geary, D. C. (2007). 心の起源：脳・認知・一般知能の進化 (小田　亮, 訳). 東京：培風館. (Geary, D. C. (2004). *The origin of mind: Evolution of brain, cognition, and general intelligence*. Washington, D. C.: American Psychological Association.)

Gottlieb, G. (1992). *Individual development and evolution: The genesis of novel behavior*. New York: Oxford University Press.

Halford, G. S. (1987). A structure-mapping approach to cognitive development. *International Journal of Psychology*, **22**, 609-642.

Hinde, R. A. (1966). *Animal behaviour: A synthesis of ethology and comparative psychology*. New York: McGraw-Hill.

Jacobsen, S. W. (1979). Matching behavior in the young infant. *Child Development*, **50**, 425-430.

Johnson, M. H. (2000). Fundamental brain development in infants: Elements of an interactive specialization framework. *Child Development*, **71**, 75-81.

Legerstee, M. (1991). The role of person and object in eliciting early imitation. *Journal of Experimental Child Psychology*, **51**, 423-433.

Lewin, K. (1931). Environmental forces in child behavior and development. In C. Murchison (Ed.), *A handbook of child psychology* (2nd ed., pp.590-625). Worcester, MA: Clark University Press.

Magnusson, D. (1988). *Individual development from an interactional perspective. A longitudinal study*. Hillsdale, NJ: Erlbaum.

Magnusson, D. (1995). Individual development: A holistic integrated model. In P. Moen, G. H. Elder, Jr., & K. Lüscher (Eds.), *Examining lives in context: Perspectives on the ecology of human development* (pp.19-60). Washington, D. C.: American Psychological Association.

Magnusson, D. (Ed.). (1996). *The lifespan development of individuals: Behavioral, neurobiological, and psychosocial perspectives: A synthesis*. New York: Cambridge University Press.

Magnusson, D., & Bergman, L. R. (1990). A pattern approach to the study of pathways from childhood to adulthood. In L. N. Robins & M. Rutter (Eds.), *Straight and devious pathways from childhood to adulthood* (pp.101-115). Cambridge: Cambridge University Press.

南　徹弘. (1994). サルの行動発達. 東京：東京大学出版会.

南　徹弘. (2007). 心理学における行動発達. 南　徹弘 (編), 発達心理学 (海保博之, 監修, 朝倉心理学講座 3) (pp.1-11). 東京：朝倉書店.

Oppenheim, R. W. (1981). Ontogenetic adaptations and retrogressive processes in the development of the nervous system and behavior. In K. J. Connolly & H. F. R. Prechtl (Eds.), *Maturation and development: Biological and psychological perspectives* (pp.73-108). Philadelphia: International Medical.

Pascual-Leone, J. (1987). Organismic processes for neo-Piagetian theories: A dialectical causal account of cognitive development. *International Journal of Psychology, 22*, 531-570.

Piaget, J. (1926). *The language and thought of the child.* New York: Harcourt Brace.

Piaget, J. (1978). 知能の誕生 （谷村　覚・浜田寿美男，訳）．京都：ミネルヴァ書房．(Piaget, J. (1936). *La naissance de l'intelligence chez l'enfant.* Paris: Delachaux & Niestle.)

Piaget, J. (1967). 知能の心理学 （波多野完治・滝沢武久，訳）．東京：みすず書房．(Piaget, J. (1952). *La psychologie de l'intelligence.* Paris: A. Colin.)

Piaget, J. (1987). 行動と進化：進化の動因としての行動 （芳賀　純，訳）．東京：紀伊國屋書店．(Piaget, J. (1978). *Behavior and evolution.* London: Routledge & Kegan Paul.) (Piaget, J. (1976). *Le Comportement, moteur de l'evolution.* Paris: Gallimard.)

Piaget, J. (1983). Piaget's theory. In P. Mussen (Ed.), *Handbook of child psychology: Vol. 1. History, theory, and methods* (4th ed.). New York: Wiley.

Piaget, J., & Inhelder, B. (1969). 新しい児童心理学 （波多野完治ほか，訳）．東京：白水社．(Piaget, J., & Inhelder, B. (1966). *La psychologie de l'enfant.* Paris: Presses Universitaires de France.)

Pinker, S. (2003). 心の仕組み：人間関係にどう関わるか （上）（中）（下） （椋田直子，訳）．東京：日本放送出版協会．(Pinker, S. (1997). *How the mind works.* New York: Norton.)

Sameroff, A. J., & Fiese, B. H. (1990). Transactional regulations and early intervention. In S. J. Meisels & J. P. Shonkoff (Eds.), *Handbook of early childhood intervention* (pp.119-149). New York: Cambridge University Press.

Shweder, R. A. (1990). Cultural psychology: What is it? In J. W. Stigler, R. A. Shweder, & G. Herdt (Eds.), *Cultural psychology: Essays on comparative human development* (pp.1-43). New York: Cambridge University Press.

Siegler, R. S. (1987). Some general conclusions about children's strategy choice procedures. *International Journal of Psychology, 22*, 729-749.

田島信元．(2005)．発達．森正義彦（編），*理論からの心理学入門*（pp.103-136）．東京：培風館．

田島信元（編）．(2008)．*文化心理学* （海保博之監修，朝倉心理学講座11）．東京：朝倉書店．

田島信元．(2009)．発達心理学における文化心理学的生涯発達観の起源と展開．*生涯発達心理学研究, 1*, 4-18.

Thelen, E., & Smith, L. B. (Eds.). (1994). *A dynamic systems approach to the development of cognition and action.* Cambridge, MA: MIT Press.

Valsiner, J. (1987). *Culture and the development of children's action: A cultural-historical theory of developmental psychology.* Chichester, UK: Wiley.

Vygotsky, L. S. (1970). 精神発達の理論 （柴田義松，訳）．東京：明治図書出版．(1931).

Vygotsky, L. S. (2001). 思考と言語 （柴田義松，新訳）．東京：新読書社．(1934).

Vygotsky, L. S. (1975). 子どもの知的発達と教授 （柴田義松・森岡修一，訳）．東京：明治図書出版．(1935).

Waddington, C. H. (1975). *The evolution of an evolutionist.* Ithaca, NY: Cornell University Press.

Wundt, W. (1916). *Elements of folk psychology.* London: Allen & Unwin.

第Ⅰ部
発達心理学の基礎理論と方法論

第1章
ピアジェの認知発達理論の貢献：過去・現在・未来

大浜幾久子

　ジャン・ピアジェ（Piaget, J.）は，1896年8月9日，スイス・ロマンド（フランス語圏スイス）のヌーシャテルに生まれ，1980年9月16日，84歳の生涯をジュネーヴで閉じた。ピアジェの研究業績は，少なくとも，論文483点（10,157頁），著書57冊（16,186頁），計26,343頁を数える（Smith, 1993）。
　フランスの科学ジャーナリスト，ブランギエは「ピアジェは，有名であると同時によく知られていない」と，晩年のピアジェとの対談をまとめた本の序に，記した（Bringuier, 1977/1985）。没後30年余を経た今日，この20世紀の碩学が忘れ去られたわけではない。しかし，今なお「ピアジェは，有名だが研究遺産の多くはよく知られていない」と言わなくてはならないだろう。
　本章では，はじめに，ピアジェの「臨床法」を手がかりに，ピアジェの心理学研究の方法論を再検討してみたい。「ピアジェ課題の成否」という形で，近年の発達心理学研究において，多くの場合，矮小化されてしまったかに見える，ピアジェの価値と魅力を再発見したいと考えるからである。そのうえで，ピアジェの発生的認識論研究の展開を概観し，ピアジェ理論における「方法としての発達心理学」について論じたい。最後に，「創造性」をテーマに，21世紀の発達心理学研究へ向けられた，ピアジェからのメッセージを読み直したいと思う。

第1節　ピアジェの「臨床法」をめぐって

　ピアジェの心理学論文は，独特のスタイルで書かれた。事実の記述（プロトコル）と理論的考察に多くのページが割かれ，個々の研究で用いられた方法や結果の処理の記述がほとんど見あたらない。自著の特徴について，ピアジェ自身，コメントを随所で繰り返した。「核心にある考えは，わずかなページ数を占めるに過ぎず，残りは参考資料に割かれている」（Inhelder & Piaget, 1959, Préface p.7）。私た

ちは，複数のプロトコルを比較してみて初めて，実験者と被験児の対話を中心とした「臨床法」による個々の研究が，具体的にどのように実施されたのか，わかるのである。さらに，ピアジェのいう参考資料は，被験児の反応から情報をとりだすのに役立つだけではなく，実験手続きを示し正当化するものとして，重要なのである。すなわち，ピアジェの心理学の方法論を理解することに，つながっていくのである。

「臨床法」とは，精神医学や精神病理学においては伝統的な方法であるが，ここでは臨床心理学の有り様を規定している。『ラルース（臨床）心理学事典』（Sillamy, 1996/1999）にならえば，「ある特定の状況と格闘している存在として考えられる一主体において，類型的とされるものは何か，個体的とされるものは何か，ということを明らかにしようとする人間行動理解の特殊な方法」（訳書，p.397）である。諸「ケース」を深く分析することによって一般化に到達するとしても，その本質，出発点は個人にある。ただし，ピアジェの臨床法は，「行動の意味を理解しようと努めながら，（……）個人（あるいは集団）の諸葛藤を分析し，それらを解決しようとする」（前掲書，p.397）臨床心理学ではなかった。ピアジェの独創性は，この方法を「実験的な」性格をもつ研究に応用したことにあった。ピアジェは，臨床法では「純粋な観察を超え，テストの不都合に後戻りすることなく，実験法の主要な利点に到達し得る」のだと，『子どもの世界表象』（Piaget, 1926）の「序」をはじめとして，繰り返し書いている。

研究の進展とともに，ピアジェの「臨床法」は洗練され，方法論として明確に位置づけられるようになっていった。以下では，1920年から1955年までを3期にわけ，その過程と研究成果をたどってみることにしたい[1]。

1　ピアジェ心理学の誕生と臨床法（1920年から1930年）《第1期》

1918年，軟体動物学でヌーシャテル大学の理学博士号を得たあと，ピアジェは，心理学実験室のあるチューリヒ大学で心理学を学び始める。と同時に，精神分析も学ぶことになった。フロイト（Freud, S.）の原書を読み，フロイトに影響を受けた学者たちを知った。すなわちブロイエル（Breuer, J.）の指導を受け，ユング（Jung, C. G.）らの講義を聴いた。翌1919年秋，パリに移り，12月にはビ

---

[1]　ピアジェの文献は，紙幅の関係で，「引用文献」すべてを，本章に記すことは困難である。「参考文献」に挙げた2点に，主要文献が紹介，英訳されているので，参照してほしい。なお，ピアジェの膨大な著作のほぼすべてを，その翻訳版を含め，知ることのできる，「ジャン・ピアジェ文庫」（編）の文献目録について，本章末に記した。269頁の大冊である。

ネー協会で「児童心理学との関係からみた精神分析」という講演もしている。早熟だったピアジェは，10代の後半，ベルクソン（Bergson, H. -L.）の『創造的進化』に出会い，認識の生物学的説明に一生を捧げる決心をしたという。しかし，その後，実験的基礎を欠いたベルクソンの議論に飽きたらなくなり，生物学と認識分析との間に哲学ではない何かが必要であると考えるようになった。その何かを心理学に見出そうとしたのである。したがって，ピアジェがパリで心理学に専念しようとしたとき，研究テーマはしっかり定まっていたと考えられる。すなわち，子どもの論理の研究である。

ところが当初，ピアジェは，実験研究すべき領域の見当がつかずにいた。その頃，かつてビネー（Binet, A.）の共同研究者だったシモン（Simon, T.）から，バート（Burt, C.）の推論テストの標準化を勧められ，それに取り組んだ。ほどなく，標準化の仕事より，子どもがテストに誤答する理由を考える方が面白くなり，ピアジェは，子どもたちとの会話を通して，推論の過程を明らかにする研究を始めることになった。こうして，たとえば「全体の中への部分の包含」といった単純に思える推論が，11歳前後までは非常に困難であることを見出していった。約2年間のパリにおける研究は，3篇の論文にまとめられ，うち2篇はフランスの心理学雑誌に発表された。

1921年，ジュネーヴのクラパレード（Claparède, E.）が，3番目の論文発表の場とともに，ルソー研究所研究主任の職をピアジェに提供した。ルソー研究所は，1912年創立の教育科学研究所（現在のジュネーヴ大学心理学教育科学部の母体）であり，ジュネーヴ出身のルソー（Rousseau, J. -J.）の名が，生誕200年記念に冠されていた。

パリに始まりジュネーヴで展開されたピアジェの初期の心理学研究（第1期）は，『子どもの言語と思考』（1923），『子どもの判断と推論』（1924），『子どもの世界表象』（1926），『子どもの物理的因果性』（1927），『子どもの道徳判断』（1932）の5冊にまとめられていく。ここで，最初の『子どもの言語と思考』が，心理学で引用される唯一のピアジェの文献という時代が，とりわけアメリカで長く続いたことに注意しておきたい。この本がピアジェの方法論や理論を代表するものでなかったことは，今日では自明であろう。

『子どもの言語と思考』では，臨床法は，まだ部分的にしか用いられていない。第1章にまとめられたのは，純粋な観察法による研究であった。ルソー研究所附属幼稚舎（メゾン・デ・プチ）の6歳児2名の自発的発話を，約1カ月にわたってコンテクストとともに記録し，得られた2,900の観察標本を，言語の機能によ

り分類することから，自己中心的言語が自発的発話全体に占める割合（自己中心性係数）が算出されたのである。ふたりの6歳児の自己中心性係数は，各々 0.47 と 0.43 であった。すなわち自己中心的言語は約半分にすぎなかった。この事実は，「自己中心性」という術語が，ピアジェの研究のコンテクストから離れ，長く独り歩きを続けたことを知るために，今日でも役立つかもしれない。また，自己中心性の概念に対するさまざまな反論に応えるために，ピアジェは，『子どもの言語と思考』の第2版（1930）で手を加えたこと，さらに第3版（1948）では，第2版までの第1章と第2章の間に，新しい第2章として，研究協力者による観察研究を加えたことも記しておこう。なお，追加された「新・第2章」には，サンプリングの手続き，分析結果の数量データ等，統計学的な記述もみられる。

『子どもの判断と推論』では，ビネー＝シモンやバートの知能テストのような言語によるテスト（3人兄弟テスト・左右テスト・語の定義・言語による系列化・論理的加法や乗法，等）が用いられた。ただし，実施にあたっては，通常のテスト場面と比べ，テスターと被験児の間に自由で突っ込んだ対話が成り立っていたといえる。結果のまとめには，統計学的技法も用いられていた。

続く『子どもの世界表象』『子どもの物理的因果性』において初めて，標準化されたテストや数量的処理ではなく，質的な方法である「臨床法」を選択することが言明される。

『子どもの世界表象』の「序」にピアジェは次のように述べる。「臨床試験を実験に入れることができるのは，臨床家が問題を提起し，仮説を作り，作用する条件をさまざまに変え，最後に，仮説のひとつずつを，会話によって引き起こされる反応に触れながら統制するという意味においてである。しかし，臨床試験は直接的な観察にも属しているのであるが，それは，良い臨床家は導きながら導かれ，また，純粋な実験家がしばしば陥る〈系統的誤り〉の犠牲になるのではなく，心的文脈のすべてを考慮にいれているという意味においてである」。

さらに，『子どもの物理的因果性』では，それまでの，概念の言語的定義や，子どもが慣れ親しんでいる自然現象を喚起させる方法に加え，子どもの目の前で小さな実験を実施して，結果の予測と説明を求める方法が用いられた。たとえば，水の入ったコップに石ころを入れると水位はどうなるか予測させ，実験をして説明を求め，「重いから（水位が）上がる」と答える子どもに対しては，大きな木片と小さな石ころとでは，どちらがたくさん上がるか，それはなぜか等，さらに予測と説明を求めていった。そして，ピアジェは，思考の発達を「純粋の自閉的思考・自己中心的思考・理性的思考」の3段階に定式化した。

以上のような諸研究を経て，1928年，ピアジェは，子どもの道徳判断に関する研究グループを発足させた。道徳の心理学としては，規則の発生の説明に尊敬（尊重）をとりあげた，ルソー研究所初代所長ボヴェ（Bovet, P.）の研究の発展と考えられる。この研究の随所で，ピアジェは，臨床法による子どもとの問答が，道徳にとって本当に意味のある問答になっているか，正答のある知能テストになっていないか，注意深く考察を繰り返した。道徳判断の課題は知能テストの課題と混同されかねないという指摘は，ピアジェが『子どもの道徳判断』において，道徳と論理とが相互依存していると述べたことに，つながるだろう。すなわち「道徳が活動の論理であるとすれば，論理は理性の道徳なのである」。
　ここでは，第1章「ゲームの規則」を，ピアジェの発達理論構築の観点からみておこう。ピアジェは2種類の尊敬（尊重）があるという仮説をたてた。一方的尊敬と相互的尊敬である。前者が他律性つまり服従の道徳を生じさせ，後者が自律性つまり善が純粋義務の優位に立つような道徳を生じさせると考えた。そして，子どもが規則をどのように実践し，規則をどうとらえているかを，ビー玉遊びによって調べた。その結果はパラドクスを含むものであった。ゲーム規則をうまく適用できない年齢の子どもは，規則を最大限に尊重しているのだが，規則を巧みに適用できる年齢の子どもは，規則をもはや崇高なものとも不可侵のものともみなさないのである。このパラドクスを説明するためには，2種類の規則が存在しているという仮説が必要となり，したがって，2種類の尊敬（尊重）が存在することになる。ここから，次のふたつの章（第2章「大人の拘束と道徳的実在論」，第3章「協同と正義（公平）観念の発達」）にまとめられることになる，諸研究の作業仮説が提出された。大人の道徳的拘束に固有の一方的尊敬だけでは，子どもをその自己中心性から脱け出させることはできない。他律性は道徳形成にとって十分ではないのである。協同（協働）によってのみ，子どもは自律性へ到達できるのであり，また善の感情が真に陶冶されるのである。なお，ピアジェが規則の実践に関しても，自己中心性に先立つ段階をあげ，自己中心性を第2段階としたことにも，注意しておきたい。

2　知能の誕生と批判的観察（1930年から1940年）《第2期》

　『子どもの道徳判断』を読み直すと，ピアジェの長女，ジャクリーヌのエピソードが，あちこちに引用され唐突な感じもするのだが，ピアジェが，第2期の乳児期研究と，第1期の幼児・児童期をしめくくる道徳判断の研究を同時並行的に進めていたことに気づかされる。ピアジェは，子どもの道徳判断の研究におい

ても，乳児期研究においても，発達を説明する理論構築に向かって模索を続けていた。乳児期研究に関していえば，感覚運動知能を対象として生物学的適応と心理学的適応の機能的連続性を明らかにする発達理論の構築だった。

『子どもの知能の誕生』(1936)，『子どもの実在の構成』(1937)および出版の時期は遅れたが『子どもの象徴の構成』(1945)の3部作が，第2期の代表著作であり，1,000ページを超える壮大な乳児期研究となった。この中には，ピアジェの3人の子ども，ジャクリーヌ（1925年生まれ），ルシアンヌ（1927年生まれ），ローラン（1931年生まれ）の500近い観察事例が掲載されている。

『子どもの知能の誕生』（以下『知能の誕生』）のローランをみると，類似した観察事例が姉たちに比べ早い月齢で記録されていること，また仮説が明確な実験的場面が多いことがわかる。ピアジェの観察は批判的観察法というべきものだった。ローランの成長を追うようにして，ピアジェは『知能の誕生』の草稿を書き進めたのであろう。

ルシアンヌ（0歳10カ月27日）は，ベッドに座り，シーツのめくれたところを偶然，動かしたところ，離れたところの玩具が揺れた。するとすぐさまシーツをつかみ，玩具が揺れることをもう一度，確かめてから，シーツを引っ張った（『知能の誕生』観察150）。この「台の行動」を「能動的実験による新しい手段の発見」の事例としてピアジェは分類していた。ローランには，生後7カ月から，「台の行動」の実験場面を設定し，観察を繰り返した。ローラン（0歳10カ月16日）は，台と目標物との真の関係，すなわち台（クッション）を利用すれば目標物（時計）を引き寄せられることを，徐々に発見していった。そこで，ピアジェは，「目標物と台との関係がようやく獲得されたといえる」と書いたのだった（『知能の誕生』観察148）。

『知能の誕生』では，序論「知能の生物学的問題」に続く6章にわたり，「感覚運動知能」の6発達段階が多くの観察事例とともに提示されていく。第1段階「反射の行使」，第2段階「最初の獲得性適応と第1次循環反応」，第3段階「第2次循環反応および"興味ある光景を持続させる手法"」，第4段階「第2次シェムの協応と新しい状況への適用」，第5段階「第3次循環反応と"能動的実験による新しい手段の発見"」，第6段階「心的結合による新しい手段の発明」。ピアジェは，各章（すなわち各段階）において，シェム（シェマ），同化，調節，協応，等々の概念を練り上げながら，自らの知能の理論を構築していった。

上にみたルシアンヌとローランの「台の行動」は，感覚運動知能の第5段階の事例であり，ピアジェは次のように考察する。台の行動では，第3次循環反応す

なわち「調べるための実験」に似た行動が現われる。子どもは試行錯誤を始める。ただ，ここでの試行錯誤は単に調べるためではなく，目的すなわち課題（つまり行為に先立つ欲求）に方向づけられている。試行錯誤によって新しい手段を発見するためには，既知のシェムを現在の経験に調節せねばならない。つまり，調節そのものは試行錯誤的なのであるが，試行錯誤で発見したものに意味を与えることができるのは既存シェム以外にないのである。

当初『子どもの知能の誕生』第2巻として予告されていた続巻は，『子どもの実在の構成』（以下『実在の構成』）として，翌年に刊行された。この姉妹編では，「ものの概念」「空間」「因果性」「時間」に1章ずつ充てられ，『知能の誕生』に提示された感覚運動知能の6段階に対応する，発達が考察された。たとえば，生後7カ月からのローランの「台の行動」は，「空間」の章の第4段階に詳細に論じている。

『実在の構成』でとりあげられた，「ものの概念」「空間」「因果性」「時間」のうち，後の研究にもっとも貢献したのは，「ものの概念」であろう。「ものの永続性」といった方がよいかもしれない。ピアジェ自身も気に入っていたテーマである。ピアジェがまだ父親になる前，親戚の男の子ジェラール（13カ月）が，ソファの下にころがって見えなくなったボールを，少し前に探し出すことのできた椅子の下に，探しにいこうとしたことから（『実在の構成』観察52)，「ものの永続性」の発生をみるための一連の実験場面が考え出されたのだった。その記述と分析は厳密であり，後の研究者が容易に標準化したり，発達スケールを作成したりできたのである。「ものの永続性」は，ピアジェの乳児期研究にとって，ちょうど「保存」がピアジェの幼児・児童期研究においてそうなったように，ヒューリスティックな道具としての価値をもっていた，といえよう。

『子どもの象徴の形成』は，3部作の前2冊とは観点も目的も異なっていた。「模倣・遊び・夢：心像と表象」という副題があり，感覚運動知能の6段階における模倣と遊びの発達に多くのページが割かれてはいるが，本来の目的は，おおよそ2歳以降の言語に代表される象徴機能（厳密には記号機能）の発達を明らかにすることだった。そして，感覚運動知能が頂点に達する時期に，どのようにして表象的思考が始まるかを考察している。

ピアジェは，必然的にフロイト理論が対象とした諸現象を考察し直すことになった。ピアジェからみたフロイト理論の最大の難点は，構築説の観点と発生的説明との欠落であった。もちろんフロイトは子どもの発達を無視してはいない。しかし，フロイトは成人の感情の混乱を子どもへの退行によって説明するために，

子どもの発達段階を考察したのだった。フロイトによれば，子どもの感情は段階をなして発達するが，それは発達に応じてリビドーの向かう対象が変化するからである。しかし，ナルシシズム的リビドーを例にしても，高次の行動に対応する心理学概念を，低次の行動の説明に用いているのではないか。この時期の子どもに自我が備わっているということ自体が誤りであり，フロイトのいうナルシシズムは「ナルシスなきナルシシズム」だとピアジェはいう。

さらに，1928年に始まっていた「ピアジェ＝ワロン論争」におけるワロン (Wallon, H.) に対するピアジェの反論は，『知能の誕生』第 3 版（1947）に加えられ，次のように終わっていることを記しておこう。「ワロンの理論は，諸操作が漸次的に構造化していくという点を見のがしており，そのために，言語的なものと感覚運動的なものとの対立を強調しすぎる結果となったのである。ところが，最終的に操作的シェムが形成され，それが形式として機能して言語と思考とを調和させるためには，表象が感覚運動的な下部構造をもつことがどうしても必要なのである」(Piaget, 1947, 3e éd, pp.9-10)。

3　知能の構造の研究と臨床法（1940年から1955年）《第3期》

前言語期の知能の研究は，続く第 3 期の研究の方法論に変化をもたらした。「系列化」を例にしよう。かつて，ピアジェはバートのテストにならい言語による「系列化」課題を用いていた。すなわち「エディットはスザンヌより髪の色が淡い（ブロンド）です。エディットはリリィより髪の色が濃いです。いちばん髪の色が濃いのは誰ですか？　エディットですか，スザンヌですか，リリィですか？」という課題であった。そして，ピアジェは，記憶野や意識野の狭さを，関係の判断ができない理由，つまり誤答の説明としてあげていた。他方，『子どもの数の発生』(Piaget & Szeminska, 1941) においては，子どもに具体物を扱った活動による「系列化」を求めている。数ミリずつ長さの異なる 10 本の棒を与え，下をそろえて置き，上が階段状になるように並べる，といった実験課題である。そして，こうした課題は，「数」概念が論理的に操作されるようになるまでの発達を明らかにするための研究として位置づけられていた。

こうした観点から，数をはじめ，量・時間・運動・速さ・空間・偶然性に関する一連の大著が1951年までに完成した。また実験課題の多くが，シェミンスカ (Szeminska, A.) とイネルデ (Inhelder, B.) を主な共同研究者として生まれた。「数の保存」「物質量の保存」「三山問題」等々，今日でも有名な「ピアジェ課題」のほとんどは，この時期のものである。この時期大きく変わったのは，方法論ではな

く問題提起であった。感覚運動の組織化を越え，11～12歳前後までの具体的操作の論理を明らかにすることが，ピアジェの目標だった。そして，知能の操作構造を「群性体」「群」等によってモデル化することで，ピアジェ理論が，機能の側面から発生的かつ構造的な側面へと転換したのであった。

　ピアジェ自身は，この時期，臨床法ではなく，批判法という呼び方を好んだ。「批判法」の意味を，「液量の保存」の実験課題を例にみておくことにしよう。同形同大のコップを2個用意し，実験者が片方のコップに水を注ぎ，もう一方のコップに同量の水を入れるよう，子どもに求める。同じだけ入っていると子どもが認めたところで，一方のコップの水を，細く背の高いコップに移しかえ，「今度はどう？　両方に同じだけ入っている？　それとも，どっちかのコップにたくさん入っている？」とたずねる。子どもが答えたところで，「どうしてそう思うの？」，「どうしてわかるの？」とたずねる。

　ピアジェの関心は，子どものイエス・ノーの答ではない。つまり，この課題の成否は副次的な関心でしかない。子どもはたとえば，「こっちのコップに水がたくさんある。だって，背が高くなったから」と答えるだろう。ここで，批判的方法が真に実験的な意味をもつことになる。すなわち，その子どもに対し「コップが細いから，こっちの方が少ない，と言った子がいたけど，どう思う？」ときいてみる。あるいは，「加えてないし取ってもないから水は同じままだ，と言った人を知っているけど，その人は正しいと思う？」ときいてみる。さらに，言語による反論も示唆もせずに，もっと細長いコップに水を移し変え，相変わらず背の高さで量の判断をし続けるのか，それとも，細くなり過ぎたことに注意が向くのかをみることもある。また，最初の問に正答した子どもに対しても，非保存反応の子どもの例を示し，「どう思う？」ときいてみる。すなわち，言語的示唆および反論は，大人の論理から引き出されたものではなく，同年齢か年齢の近い子どもの推論や表現から引き出されたものである。ここで批判的方法というのは，被験児の主張を系統的に問題にしていくからであり，それは，被験児の自分の答に対する確信の度合いを測定するためではなく，発達のある段階の特徴を示す構造を明らかにするためである。

　とすれば，この第3期の方法論上の新しさとは，質問の仕方の改良などではなく，系統的な実験的方法と，厳密なアルゴリズムにもとづいた演繹的方法の収斂に求めるべきであろう。数・量などの研究と並行して，ピアジェは，実験的研究で得られた結果を論理学的に形式化する方法を研究していた。その成果が『類，関係，数：記号論理学の群性体および思考の可逆性についての試論』(1942)，お

よび『論理学概論：操作の記号論理学試論』(1949) である。このように，ピアジェは分析と予期のための強力な道具を鍛えあげたのである。これ以降，実験場面での批判的質問は，（少なくともヒューリスティックな）モデルからうみだされることになった。すなわち，少なくとも，事実に「非偶発的な」意味を付与できるのである。「群」に関連する構造を考えることなしに，「不変量」にかかわる実験課題をあれほどたくさん考え出すことはできなかっただろう。そして，臨床的かつ演繹的という2つの側面をもつ研究方法のもっともきれいな収斂は，イネルデとの共著『子どもの論理から青年の論理へ』(1955) にみられるといってよいだろう。副題は「形式的操作構造の構築に関する試論」であった。

なお，この時期，ピアジェは，ランベルシエ（Lambercier, M.）らと知覚の研究を進め，知覚と知能との関係を明らかにすることにより，ゲシュタルト理論を批判的に検討し，1942年以降，多数の論文を発表している。

第2節 発生的認識論研究における心理学

ピアジェの認知発達段階（感覚運動知能・前操作・具体的操作・形式的操作）論は，臨床的かつ演繹的という2側面をもつ諸研究から得られたコンピテンスモデルとしてとらえなくてはならないだろう。そして，ピアジェの心理学研究そのものを，ピアジェの発生的認識論研究の中に位置づけてみる必要があろう。

1 認識の諸カテゴリーの研究（1955年から1970年）《第4期》

心理学研究と並行し，科学哲学，科学史の研究と教授を続けたピアジェは，1950年に『発生的認識論序説』全3巻を出版した。さらに，科学としての認識論（エピステモロジー）には，本格的な学際研究が不可欠なことを痛感し，1955年，発生的認識論研究国際センターをジュネーヴ大学に発足させた。物理学者や数学者，論理学者など諸科学の専門家と心理学者との共同研究により，理論的検討と実験的分析を同時に進めるためであった。25年に及んだセンターにおけるピアジェの研究は，研究テーマの流れからふたつの時期にわけられる。

1955年度から1968年度までは，「数」「空間」「因果性」等，認識の諸カテゴリーが研究対象だった。その多くは以前にもとりあげられ，子どもたちに対する質問の仕方にも大きな変化はなかった。しかし質問の内容は，学際的かつ時として理論的立場も異なる，多様な研究者の存在によって変わったのだった。研究成果は『発生的認識論研究紀要（EEG）』(第1～20巻) にまとめられた。

なお，1963・64年度の「関数と同一性」は，前操作段階の子どもの認知に肯定的かつ積極的な性質を見出そうとする，新しい研究テーマであった。

2　ピアジェ晩年の研究（1970年から1980年）《第5期》

発生的認識論研究国際センターでの研究は，ピアジェが亡くなる直前まで続けられた。最後の10年，研究対象は，認識のカテゴリーから認識の一般機能へと転換した。それまでの研究は，認識論上の古典的問題を解明しようとするものであったが，ピアジェ晩年の研究は，認識の拡大のメカニズムを解明しようとする発生的認識論固有の問題へと転換したのだ，ともいえる。また，構造分析からその発生過程の分析への転換でもあった。研究成果は，『EEG』として出版されたものと，それとは別に出版されたものがある。

『矛盾』（EEG 第31・32巻）や『弁証法』（1980）は，あらゆる認識の発達過程に見出される一般的な特徴であり，『意識化』（1974a；b），『反省的抽象』（EEG 第34・35巻）『一般化』（EEG 第36巻）等は，あらゆる認識の発達過程に働いている認知機能である。ただし，『モルフィズム（射）とカテゴリー（圏）』（1990）はひとつのカテゴリー（範疇）であって，第4期の「関数と同一性」の研究の延長とみることができる。

『認知構造の均衡化：発達の中心的問題』（EEG 第33巻）（1975）は，ピアジェの60年におよぶ認知発達研究の集大成ともいえるものであった。ピアジェの認知発達の説明は次のようにまとめられる。発達初期の推論様式においては肯定が否定より優位なため，不均衡（n）は不可避であるが，調整機能によって補償され，均衡（n）を回復する。しかし，認知システムは，常に攪乱にさらされているので，再び不均衡（n+1）に陥る。そして補償によって再び均衡（n+1）を回復する。認知発達はこのサイクルの繰り返しであるが，補償のたびに調整機能が認知システムに新しい構築を付け加えるので，均衡（n+1）は均衡（n）に比べ補償能力の拡大という意味で改善されている。

したがって，均衡（n）→均衡（n+1）→均衡（n+2）→……という過程は，認知発達に固有の拡大均衡化を示すのである。こうした部分的均衡化から不均衡へ，不均衡から拡大均衡化へという継起を説明する自らの理論的立場を，ピアジェは改めて「構築説」と呼ぶのである。

第3節　ピアジェと創造性

1　ピアジェの創造性

「ピアジェの創造性」は，二重の意味で，興味深い。ピアジェは心理学者として，子どもを対象とした研究から認知発達の理論を構築し，子どもの創造性，あるいは発達における創造性について明らかにした。これがピアジェの創造性の第1の側面である。さらにピアジェは，認識論学者（エピステモローグ）として，科学史をも対象とした独創的な方法論をもつ発生的認識論（科学的エピステモロジー）を構築した。これが，「ピアジェの創造性」の第2の側面である。

ピアジェの認知発達理論の革新性は，「生得か経験か」あるいは「発達か学習か」という対立を，「均衡化」理論によって乗り越え「構築説」に立ったことに求められよう。ピアジェの発生的心理学は，乳児期研究以降，大きく発展したが，ピアジェ自身が乳児期の心理学研究に再び戻ることはなかった。しかし，発生的認識論の理論構築の途上において，ピアジェは，感覚運動知能段階における「均衡化」の過程が，それ以降の均衡化の過程と同一であるか否かについての考察を展開することになった。『認知構造の均衡化：発達の中心的問題』（EEG 第33巻）(1975) の中で，ピアジェは，均衡化の初歩的形態をモデルで示し，後の段階における均衡化との間に基本的な差は認められなかったとしている。すなわち，たとえば「ものの永続性」の獲得も，認知構造の均衡化の理論で説明されうるのである。

2　新しい発達心理学研究にむけて

フランス語において「創造性（créativité）」という語の初出は1946年である。ピアジェがこの語をいつから用いたか，特定できていないが，プレイヤード版百科叢書『心理学』(1987) の監修者として著したピアジェの遺稿に，「創造性」が用いられている。「成人の諸行動」の部に寄せられた諸論文への「序文」である。ピアジェは，成人の諸行動をひとつの発達段階としてとらえることを仮に認めるとしても，それを「最終段階」とみなしたり，いわんや「形式的思考の段階」とみなすことは，容認できないと述べる。感覚運動的な道具しかもたない乳児が，生後18カ月間の「感覚運動知能の段階」に次々にみせてくれる「創造性」が，その後，「前操作から具体的操作，さらに形式的操作の段階」へと，論理操作の構造を次々に再構成することを経て成人となり，「形式的思考の段階」という最

終段階に辿りつくと，消えてしまうのだとすれば，それは最早それ以前の「段階」とは異質としかいえないからである。とりわけ，一方に，「創造性」をもはや失った成人がおり，他方に，科学や芸術において，あるいは，科学技術や，倫理，守るべき社会正義など，あらゆる分野に創造する成人がいるのだ，ということになれば，後者は，発達的な観点から正統とはみなされなくなってしまうからである。

　ピアジェは，「子どもは大人の父である」とよく言った。ワーズワースとは異なる意味を，ピアジェはこの一節に託していたはずである。

引用文献

Bringuier, J.-C.（1985）．ピアジェ晩年に語る（大浜幾久子，訳）．東京：国土社．(Bringuier, J.-C.（1977）． *Conversations libres avec Jean Piaget.* Paris: Robert Laffont.)
Inhelder, B., & Piaget, J.（1959）． *La genèse des structures logiques élémentaires.* Neuchâtel: Delachaux et Niestlé.
Piaget, J.（1926）． *La représentation du monde chez l'enfant.* Paris: Alcan.
Sillamy, N.（1999）．ラルース臨床心理学事典（滝沢武久，加藤　敏，監訳）．東京：弘文堂．(Sillamy, N.（1996）． *Dictionnaire de la psychologie.* Paris: Larousse.)
Smith, L.（1993）． *Necessary knowledge: Piagetian perspectives on constructivism.* Hove: L. E. A.

参考文献

Gruber, H. E., & Vonèche, J. J.（Eds.）．（1977）． *The essential Piaget.* London: Routledge & Kegan Paul.
ピアジェ，J.（2007）．ピアジェに学ぶ認知発達の科学（中垣　啓，編・訳）．京都：北大路書房．

ピアジェの文献目録

Fondation Archives Jean Piaget（Ed.）．（1989）． *Bibliographie Jean Piaget.* Genève: Fondation Archives Jean Piaget．［269ページに及ぶ本書には，1918年の *Recherche* に始まり，ピアジェのほぼ全著作の目録，また日本語を含む6カ国語の翻訳文献表が，収録されている。］

第2章
ヴィゴツキーの文化的発達理論の貢献：過去・現在・未来

田島信元

　本章では，現代の発達心理学におけるメタ理論家として，ピアジェ（Piaget, J.）と並び称されるヴィゴツキー（Vygotsky, L. S.）の文化的発達理論の概要，方法論的特徴，そしてヴィゴツキー理論の影響が著しい現代の文化心理学を通した発達心理学研究への寄与について展望してみる。

　ヴィゴツキー（Vygotsky, 1931/1970, 1934/2001, 1935/1975）の文化的発達理論の視点は，現代発達心理学の基盤を作ったとされるピアジェ（Piaget, 1972；Piaget & Inhelder, 1966/1969）がともに強調する"発達現象はものごとの本質を内包している"ということを基盤においており，現代の発達心理学の中核をなすメタ理論の一つともいえる。その理論は，人間発達の理解においては少なくとも胎児期から高齢期という生涯の変化過程（個体発生）の中で，通常は世代間発達を含む歴史的発生や，生物学的基礎の根元である系統発生をパースペクティブに入れた吟味が必要であることを強調する文化心理学（Cole, 1996/2002；Eckensberger et al., 1984）の基盤ともなったもので，理論的にも，また，発達理論に基づく発達支援の方法論としても，現代において有効な知見を提供するものと考える。さらに，発達現象を社会，人文科学や生物科学などで総合的に扱う領域として，その視点が最近注目を浴びている「発達科学」にも継承されており，伝統的な発達心理学が「発達科学」化するうえで重要な貢献をしており（Cairns et al., 1996/2006），そうした状況を把握するためにも大きな意味があると思われる。

第1節　文化的発達理論の概要と位置づけ

1　文化的発達とは何か

　ヴィゴツキー理論はピアジェ理論と同様，人間の種に特有の生物学的制約を示唆する系統発生的知見から出発している。しかし，ピアジェが個体のもつ本性的

な有能性を強調し，個体と環境の相互作用に基づく個体内の認知構造の発生過程を中核とした個体中心主義的な普遍的発達理論を展開したのに対し，ヴィゴツキーは生物学的制約（ヒトとしての生物性：自然的発達）と社会・文化・歴史的制約（人間となるための文化性：文化的発達）の2つのラインを想定し，その相互作用の結果としての生活世界における実践的活動に依存した発達過程を想定する相対的発達理論を提唱している。そのため，理論そのものが個体と他個体を中心とする生活世界（社会文化的環境）との関係性を定式化することに焦点化しており，発達と支援の直接的関係の理論として，教育，発達支援のあり方を示唆することに貢献している。

ヴィゴツキー理論は次節に述べる発生的アプローチのほか，次の2点を含めた3つの柱から構成される（Wertsch, 1991/1995）。

(1) 発達の3要因と文化的発達の一般的発生原理

ピアジェ理論では子どもと環境（外界の対象）との相互作用が個体の発達の機序を示すという2要因論であるが，ヴィゴツキー理論の場合，必須のものとして3番目の要因を挙げる。これは子どもが対象と相互作用する（「対象＝文化」を獲得する）活動をするときに，大人ないし年長者による「対象と子どもの相互作用的活動の間を媒介する」教育的活動[1]ないし，そのときに使用される大人の言語・記号の果たす役割[2]である。そして，この3要因がどのように子どもの発達に絡んでくるのかを説明したのが，「文化的発達の一般的発生原理」[3]である。

---

[1] **発達の3要因**：ヴィゴツキーの基本的立場は発達を人間特有の高次精神機能の獲得を通して文化を獲得し，再編（変革）していく過程ととらえるところにある。ここで文化とは子どもを取りまく環境，すなわち「文化－歴史的」に組織された「人間－対象の世界」であり，これが発達の中身を決定する「発達の源泉」を構成するという。そしてそれらを子ども自身が能動的に獲得していく活動が「発達の原動力」となるとするのだが，ヴィゴツキーの立場で重要なことは，発達の源泉と原動力のみが発達を推し進めていくのではなく，「発達の条件」としての，大人による，大人と子どもの社会的björn過程を通しての，文化－歴史的環境（源泉）と子どもの獲得活動（原動力）の媒介過程の存在の位置づけである。

[2] **言語媒介理論**：認識・行動形成に対する言語機能の貢献のあり方を示したもの。最初，他者とのコミュニケーションの手段として機能していた言語が，次第に内面化されて（これを内言という），自分自身の中でのコミュニケーション，いわば自己内対話が行われるようになり，これが思考や自身の行動統制の重要な手段となると定式化している。もちろん思考や行動統制機能は最初から言語に依存しているわけではないが，言語がそれらの手段となると，それまでの感性的，具体的な概念が再編され，より一般化された概念となり，大人の認識に近づいていくことになる。

[3] **文化的発達の一般的発生原理**：発達の3要因が具体的にどのように機能して子どもの文化獲得に貢献するのかという発達の原理を説明したもの。子どもは，はじめ文化の体現者である大人との社会的相互作用（コミュニケーション）を通して環境の獲得活動を行うが（これを精神間機能という），次第にそうした大人との関係で機能していた精神活動が内面化していき，子ども自身の中で行われるようになる（これを精神内機能という）。このように，「一つの課題解決が，最初は社会的な側面で，のちに個人内の側面において，最低二度起こる」という定式化を行い，発達の社会的起源性を強調するのである。

たとえば，子どもが道徳的基準を身につけるには道徳的認識・行為という対象を獲得しなければならないが，最初，子ども自身では達成できないところを，大人の手助けを受けながら，二人で達成する経験をする〔精神間（＝社会的）相互作用〕。その後，子どもは二人で達成したときのことを思いだしながら〔精神内（＝自己内）相互作用〕，そこで受けた援助を自身でやってみる（再構成する）というプロセスを通るのである。

(2) 社会的媒介に基づく大人－子ども相互行為のあり方：「最近接発達領域」論と言語媒介理論

　大人による「環境と子ども（の活動）の間を媒介する」教育的活動のあり方については，次の2つの重要な考え方が示されている。

　一つは「最近接発達領域」論[4]に示されているように，子どもひとりではできない活動でも大人の援助を得て達成できるよう，子どもとのやりとりを構成する必要がある。しかも大人の援助は，できないことを教えるのではなく，子どもができること（「現在の発達水準」）を基盤として，ヒントや励ましなどを駆使しながら共同で達成していく中で，子ども自身に「発達可能水準」に到達させるというのである。まさに教育とは，足らないものを教え込むのではなく，達成している人との対等な共同行為の中で実現するものとされる。

　もう一つの教育的活動に関する重要な視点は，大人－子ども間相互作用で使われるコミュニケーションの道具としての「言語」の役割についての見解である。課題解決に向けての大人－子ども間の共同行為（精神間相互作用＝社会的対話）は，それが子どもの内面において再構築（精神内相互作用＝自己内対話）されたとき，子ども独自で解決できるという状況が現出するのであるが，再構築にあたっては，当然ながら社会的対話で使用された「言語」が使用されるのである。つまり，大人が提供する社会的対話の中での言語（外言）は，子ども自身の自己内対話，す

---

[4] 「**最近接発達領域**」論：大人－子ども間の相互交渉過程を通しての大人による教育的活動と子どもの発達との関係を明らかにした概念。もともとは，成熟と学習の相互依存的関係を表すモデルとして考えられ，問題解決場面において子どもが独力で解決可能なレベル（現時点での発達水準）のほかに，大人ないし認知的により有能な仲間のガイダンスのもとで可能となるより高度なレベル（潜在的な発達可能水準）を仮定し，この（2つのレベルに囲まれた）付加的な範囲を最近接発達領域とよび，教育が影響を与え得る部分はまさにここにあると主張したものであった。つまり発達の条件としての教育の本質は，子どもが成熟しつつある領域に働きかけるところにあり，したがって教育的働きかけにより発達の可能水準が現時点の発達水準へと変わると同時に，新たに発達可能水準が広がるという意味で，教育（学習）は成熟に依存しながらも，常に先導的な役割を果たすものと考えられた。最近ではこの概念を「より有能な大人や仲間（社会的相互作用の参加者）が，子ども一人ではできない活動にその子どもが参加できるよう，子どもとの相互作用を構成する方法を示したモデル」としてとらえられるようになった。

なわち思考や行動統制の道具としても（内言という形で）重要な媒介的働きをするようになるわけで，思考や行動制御の発達に大きな貢献を果たすことが強調されている[2]。

　以上のようにヴィゴツキーは，認知機能は元来社会的なものであり，それが次第に個人的なものへと内面化されていく過程を認知発達とするのであるが，その意味でも認知発達は，先行世代の人間の活動と認識が凝縮されている文化－歴史的環境とは切り離すことができないものになる。しかも子どもの活動は決して環境に対する受動的な適応過程ではなく，能動的な獲得過程－再生産過程であり，自己のものにすることによって再構築・発展を可能にするものであるとしている。そしてこの子どもの活動を支えるのが大人による「環境と子ども（の活動）の間を媒介する」教育的活動なのである。

第2節　文化的発達理論の展開

　前節で述べたヴィゴツキーは，一般的発生原理によって，人間の精神機能がどのようにその社会的・文化的・歴史的状況を反映し，構成されていくのかを明らかにしようとした。たとえば，学校教育においてみられる発話・談話形態がどのように概念発達の枠組みを与えていくかということを考察しているが，個人内の機能にのみ関心を向けるのではなく，具体的にある社会的状況での個人間にみられる記号的媒介過程（精神間機能）を分析し，精神（個人）内機能への影響過程を明らかにしようとしたのである。しかし早世のため理論的発想とそれを支える概念装置の間に隔たりが大きく，現在改めてヴィゴツキー理論の吟味と，それに基づく新たな理論構築が模索されているところである（田島，2003）。そこで，ヴィゴツキー理論の展開ともいうべきものの代表的な理論を展望しておく。

1　バフチン理論の補完性と発展性
(1) バフチンの記号学的理論
　その中で現在，最も注目されているのがヴィゴツキーと同時代に生き，同様の精神風土のもとに活躍した記号学者バフチン（Bakhtin, M. M.）の理論である。
　ヴィゴツキーは彼の理論の根幹である「媒介」概念を使い，精神機能が社会文化的文脈に結びついていく過程について説明を試みた。最終的に，特定の制度上の問題，たとえば学校教育における特殊言語形態の使用が子どもの概念形成におよぼす影響を扱ったが，それは研究構想のようなものであった。この，ヴィゴツ

キーが最終的に狙いを定めた点を発展させる概念装置が，実はバフチン理論にみられるのである（Wertsch, 1991/1995）。

(2) バフチンの対話理論

バフチン（Bakhtin, 1975/1979, 1979/1982, 1975/1987, 1975/1988）は社会過程（精神間機能）ではたらく媒介手段としてコミュニケーションの道具である言語を採用する点ではヴィゴツキーと同様であるが，社会的過程にかかわる広く，かつ精巧な言語概念を提案しており，それらがいかに社会文化的な力をもち，いかに精神内機能へとかかわっていくかの具体的メカニズムを提供したのである。

バフチンはまず，「発話」という概念を分析の基本単位として提出する。これは媒介手段としての言語という意味で，主体が発する言語（発話）こそが，対象に与える，あるいは対象から与えられる影響をもつという観点で，具体的な分析資料として最小の要因を含むものであるとする。つまり発話を抽象化した文法的，形式的側面を示す言語（language）は分析の対象には不適であるというのである。この発話に関する発想はヴィゴツキーのそれと基本的に軌を一にするものである。

次に，発話を分析するには，まず発話を産出する「声」に注目しなければならないとする。バフチンが発話の要素として声を重要視するのは，声が主体の意思・志向と，それを表現するアクセントや音色によって特徴づけられているからである。しかもここで重要なことは，声は，主体の意思やアクセントを反映しているだけでなく，主体が発話する相手（対象）や場面の声（意思，アクセント）を反映しているということである。この意味で発話は常に「多声」的であるとされる。

発話には少なくとも2つ以上の声（自己と相手・文脈）が含まれているとするのは，バフチンが言語をコミュニケーションの一環として分析をするときの重要なメカニズムを示唆しているからである。彼はそのことを「腹話性」という概念で表わしている。つまり，言語はコミュニケーションの一環の中で獲得されるのであり，ある発話（声の志向とアクセント）は決して話す主体によって任意に決定されるのではなく，最初は他者の声を借りる（他者の声を通して話す：腹話する）ことから始まり，次にそれを自分の声にしていくというのである。つまり発話の任意性を制御する組織化原理を社会的な声に求めているのである。これはまさに，ヴィゴツキーのいう精神間機能から精神内機能へと内面化していく過程を具体的に表わしているものだと考えられる。

このように，一つの発話は常に他者の声と自分の声とを反映し，互いに出会い，衝突しあうことによって成立していくわけで，いわば内的な「対話」過程なので

ある。これはヴィゴツキーのいう内言に近いが，よりダイナミックな性質を仮定しており，かつ，対話は対面的なやりとりよりずっと広義の現象といえよう。この「対話（性原理）」はバフチンの最も根本的な概念であり，腹話を通しての発話同士の内的やりとりにより，発話主体は他者や文脈に依存し，かつそれらと不可分・一体の存在になるというのである。

(3) バフチンの社会的言語理論

以上のように，バフチンは発話に潜む複数の声の間で腹話・対話を通して個人の精神機能が形成されていく過程をとらえようとしたが，これは単一言語内や，単一のことばのタイプ内での発話同士の内的やりとりだけをみているのではなく，彼が本当に興味があったのは，さまざまな腹話形態，とりわけ単一国語内での複数の社会的なことばのタイプ（「社会的言語」ないし「ことばのジャンル」）間のやりとりや，単一文化内における異なる国語間の接触などであった。ここで社会的言語というのは，ある特定の社会階層（職業集団・同好サークル・年齢集団・世代，性，地域などに基づく諸集団）や特定のジャンル（日々の挨拶ことば，サロンの会話，テーブル会話など）に特有のことば，さらに権威者のことば・流行語などを指しており，これらの，いわば社会的諸方言の声と自己の声との対話過程を通して，発話の主体は社会・文化・歴史的要因と不可分な関係をもつことになるのである。

この「社会的言語」ないし「ことばのジャンル」の概念は，ヴィゴツキーの文化的発達理論の中心概念であり，かつ未完成に終わっている記号的媒介に関する見解を，実際に社会・文化・歴史的制度にかかわらせていけるという点で，大きな発展を見込めるものと期待されているものである。

ヴィゴツキーが提起し，バフチンによって拡大化された理論からは，生涯発達の生起は社会的に構成される日常的生活の場で執り行われる人々の記号的コミュニケーションに基づく個人と社会の意思の共有と創造によることが示唆される。その意味で，生涯発達の様相はそうした状況の描写を克明に行うことで明らかになってくると考えられる。

2 文化心理学への展開

ヴィゴツキー理論は，具体的な社会・文化・歴史的文脈に依存した認知能力の形成過程を明らかにすることを目指した学際的領域である「文化心理学」研究の隆盛，とりわけその理論的立場をより明確にすることに大きな影響をおよぼした（Shweder, 1990）。

(1) 文化心理学の理論と方法論

　文化心理学は，ヴィゴツキー理論の心的過程の社会的起源性，社会的媒介性とともに，「発生的」分析の必要性を強調する。ヴィゴツキー自身，物事の本質は変化過程にあり，たとえば，ある時点の知能検査の結果はすぐに"化石化"してしまい，子どもの知能の本質を評価することはできないと述べている (Vygotsky, 1934/2001)。しかし文化心理学では，ヒトの心を理解するためには，それが発達していくプロセスを，系統発生，歴史的発生，個体発生，微視発生という4つの発生的領域で同一の理論的言語を用いて理論的に吟味されねばならないとする (Eckensberger et al., 1984)。

　この点についてコール (Cole, 1996/2002) は個体発生におけるリテラシー（読み書き能力）の発達を例にとり，系統発生的視点を念頭におきながら，歴史的発生，および微視発生的レベルのプロセスについてモデル化を試みている。彼はまずリテラシーの歴史的発生のプロセスを概観したあと，リテラシーの個体発生を考えるには，まず，子どもが大人を介して世界を見るというシステム（媒介的構造）（図2-1，A）と，大人がテキストを介して世界を見るというシステム（図2-1，B）の2つがはじめから存在しているという文化－歴史的環境を前提として考えねばならないと主張する。そのうえで，まず，子どもに絵本を導入するなど，子どもと世界との間の具体的な相互交渉を大人が取り持つが（図2-2，A´），その大人が，子どもに絵本を継続的に読み聞かせるといった，世界とテキストを介した相互交渉を行うことにより（図2-2，B´），子どもは二重のシステムを確立して，先に大人の媒介によって獲得した世界の情報とテキストの情報を調整・統合するように

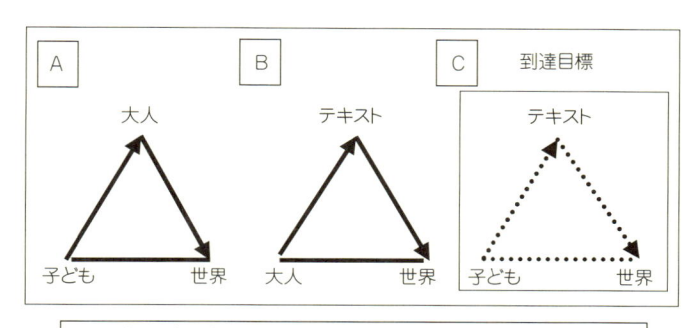

A. 子どもが，「大人を介して」世界を知ることができる状態。
B. 大人が，「テキストを介して」世界を知ることができる状態。
C. 子どもが「テキストを介して」世界を知ることができるという到達目標の状態。

図2-1　言語リテラシー獲得の前提と目標行動 (Cole, 1996 を改変)

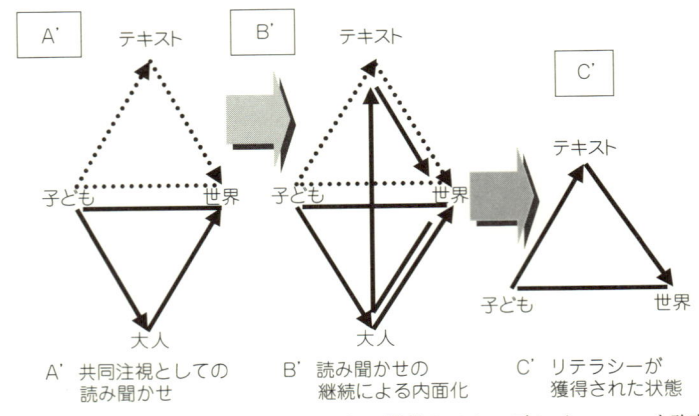

図2-2 読み聞かせによる言語リテラシー獲得のメカニズム（Cole, 1996 を改変）

なる（図 2-2, C'），という微視発生のモデルを提案するのである。

このように文化心理学は，個体発生を微視発生や歴史的発生ないし系統発生に結びつけて理論（モデル）化し，検証のための研究上は操作可能な実際の発生（微視発生）を通して個体発生のあり方を予測するマイクロジェネティック（微視的・実際的発生）・アプローチを採用し，検証していくことを強調するのである。

(2) 文化心理学のエッセンス

現代の文化心理学の特徴を要約するには前出のコールの詳細なレヴューが役立つ。彼は文化心理学として共通する視点を，①文化はヒトが生きていくうえでの特有の媒体として機能すること，②この媒体は人の行為の制約および道具の両方としてはたらき，行為の性質を決定すること，③この媒体はヒトが発生して以来，種の生物学的構造とともに進化してきたこと，の3点をあげ，これらの概念を文化心理学の中核として，人の行為の意味と文脈を重視した，比較や発生的アプローチを中心に据えた方法論を採用することに特徴があるとしている。より具体的には，以下の7点を挙げている。

1 文化心理学は，文脈の中で媒介された行為を強調する。
2 文化心理学は，歴史的，個体発生的，および微視発生的水準の分析を含む広い意味での「発生的方法論」の重要性を主張する。
3 文化心理学は，その分析にあたり，日常生活の出来事に基礎をおくことを求める。
4 文化心理学は，人々の共同的な，媒介された活動の中で精神が発生すると

仮定する。精神はそれゆえ，真に「共同で構成され」かつ分配されるものである。
5 文化心理学は，個人は，その発達において能動的な行為者であるが，完全に自分が選んだ条件において行為するわけではないと仮定する。
6 文化心理学は，活動の中で精神が発生するという本質を強調し，その説明枠組みにおける解釈に中心的な役割を認める科学を支持し，原因‐結果，刺激‐反応に基づく説明的科学を拒絶する。
7 文化心理学は，人文諸科学，社会諸科学，生物諸科学の方法論を活用する。

第3節 ヴィゴツキー理論の方法論的特徴

先述したようにヴィゴツキー理論は，理論面において強力な社会的起源性と社会的媒介性，方法論として発生的アプローチの必須性を説き，現代の文化心理学に大きな影響を及ぼした。その意味では文化心理学の中に，ヴィゴツキー理論が示唆する方法論的特徴が息づいている。そこで以下に，文化心理学を通した現代の発達心理学における新しいアプローチを目指すための前提を述べておきたい。

1 生態学的，発生的，個性記述的アプローチ

ヴィゴツキー理論は認識・行動といった人間存在の本質を明らかにすることが目的であるが，ヴィゴツキーは彼の理論を定式化するにあたり，その前提的，方法論的な発想として「発生的分析の必須性」を強く主張した。これはヴィゴツキーが精神機能を検討する際の最も基本的，前提的なテーマであり，ある行動の本質をとらえるには，その起源と発生的な変化を明らかにすることが不可欠であることを強く主張したものである。先述したように，もし発生的分析を採用しなければ「化石化された行動」の現象的な見えによって誤った説明へと導かれてしまいかねない危険を指摘する。彼にとって発生的方法は，単なる一研究法というのではなく，人間の精神機能の本性を理解するうえで必須，かつ基本的な方法なのである。

彼はこの手法を主として個体発生の領域に適用したが，同時に，系統発生，歴史的発生，微視的・実際的発生の問題をも検討し，とりわけ，交差歴史的アプローチに基づく人間の意識の歴史的相違性を示しながら，文化・歴史的変化と個体の変化の関連について大きな示唆を残している。しかしこの4つの異なる発生領域が同一の原理のもとに進行するという反復論者の見解にははっきりと拒否の

姿勢を示し，おのおのの発生領域はそれ独自の力と変化のメカニズムをもっていることを強調するとともに，問題は，さまざまな変化の力がどのように人間の活動の中でお互いに協同して働くのかということを明らかにする社会・文化・歴史的アプローチを遂行することであった。

具体的なアプローチとしては，社会・文化・歴史的文脈における行為の発達過程そのものを生態学的，個性記述的に扱うマイクロジェネティック（微視的・実際的発生）データが基礎となるが，こうしたデータはこれまで伝統的な発達心理学研究では，望まれてはいたものの積極的に扱う意欲と努力に欠けていたことが指摘され，伝統的な分野でも積極的に採用が検討されている（Siegler & Crowley, 1991）。

2 問題範囲の拡大と分析単位の複合化

ヴィゴツキー（Vygotsky, 1934/2001）は人間の高次精神機能の発達の機序を解明するにあたり，社会・文化・歴史的文脈に埋め込まれた人々の実践的活動（労働活動）が基盤となるという視座のもと，道具や補助手段に媒介され，"武装化"された知性，すなわち外的な道具による心理過程の再構造化の過程（文化的心理過程）の水準に照準をおいた。その意味では，高次精神機能の発達にアプローチするには，「問題（範囲）設定の吟味」と，「方法論，特にデータの分析単位の吟味」が必須となる（Wertsch, 1991/1995）。

これらの発想のもとに，文化心理学においては，人間の行為を社会・文化・歴史的文脈に埋め込まれた状況的行為として「問題設定」を行い，その単位を主体・対象・媒体の不可分な三者関係として記述していく。ここで状況的行為とは，状況に制約されながら，同時に，状況を作りかえながら進む，主体と他者との共同行為，すなわち，対話の過程，また，共同行為を媒介する道具の使用過程であり，高次精神機能の発達は社会的な関係システムの全体的変化であるとみるのである。

以上のような視点は，「精神機能はその起源と発生的変化を通してのみ理解できる」という点に焦点化する基礎的学問領域としてとらえる必要があるし，同時に，普遍的実在が強調されがちな精神機能の生物学的特性も，社会・文化・歴史的文脈の特殊性に彩られた人間的行為としてとらえ直されていくことの必要性を示唆しているのである。

もちろん，われわれの研究には上記のような「認識・行動発達の様相の記述」研究と，様相を規定する「発達の機序のモデル提示・検証的実験」研究があり，

方法論的には並行的に進む場面もあるのは事実であるが，両者のどちらかに重点を置くのではなく，両者それぞれの知見は相互に深い関連があるとの認識のもと，その間の溝を埋める努力をするべく，問題意識の中では，常に他方の発想を念頭に置きつつ進めていくことが必須となるであろう。

3　諸理論・方法論の統合を目指す総合科学としての文化心理学・発達科学

　文化心理学の諸理論は伝統的な諸理論に対するアンチテーゼという側面があることも事実であるが（田島, 2008），しかし，人間理解の本質を探るにはどうすればよいか，といった問題意識が先行しているのも事実であろう。現代心理学の創始者ヴント（Wundt, W）による実験心理学を補完するものとしての民族心理学の提唱，それを二重性として批判し，心理学の危機をどう回避するかを考えたヴィゴツキー（Vygotsky, 1982/1987）らロシア文化－歴史学派も，いずれも上記の意識から出たものであった。その意味では，先に述べたように，一つの視点としての各理論それぞれは，文化心理学の諸領域においても，また，文化心理学と伝統的な心理学の間においても，真摯な対話を通して総合化ないし統合化されることが文化心理学の目指すところといえよう。たとえば，ドイツ行為論が文化的認識形成の理論化において既存の理論，とくにピアジェ理論との統合を目指したように，70年代後半からのピアジェ理論再考の動きにかかわって，ヴィゴツキー理論との統合の動きも多く見られている（Bidell, 1988）。ビデル自身はピアジェ理論とヴィゴツキー理論の差異性よりも，発達を弁証法的にとらえるという点での共通性に重点をおいた考察を行い，両理論を補完的にとらえることが今後の発達心理学のあり方として重要であるとしている。たしかに，子どもの個体発生の過程は，系統発生的に制約を受けた生物学的特徴と，社会・文化・歴史的制約要因との相互作用の過程の産物であるわけだが，実際に研究アプローチとして補完的になるためには，真にこうした諸理論が"弁証法"的に統合される必要があり，総合科学としての現代の文化心理学，および文化心理学が重視する系統発生レベルの分析を生物科学領域と統合して推し進めている発達科学の重要な課題（Cairns et al., 1996）として，今後の発展が望まれるところである。

引用文献

Bakhtin, M. M.（1988）. ミハイル・バフチン著作集：8　ことば　対話　テキスト（新谷敬三郎・伊東一郎・佐々木寛, 訳）東京：新時代社．（1924/1975）.
Bakhtin, M. M.（1979）. ミハイル・バフチン著作集：5　小説の言葉（伊東一郎, 訳）東京：

新時代社. (1929-35/1975).
Bakhtin, M. M. (1982). ミハイル・バフチン著作集：7 叙事詩と小説 (川端香男里・伊東一郎・佐々木寛, 訳) 東京：新時代社. (1936-41/1979).
Bakhtin, M. M. (1987). ミハイル・バフチン著作集：6 小説の時空間 (北岡誠司, 訳) 東京：新時代社. (1937-38/1975).
Bidell, T. (1988). Vygotsky, Piaget and the dialectic of development. *Human Development*, **31**, 329-348.
Cairns, R. B., Costello, E. J., & Elder, G. H., Jr. (2006). 発達科学を作る. 発達科学：「発達」への学際的アプローチ (本田時雄・高梨一彦, 監訳, pp.256-269). 東京：ブレーン出版. (Cairns, R. B., Costello, E. J., & Elder, G. H., Jr. (1996). Constructing developmental science. In R. B. Cairns, G. H. Elder, Jr., & E. J. Costello (Eds.), *Developmental science* (pp.223-234). New York: Cambridge University Press.
Cole, M. (2002). 文化心理学：発達・認知・活動への文化－歴史的アプローチ (天野 清, 訳). 東京：新曜社. (Cole, M. (1996). *Cultural psychology: A once and future discipline*. Cambridge, MA: Belknap Press of Harvard University Press.)
Eckensberger, L. H., Krewer, B., & Kasper, E. (1984). Simulation of cultural change by cross-cultural research: Some metamethodological considerations. In K. A. McCluskey & H. W. Reese (Eds.), *Life-span developmental psychology: Historical and generational effects*. New York: Academic Press.
Piaget, J. (1972). Intellectual evolution from adolescence to adulthood. *Human Development*, **15**, 1-12.
Piaget, J., & Inhelder, B. (1969). 新しい児童心理学 (波多野完治ほか, 訳). 東京：白水社. (Piaget, J., & Inhelder, B. (1966). *La psychologie de l'enfant*. Paris: Presses Universitaires de France.)
Shweder, R. A. (1990). Cultural psychology: What it is? In J. W. Stigler, R. A. Shweder, & G. Herdt (Eds.), *Cultural psychology: Essays on comparative human development* (pp.1-43). Cambridge, MA: Cambridge University Press.
Siegler, R. S., & Crowley, K. (1991). The microgenetic method: A direct means for studying cognitive development. *American Psychologist*, **46**, 606-620.
田島信元. (2003). 共同行為としての学習・発達：社会文化的アプローチの視座. 東京：金子書房.
田島信元 (編). (2008). 文化心理学 (海保博之監修, 朝倉心理学講座11). 東京：朝倉書店.
Vygotsky, L. S. (1987). 心理学の危機：歴史的意味と方法論の研究 (柴田義松・藤本 卓・森岡修一, 訳). 東京：明治図書出版. (1925-27/1982).
Vygotsky, L. S. (1970). 精神発達の理論 (柴田義松, 訳). 東京：明治図書出版. (1931).
Vygotsky, L. S. (2001). 思考と言語 (柴田義松, 新訳). 東京：新読書社. (1934).
Vygotsky, L. S. (1975). 子どもの知的発達と教授 (柴田義松・森岡修一, 訳). 東京：明治図書出版. (1935).
Wertsch, J. V. (1995). 心の声：媒介された行為への社会文化的アプローチ (田島信元・佐藤公治・茂呂雄二・上村佳世子, 訳). 東京：福村出版. (Wertsch, J. V. (1991). *Voices of the mind: A sociocultural approach to mediated action*. Cambridge, MA: Harvard University Press.)

第3章
ボウルビィの愛着理論の貢献：
過去・現在・未来[1]

戸田弘二

　愛着（attachment）とは，人が危機的な状況で，あるいは潜在的な危機に備えて特定の対象との近接を求め，その状態を維持することで，喚起するネガティブな情動（恐怖や不安，動揺など）に対処し，自らが安全であるという感覚（felt security）を維持・回復しようとする生得的な行動システムのことをいう。養育者からの世話を必要とするという意味で愛着行動は乳幼児期にもっとも顕現化しやすいが，愛着自体はその様式を行動から表象に移しながら「ゆりかごから墓場まで」の生涯にわたって人の行動を特徴づけている（Bowlby, 1973）。愛着という概念は，しばしば，親密な二者間における愛情の絆と混同されがちであるが，愛着とは文字どおり他の個体と「くっつく」（attach）ことによって安全感を確保しようとする個体の傾性を意味しており（遠藤，2010），そこには愛情関係にみられるような温かい感情は含まれていない。愛着とはネガティブな情動に結びついた適応・制御システムのことで，その機能はネガティブな情動を低減し調整することで個体の安全感を確保することにある。一方，愛情はポジティブな情動に結びついた社会的報酬システムであり，その機能は個体間の親密な絆を形成し維持することにある（MacDonald, 1992）。すなわち愛情は喜びや満足などのポジティブな情動を報酬として二者間を結びつけているが，愛着は危機的状況に陥ったときにネガティブな情動を制御し，安全感をもたらすことで二者間を結びつけているのである。このように両者はそれぞれ独立した適応のための行動システムであるが，愛情の対象は，一般に個人にとって特別な対象であり，継続的で親密な相互作用をもちやすい。このため，同じ人物が愛情の対象であるとともに愛着対象でもあるということが多くなるが，愛情と愛着は理論的には異なる行動システムである

---

[1] 近年，愛着理論に対する関心は急激に高まってきており，引用文献，参考文献に挙げた優れた理論的概説書や展望論文が相次いで出版されている。本稿もこれらの文献に負うところが多く，詳細は引用文献，参考文献に挙げた書籍や論文を参考にしていただきたい。

ことは理解しておく必要がある。

さて，ボウルビィが"*Attachment and Loss*"全3巻（Bowlby, 1969, 1973, 1980）を発表してから30年以上になる。この間の愛着研究を概観すると，大きく3つの時期に分類できるように思われる（たとえば，Rholes & Simpson, 2004/2008）。すなわち，ボウルビィが愛着理論を提唱し，エインズワースほか（Ainsworth et al., 1978）によって乳幼児の愛着タイプの測定が可能になった第1ステージ。この時期は，主に乳幼児期の母子関係に焦点が当てられ，何が乳幼児の愛着の個人差を生み出すのか，愛着の個人差はその後の社会人格的な発達にどのように影響するのか，などについての数多くの実証的研究が報告された。第2ステージでは，理論を成人に拡張する試みが始まり，成人の愛着タイプを評価するための測定方法が開発されてきた。それにともない，愛着の連続性や愛着の世代間伝達のような臨床的な問題への関心が高まってきた。また，愛着タイプの差異が成人の親密な対人関係や精神的健康とどのようにかかわるのかなどが問われてきた。そして第3ステージでは，20年以上に及ぶ縦断研究の成果が徐々に明らかになってきた。そこでは愛着の不連続性，すなわち愛着の変容，とくに不安定型愛着がいかなる要因によって安定型愛着に変わっていくのかについての検討が始まってきている。さらに，内的作業モデル（詳しくは後述）の情報処理過程や自動化された無意識的な処理過程自体を検討すること，つまり内的作業モデルの機能や構造そのものに焦点をあてた研究も行われるようになってきた。

本稿では，以上の観点から愛着研究の過去，現在，そして未来について概観することにしよう。

第1節　愛着の個人差を規定する要因

1　愛着の個人差とそれを規定する要因

乳児は安全感を確保するために養育者に近接を求めようとするが，すべての養育者が乳児の示すシグナルに敏感で応答的であるとは限らないため，乳児は養育者の対応に応じて自らの行動や近接の方略を調整しなければならない。エインズワースほか（Ainsworth et al., 1978）はここに乳児の形成している愛着の質が現れると考え，ストレンジ・シチュエーション法（Strange Situation Procedure：SSP）という乳児の愛着を評価するための実験観察法を開発した。これは見慣れぬ実験室で見知らぬ人物と対面したり，養育者と分離させられたりすることで乳児に少しずつストレスを与えて愛着システムを活性化し，そこでの乳児の反応を観察するも

のである。養育者との分離-再会場面での近接行動や回避行動，抵抗行動などに注目し，乳児の愛着の質を大きく3つのタイプに分類する。すなわち，分離-再会場面での回避行動が顕著なAタイプ（回避型：avoidant），分離には愛着行動を示し，再会によって容易に慰められるBタイプ（安定型：secure），再会してもなかなか悲しみや怒りが沈静化せず近接行動と抵抗行動を同時に表すCタイプ（アンビバレント型：ambivalent）である。各タイプの比率は，エインズワースらのデータではA，B，Cそれぞれ21％，67％，12％であった。

　さらにエインズワースらは養育者の日常的なかかわり方と子どもの各タイプとの関連を検討した。それによればAタイプの子どもの養育者は子どもからの働きかけに拒否的で子どもとの身体接触を嫌う。このことは子どもの観点から見ると，近接を強く求めれば拒否されることになるので愛着行動を最小限に抑え，養育者と一定の距離を保つことで近接を維持しようとすることになる。一方，Bタイプの子どもの養育者は相対的に感受性が高く応答的である。子どもは養育者の対応に確かな見通しがもてることから自由に愛着行動を向けることができるし，再会すれば容易に立ち直ることができる。Cタイプの子どもの養育者は子どものシグナルに対する感受性が低く，タイミングがずれたり，対応の一貫性に欠ける。子どもは養育者の対応に確信がもてないために，養育者の行動に過敏になり，愛着行動を最大化することで養育者の関心を自らに引きつけておこうとする。

　一方，子ども自身の気質（temperament）も愛着の個人差に影響すると考えられてきた。たとえば，ケイガン（Kagan, 1984）は気質的に苦痛や恐れを感じやすい乳児は，養育者との分離により強いストレスを受けやすく，その結果，再会しても容易にはなだめられないことからCタイプに分類されやすくなると述べている。その後，多くの研究者が気質と愛着の個人差との関連を検討してきたが，関連が見られたという研究もあれば見られないという研究もあり，結果は一貫していない。新生児期の子どものいらだちやすさは母親の感受性を低めるように作用するが，ファン・デン・ブーム（van den Boom, 1994）は出生直後にいらだちやすい気質をもつと判断された乳児の母親に感受性を高める介入を行った。その結果，介入を受けた母親の子どもは受けなかった母親の子どもよりも12カ月の時点で安定型が有意に多かった（介入群78％，対照群28％）。このことは，子どもの気質的ないらだちやすさが母親の感受性を媒介して子どもの愛着の個人差に影響していることを示すものである。このように，現在では子どもの気質と養育者のかかわり方の交互作用によって愛着の個人差は規定されると考えている研究者がほとんどであるが，そのメカニズムについてはまだ一致した見解は得られていない。

2　Dタイプの発見

ABC各タイプの行動はいずれも特定の養育者に対する組織化された (organized) 適応方略とみることができる。すなわち，愛着対象との間に近接関係を確立・維持し安全感を得るという目標から見れば，いずれも養育者との関係においては有効に機能しているといえる。

一方で，メインとソロモン（Main & Solomon, 1990）はABCのいずれにも分類できない子どもたちのSSPでのビデオテープを再検討し，一定のパターンを示す子どもの存在を発見した。たとえば，再会場面で泣きながら親に接近していくが，突然凍りついて後ずさりし始めるというように接近と回避を同時的・継時的に示す，ストレンジャーに脅えているにもかかわらず親からも離れて壁にすり寄る，突然すくんでしまったり，方向が定まらず，目的もなく歩き回るなど，何をしたいのか，どこへ行きたいのかがきわめてわかりづらい，不可解な行動パターンを示す。このように，近接関係の維持や安全感の確保という方向性が見られず (disoriented)，個々の行動がばらばらで組織立っていない (disorganized) 特徴をもつ子どもたちをDタイプ（無秩序・無方向型：disorganized/disoriented）と分類した。

Dタイプの養育環境は親の虐待や精神障害，アルコール摂取など家族内における重篤なリスク要因の存在と強く関連している（Lyons-Ruth & Jacobvitz, 1999）。すなわち，不安や恐怖を感じたときの避難所，安全基地であるはずの養育者が同時に恐怖の源泉でもあるという解決のないパラドクスの中で，乳幼児は養育者から逃げることも近づくこともできないまま，有効な対処方略を取ることができない。その結果，愛着行動は一貫した形で組織化できなくなってしまう。実際，被虐待児の82%がDタイプであるという報告（Carlson et al., 1989）や，深刻なネグレクトが疑われる発育不全児の46%がDタイプであったことなどが報告されている（Ward et al., 2000）。一方で，不適切な養育（身体的虐待やネグレクト）などのリスク要因が関与しない場合でも15%程度のDタイプの出現が確認されている（van IJzendoorn et al., 1999）。これらの子どもの養育者は過去に何らかの外傷体験をもっており，それがいまだに解決していないため育児場面での乳児のシグナルによって突発的にその記憶がよみがえり，養育者を圧倒し，脅え混乱させる。その様子（たとえば，突然凍りついたようにすべての動作が止まる，表情や声の調子が突然変わり，子どものシグナルに反応しなくなる，など）が結果的に子どもを強く脅えさせ，解決のないパラドクスに子どもを追い込み，組織化されない行動パターンを生み出すことになるという。

これまで，早期の愛着タイプと幼児期・児童期の社会人格的発達について多く

の報告がなされてきた。これらの報告を総括すると，乳児期に愛着が安定していた子どもは共感的な行動が多く，ポジティブな情動表出が多い。また社会的に有能で，仲間内での人気が高い。一方，乳児期に愛着が不安定であった子どもは敵意や怒り，攻撃行動を示しやすく，仲間から拒否されやすい。親や保育者の指示に逆らいがちであり，相互作用の質が悪くなりがちであるなどが報告されてきた。しかし，一方で早期の養育者への愛着と社会人格的発達に有意な関連を見いだしていない研究や，環境的なリスク要因の影響が愛着のタイプによって異なることを示す報告（Belsky & Fearon, 2002）もあり，愛着の安定性／不安定性と社会的行動やパーソナリティの間の関連はそれほど強いものではないらしい。むしろ，近年はDタイプが解離性障害や行為障害などの精神障害を強く予測することもあり，発達早期に愛着が組織化されていないことが，その後の認知・行動上の問題や精神病理を長期的に予測すると考えられている（遠藤，2007）。

第2節　愛着理論の成人期への拡張

1　内的作業モデルと成人愛着の測定

　もともとボウルビィは，発達早期の愛着対象との相互作用から養育者と自己に関する心的表象が内在化され，それらの表象を後の対人関係での作業モデルとして用いることにより，長期にわたる一貫した対人関係のパターンや対人情報処理（解釈や予測，行動のプランニングなど）の個人的特性が維持されると仮定していた。この愛着対象や自己に関する心的表象を内的作業モデル（internal working models：IWM）という。IWMの機能は，愛着システムが活性化したときに自他の行動をシミュレートし，安全感が得られるようにその後の行動を導くことや，愛着に関連した情報を選択的に処理し，情報処理の効率性・安定性を高めることにある。このように，愛着はIWMを媒介して生涯にわたる個人の対人関係やパーソナリティの発達に寄与することになる。

　80年代半ばになって，成人の愛着を測定するための2つの方法が相次いで発表された。ひとつは成人愛着面接法（Adult Attachment Interview：AAI）と呼ばれる半構造化面接（George et al., 1984）であり，もうひとつは愛着スタイル質問紙（Attachment Style Questionnaires：ASQ）と呼ばれる質問紙尺度（Hazan & Shaver, 1987）である。これらはいずれも，成人のもつIWMの質を直接的・間接的に測定しようとするものである[2]。

2　成人愛着面接法

　成人愛着面接法（AAI）は子ども時代の親との関係や愛着にまつわるさまざまな経験を問う半構造化面接である（Hesse, 1999）。語られた内容はすべて逐語に起こして分析されるが，AAI の分析方法がユニークなのは語られた内容よりも語り方，すなわち愛着情報へのアクセスの柔軟性や語りの一貫性を重視する点にある。これは，AAI での質問内容が被面接者の愛着システムを活性化するために，被面接者自身も通常は意識していない愛着に関する情報処理過程の個人的特性が AAI での語り方に現れると考えるからである。

　愛着のタイプは，言語学者グライス（Grice, P.）の 4 つの対話の公準（質：話に信憑性があり具体的な証拠を示すことができる，量：話が簡潔かつ十分である，関連性：問われた質問に適切に答えている，様態：明確で整理された話をする）および語り方に関する評定尺度（親の理想化やとらわれ的怒り，思い出せないという主張，メタ認知的モニタリング，など）に基づいて判定される。「安定／自律型」（F 型：secure/autonomous）は愛着情報に柔軟にアクセスし，自分の考えを自律的にモニターできるため，4 つの公準いずれにも違反せず，正負どちらの記憶に対しても語りに高い整合一貫性が認められるタイプである。「愛着軽視型」（Ds 型：dismissing）は愛着に関する記憶や情報へのアクセスを制限・抑圧するために，具体性に乏しく質や量の基準に違反する。また，愛着関係に価値を見いださない。「とらわれ型」（E 型：preoccupied）は愛着情報に過剰に注意が集中し，感情的に混乱してしまうために，量，関連性，様態の公準に違反し，語りの一貫性に欠ける。また，これら 3 タイプとは別に 4 つめのタイプとして，一時的に愛着方略が崩壊してしまう「未解決型」（U 型：unresolved）を分類することもある。このタイプは，過去の心的外傷体験（愛着対象の喪失や被虐待経験など）について語るとき，選択的にメタ認知が働かなくなり，語りに非現実的な内容が入り交じるなど，語りの一貫性が著しく損なわれてしまうということで判定される。それぞれは理論的に乳幼児の SSP における B，A，C，D タイプに対応すると仮定されている。

　これまでに行われたいくつかの縦断研究によれば，SSP で測定された乳児期の愛着タイプと AAI で測定された青年期，成人期の愛着タイプの間にはある程度の連続性が確認されている。たとえば，中流家庭を対象にした研究によれば，SSP と AAI での一致率は ABC の 3 分類で 64％，安定／不安定の 2 分類で 72％で

---

[2] 愛着スタイルもしくは愛着タイプとは IWM の働きによって組織化された愛着行動のパターンのことをいう。ただし成人の場合は愛着タイプの違いは行動だけでなく，認知や感情も含めて描写されるため，愛着タイプの違いはそのまま IWM の違いとしても記述されることが多い。

あった (Waters et al., 2000)。さらに，重大なネガティブ・イベントを経験したサンプルを除くと，この一致率は3分類で72%，2分類で78%に上昇した。一方，ハイリスクサンプル（片親，無計画な妊娠，低所得，高いストレス，低いソーシャルサポート等）を対象にした研究での一致率は3分類で39%，2分類でも51%と有意な関連は見られなかった (Weinfield et al., 2000)。これらの研究から，愛着の連続性はIWMの情報処理機能によるだけでなく，多くの人が同じ養育者のもとで，それほど変化しない環境の中で育つから（その環境が恵まれていようがいまいが），つまり養育環境が安定しているから生じるともいえる。一方で，親の死や離婚，生死にかかわる病気や親の精神障害，虐待経験などのストレスフルなネガティブ・イベントが養育環境の変化をもたらし，愛着の連続性を低めている。さらにAAIを用いることによって，発達早期に過酷な養育環境にあったにもかかわらず，成人期になって自らの過去を防衛することなく整合的に語りうる，いわゆる「獲得安定型」(earned secure) と呼ばれるケースも判定できるようになった。これらの人たちの愛着の変容，つまり不安定型から安定型への変容が何によってもたらされたのか，その変容のメカニズムについてはまだわかっていない部分も多い。

3　質問紙尺度

ハザンとシェイバー (Hazan & Shaver, 1987) はエインズワースほか (Ainsworth et al., 1978) による乳幼児のABCの各タイプに対応した3種類の成人の一般的な対人態度を記述し，その中から被調査者が自分にもっともよくあてはまる記述文をひとつ選ぶという強制選択形式の質問紙尺度 (ASQ) を開発した。しかし，ASQは強制選択形式というシンプルな方法であるため，測定の信頼性に問題があった。そのため，後に3種類の記述文をもとに，複数の評定項目からなる多次元尺度が作成されるようになった (Collins & Read, 1990；Feeney, et al., 1994；戸田，1988/2001 など)。それらの研究によれば，「安定型」(secure) は自己に対しても他者に対しても信頼感が高いため恋愛関係において幸福や信頼などの肯定的な情緒を多く体験できるが，「回避型」(avoidant) は他者への不信感が強いことから，他者の好意や関心を過小評価し，恋愛関係での肯定的な情緒は全般的に低い。「アンビバレント型」(ambivalent) は他者に両価的な信念をもつがゆえに関係への不安や関係崩壊への恐怖が強く，恋愛関係でも嫉妬や独占欲，情緒的な浮き沈みなど激しい情動体験を感じやすい，などの特徴が報告されている。

一方，バーソロミューとホロヴィッツ (Bartholomew & Horowitz, 1991) はボウルビィ (Bowlby, 1973) のIWMに関する言及にもとづき，自己と他者への主観的信

頼感に関する2次元を組み合わせて，成人の愛着を4カテゴリに分類し，これを測定する質問紙尺度（Relationship Questionnaire：RQ）を開発した。すなわち，自己観，他者観ともに肯定的な「安定型」(secure)，自己観は否定的だが他者観は肯定的な「とらわれ型」(preoccupied)，自己観は肯定的だが他者観は否定的な「拒絶型」(dismissing)，自己観，他者観ともに否定的な「恐れ型」(fearful)である。安定型は3分類の安定型，とらわれ型はアンビバレント型に対応するが，興味深いのは2次元でとらえることで3分類での回避型を，他者に依存せず，愛着の価値を軽視するために親密な関係を拒否する「拒絶型」と，他者との親密さを求めながらも拒絶され，傷つくことを恐れるために親密な関係から距離をとる「恐れ型」に分類していることである。とくに恐れ型は愛着を2次元でとらえた4分類において初めて定義されたタイプであり，まだこのタイプの詳細な特徴は報告されていないが，親密さへの接近と回避の葛藤をもっとも感じやすいタイプであり，もっとも不安定な型としてその対人関係上の特徴が検討され始めている（たとえば，工藤，2006）。

　このように，90年代前半には成人の愛着を測定するための数多くの質問紙尺度が開発されたが，同時に，研究によって尺度が異なるために先行研究を比較し，議論することが困難になってきた。そこで，このような問題を解決するために，ブレナンほか（Brennan et al., 1998）はそれまでに開発された14の質問紙尺度を用いて「見捨てられ不安」と「親密性の回避」という2因子を抽出し，ECR（Experiences in Close Relationships inventory）という尺度を開発した。そしてRQとの相関を検討することで，4カテゴリモデルの自己観と見捨てられ不安，他者観と親密性の回避を対応させ，ECRによる4カテゴリ分類を可能にした。ECRは日本語版（中尾・加藤，2004）も作成されている。これまで，日本では戸田（1988/2001）の3次元尺度を用いた研究が多かったが，最近ではECRによる2次元・4カテゴリモデルを用いた研究も増えてきている。

第3節　次世代の研究課題

1　愛着を変化させるものは何か

　近年，20年以上にわたる縦断研究の成果が徐々に明らかになってきた。乳児期から成人期にかけての愛着の一致率は6割強，3人に一人は愛着の質を変化させていた。ロイスマンほか（Roisman et al., 2002）はSSPで不安定型に分類されながら，AAIで安定／自律型に分類された人を獲得安定型と定義し，これらの人た

ちが一貫して不安定型であった人たちや一貫して安定型であった人たちよりも，恋愛関係の質が良好であったことを報告している。また，結婚前後でのAAIの連続性を調べた研究からは，変化が認められたケースの多くは不安定型から安定型への変化であることが報告されている（Crowell et al., 2002）。このように，安定した恋人や配偶者との緊密で持続的な関係性やそれまでの情緒的経験とは異質の経験が愛着の質を肯定的な方向に変化させる要因のひとつと考えられている（安藤・遠藤，2005）。

　一方で，ボウルビィによればIWMは乳幼児期や児童期といった未成熟な時期に徐々に形成され，加齢とともにその可塑性を減じていくという。これは自分で自らの環境を選べない幼少期は環境からの影響が相対的に強くなるためにIWMの変容可能性が高まるが，加齢とともに自らが環境に働きかけ，自己概念や信念などに一致する情報を選択的に求めるようになる（自己確証動機）ためにIWMの安定性が高まるともいえる。たとえばアンビバレント型の女性と回避型の男性のペアは関係が維持されやすいことが報告されているが（Kirkpatrick & Davis, 1994），アンビバレント型の女性の行動（関係に不安で近接を強く求める）が回避型の男性の行動（親密さを嫌い近接を避ける）をより強めるように働き，結果として両者のIWMに一致した相互作用が関係の中でなされているために関係が維持されやすくなっているとも考えられる。

2　IWMの情報処理過程そのものを対象にした研究

　AAIやECRが開発されたことにより，今後の愛着研究はますますIWMを中核とした理論構成になっていくものと思われる。しかし，これまでのIWMの情報処理機能に関する研究のほとんどは，たとえば，愛着スタイルによって表情認知や脅威事態の解釈，ストレスに対するコーピングなどが異なるといったように，IWMを説明変数とするものであった。すなわちIWMによって対人情報の解釈やその後の対処行動が異なることは検討してきたが，なぜIWMによってこれらの認知や行動が異なるのかについての検討はほとんどなされてこなかった。この問題に対して，近年では社会的認知研究で用いられてきた情報処理的アプローチを援用して，IWMの働きそのものを研究する動きが見られるようになってきた。たとえば，評価的プライミング法（Mikulincer et al., 2002など）や情動ストループ課題（Edelstein & Gillath, 2008など），語彙判断課題（Baldwin et al., 1993など），潜在連合テスト（Zayas et al., 2002など），記憶の再生課題（Miller, 1999など）などを用いることでIWMの構造や機能について詳細に検討されるようになってきた。

日本でも，たとえば，不安が高く回避が低い個人は相手のニュートラルな表情から否定的な感情を読み取りやすい（金政，2005），回避型は笑っている乳児に対しても泣いている乳児と同レベルの嫌悪感情を示す（長谷川・戸田，2006）など，IWMを説明要因とする研究は散見されるが，IWMの構造や機能を問題とする研究は，評価的プライミング法や語彙判断課題を用いた島（2009, 2010）や芳賀・戸田（2012）の研究などがいくつか報告されているだけである。IWMの情報処理過程に関する実証的研究は，まだその緒に就いたばかりで，明確な結論を提示できる段階には至っていない（島，2007）が，今後の発展が最も期待できる領域のひとつである。

3　より妥当性のある，簡便な測定法の開発

　AAIは個人の愛着システムを活性化するように工夫されており，「無意識を驚かす」ことで，被面接者自身も意識化していない愛着に関する情報処理過程の個人的特性を抽出する。すなわち，AAIを通して愛着に関する表象にアクセスし，記憶庫の中からさまざまな情報を引き出し，それを即興的に構成するときのプロセス（すなわち，作業モデルのプロセス）を問題にすることで，IWMの機能を直接測定しようとしている（たとえば，遠藤，2006）。一方，質問紙尺度はIWMが機能したあとの意識的内容を扱っており，かつ，そこでの関係性も過去の愛着対象ではなく，現在の愛着対象もしくは一般的な対人態度を問題としている。このように両者の測定するものは必ずしも一致しておらず，とりわけAAIを使用する研究者からはそれぞれの測定法が判定する愛着のタイプが異なることが指摘されている（たとえば，Hesse, 1999）。これらの批判に対しては，近年さかんになってきた情報処理的アプローチや生理的指標を用いた実験結果などにもとづいて反論もなされている（たとえば，Shaver & Mikulincer, 2004）が，個人的な見解をいえば，とくに質問紙を用いてタイプ分類を行う場合には，分類の基準が標準化されていないこともあり，とりわけ信頼性が下がるように思われる。

　AAIは直接IWMの機能に焦点をあてているという意味で，質問紙尺度よりも妥当性の高い測定方法であろう。しかし，AAIを使用するためには，開発者のメイン（Main, M.）のもとで集中的なトレーニングを受けて，正式コーダーの資格を取得する必要があるため，とくに非英語圏の研究者にとっては敷居の高い方法である。加えて，面接内容を逐語録に書き起こし一人の被験者に対して十数時間をかけて緻密に分析・分類する（数井ほか，2000）といったように，タイプ分けのためにかなりの時間と費用，人材を必要とするきわめてコストの高い方法でも

ある。AAIの妥当性と質問紙法などの簡便さを合わせもった新しい測定方法の開発が必要である。すなわち，AAIでの結果を外的基準にすることで，質問紙法をはじめ，社会的認知研究で用いられるさまざまな実験法や投影法などを併用し，より簡便で妥当性の高い測定方法の開発が可能であるように思われる。その場合，タイプ分類のみを目的とした現在のAAIの使用方法に関してもあらためて考え直す必要があるだろう。遠藤（2006）の指摘にもあるように，AAIはその語りのデータに含まれる豊かな情報の潜在的可能性をもっと生かすべく，新たな活用法を案出する時期に来ているのかもしれない。ともあれ，近い将来にはAAIの研究者たちと社会人格心理学の研究者たちの協力のもとに，より妥当性のある，簡便な測定方法が開発されることを期待したい。

引用文献

Ainsworth, M. D. S., Blehar, M. C., Waters, E., & Wall, S. (1978). *Patterns of attachment*. Hillsdale, NJ: Lawrence Erbaum.

安藤智子・遠藤利彦．(2005)．青年期・成人期のアタッチメント．数井みゆき・遠藤利彦（編著），*アタッチメント：生涯にわたる絆*（pp.127-173）．京都：ミネルヴァ書房．

Baldwin, M. W., Fehr, B., Keedian, E., Seidel, M., & Thomson, D. W. (1993). An exploration of the relational schemata underlying attachment styles: Self-report and lexical decision approaches. *Personality and Social Psychology Bulletin*, **19**, 746-754.

Bartholomew, K., & Horowitz, L. M. (1991). Attachment styles among young adults: A test of a four-category model. *Journal of Personality and Social Psychology*, **61**, 226-244.

Belsky, J., & Fearon, R. M. P. (2002). Infant-mother attachment security, contextual risk, and early development: A moderational analysis. *Development and Psychopathology*, **14**, 293-310.

Bowlby, J. (1969). *Attachment and loss: Vol. 1. Attachment*. New York: Basic Books.

Bowlby, J. (1973). *Attachment and loss: Vol. 2. Separation*. New York: Basic Books.

Bowlby, J. (1980). *Attachment and loss: Vol. 3. Loss*. New York: Basic Books.

Brennan, K. A., Clark, C. L., & Shaver, P. R. (1998). Self-report measurement of adult romantic attachment: An integrative overview. In J. A. Simpson & W. S. Rholes (Eds.), *Attachment theory and close relationships* (pp.46-76). New York: Guilford Press.

Carlson, V., Cicchetti, D., Barnett, D., & Braunwald, K. (1989). Disorganized/disoriented attachment relationships in maltreated infants. *Developmental Psychology*, **25**, 525-531.

Collins, N. L., & Read, S. J. (1990). Adult attachment, working models, and relationship quality in dating couples. *Journal of Personality and Social Psychology*, **58**, 644-663.

Crowell, J. A., Treboux, D., Gao, Y., Fyffe, C., Pan, H., & Waters, E. (2002). Assessing secure base behavior in adulthood: Development of a measure, links to adult attachment representations and relations to couples' communication and reports of relationships. *Developmental Psychology*, **38**, 679-693.

Edelstein, R. S., & Gillath, O. (2008). Avoiding interference: Adult attachment and emotional processing biases. *Personality and Social Psychology Bulletin*, **34**, 171-181.

遠藤利彦．(2006)．語りにおける自己と他者，そして時間：アダルト・アタッチメント・インタビューから逆照射してみる心理学における語りの特質．*心理学評論*，**49**，470-491.

遠藤利彦．（2007）．アタッチメント理論の現在：特に臨床的問題との関わりにおいて．*乳幼児医学・心理学研究*，**16**，13-26．

遠藤利彦．（2010）．アタッチメント理論の現在：生涯発達と臨床実践の視座からその行方を占う．*教育心理学年報*，**49**，150-161．

Feeney, J. A., Noller, P., & Hanrahan, M.（1994）. Assessing adult attachment. In M. B. Sperling & W. H. Berman（Eds.）, *Attachment in adults: Clinical and developmental perspectives*（pp.128-152）. New York: Guilford Press.

George, C., Kaplan, N., & Main, M.（1984）. *Adult Attachment Interview protocol.* Unpublished manuscript, Department of Psychology, University of California, Berkley, CA.

芳賀信太朗・戸田弘二．（2012）．内的作業モデルにおける情報処理機能の検討．*日本パーソナリティ心理学会第21回大会発表論文集*，158．

長谷川香奈・戸田弘二．（2006）．乳児の情緒的反応に対する内的作業モデルの影響．*学校臨床心理学研究（北海道教育大学大学院研究紀要）*，**4**，101-117．

Hazan, C., & Shaver, P. R.（1987）. Romantic love conceptualized and an attachment process. *Journal of Personality and Social Psychology*, **52**, 511-524.

Hesse, E.（1999）. The Adult Attachment Interview: Historical and current perspectives. In J. Cassidy & P. R. Shaver（Eds.）, *Handbook of attachment: Theory, research, and clinical applications*（pp.395-433）. New York: Guilford Press.

Kagan, J.（1984）. *The nature of the child.* New York: Basic Books.

金政祐司．（2005）．自己と他者への信念や期待が表情の感情認知に及ぼす影響：成人の愛着的視点から．*心理学研究*，**76**，359-367．

数井みゆき・遠藤利彦・田中亜希子・坂上裕子・菅沼真樹．（2000）．日本人母子における愛着の世代間伝達．*教育心理学研究*，**48**，323-332．

Kirkpatrick, L. A., & Davis, K. E.（1994）. Attachment style, gender, and relationship stability: A longitudinal analysis. *Journal of Personality and Social Psychology*, **66**, 502-512.

工藤晋平．（2006）．恐れ型の愛着スタイルにおける攻撃性の抑圧：P-Fスタディを用いた検討．*パーソナリティ研究*，**14**，161-170．

Lyons-Ruth, K., & Jacobvitz, D.（1999）. Attachment disorganization: Unresolved loss, relational violence, and lapses in behavioral and attentional strategies. In J. Cassidy & P. R. Shaver（Eds.）, *Handbook of attachment: Theory, research, and clinical applications*（pp.520-554）. New York: Guilford Press.

MacDonald, K.（1992）. Warmth as a developmental construct: An evolutionary analysis. *Child Development*, **63**, 753-773.

Main, M., & Solomon, J.（1990）. Procedures for identifying infants as disorganized/disoriented during the Ainsworth strange situation. In M. T. Greenberg, D. Cicchetti, & E. M. Cummings（Eds.）, *Attachment in the preschool years*（pp.121-160）. Chicago: University of Chicago Press.

Mikulincer, M., Gillath, O., & Shaver, P. R.（2002）. Activation of the attachment system in adulthood: Threat-related primes increase the accessibility of mental representations of attachment figures. *Journal of Personality and Social Psychology*, **83**, 881-895.

Miller, J. B.（1999）. Attachment style and memory for attachment-related events. *Journal of Social and Personal Relationships*, **16**, 773-801.

中尾達馬・加藤和生．（2004）．成人愛着スタイル尺度（ECR）の日本語版作成の試み．*心理学研究*，**75**，154-159．

Rholes, W. S., & Simpson, J. A.（Eds.）．（2008）．*成人のアタッチメント：理論・研究・臨床*（遠藤利彦・谷口弘一・金政祐司・串崎真志，監訳）．京都：北大路書房．（Rholes, W. S., & Simpson, J. A.（Eds.）．（2004）. *Adult attachment: Theory, research, and clinical implications.* New York:

Guilford Press.）

Roisman, G. I., Padron, E., Sroufe, L. A., & Egeland, B.（2002）. Earned-secure attachment status in retrospect and prospect. *Child Development*, **73**, 1204-1219.

Shaver, P. R., & Mikulincer, M.（2004）. What do self-report attachment measures assess? In W. S. Rholes & J. A. Simpson（Eds.）, *Adult attachment: Theory, research, and clinical implications*（pp.17-54）. New York: Guilford Press.

島　義弘．（2007）．愛着の内的作業モデルに関する一考察：構造と機能に着目して．心理学評論，**50**，151-162.

島　義弘．（2009）．内的作業モデルの情報処理機能についての実験的検討．パーソナリティ研究，**18**，67-70.

島　義弘．（2010）．愛着の内的作業モデルが対人情報処理に及ぼす影響：語彙判断課題による検討．パーソナリティ研究，**18**，75-84.

戸田弘二．（1988）．内的作業モデル尺度．吉田富二雄（編）（2001），心理測定尺度集：Ⅱ人間と社会のつながりをとらえる〈対人関係・価値観〉（pp.109-114）．東京：サイエンス社．

van den Boom, D. C.（1994）. The influence of temperament and mothering on attachment and exploration: An experimental manipulation of sensitive responsiveness among lower-class mothers with irritable infants. *Child Development*, **65**, 1457-1477.

van IJzendoorn, M. H., Schuengel, C., & Bakermans-Kranenburg, M. J.（1999）. Disorganized attachment in early childhood: Meta-analysis of precursors, concomitants, and sequelae. *Development and Psychopathology*, **11**, 225-249.

Ward, M. J., Lee, S. S., & Lipper, E. G.（2000）. Failure-to-thrive is associated with disorganized infant-mother attachment and unresolved maternal attachment. *Infant Mental Health Journal*, **21**, 428-442.

Waters, E., Merrick, S. K., Treboux, D., Crowell, J., & Albersheim, L.（2000）. Attachment security in infancy and adulthood: A twenty-year longitudinal study. *Child Development*, **71**, 684-689.

Weinfield, N. S., Sroufe, L. A., & Egeland, B.（2000）. Attachment from infancy to early adulthood in a high-risk sample: Continuity, discontinuity, and their correlates. *Child Development*, **71**, 695-702.

Zayas, V., Shoda, Y., & Ayduk, O. N.（2002）. Personality in context: An interpersonal systems perspective. *Journal of Personality*, **70**, 851-900.

参考文献

数井みゆき・遠藤利彦（編）．（2005）．アタッチメント：生涯にわたる絆．京都：ミネルヴァ書房．

数井みゆき・遠藤利彦（編）．（2007）．アタッチメントと臨床領域．京都：ミネルヴァ書房．

Prior, V., & Glaser, D.（2008）．愛着と愛着障害：理論と証拠にもとづいた理解・臨床・介入のためのガイドブック（加藤和生，監訳）．京都：北大路書房．（Prior, V., & Glaser, D.（2006）. *Understanding attachment and attachment disorders: Theory, evidence and practice*. London: Jessica Kingsley Publishers.）

第Ⅱ部
発達心理学の理論的・方法論的潮流

第4章
ネオ・ピアジェ派の考え方

吉田　甫

　本章では，ネオ・ピアジェ派が提唱している考え方を紹介する。1970年代の初頭にピアジェ（Piaget, J.）の考え方に基本的には賛同するものの，異議を唱える人々が出てきた。その最初の人物は，おそらくパスカルレオン（Pascual-Leone, J.）であろう。彼は，ピアジェのいうシェム（シェマ）[1]は同化というアイデアが主であるため，認知的に葛藤があり同化がむずかしい状況では，無関連なシェマが強力になり，関連するシェマを抑制することになると考えて，1963年に心的能力に関してピアジェと議論している。パスカルレオンによれば（Pascual-Leone, 1987），ピアジェは認知的葛藤に関するその考えを理解したが，採用はしなかったとのことである。

　ネオ・ピアジェ派という立場が提案されてから現在までに40年ほどが経過している。それなのに，なぜ今でも新（ネオ）なのだろうか？　歴史的に意味があるということよりは，ネオ・ピアジェ派の理論が今も発達にかかわる最新の論争に深く関与しているということもありそうだ（Morra, 2001）。

第1節　ネオ・ピアジェ派の研究とは

　そもそもネオ・ピアジェ派とは，どのような研究の立場もしくは研究者を指すのだろうか？　1970年代の初頭にこの用語が使われ始めたが，必ずしもその定義が明確なわけではない。一方ではピアジェ理論とその特徴を共有しているが，しかし他方では異なる特徴ももっている。これまでの研究（Demetriou, 1987; Jansen & van der Maas, 2002）を参考にネオ・ピアジェ派の立場をまとめてみれば，以下のような特徴が浮かび上がるだろう。

---

[1]　シェマとは子どもが環境に働きかけるさいに内的に機能している知識のことをさす。

①ピアジェと同じく，認知発達に対して構成的なアプローチをとる。
②ピアジェと同じく，認知発達は，異なる特徴をもつ段階に分けられると仮定し，子どもの思考は，ある段階から次にかけてはその複雑さが増加すると仮定する。
③ピアジェとは違って，各段階の複雑さを規定する基準を決めるのは論理・数学的構造ではない。ネオ・ピアジェ派の理論は，心理学の本流と強く関連しており，その基準は，子どもの情報処理系の特徴に対応している。
④ピアジェに比べて，有能さと移行メカニズムの関係を体系的に追求するだけでなく，認知的成長が生じる内容をも追求する。
⑤ネオ・ピアジェ派が研究の対象にした課題は，数学や科学に関するピアジェ課題に比べれば，教育などへの適用性に富んでいると期待される。さらに，注意深く変数をコントロールすることで，科学的に認めることができるような形で現象に光を当てている。
⑥ピアジェという一人の巨人が構築したピアジェ心理学とは異なり，真の意味でのたくさんの研究者の集合体である。

このようにネオ・ピアジェ派をとらえると，どのような研究者がこの立場に分類されるだろうか？　これは，大変悩ましい問題であり，筆者はこの疑問に正鵠を射るほどの知識をもち合わせていない。この節では，その代表格と見なされている6人の研究者を取り上げてみる。最初に取り上げるべき人物は，何と言っても，トロントにあるヨーク大学のユアン・パスカルレオンだろう。彼は，ピアジェのように論理的有能さの変化によって認知発達を説明するのではなく，情報を統合する能力によって発達を説明しようとし（Pascual-Leone, 1987），ピアジェの概念の中核の一つであるシェムを用いて，シェムが統合されることで発達が進行すると考えた。たとえば，前操作期の後半（5〜6歳）では，2つのシェムの統合が必要とされ，具体的操作期の前半（7〜8歳）では3つのシェムの統合が，その後半（9歳）では4つのシェムの統合が必要であるとした。彼は，シェムを象徴的シェムと操作的シェムという2つのタイプに分類し，課題の目標や概念や意味や心的状態は象徴的シェムとして表現され，過程や行為や操作などは操作的シェムで処理されると主張する。そうしたシェムの中で心的操作（M操作，M-Operatorと呼ばれる）とは，注意の資源とでも言うべきものであり，これはその後の研究でも採用された概念である。

　パスカルレオンの影響を受けてはいるが，独自の理論を展開し発展させたのが，ロビー・ケイス（Case, R.）である。ケイスこそが，ネオ・ピアジェ派の代表選手

と見なすことができる人物であったが、残念ながら 55 歳という若さで夭逝している。彼の発達理論は、第 2 節で紹介する。

次は、オーストラリア、クイーンズランド大学のグラーム・ハルフォード (Halford, G.) である。彼も、作業記憶（ワーキングメモリ）の役割、アナロジー、訓練の転移などを重要視しながら、構造転写 (mapping) の 4 レベルを提唱している (Halford, 1987)。ハルフォードによれば、転写される複雑さが異なる構造転写には、4 つのレベルがあるという。たとえば、要素の転写は、2 つだけの項目の相互関係を含む最低のレベルであり、それに対し関係的転写は、2 つの要素に関する 2 つのセットの相互関係を含む。高次の転写にさいしては、情報処理の負荷がかなり高くなるという仮定がなされており、作業記憶が理論の重要な一つの柱となっている。

次は、ハーバード大学のクルト・フィッシャー (Fischer, K.) である。フィッシャーほか (Fischer & Farrar, 1987) は、スキル構造について 4 層の段階理論を提案している。各層には 4 つのレベルがあり、ある層の最後のレベルが次の最初のレベルとなると仮定されている。各レベルは、システム的に層から生みだされ、レベルは、その層で使用可能なスキルを互いに関連させる点で異なっている。ここでの発達は、ケイスと同じく、再帰的な構造となっている。

ギリシアのテッサロニキ大学のアンドレア・デメトリュ (Demetriou, A.) は、経験的構造主義を唱え、そこでは 4 つの発達原理とそれらが機能することでもたらされる 6 つの認知能力を仮定している (Demetriou & Efklides, 1987)。これらの発達原理が、彼らのモデルの基礎になると言えるだろう。第 1 の原理は、能力についての領域固有性であり、それによれば、認知システムは、さまざまな領域に対応する異なる機能系を構成している。第 2 は、能力についての形式的 (formal) − 手続き的固有性の原理であり、さまざまな能力は、知的タイプを示す心的モデルとして機能する。第 3 の原理である能力の記号的バイアスでは、それぞれの能力は所与の記号系にバイアスをもっており、その記号系はその領域の特徴と関係を表現するために、また探索の過程を努力と誤りをできるだけ少なくするようにするためという 2 つの目的の実行に資するものである。第 4 は能力の主観的弁別性であり、それぞれの能力は、意識的にまた異なって経験されるものである。

最後は、アメリカ、ピッツバーグにあるカーネギーメロン大学のロバート・シーグラー (Siegler, R.) である。彼の関心は、どちらかと言えば、子どもが所与の課題を解決するさいに選択する方略にある (Siegler, 1995)。これまでに彼が発表してきたさまざまな論文の中でも、その関心は一貫している。このため、筆者は

「あなたは自分自身をネオ・ピアジェ派に属する研究者だと思いますか」と彼に聞いたことがあるが，答えは「no」であった（吉田，2009）。しかし，1976年に発表した天びん課題に対するすばらしい分析を見る限り，そうとも言えないところがあり，このため多くの研究者は，シーグラーをネオ・ピアジェ派の研究者の一人と見なしている（Liben, 2002）。

ネオ・ピアジェ派に属する研究者は，それぞれ独自の理論を構成しており，紙面の関係でそれらを詳しく紹介することはできない。理論の内容そのものは互いに異なっているが，核となる点は共通しており，以下のようにまとめることができる。

①認知発達の途上に，3〜4の構造的レベルが設定されている。
②高次の構造は，低次の構造を包含し，低次の構造の集合体である。
③一般的な形態では，共有性があるにもかかわらず，ある段階でのある構造は，他の構造とは独立に統合されたものであり，この統合が生じる文脈とその文脈における子どもの以前の経験とが依存するような形となっている。
④それぞれの構造が統合される方法と，それらが獲得されるスピードとにおいて，個人内・間に重要な差がある。
⑤最適な条件下でさえも，子どもが所与の年齢で統合できる構造のレベルには上限がある。この上限が，実験差・個人差が統制された条件下でも，さまざまな課題間での機能に段階の限界を与えることになる。
⑥その上限を決定するうえで重要な役割を果たす要因の中でも，作業記憶の大きさ，その中で実行できる基礎的操作のスピードが大事である。

第2節　ケイスの理論

1　実行制御構造をベースにしたケイス理論

この節では，ネオ・ピアジェ派の理論を具体的に知るために，ピアジェ理論をもっとも忠実に継承し発展させたネオ・ピアジェ派の代表選手であるロビー・ケイスの理論を紹介する。

ケイスの理論の前提になっているのは，子どもは思考する存在であり，問題解決者であるとして特徴づけていることだ。彼の理論の大きな目的は，子どもはどのようにして強力な問題解決者または高次の思考者となるかを明らかにすることである。彼はこうした発達は，少なくとも2つの要因，作業記憶の機能的増加と操作の効率性の増加で説明できると仮定した。また，子どもは実行制御構造を発

達させるが，それを押し上げるものは中心的概念構造が強く関連しているとも強調している。この実行制御構造とは，子どもが問題に出会って，何に注意し，どのような方略を使うかをプランニングしモニターするさいに働く制御構造であり，発達はこの制御構造の変化によって引き起こされる。

これらの制御構造は，以下の3つの要素を含んでいる。
①ある特定の問題群に対する本質的な特徴に関する表象
②この問題群が誘発する目標の表象
③問題の最初と最終状態間のギャップを埋める操作系列の表象

子どもの思考の発達を特徴づけるさいに，ケイスは，実行制御構造が4つの段階を経て発達すると仮定している。その段階とは，感覚運動（sensori-motor）段階，相互関係（interrelational）段階，次元（dimensional）段階，ベクトル（vectorial）段階である。それぞれの段階で，子どもはさまざまな課題に対する理解を示すが，それを支えるものは実行制御構造のそれぞれの要素で示される心的要素の関数であると提案している。実行制御構造内でその複雑さが増加することが特徴であり，それは図4-1に示されている（Case, 1992）。

ケイスの理論は，下位段階が循環的・再帰的なパターンをもつことが特徴であり，それぞれの下位段階は，前の下位段階での制御構造が定着することと前の構

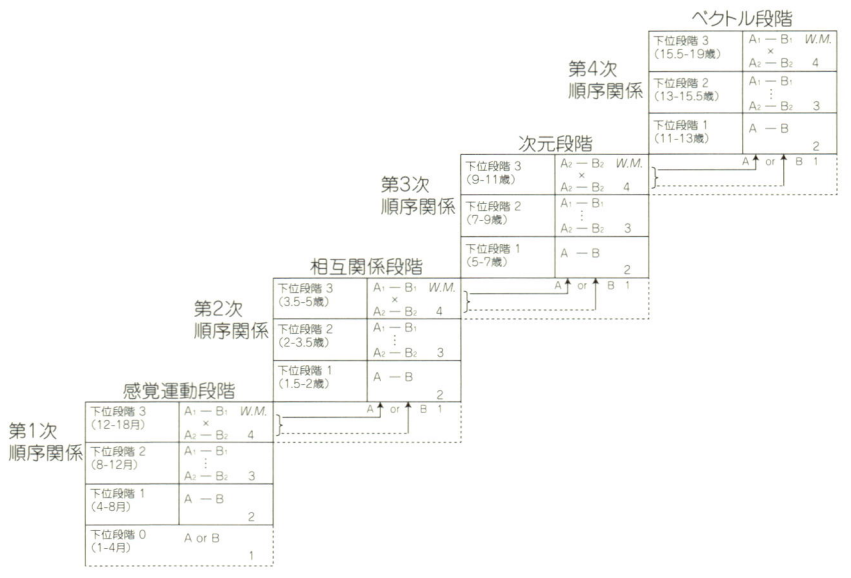

図4-1 さまざまな発達段階における子どもの知識に関する仮説的な循環構造 （Case, 1992）

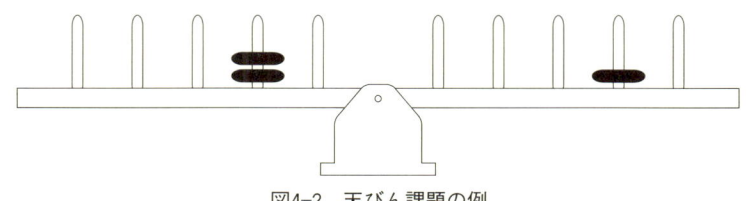

図4-2 天びん課題の例

造とをつなぐ新たな単位を追加することが特徴である。さらに，主段階の最後の下位段階で達成された構造の複雑性は，次の主段階の下位段階の最初の単位に対応しており，最後の下位段階の構造がより上位の構造へと質を変えた形で次の主段階の最初の下位段階に移行し，これによって新しい高次の関係レベルへと発達するという興味ある構造が仮定されている。

図4-1の下位段階0で記号「A」や「B」で示されているいくつかの操作的要素が定着するが，子どもはまだ2つの協応する要素として働かせることができないので，それぞれ単独で機能している。下位段階1で，2つの質的に異なる操作が1つの構造「A-B」に統合され，質的にもまた量的にも発達が進行する。下位段階2で，前の下位段階では単独で利用されていた類した操作が協応するようになるが「A_1-B_1とA_2-B_2」，まだ十分に統合されてはいない（図中では点線で表示）。下位段階3では，これが統合される（実線で表示）。次の主段階に移行するさいには，これら統合された単位のそれぞれは，単一の要素としてまとめられ，この全体の過程が繰り返され，作業記憶（図中の $W.M.$）の大きさもそれぞれの構造内で1から4へと増大する。

ここでこの実行制御構造という観点から，児童期から青年期にかけての発達を少し具体的に紹介しよう（Case, 1985）。ケイスは，さまざまな問題群を研究の対象にしているが，ここではシーグラーが利用した天びん課題（Siegler, 1976）を例として利用する。図4-2は，用いられた課題の一つである。児童期は，ケイスの用語では次元段階となるが，ここでは，課題を実行するのに必要な表象は，1つの次元（天びん課題で言えば，重さまたは距離の次元）のみである。これらの次元を利用することが，この段階の特徴であるが，そこでのもっとも上位の下位段階は，表4-1のように表される。

こうした方略は，次元段階のもっとも高次のパターンである。しかし，これが次の段階になると，そうした複雑な関係が，より高次の単純な方略に置きかえられる。これは，ケイスに従えば，ベクトル段階となるが，それは2つの次元を同時に考慮できるという意味で，ベクトルという用語が用いられている。つまり，

表4-1 天びん課題における児童期の制御構造 (Case, 1985)

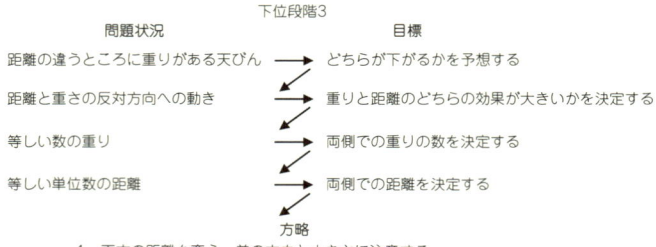

下位段階3

問題状況		目標
距離の違うところに重りがある天びん	→	どちらが下がるかを予想する
距離と重さの反対方向への動き	→	重りと距離のどちらの効果が大きいかを決定する
等しい数の重り	→	両側での重りの数を決定する
等しい単位数の距離	→	両側での距離を決定する

方略
1. 両方の距離を変え、差の方向と大きさに注意する
2. 重さについて1を繰り返す
3. 1と2での結果の大きさを比較する
4. より大きい差の次元に注目して、高い値をもつ方が下がると言う

表4-2 下位段階0

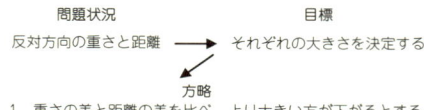

問題状況		目標
反対方向の重さと距離	→	それぞれの大きさを決定する

方略
1. 重さの差と距離の差を比べ、より大きい方が下がるとする

表4-3 下位段階1

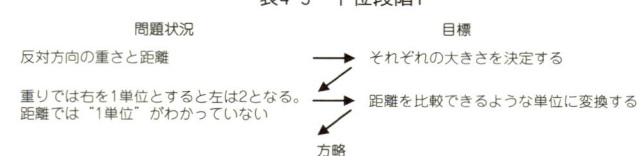

問題状況		目標
反対方向の重さと距離	→	それぞれの大きさを決定する
重りでは右を1単位とすると左は2となる。距離では"1単位"がわかっていない	→	距離を比較できるような単位に変換する

方略
1. 左側でどれくらいの距離が得られるかを調べるため右側での距離を数える
2. 結果としての2つの単位比を比べて、等しければつり合うと言う。そうでなければ、強い方が下がると言う

ある操作が、たとえば距離と重さの2つの次元を背景にしているということである。この段階も、4つの下位段階に区分されているので、以下、下位段階ごとに見ていこう。

〈下位段階0〉（表4-2)

この下位段階は、次元段階の下位段階3と同じである。次元段階の最終段階にいる子どもが、経験を積み重ねていくと、彼らの方略は自動化されていく。このため、その方略を実行するさいにも作業記憶への負荷がなくなり、次の制御構造が現れる。

〈下位段階1〉（表4-3）

下位段階0では、ベクトル操作とはいっても2つの操作が協応しておらず、結果として抽象的な思考構造とはなっていなかった。しかし、この下位段階1では

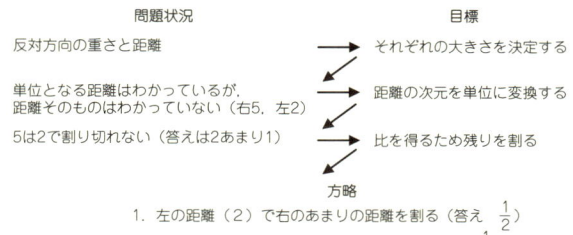

表4-4　下位段階2

問題状況　　　　　　　　　　　　　　　　目標

反対方向の重さと距離　　　→　　それぞれの大きさを決定する

単位となる距離はわかっているが，　→　距離の次元を単位に変換する
距離そのものはわかっていない（右5，左2）

5は2で割り切れない（答えは2あまり1）　→　比を得るため残りを割る

方略

1. 左の距離（2）で右のあまりの距離を割る（答え $\frac{1}{2}$）
2. 左側において整数とこの値とを加える（答え $2\frac{1}{2}$）
3. この値と重さでの比とを比べて，より大きい方が下がると言う（$2\frac{1}{2}$）

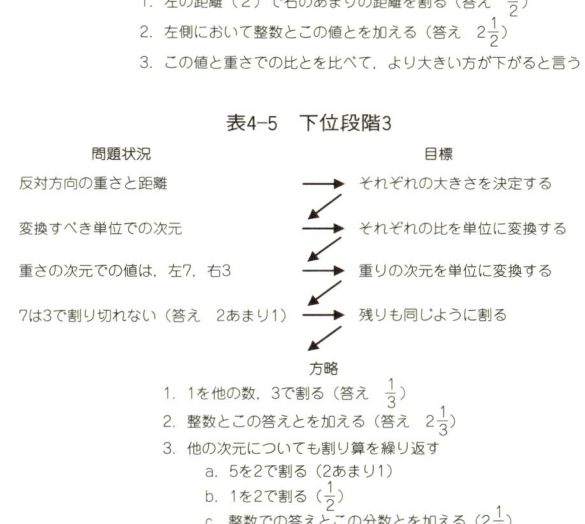

表4-5　下位段階3

問題状況　　　　　　　　　　　　　　　　目標

反対方向の重さと距離　　　→　　それぞれの大きさを決定する

変換すべき単位での次元　　→　　それぞれの比を単位に変換する

重さの次元での値は，左7，右3　→　重りの次元を単位に変換する

7は3で割り切れない（答え　2あまり1）　→　残りも同じように割る

方略

1. 1を他の数，3で割る（答え $\frac{1}{3}$）
2. 整数とこの答えとを加える（答え $2\frac{1}{3}$）
3. 他の次元についても割り算を繰り返す
   a. 5を2で割る（2あまり1）
   b. 1を2で割る（$\frac{1}{2}$）
   c. 整数での答えとこの分数とを加える（$2\frac{1}{2}$）
4. 2つの割り算の結果を比較して，大きい比の方が下がると言う

質的な変化が見られ，抽象的推理の最初のサインが見られる。たとえば，左の重りが2，右の重りが1であり，左の距離が2で右の距離が4であるような天びん課題が与えられたとする。子どもは，右が左より距離は長く，左の2倍の距離であるというようには考えない。彼らは，左側は右の重りの2倍であり，距離では右側が2倍になっていると考える。このため，つり合うという結論を出す。しかし，子どもが天びんに関する経験がない，あるいはあっても正しいフィードバックを受けていなければ，この種の推理は生じてこない。

〈下位段階2〉（表4-4）

　下位段階1では，2つの対立する次元があるとき，比を利用することができた。しかし，この操作は1つの次元のみに対して行うことができ，もっと複雑な場面に出会うと，彼らはそれより前の段階での操作に戻ってしまう。ところが，この下位段階2になると，2つの割り算操作を同時に行うことが可能になってくる。

たとえば，距離が右は5，左は2であり，重さが右は1で左が2のような問題も，2を1つの単位として5を2で割り，この比（$2\frac{1}{2}:1$）と重りでの比（$2:1$）とを比較して，正しい答えに達するようになる。

〈下位段階3〉（表4-5）

　この段階は，ベクトル段階の最高の位置にある。ここでは，与えられる2つの比を新しい単位に変換して，問題を解くことができる。たとえば，重りが7と3，距離が2と5のような問題が与えられたとする。子どもは，重りでは3を1単位と見て7を3で割って$2\frac{1}{3}$，距離では同様にして5を2で割り，$2\frac{1}{2}$として比較する。大きい比，つまり距離の要因が主要な決定因となるので，距離の大きい方に下がると予想する。これは，まさに抽象的な思考であり，外部世界から抽象化された思考形式となっている。

　ここまでに分析してきたのは，青年期の知力，この例では天びん課題という領域に対する知力が，どのように発達するかを見たものである。それぞれの下位段階で示される制御構造の内容は，1つの段階で成分が複雑になる。それらが，付加的な形で以前の下位段階の方略を取り込みながら発達しているのである。

　さて，段階間の移行についても，これらの表からその具体的な移行がわかる。つまり，相互関係の最後の段階では，子どもは問題を表象し，目標を構成し，方略を採用するさいに4つもの行為が必要となっている。しかし，次の次元段階の最初では，これら4種類の内容は，より高次の単一の問題状況，目標，方略に変換されているのがわかる。次元段階では，これらより高次の内容がさらに精緻化されるという形で，発達が進行している。段階間の移行メカニズムについては，以下のような3ステップのプロセスが仮定されている（Case, 1992）．

① 2つのシェムが同時に活性化し，第1のシェムが活性化している中で第2のシェムを実行する。
② その組み合わせが有効であることを子どもが理解する必要があり，さらに2つのシェムが再体制化されねばならない。
③ 再体制化された2つのシェムが，それ自身でスムースに機能するような別の単位に変換されねばならない。

2　中心的概念構造について

　次に，ケイスの理論で重要な概念である中心的概念構造（central conceptual structure：CCS）を紹介する。中心的概念構造とは，所与の領域における思考と学

習において子どもの概念的発達の基礎を形作る概念と認知過程の統合されたネットワークを指す（Case & Okamoto, 1996）。発達の途上で，これらの構造は，小さな変化（下位段階）だけでなくいくつかの主な質的な変換（段階）を受ける。CCSは，ピアジェが示したような論理構造が支配するような形では影響しない認知構造と考えられる。と同時に，領域固有の研究者が提唱するような狭く局所的な構造であるとも考えられていない。つまり，CCS が，さまざまな領域をこえて概念のネットワークという点から子どもに共通の土台をもつ出来事を理解させることになる。ケイスは，CCS は概念のコアであり類似の概念的特徴をもつ問題状況を理解するさいの中心となるものと定義している（Case, 1996）。これらのコア概念が，発達の進歩の基礎となる。たとえば，数の獲得は，量にかかわる問題を解くさいに必要なさまざまな概念や方略の基礎となる。同じく，社会関係を理解するさいの行動・規範・期待は，思考を中心とする概念的構造を必要とすると仮定できる。それらは，社会的な状況を理解するさいに必要な意図の理解に含まれる社会的な知識を取り出すのである。要するに，CCS は，概念やそれらの関係のネットワークとして概念化され，経験をとおして確立され，成熟という制約にも従っている。それぞれの CCS は，領域を越えて応用できるものであり，たとえば量という概念構造は，数学，時間，お金，音楽の記号といったさまざまな領域に関係する。CCS を導入することに関連した理論的新鮮さとは，制御と概念構造にあり，それらは発達の本質的な柱と見なされることである。ケイスは，この CCS という概念の性質を研究するためにさまざまな領域および年齢にわたって介入研究を展開した（Case, 1992）。残りの部分で，そうした努力の一つである有理数に関する介入研究を紹介する。

　モスとケイス（Moss & Case, 1999）は，有理数での原始的な心理学的単位として，2つをあげている，つまり，①比例的評価についての全体的構造（Resnick & Singer, 1993），②分割や2倍にするといった数の構造（Case, 1985；Kieren, 1992）であり，いずれもこれらは9～10歳にはそれぞれが適切なものになる。11～12歳になり，これら2つの構造が協応することで，比と単純な分数（1/2 や 1/4 など）に対する半抽象的な理解ができるようになる。子どもが，年長になり教授を受けるにつれて，彼らはさまざまな分割とさまざまな分数間の関係を学習する。また，分数と小数との関係も学習する。こうした分析により，教授の最も重要な役割の一つは，自生的に生じてくる過程を洗練して拡大し，それによって古いスキーマから新しいスキーマが構成され，徐々に他のスキーマと区別されて統合されるようにすることである。それゆえモスとケイスは，事前のスキーマをもっている子ども（10

連続量についての知識と連続的な分割で作られる比

満杯 → 半分(2倍) → 半分(2倍) → 4分の1 → 半分(2倍) → 8分の1 → 少ない/多い → 10分の1

1から100までの数の知識と％との関係

100% → 半分 → 50%半分 → 第2半分割 → 25% 4分の1 → 第3半分割 → 12.5% 8分の1 → 少ない/多い → 10% 10分の1

100/2=50、50×2=100、50/2=25、25×2=50、25/2=12.5、12.5×2=25

数に関する一般的知識と測定での利用

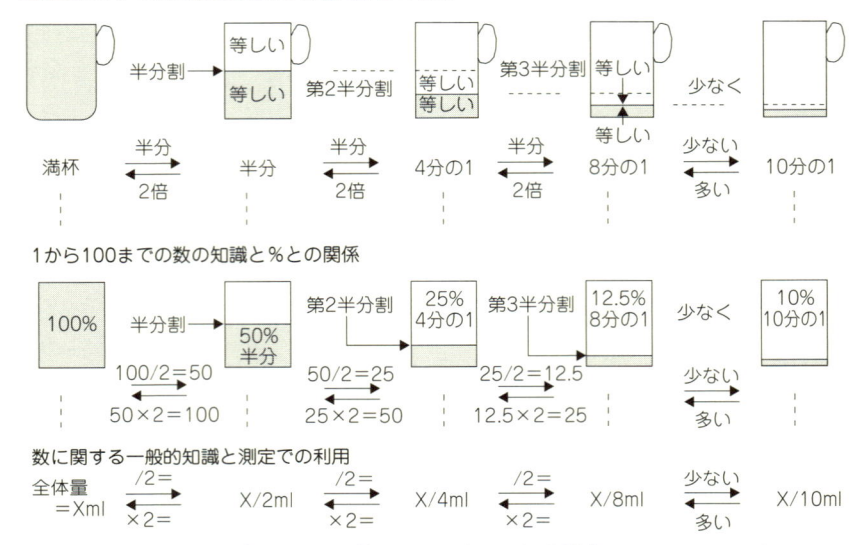

全体量＝Xml → /2＝ ×2＝ → X/2ml → /2＝ ×2＝ → X/4ml → /2＝ ×2＝ → X/8ml → 少ない/多い → X/10ml

図4-3　有理数プログラムで教えられた中心的概念構造（Moss & Case, 1999）

表4-6　介入前後の平均得点

	実験群	対照群
事前	12.36 (6.2)	10.79 (5.6)
事後	31.12 (7.4)	17.5 (7.6)
差	18.76	6.71

〜11歳）を対象にして，有理数の全体的な構造の理解へのベースとなるような結果としての認知構造を利用できるような CCS を仮定した。その構造は，図 4-3 に示されている。

　この構造を基にした介入プログラムが構成され，実験群には 16 人の 4 年生が，対照群には 13 人の 4 年生が参加した。介入期間は，3 週間におよんだ。詳しい方法は省略するが，事前・事後テストの結果は，表 4-6 に示されている。実験群は，対照群に比べれば，およそ 3 倍もの伸びを示し，こうして CCS を組み込んだプログラムは，かなり効果的であることが実証された。

まとめ

　ネオ・ピアジェ派の研究は，ピアジェの遺産を受け継ぎ，現代の心理学の視点

から認知発達について新たな構想を提出しようとしている意欲的な研究分野と言えるだろう。その努力は，認知発達のメカニズムを詳細にするという方向だけでなく，ケイスやシーグラーに代表されるように，子どもへのさまざまな介入研究などといった応用研究にも拡大している。そうした努力の中で，キーとなる概念が提案され，それらが現代の心理学での大きな論争を巻き起こしている。今後，ネオ・ピアジェ派がどのような方向を開拓するかが注目されるところである。

引用文献 ……………………………………………………………………………

Case, R.（1985）. *Intellectual development: Birth to adulthood*. Orland, FL: Academic Press.
Case, R.（1992）. *The mind's staircase*. Hillsdale, NJ: Erlbaum.
Case, R.（1996）. Introduction: Reconceptualizing the nature of children's conceptual structures and their development in middle childhood. *Monographs of the Society for Research in Child Development*, **61**（2）, 1-26.
Case, R., & Okamoto, Y.（1996）. The role of central conceptual structures in the development of children's thought. *Monographs of the Society for Research in Child Development*, **61**（1-2 Serial No.246）.
Demetriou, A.（1987）. Preface. *International Journal of Psychology*, **22**, 501-505.
Demetriou, A., & Efklides, A.（1987）. Experiential structuralism and neo-Piagetian theories: Toward an integrated model. *International Journal of Psychology*, **22**, 679-728.
Fischer, K. W., & Farrar, M. J.（1987）. Generalizations about generalization: How a theory of skill development explains both generality and specificity. *International Journal of Psychology*, **22**, 643-677.
Halford, G. S.（1987）. A structure-mapping approach to cognitive development. *International Journal of Psychology*, **22**, 609-642.
Jansen, B. R. J., & van der Maas, H. L. J.（2002）. The development of children's rule use on the balance scale task. *Journal of Experimental Child Psychology*, **81**, 383-416.
Kieren, T. E.（1992）. Rational and fractional numbers as mathematical and personal knowledge. In G. Leinhardt, R. Putnam, & R. A. Hattrup（Eds.）, *Analysis of arithmetic for mathematics teaching*（pp.323-371）. Hillsdale, NJ: Erlbaum.
Liben, L. S.（2002）. Editorial on balance. *Journal of Experimental Child Psychology*, **81**, 379-382.
Morra, S.（2001）. On the information-processing demands of spatial reasoning. *Thinking and Reasoning*, **7**, 347-365.
Moss, J., & Case, R.（1999）. Developing children's understanding of the rational numbers: A new model and an experimental curriculum. *Journal for Research in Mathematics Education*, **30**, 122-147.
Pascual-Leone, J.（1987）. Organismic processes for neo-Piagetian theories: A dialectical causal account of cognitive development. *International Journal of Psychology*, **22**, 531-570.
Resnick, L. B., & Singer, J. A.（1993）. Protoquantiative origins ratio reasoning. In T. P. Carpenter, E. Fennema, & T. A. Romberg（Eds.）, *Rational numbers: An integration of research*（pp.107-130）. Hillsdale, NJ: Erlbaum.
Siegler, R. S.（1976）. Three aspects of cognitive development. *Cognitive Psychology*, **8**, 481-520.
Siegler, R. S.（1995）. Children's thinking: How does change occur? In F. E. Weinert & W. Schneider（Eds.）, *Memory performance and competencies: Issues in growth and development*（pp.405-430）. Hillsdale, NJ: Erlbaum.
吉田　甫.（2009）. Robert Siegler との個人的対話.

第5章
新成熟論の考え方

小島康次

第1節　新成熟論とは何か

1　ピアジェとチョムスキーの論争——ロワイヨーモン大僧院にて

　1975年10月，ロワイヨーモン人間科学研究センター（大僧院）において歴史的で野心的な論争の場が設けられた。ダーウィン（Darwin, C.）の進化論に対する疑問を呈した名著『偶然と必然』の著者として知られるジャック・モノー（Monod, J.：1965年，ノーベル医学・生理学賞受賞）がセンターの所長であり，仕掛け人の一人だった。この僧院でピアジェ（Piaget, J.）とチョムスキー（Chomsky, N.）が大論戦を繰り広げたことは人々の記憶から消えつつある。1970年代と言えば，まだ，新生得主義の影も形もなかった時代のことである。論戦の忠実な記録は，ピアッテリ＝パルマリーニ（Piattelli-Palmarini, 1979/1986）の編集になる『ことばの理論 学習の理論』として出版された。「ことばの理論」とはチョムスキーの生成文法理論を指し，「学習の理論」とはピアジェの発生的認識論を意味するものであることは言うまでもない。

　二人は同じく進化論を重視していた。その点においてどちらかが決定的に間違っていたわけではなかった。違いは二つあった。第1に，チョムスキーは，言語という領域に固有の発達に絞った議論を組み立てていたのに対して，ピアジェはあらゆる領域を包含した大きな発達の様相（領域一般）について論じていたこと。第2に，チョムスキーが前成説の立場に立つ（つまり，発達を問題にしていなかった）のに対して，ピアジェは後成説の立場に立っていた（まさに発達を問題にしていた）こと。

　1980年代，アメリカにおけるピアジェ・ブームに代わって新生得主義，すなわちチョムスキー＝フォーダーの路線が主流になっていったことは知られている

とおりである。本論を展開するにあたり，このピアジェとチョムスキーの論争について改めて要点を整理しておくことは，「新生得主義」と新たに展開する「新成熟論」の違いを明確にするうえでも有用であると考える。

2　発達心理学の復権——ピアジェへの回帰と新たな展開

「新成熟論」という用語は，一般に馴染みの薄いものであり，これまでほとんど用いられてこなかった呼称である。新生得主義（neo-nativism）は，1980年代にチョムスキーの言語獲得に関する先駆的研究（Chomsky, 1965/1970）を拡張して，知識の基になっているコンピテンス（能力）は遺伝的に備わっているとする立場である。時を同じくして起こった進化心理学（Daly & Wilson, 1988）が次第に発達心理学者の関心を集めるようになり，生得説の大きなうねりがピアジェに代表されるそれまでの発達研究を覆い尽くした感があった。

新生得主義も進化心理学も，発達心理学者が期待した発達のメカニズムを明らかにしてくれるどころか，そもそも発達のプロセスに関して無関心だったとさえ言えるかもしれない（Barkow et al., 1992；Buss, 1999）。発達心理学者がそのことにようやく気づいた頃には，発達のプロセスを問題にするピアジェ理論は時代遅れだ，という大合唱が木霊していた。その後，アメリカの東海岸を中心とする生得主義と西海岸・中西部を拠点とする文化−歴史的アプローチ（Cole, 1996/2002；Wertsch, 1991/1995）が認知発達の分野を二分する勢力になったことは知られているとおりである（文化−歴史的アプローチについては，第8章を参照のこと）。

「新成熟論」には新生得主義と決定的に異なる点がいくつかある。新生得主義が遺伝的規定性を強調する強い生得説の立場を取るのに対して，新成熟論は後成的な面とのダイナミックな相互作用という視点を導入している。新生得主義が領域固有性を強く主張するのに対して，「新成熟論」は領域一般性との関連を問題にし，両者の「共進化」という視座から発達をとらえようとする。遺伝的素因あるいは生得的能力が，そのまま環境因によって自動的に発現するとするスペルキー（Spelke, E. S.）やピンカー（Pinker, S.）に代表される強い生得主義的立場に対して，新成熟論は同じ環境因であっても発達のプロセスにおいて異なる機能と時間的展望をもつことがあり，それらがダイナミックに相互作用することを含意するものとして発達を定義するのである。

「主体と環境の相互作用」と言うと即座にピアジェの発達論が想起されるかもしれない。そのため「新成熟論」は一見，ピアジェへの単なる回帰と受け止められる恐れがある。新生得主義・進化心理学がヒトの行動を遺伝によって説明しよ

うとし，ピアジェに代表される従来の発達心理学がヒトの行動を主体と環境との相互作用によって説明しようとしてきたのに対して，新しい発達心理学としての「新成熟論（進化発達心理学）」は，さらに両者のダイナミックな関係性を問題にするところに独自の特徴がある。

すなわち，①発達に対して進化が影響を及ぼすとする見方と，進化をも発達の一形式とする見方の両方を考慮に入れる。言い換えれば，発達と進化を成長のあらゆるレベルで双方向的な相互作用の結果としてとらえるのである。②相互作用を主体と環境のようなマクロなレベル同士のものとせず，さまざまな局所的（ミクロ）レベルの相互作用の結果と見るダイナミックな視点を取る。

ヒトの祖先は生物種として進化したが同時に個体として発達もした。系統発生と個体発生は，それらを別のものとして分析するよりも，相互に関連し合う全体として見た方がより良い理解に至ると考えるのである（Gottlieb, 1991）。本章では，以下，新成熟論（進化発達心理学）（Bjorklund & Pellegrini, 2002/2008）をめぐるトピックと理論的視座について順次解説していく。まず，次節「生得性とは何か」では，進化と発達に共通する遺伝的要因を見る新たな視角について，主に「制約」概念を用いて説明する。

第2節　生得性とは何か——発達と進化を架橋する「制約」概念

1　発達と進化の基本的関係

伝統的な発達心理学者にとって，「生得的」という用語は異論が多く，積極的に用いられることの少なかった概念である。この点で，進化心理学者とは一線を画してきたように思われる。生得的とは本能とほぼ同義であるとする初期の頃の行動生物学者の見方が標準的なものと取られてきたことも一因であろう。すなわち，先行経験を必要とせずに発現する複雑な行動をもって生得的とする考え方である。現代の進化発達心理学者による生得性の考え方は，発達を組織化のあらゆるレベル（分子，細胞内組織，細胞，生物体）で，DNA⇔RNAのように，双方向的な相互作用の結果としてとらえるように変化してきた（Gottlieb, 1991）。発達をシステムとして見るならば，遺伝的特徴と広い意味での環境との間の絶え間ない相互作用を考慮しないで生得性を語ることはできない（図5-1参照）。

しかし，生物内で起こる相互作用の結果として生じる変化に限定する見方もあり，外部環境の影響を受けない神経回路の変化を対象とする立場（Johnson, 1998；Johnson & Morton, 1991）は「制約」説と一致するものである。ヒトが特定の問題を

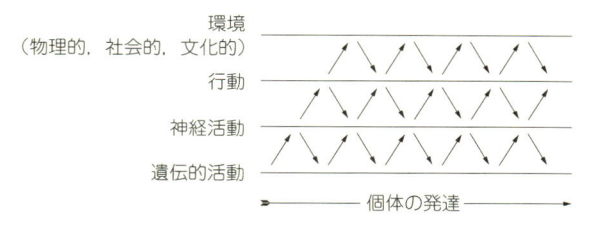

図5-1　4つの層による階層構造における双方向の相互作用（Gottlieb, 1992）

解決するために領域固有のメカニズムを発展させたとすれば，われわれの心は汎用性のある問題解決を行うようにはできていないことになる。言い換えれば，われわれの学習のメカニズムは「制約」を含むものであると考えられる（Gelman & Williams, 1998）。ここで言う制約とは，学習を制限する意味ではあるが，阻害するものという意味ではなく，むしろ，促進する機能をもつものである。それは，子どもがあらゆる方向から押し寄せてくる刺激に圧倒されず，早く，より効率よく学習するために，特定の情報を決まったやり方で処理するように方向づける役割を果たすのである。

　進化心理学者のコスミデスとトゥービー（Cosmides & Tooby, 1987）は，ヒトの心と行動が過去500万年にどのように進化してきたかを説明するためにもっとも有効なレベルを認知レベルの情報処理メカニズムだと考える。これは，認知プロセスが環境入力との相互作用を通じて外に現れる行動を生成するということ，そして，進化と行動の因果的結びつきは心理的メカニズムを通じて作られるという考え方にもとづいている。

　コスミデスとトゥービーによると，適応行動は適応的思考をもとにして可能となるのであり，自然淘汰は，認知レベル，つまり，現実世界の問題を解決するために進化した情報処理プログラムに作用すると考えられる。ここでいう情報処理メカニズムとは領域固有の処理メカニズムのことである。各メカニズムはある特定の領域に固有な問題を解決するように進化してきたものであるから，いわばダーウィン的アルゴリズム（一定の決まった手順）だということになる。それらはまたフォーダー（Fodor, J.）のいうモジュールになっているものでもあり，ピンカーは次のように述べている。心はモジュール，つまり心的器官で構成され，それぞれ1つの専門領域に特化した設計になっていて，その基本論理は遺伝プログラムによって定められている。それは，われわれの祖先が進化の歴史の大半を過ごしてきた狩猟採集生活の問題を解決するように，自然淘汰によって形づくられてきたものである（Pinker, 1997/2003）。

2　領域固有のメカニズムと心のモジュール性

　領域固有の理論は，哲学者ジェリー・フォーダー（Fodor, 1983/1985）に由来するものと考えられる。脳のある領域が言語など特定の認知領域をつかさどること，それが相対的に他の領域とは独立であることを「モジュール性」と呼んだ。モジュールは特定用途システムであり，他の部分がモジュールに影響を与えることもアクセスすることもできないとされる。いわゆる情報の遮蔽（カプセル化）という現象が生じる。領域固有の理論は，領域一般メカニズム（例：中央処理装置CNS）を否定するわけではないが互いに独立なシステムであって，それらの間で相互作用は原則としてないとされる。

　これまで進化心理学はあらゆる知識領域でその領域固有のメカニズムを見出してきた。たとえば，子どもは4～5年かけて言語を獲得するが，第一言語は大人がその後第二言語（外国語）を学習するのに比べて格段に容易であることが知られている。同様に，心の理論や社会的推論についても本質的にモジュールであるという仮説が提唱されている（Baron-Cohen, 1995/2002；Cummins, 1998）。

　社会性の発達の分野でも，ブゲンタル（Bugental, 2000）が社会生活を営むうえで，それぞれ独自の発達の道筋をもち各領域に特定化された社会的アルゴリズムをもつ5つの領域を提言している。すなわち，「愛着」，「互恵性」，「階層的権力」，「集団の連合」，「交接」の5つで，各領域に対応する神経ホルモンの作用により特定化された目標達成が容易になっているという。これらは何千年にもわたり人類の乳幼児や子どもが繰り返し直面してきた社会的問題に対処するために進化してきたものとされる。

　こうした制約は遺伝子にあらかじめ組み込まれたもの，すなわち，生得的であると言えるだろうか。たしかに，自然淘汰によって生物は種に特異的な環境が与えられたとき，ある特定の情報を処理しやすくするバイアスをもつように進化してきた。しかし，進化してきたのは発達システムであって，そこには遺伝子や個体の内的および外的な環境なども含まれるのである。一見するとすべてあらかじめ定められた能力のように見えるものであっても詳細にみると，ある能力は特定の環境において生じやすく，他の環境では生じにくいという例が少なからずある。生得的制約と呼ばれてきたものには少なくとも次の3つのタイプを区別する必要がある。

　表象型制約：最も強く遺伝的に規定された状態で，あるタイプの知識が生得的となるように脳内に組み込まれている表象を指す。たとえば乳児は物質の物理的性質，数学，文法にかんする基本的な考えをもって生まれてくるとする（Pinker,

1997/2003；Spelke & Newport, 1998；Wynn, 1992)。しかし，最近の理論家は初期の理論家とは違って，生得的知識が経験と無関係であるとは考えない。

　アーキテクチャ型制約：中程度の遺伝的規定性をもち，脳の構成が誕生時にさまざまに組織化されていることを指す。たとえば，ニューロンは，異なる機能をもつことができるし，発火するのに必要な活性化の程度においても異なりうる。アーキテクチャ型制約も表象型制約と同様に何が処理されるかは限定されている。しかし，表象型と違って高度の学習も必要とされる (de Haan et al., 1998；Johnson, 2000)。

　時間型制約：最も遺伝的に特定されない制約で，発達のタイミングに対する制限などを指す。脳のある領域が他の領域より先に発達することが知られているが，これは，先に発達する領域と後で発達する領域とでは，処理することが異なっている可能性が高い。

　他方で，領域一般のメカニズムについても，領域固有のメカニズムと共存しうるとする見方がある (Bjorklund & Kipp, 1996；MacDonald & Geary, 2000；Mithen, 1996/1998)。種の居住環境のある面が何世代にもわたって不安定な場合，領域固有の淘汰は進まないかもしれない。むしろ，気候の変化が長期にわたって続き予測できないようなとき (これはヒト科の場合に実際に生じたことである；Potts, 1998) には，領域一般の認知メカニズムの淘汰の方が新奇な環境への対処上，より適応的であると考えられる (MacDonald & Geary, 2000)。

3　領域一般的制約の可能性――表象型制約からアーキテクチャ型制約へ

　「アーキテクチャ型制約」も，遺伝的規定性をある程度もち，脳の構成も誕生時にさまざまに組織化されていること，何が処理されるか限定されていること等，表象型制約と共通性はあるが，高度の学習が必要とされるところに違いがある (de Haan et al., 1998；Johnson, 2000)。

　ヒトの新生児がもつバイアスは微小なものだが，あるタイプの情報を特定の部位で効率よく処理するには十分であり，発達にともなってその部位の特殊化がすすみ，反応する刺激の範囲が狭まるとともに処理速度が上がる。つまり，生まれたときは弱い生得的なバイアスだったものが，経験によって特殊化がすすむ結果「生得的制約となる」ような制約のタイプがあると考えられる (Johnson, 2000)。

　エルマンほか (Elman et al., 1996/1998) は，言語獲得の説明に「普遍文法」のような生得的知識 (表象型制約) の存在は必要ないとする。乳児がもって生まれてくるのはアーキテクチャ型制約で，それは特定の経験がなければ発現しないとさ

れる。たとえばベイツ（Bates, 1999）は，子どもが発達の途上で獲得する語彙量と文法能力とが強く関連していることを見出した。語彙量が 300〜400 語になると，急に使うことのできる文法の複雑さが増すという。この関係は，年齢と文法能力の関連性よりも強いことから，年齢という共通因子によって起こる現象とは考えられない。ベイツほか（Bates & Goodman, 1997）によると，文法は増加する語彙を整理する必要性から生じるのだという。

ベイツほか（Bates & Goodman, 1997）が用いたコネクショニスト・モデルによるコンピュータ・シミュレーションによると，ここでもアーキテクチャ型の生得的制約による言語の処理方法が仮定されているけれども，新生得主義者のように文法モジュールのような領域固有の生得的構造は必要ないという。その代わりに子どもは，単語を獲得するときの調整によってモデルの重みづけを変えることを通して，文法を生成していくことができる。その際に重要な要因となるのは，領域一般の能力であるワーキングメモリの容量の未熟さである。

ニューポート（Newport, 1991）とエルマン（Elman, 1994）は，一度に処理できる情報量を制限するように調整したコンピュータ・シミュレーションを行ったところ，制限しなかった場合に比べて，文法に関連する言語学的情報と無関連な背景情報の割合が改善され，より早く文法知識の学習が進んだという。幼児の場合も同様に，ワーキングメモリの容量に制約があることによって，処理できる言語の情報量が制限され，さらにそれによって分析対象が単純化されることで，言語獲得が達成されやすくなると考えられる。大人が子どもに話しかける際に単純な発話（マザーリーズ）を用いることの意味もここにあるのかもしれない。

第3節　新成熟論からみた発達——進化と文化のダイナミズム

1　一次能力と二次能力

新成熟論の観点から改めて発達を定義するとすれば，発達とは端的に「進化」と「文化」の両方がかかわるダイナミックな過程である。言い換えれば，発達は構造と機能間における継続的かつ双方向的な相互作用が組織化の全レベルで生じることによる産物だと考えられる。

ギアリー（Geary, 1995）は，認知能力を例にとって，それが生物学的に一次能力と二次能力に分けることができると主張する。生物学的一次能力とは，進化論的に発生した能力である。言語や数量に関する基礎的能力などがそれに該当する。それに対して生物学的二次能力とは，長い進化の歴史によるものではなく，比較

的「新しい」生物学的な問題に対処するために，文化によって発展させられた能力である。文字を読む，高度な数学を用いるなどがその例とされる。この生物学的二次能力は，生物学的一次能力に支えられて機能しているために，やはり高度に専門化した神経認知システムの土台をもつとされる。

二次能力の新しさは，もともと一次能力として進化したものが別の目的に転用されて生じたもの（副産物）と考えられる。一次能力が発生し，さらにそこから二次能力が発達するには環境要因が必要である。一次能力は，種特有の能力であり，種内において普遍性をもつものである。つまり，健常なヒトであれば必ずもつ能力であり，すべての子どもが自然に獲得できる能力だと言える。

それに対して，二次能力は環境要因，すなわち文化に依存した能力である。たとえば，文字を読むという能力は，文字をもたない民族では学習されることがない。また，一次能力が大人による意識的な教育なしでも自然に身につくものである（話し言葉の学習）のに対して，二次能力（文字の読解や計算）は獲得するまでの期間や到達度に大きな個人差がみられる。また，獲得には意識的な努力と教育的働きかけが不可欠である。

乳児は生後5カ月までに自分の名前が区別できるようになり，8カ月までに30語以上の言葉を理解できるようになるとされる（Bates et al., 1994）。こうした時期の言葉の理解は言語能力というよりも前言語能力として扱われてきた。この能力は，後の言語獲得のためだけに進化したものではない。乳児にとって母親の声を識別することは，それ自体適応的な意味をもつ。これが短期的利益である。結果，その乳児が生き延びるチャンスが高まり，さらに言語の獲得という副産物を得ることも可能となる。この後者のメリットが長期的利益である。したがって言語の獲得それ自体が遺伝的に備わった進化の産物というよりも，母子のコミュニケーション能力として進化したものが，やがて，言語の獲得という，より長期的な時間展望の中で役立つ目的のために転用されたとみるべきであろう。

2　個体発生的適応と未成熟性

発達心理学研究は，主に発達初期の行動や特性がどれだけ後の発達を予測するかに関心をもってきた。しかし，長期にわたる縦断研究データの分析によって見出された予測可能な変数は限られたものでしかなかった（Kagan, 1996）。また，乳幼児期に適応的と見られる特性が必ずしも大人になるための準備であるとは限らないことが多いこともわかってきた。

新成熟論は，発達初期の特性には，その時期においてのみ適応的であるように

進化したものがあると考える。このようなタイプの適応は、個体発生的適応と呼ばれ、乳幼児期の生存率を高めることによって生殖可能な年齢まで生き延びるチャンスを増加させる。この特性は乳幼児期を生き延びる役割を担うものなので年齢が高くなり必要性がなくなると自然に消失する（Oppenheim, 1981）。

たとえばよく知られている新生児期の表情の模倣（Meltzoff & Moore, 1977）は、必ずしも乳児期後期の模倣につながる特性とは言えない。なぜなら、2カ月後には大人の表情に対する模倣の出現率はチャンスレベルにまで低下するからである（Jacobsen, 1979）。ヤコブセン（Jacobsen, 1979）は、それが新生児期に母親の養育行動を開発するうえで有効な特性だと考える。母親の刺激に対して頭の動きや視線によって適切に応答できない未熟な新生児が、母子相互作用を促進するための前言語的コミュニケーションの形式だと考えるのである（Legerstee, 1991）。新生児期模倣と3カ月後の母子相互作用の質との間に有意な相関が見出されることから、こうした見方の妥当性は高いと思われる（Heimann, 1989）。

幼児期の未成熟性についても同様に、新たな解釈の可能性が示唆される（Wellman, 2003）。たとえば、幼児のメタ認知能力は年長の子どもに比べて低く、しかも自分自身の能力に関する認知（メタ認知）においてその低さが著しい。一見不適応とも思える幼児期の低いメタ認知能力が、実はさまざまな活動に挑戦することを容易にし、結果が不完全であっても失敗ととらえないで済むという積極的な役割を担っている可能性がある。身体的能力や言語能力が急速に伸長するこの時期に、幼児はいろいろなことに挑戦することを通じて新しい能力を獲得する。自己能力を正確に評価するメタ認知能力を発達させるよりも、そうした能力が未熟なまま、多少無謀ではあっても繰り返し挑戦を試みることの方がより適応的であると考えられる。

3　個体発生の時期により異なる自然淘汰の作用

前項で述べたように、個体発生の段階によって自然淘汰の影響の仕方が異なる場合がある。自然淘汰はある個体が成人期に達し子どもを産み、その子どもが一人前に成長することに資する特徴に対して淘汰圧をかけるはずである。逆に、繁殖期を過ぎた段階の特徴に対して自然淘汰はほぼ無関係であるといえる。

ハンチントン病（「舞踏病」と呼ばれていたが、近年、発見者の名前を冠するようになった）は、通常、中年期（35歳から50歳）に発症し、次第に進行していく。とくに白人（Caucasian）に多く、平均すると1万5千人に1人の割合で存在しているといわれている。この病気の特徴は、遺伝子によって次世代に伝わっていく

ことである。いわゆる優性遺伝なので，片方の親が発病した場合，子どもに伝わる確率は 50％となる。ところが同じ優性遺伝により受け継がれるプロジェリア（早老症）の発症率は 800 万人に 1 人であり，ハンチントン病の 500 分の 1 に過ぎない。

ともに優性遺伝病である 2 つの疾病の発症率にこれほど大きな差が生じるのは，プロジェリアの患者が 10 代に達する前に死亡することが多いのに対して，ハンチントン病患者は先に述べたように中年期に発症し，しかも，死ぬまでに 15 〜20 年ほど要することから，50 歳代までの生存率が高いためである。つまり，プロジェリア患者は子どもを産む前に死亡することによって，その遺伝子も消失してしまうが，ハンチントン病患者の多くが死亡する頃には，すでにその遺伝子は次世代の子どもに 50％の確率で受け継がれているのである。自然淘汰は，繁殖期に達するのを阻む遺伝子（プロジェリアの原因遺伝子）には負の淘汰圧をかけるけれども，繁殖後に作用を発動する遺伝子（ハンチントン病の原因遺伝子）には何の効果も及ぼさない。

アルツハイマー性痴呆症が近年急増した理由もここにある。アルツハイマー病遺伝子は発現時期が遅いため，以前は保因者が発病する前に他の病気や事故で亡くなっていたものが，平均余命が延びることによって顕在化したものと考えられる。ある特性が個体発生のどの時期に発現する性質かによって進化の影響は異なるのである。

第 4 節　新成熟論を支える理論

1　ボールドウィン効果・ウォディントンの遺伝的同化・ピアジェの後成説

発達理論が進化論に貢献した例に，ボールドウィン効果がある。個体群がある環境ストレスを経験するとその多くは死んでしまう。しかし，それを乗り越えて生き残った個体が生殖して，その体質を子孫に伝えることがある。結果，環境のストレッサーが新しい表現型を生み出し，身体的あるいは行動的変化を次世代に伝えることが可能になる。こうした過程が繰り返されることによって個体の変異がやがて遺伝的な変異に転化するとされる。

しかし，進化の総合説一辺倒の時代にあってはこうした説明はラマルク主義の残滓と見られるに止まった。最大の難点は，こうした現象の存在を示す証拠がなかったことであった。1950 年代になってイギリスのウォディントン（Waddington, 1975）が実験的証拠を示した。ショウジョウバエの蛹に熱ショックを与え，生き

残ったハエの中にいた横脈のない羽をもつ個体を選んで繁殖させ，次世代の蛹にも熱ショックを与えたところ，第2世代のハエにはほとんど横脈が見られなかった。この手続きを14世代にわたって続けたところ，熱ショックにさらされていないのに横脈を欠いた表現型をもつハエが現れたという。この現象，すなわち獲得形質の遺伝形質への移行をウォディントンは遺伝的同化と呼んだ。

　実は，この現象はピアジェによっても報告されている（Piaget, 1976/1987）。ピアジェは湖の浪打際に生息する巻貝（タニシ）と深い所に棲む巻貝が波の作用によって殻の形が違うことを観察し，棲みかを入れ替えることでもともとの形と違う獲得形質を示した個体同士を数世代掛け合わせたところ，ウォディントンの遺伝的同化と同様，表現型の変異が遺伝的変異へと転化したのである。ロワイヨーモン大僧院におけるチョムスキーとの大論争でピアジェとウォディントンが強力なタッグを組んだのは当然のことであろう。

2　異時性と幼形成熟（ネオテニー）

　新生得主義・進化心理学は，進化の総合説以来，発達そのものが進化に影響を及ぼすような過程を認めてこなかった。そうした中で，進化の推進力として発達のタイミングを考慮に入れることを強く主張したのがグールド（Gould, 1977/1987）である。有名な例はサンショウウオの一種，アホロートルで，オタマジャクシとして水中生活を始め，その後，空気呼吸をするイモリへと変態する。しかし，水中生活が快適であるような条件下では，オタマジャクシは幼生状態のまま性的に成熟して生殖する。子孫は，一部，正常なイモリへと発達するが，両親は幼生のまま一生を終える。

　ホモ・サピエンス（ヒト）を幼形成熟的な種であるとする見方がある。パーカーとマッキニー（Parker & McKinney, 1999）はサルや類人猿の感覚運動的知能の発達はヒトの場合と違い，認知の内容ごとに発達スケジュールが異なることを報告している。サルや類人猿の認知能力は統合されていないため，能力ごとに発達の速度が異なるのに対して，ヒトの子どもはピアジェが主張するように認知発達の基盤に単一の象徴機能が存在するのかもしれない。

　パーカーとマッキニー（Parker & McKinney, 1999）はこの現象を異時性の概念に基づいて，感覚運動期の発達がサルよりも類人猿，類人猿よりもヒトと高い発達段階に到達できたのは，それぞれ段階の低い種に比べて未成熟期が長いことにより祖先のレベルを超えて脳を発達させる時間が得られたためと解釈する。異時性とは，個体発生のタイミングがずれることにより，生物体の最終的な表現型が変

わることを指す。

　ケアンズ（Cairns, 1976）も，長い未成熟期が学習に多くの時間を用いることを可能にしたばかりでなく，遺伝的に備わった行動が少なくなることによって，発達上，学習の必要性が高まることになり，結果，未成熟期はさらに長くなるという進化上の変化の循環が引き起こされたと考える。つまり，発達が進化に影響を及ぼすメカニズムの存在が強く示唆されるのである。

引用文献

Barkow, J. H., Cosmides, L., & Tooby, J. (Eds.). (1992). *The adapted mind: Evolutionary psychology and the generation of culture.* New York: Oxford University Press.

Baron-Cohen, S. (2002). *自閉症とマインド・ブラインドネス*（新装版，長野　敬・長畑正道・今野義孝，訳）．東京：青土社．(Baron-Cohen, S. (1995). *Mindblindness: An essay on autism and theory of mind.* Cambridge, MA: MIT Press.)

Bates, E. (1999). On the nature of language. In R. Levi-Montalcini, D. Baltimore, R. Dulbecco, & F. Jacob (Series Eds.) & E. Bizzi, P. Calissano, & V. Volterra (Vol. Eds.), *Frontiere della biologia* [*Frontiers of biology*]: *The brain of Homo Sapience* (pp.241-265). Rome: Giovanni Trecanni.

Bates, E., Dale, P. S., & Thal, D. (1994). Individual difference and their implications for theories of language development. In P. Fletcher & B. Mac Whinney (Eds.), *Handbook of child language* (pp.96-151). Oxford, UK: Blackwell.

Bates, E., & Goodman, J. C. (1997). On the inseparability of grammar and the lexicon: Evidence from acquisition, aphasia and real-time processing. *Language and Cognitive Processes,* **12,** 507-586.

Bjorklund, D. F., & Kipp, K. (1996). Parental investment theory and gender differences in the evolution of inhibition mechanisms. *Psychological Bulletin,* **120,** 163-188.

Bjorklund, D. F., & Pellegrini, A. D. (2008). *進化発達心理学：ヒトの本性の起源*（無藤　隆，監訳・松井愛奈・松井由佳，訳）．東京：新曜社．(Bjorklund, D. F., & Pellegrini, A. D. (2002). *The origins of human nature: Evolutionary developmental psychology.* Washington, D. C.: American Psychological Association.)

Bugental, D. B. (2000). Acquisition of the algorithms of social life: A domain-based approach. *Psychological Bulletin,* **126,** 187-219.

Buss, D. M. (1999). *Evolutionary psychology: The new science of the mind.* Boston: Allyn and Bacon.

Cairns, R. B. (1976). The ontogeny and phylogeny of social interactions. In M. E. Hahn & E. C. Simmel (Eds.), *Communicative behavior and evolution* (pp.115-139). New York: Academic Press.

Chomsky, N. (1970). *文法理論の諸相*（安井　稔，訳）．東京：研究社．(Chomsky, N. (1965). *Aspects of the theory of syntax.* Cambridge, MA: MIT Press.)

Cole, M. (2002). *文化心理学：発達・認知・活動への文化−歴史的アプローチ*（天野　清，訳）．東京：新曜社．(Cole, M. (1996). *Cultural psychology: A once and future discipline.* Cambridge, MA: Belknap Press of Harvard University Press.)

Cosmides, L., & Tooby, J. (1987). From evolution to behavior: Evolutionary psychology as the missing link. In J. Dupré (Ed.), *The latest on the best: Essays on evolution and optimality* (pp.277-306). Cambridge, MA: MIT Press.

Cummins, D. D. (1998). Social norms and other minds: The evolutionary roots of higher cognition. In D. D. Cummins & C. Allen (Eds.), *The evolution of mind* (pp.28-50). New York: Oxford University

Press.

Daly, M., & Wilson, M. (1988). *Homicide*. New York: A. de Gruyter.

de Haan, M., Oliver, A., & Johnson, M. H. (1998). Electro physiological correlates of face processing by adults and 6-month-old infants. *Journal of Cognitive Neural Science* [Annual Meeting Suppl.], 36.

Elman, J. (1994). Implicit learning in neural networks: The importance of starting small. In C. Umiltà & M. Moscovitch (Eds.), *Attention and performance: Vol. 15. Conscious and nonconscious information processing* (pp.861–888). Cambridge, MA: MIT Press.

Elman, J. L., Bates, E., Johnson, M. H., Karmiloff-Smith, A., Parisi, D., & Plunket, K. (1998). 認知発達と生得性：心はどこから来るのか（乾　敏郎・今井むつみ・山下博志，訳）．東京：共立出版．(Elman, J. L., Bates, E., Johnson, M. H., Karmiloff-Smith, A., Parisi, D., & Plunket, K. (1996). *Rethinking innateness: A connectionist perspective on development*. Cambridge, MA: MIT Press.)

Fodor, J. A. (1985). 精神のモジュール形式：人工知能と心の哲学（伊藤笏康・信原幸弘，訳）．東京：産業図書．(Fodor, J. A. (1983). *The modularity of mind*. Cambridge, MA: MIT Press.)

Geary, D. C. (2007). 心の起源：脳・認知・一般知能の進化（小田　亮，訳）．東京：培風館．(Geary, D. C. (2004). *The origin of mind: Evolution of brain, cognition and general intelligence*. Washington, D. C.: American Psychological Association.)

Gelman, R., & Williams, E. M. (1998) Enabling constraints for cognitive development and learning: Domain-specificity and epigenesist. In W. Damon (Gen. Ed.), D. Kuhn & R. Siegler (Eds.), *Handbook of child psychology: Vol.2. Cognition, perception, and language* (5th ed., pp.575–630). New York: Wiley.

Gottlieb, G. (1991). Experimental canalization of behavioral development: Theory. *Developmental Psychology*, **27**, 4–13.

Gottlieb, G. (1992). *Individual development and evolution: The genesis of novel behavior*. New York: Oxford University Press.

Gould, S. J. (1987). 個体発生と系統発生：進化の観念史と発生学の最前線（仁木帝都・渡辺政隆，訳）．東京：工作舎．(Gould, S. J. (1977). *Ontogeny and phylogeny*. Cambridge, MA: Harvard University Press.)

Heimann, M. (1989). Neonatal imitation, gaze aversion, and mother-infant interaction. *Infant Behavior and Development*, **12**, 495–505.

Jacobsen, S. W. (1979). Matching behavior in the young infant. *Child Development*, **50**, 425–430.

Johnson, M. H. (1998). The neural basis of cognitive development. In W. Damon (Gen. Ed.), D. Kuhn & R. S. Siegler (Eds.), *Handbook of child psychology: Vol.2. Cognition, perception, and language* (5th ed., pp.1–49). New York: Wiley.

Johnson, M. H. (2000). Functional brain development in infants: Elements of an interactive specialization framework. *Child Development*, **71**, 75–81.

Johnson, M. H., & Morton, J. (1991). *Biology and cognitive development: The case of face recognition*. Oxford, UK: Blackwell.

Kagan, J. (1996). Three pleasing ideas. *American Psychologist*, **51**, 901–908.

Legerstee, M. (1991). The role of person and object in eliciting early imitation. *Journal of Experimental Child Psychology*, **51**, 423–433.

MacDonald, K., & Geary, D. C. (2000 June). *The evolution of general intelligence: Domain-general cognitive mechanisms and human adaptation*. Paper presented at meeting of Human Evolution and Behavior Society, Amherst, MA.

Meltzoff, A. N., & Moore, M. K. (1977). Imitation of facial and manual gestures by human neonates. *Science*, **198**, 75–78.

Mithen, S. (1998). 心の先史時代（松浦俊輔・牧野美佐緒, 訳）. 東京：青土社.（Mithen, S. (1996). *The prehistory of the mind: The cognitive origins of art, religion and science*. London: Thames and Hudson.）

Newport, E. L. (1991). Constraining concepts of the critical period for language. In S. Carey & R. Gelman (Eds.), *The epigenesis of mind: Essays on biology and cognition* (pp.111-130). Hillsdale, NJ: Erlbaum.

Oppenheim, R. W. (1981). Ontogenetie adaptations and retrogressive processes in the development of the nervous system and behavior. In K. J. Connolly & H. F. R. Prechtl (Eds.), *Maturation and development: Biological and psychological perspectives* (pp.73-108). Philadelphia: International Medical.

Parker, S. T., & McKinney, M. L. (1999). *Origins of intelligence: The evolution of cognitive development in monkeys, apes, and humans*. Baltimore, MD: Johns Hopkins University Press.

Piaget, J. (1987). 行動と進化：進化の動因としての行動（芳賀　純, 訳）. 東京：紀伊國屋書店.（Piaget, J. (1976). *Le Comportement, moteur de l'evolution*. Paris: Gallimard [*Behavior and evolution*. London: Routledge & Kegan Paul.]）

Piattelli-Palmarini, M. (1986). ことばの理論　学習の理論（藤野邦夫, 訳）. 東京：思索社.（Piattelli-Palmarini, M. (1979). *Theories du langage theories de l'apprentissage*. Paris: Seuil.）

Pinker, S. (2003). 心の仕組み：人間関係にどう関わるか（上・中・下）（椋田直子, 訳）. 東京：日本放送出版協会.（Pinker, S. (1997). *How the mind works*. New York: Norton.）

Potts, R. (1998). Variability selection in Hominid evolution. *Evolutionary Anthoropology*, **7**, 81-96.

Spelke, E. S., & Newport, E. L. (1998). Nativism, empiricism, and the development of knowledge. In W. Damon (Gen. Ed.) & R. Lerner (Ed.), *Handbook of child psychology: Vol.1. Theoretical models of human development* (5th ed., pp.275-340). New York: Wiley.

Waddington, C. H. (1975). *The evolution of an evolutionist*. Ithaca, NY: Cornell University Press.

Wellman, H. M. (2003). Enablement and constraint. In U. M. Staudinger & U. Lindenberger (Eds.), *Understanding human development* (pp.245-263). Dordrecht, Netherlands: Kluwer.

Wertsch, J. V. (1995). 心の声：媒介された行為への社会文化的アプローチ（田島信元・佐藤公治・茂呂雄二・上村佳世子, 訳）. 東京：福村出版.（Wertsch, J. V. (1991). *Voices of the mind: A sociocultural approach to mediated action*. Cambridge, MA: Harvard University Press.）

Wynn, K. (1992). Addition and subtraction by human infants. *Nature*, **358**, 749-750.

第6章
生態学的知覚論の考え方：
発達的視座から

山﨑寛恵・佐々木正人

> 隠れた場所を見つけるためには，次に開けてくるであろう景色，あるいはゴールを隠している遮蔽縁を見なければならない。(Gibson, 1979/1985, 原書, p.198)

　心理学には「生態学」という語で理論体系を表す立場がいくつかある。本章で紹介するのは，直接知覚論，あるいは生態学的実在論とも呼ばれるジェームズ・J・ギブソン（Gibson, J. J.：1904-1979）による生態心理学である。ギブソンは視覚研究においてオリジナルのアプローチを構築し，それを「生態光学（ecological optics）」と呼んだ。この用語は公刊物としては1961年に発表された論文で初めて用いられたとされている（Gibson, 1961）[1]。このアプローチが著書において本格的に展開され始めたのは1966年に出版された『生態学的知覚システム』（Gibson, 1966/2011）であり，伝統的な心理学諸理論が抱える矛盾と，感覚が情報を求めてはたらいている（刺激に反応するのではない）証拠が提示されている。そこでは生態学的な見地を端的に表す「アフォーダンス（affordances）」という造語が初めて導入されている。さらに，1979年に出版された『生態学的視覚論』（Gibson, 1979/1985）では，「生態学」という用語にこめられた含意と根拠が簡潔かつ徹底的に示されている。
　アフォーダンスとは，環境が備え動物に提供する特性（行為の可能性）であり，動物との関係において測定されるものである（Gibson, 1979/1985；Reed & Jones, 1982/2004）。動物のふるまいの特質を独特にとらえたこの造語は，わが国においても心理学，建築学，人間工学，リハビリテーション学，その他さまざまな領域で浸透している一方，その含意をめぐって今なお国内外で議論が続いている。

---

[1] これ以前の初期のギブソンの研究としては，負の残効をともなう順応効果についての研究や移動の制御に関するものなどがあり，『伝記ジェームズ・ギブソン：知覚理論の革命』（Reed, 1988/2006）では生態学的アプローチへと続くギブソンの思考の変遷をたどることができる。

ギブソンはもとより視覚を主たる研究テーマとする心理学者であった。研究に大きな飛躍をもたらしたのは，物理学でも生理学でも扱われていない，私たちの日常の見えの基礎になっている光の発見であった。それが光に包囲された個体の心理学，生態光学である。この発見は，個体と環境との関係の説明において生態心理学を特徴づけることになった。本章を先走ってしまえば，それは，私たちのふるまいについて，刻々と生起，移行していくというそれ自身の性質と，その進行を支える（妨げる）周囲の性質の両者を，混同することなくかつ切り離さずに説明することにある。冒頭の一文は，この特徴をよくあらわしている。

　かつて心理学にはヒトのふるまいの根源を求めて「遺伝か，環境か」（氏か育ちか）という論争があった。この答えを追究すること自体無益であることが認められるようになってからは，そこから抜け出す新しい枠組みが求められるようになった。知覚する能力を備えた個体と，その発達・ふるまいが具現する環境とをシステムとしていかにとらえうるか。これが現在の発達科学の一つの関心だとすれば，ギブソンが扱ってきたことはまさにその問題であるといえるだろう。

　さて，ギブソンの遺作となった『生態学的視覚論』(Gibson, 1979/1985) は，第1部が生態学的水準での環境の記述，第2部が知覚に役立つ情報，そして第3部，知覚過程の順序で構成されている。周囲の何をどのように感受しているのか，という問いにたいするアプローチは，このように環境の側から始まっている。心理学では異色の手法である（そのためギブソンは環境論者と誤解されることもある）。遺伝－環境論争が繰り広げられてきたにもかかわらず，心理学は自ら環境の事実を確認することを怠ってきた。それはギブソンが日常の知覚（自然視）を取り扱うために，必須の作業であった。

　環境から始まったギブソンのアプローチは，("environmental" ではなく) "ecological" なものである。この「生態学」という語には進化と発達が含意されている。本章の第1節では，生態心理学の基礎となる環境の事実とその知覚過程について，そして知覚の進化史と個体発達について概説し，続く第2節では，近年の生態心理学を背景とした発達研究を紹介する。そこから見えてくるのは生態心理学に潜在する発達的視座である。

第1節 理論的概説
——知覚に重要な環境の事実と情報のピックアップ

1 知覚環境

　動物が行為し，知覚する環境は，表面の配置（または肌理）の水準で説明される。地球環境は，媒質（medium），物質（substance），表面（surface）からなる。媒質とは，水（液体）や空気（気体）のことであり，光，振動（音），化学的拡散（匂い）で満たすことができる。媒質は均質な割合で酸素を含有しており，エラ，あるいは肺をもつ動物が呼吸することを可能にする。またきわめて等質に構成され，境界がないゆえに，動物はその中を動き回ることができる。したがって，媒質中では動物はあらゆる地点で見，聴き，嗅ぎ，味わい，触ることができる。物質とは動物がその中を移動できない固さをもつ，地面，石，樹木，他の動物，建築物，種々の大きさの物などである。物質は多種の構成物が混合してできており，その組成は不均質である。物質は，衝撃，温度変化，時間経過などでその形態を変化させている。

　さて，媒質と物質を分かつ境界が表面である。表面には諸物質の混合である物質の性質が露出しており，表面に独特な配置（layout）を与えている。草原や海岸などにある広大な地面のパターンや，地面にある隆起や傾斜などの地形は大規模な配置の例である。木肌や動物の皮膚などは小規模な配置の例であり，肌理（texture）と呼ばれる。動物が移動あるいは接近することによって，表面の種々のレベルの配置が徐々に現れる（たとえば，山という配置，木々の配置，一本の木の配置，木の木肌や葉の肌理）。このような配置の間には明瞭な区切れ目はなく，大小の配置が連続して埋め込まれており，このような関係を「入れ子（nesting）」と呼ぶ。

　配置は変化する。物の移動や回転（戸の開閉，ボールの転がりなど），物の衝突，物質の非剛体的変形（動物の姿勢の変化，落水），表面の変形（水面特有の波立ち），表面の分裂（物の破壊），表面の存在の変化（固化，気化，液化，動物の成長など）などがある。また肌理の変化は，動植物や物質の経年変化（開花，成熟酸化など）を示している。配置の変化を事象（event）という[2]。

---

[2] このように種々の時間規模で生じている表面の変形を，ギブソンは環境には「持続と変化が同時に存在する」と表現した。

2　情報：包囲エネルギーの配列と遮蔽縁

　配置（または肌理）の変化を動物がどのように知るのか，すなわち環境はどう特定されるのか，これは「情報」の問題である。

　光源から放たれる光は，媒質中で散乱し，地表面を含むさまざまな面で乱反射し，あらゆる方向に拡散する（この状態は照明と呼ばれる）。その結果，媒質中の全箇所を全方向から球状に取り囲む光，包囲光（ambient light）が存在する。ある位置の包囲光は，周囲の表面の配置に依存したエネルギー強度とスペクトル分布のユニークな差異構造をなし，包囲光配列（array）と呼ばれる。包囲光配列に「縁（edge）」として存在する差は照明の強度の変化にかかわらず不変である。この強度差が生態学的な視覚情報となる。

　観察者が包囲光配列中を移動するとき，配列は変化し，包囲光配列を構成する光の肌理全体が流動し，接近や後退とともに肌理は拡大・縮小する。この包囲光配列のマクロな変化は観察者自身の運動を特定している。観察者の動きにともない，包囲光配列の縁では，配列を構成する肌理の要素の一つが，他の肌理と置き代わる。部屋の表面にある境界は，このように包囲光配列中の縁で生ずる光の流動の非連続性で示される。

　このように観察者の動きによって，観察者の自己運動と表面の配置の不変な性質の両方が明らかになる。眼の近くで生ずる「光学的運動」が遠位にあるその変化の源（source）である環境表面の状態を特定する。この情報（近位）と環境（遠位）との関係は一対一に対応している。

　観察者の移動や物体の運動は，パースペクティブ変形や非‐パースペクティブ変形を生じさせる。たとえば，正三角形や正方形の物体が回転すると，120度（正三角形）あるいは90度（正方形）の回転により，形態が回転前の状態と重なる。変形が明らかにする幾何学的同一性を数学では「対称（symmetry）」という。対称性が情報として利用される。ギブソンは変換（操作や移動）操作を加えても保存されるこの種の性質を「不変項」と呼び，それを恒常的知覚の根拠とした。不変項は動く物の剛体性を特定し，対称性の欠如が弾性体の運動を特定する。変化と，同時に現れる「非・変化」が知覚情報となる。

　光学的情報となるのは縁での肌理の変化である。動物の移動や物体の運動にともない，包囲光配列の進行方向の前部の境目では「肌理の拭い去り（wiping-out）」が，後部境目では「肌理の現れ（unwiping）」が生じ，側部境目では剪断（shearing）が生じる。これをギブソンは「動的（kinetic）」遮蔽と呼ぶ。表面の配置においては移動や運動によって表面相互の遮蔽が起こり，包囲光配列ではそれ

を特定する「肌理の拭い去り」と「肌理の現れ」が生じている。どちらのレベルでも質の異なる遮蔽（occlusion）が情報となる。背後にどのように表面が隣接しているのかは，縁での光学的変化で特定される。ギブソンは物の背後を想像することではなく，物の背後に隠されていることを見ることが視覚の働きであるとした。このアイディアはベルギーの知覚心理学者ミショット（Michotte, A.）から得た（Thinès et al., 1991）。

　地球に備わる事物の状態と光が，そのまま周囲の環境を特定する（specify）情報を埋め込んでいる。そこには環境と動物以外に「像」や「推論機構」といった媒介項を必要としない。生態心理学ではこの二項関係を特定性（specificity）と呼ぶ。

3　知覚システムの進化

　動物の眼は包囲光の中で情報を利用するために多様に進化した。異なる眼の構造（単眼と複眼）は，それぞれに異なる方法で光を受け入れるようになった。そして受容器官の数と密度を増す方向と，器官自体の効率を上げる方向の二系統に進化圧が働き，包囲光の差異パターンをよりうまく利用できるようになった。眼が情報を獲得するには，持続して包囲光配列全体に結びつく必要がある。両眼の視野が部分的に重なる側方眼をもつ動物や魚類の場合，配列全体に均等に注意を分散して，包囲光全体と接続しつづけている。一方，感受性の鋭い中心窩を形成した動物では，中心窩で配列全体を見回すために，全身，頭部の方向転換と眼球の姿勢転換が協調する仕組みを達成して，眼が包囲光配列との接触を失う時間を最小化している。

　内骨格の脊椎動物であるヒトの場合，その凹状眼は光配列をいったん収束したあとに拡散して受け入れる。そして大きくなった単眼に，前頭部の窪みに納まる受容器の感受性をあげることのできるレンズ，感度の高い網膜をもつ。身体，頭部，眼はそれぞれに備わる筋肉で独自に環境への調節を行いつつ，互いに協調している。

　眼の多様な進化と，眼と全身の動的機構は，視覚が全体視と部分視を同時に行う機構であることを示している。このように眼球を含み全身の連携・協調した動きによって周囲への注意の分散と集中を同時に達成している身体組織を「視覚システム」という。『生態学的知覚システム』では，視覚システムのほか，基礎定位システム，聴覚システム，触覚システム，味覚－嗅覚システムが能動的にはたらく注意の様式として説明され，それらのシステムの等価性と獲得する情報の冗

長性が述べられている。

4　知覚の練習と分化

　ヒトは個体発達の過程で，知覚システムを活用して包囲エネルギーの配列に注意することを学習し，物の操作や書字などの多様な活動を習得する。そのためには生涯をかけた知覚の練習が必要である。知覚の練習とは「視覚的注意を養い，新しい方法の知覚を学習する機会」（訳書，p.264）であり，「何に注意を向けるかの学習」（訳書，p.310）の一つである（Gibson, 1966/2011）。

　そして知覚の練習の結果として生じるのが「分化（differentiation）」である。知覚が分化する，というアイデアはコフカ（Koffka, K.）やウェルナー（Werner, H.）も知覚学習の原理として用いていたが，それを精緻にしたのはエレノア・ギブソン（Gibson, E. J.）[3] である（ゲシュタルト心理学を背景とするコフカとは，知覚の再体制化を説明に用いる点で大きく異なる）。そもそも分化とは単一のものが複雑に分かれ，それぞれがより特殊性を帯びていくことであり，生物の細胞や器官などさまざまなレベルで生じる変化である。知覚が分化するというとき，それは差異がより識別できるようになること（環境の細部を特定する情報を獲得できるようになること）であり，知覚対象に対する特殊性が増大することを意味する。私たちが階下から階段を上ってくる足音に家族や仲間の誰かを特定でき，その日のその人の体調や機嫌を知ることができるのは知覚学習の結果である。「違う」の判断力が増すことは「同じ」の判断力が増すことでもある。料理人は毎日，食材を捏ね，混ざり合う調味料を嗅ぎ，油の音を聴き，焼き具合を見，味わうことで，店の看板メニューを作り続けることができる。見習い料理人の修行はその連続である。知覚の分化はただひたすら周囲にある事物にふれつづけることで生じる気づき（awareness）であり，アフォーダンスを発見する過程である。

第2節　発達研究における生態心理学の近年の展開

　ヒトを含む動物の行為は一つ一つ異なり，完全に同じ行為が繰り返されることはない。しかし，私たちは研究上でも日常生活でも行為に名前をつけ，定義し，

---

[3]　エレノア・J・ギブソン（1910-2002）は生態心理学を基礎とした発達心理学者として最もよく知られている。数多くの実験論文は知覚学習についてだけではなく，生態心理学の創生への貢献も大きい。有名な視覚的断崖実験は，個体の移動を可能にする情報が，肌理をもつ表面に反射した光からなる包囲光に潜在することを示しているという点で生態心理学の基礎となっている（Gibson & Walk, 1960）。

分類してきた。それは，ある場合には行為のフォームや遂行に必要な解剖学的特性から，別の場合にはそれが達成した結果から行われている。いずれも連続している何かを「区切る」という方法である。この区切りをベースにした心理学は，ある課題を達成するための行為群を成立させる仕組みが個体に内在していると考え，その原理を成立させようとしてきた。

ギブソンは，行為の結び目を環境（遮蔽縁）に発見し，そこには明瞭な区切りがないことを知った。ギブソンの発見と同様のことが，個体と進化の両史には起こり続けている。発見する身体は発達する身体である。以下では，そのような発達する身体を扱った近年の研究を，姿勢，柔軟性，探索という3つのキーワードで追っていくことにする。

1 姿勢

ギブソンは，姿勢（posture）と運動（movement）を再定義することで，不随意的反応と随意的反応という行動の二分法を棄却しようとした（Reed & Jones, 1982/2004）。生態心理学の進化的背景を読み解いたエドワード・S・リードによって，これらの新しい単位，とくに姿勢に見出された新たな意義はよく説明されている（Reed, 1988；Reed & Jones, 1982/2004）。姿勢とは環境に対するあらゆる定位，あるいは環境との関係を維持する調整のことである。運動はその関係を変形させる調整のことをいう。周囲を見回す際の身体システムの説明において「見る姿勢」，「頭部の姿勢」などと表現しているように，ギブソンのいう姿勢は一般的に想定される静的な構えとは異なる。それは動的性質を帯びた機能特定的な単位である（ゆえに，動物と環境との関係の調整といわれる）。

この姿勢の性質は，発達研究において広く検証されている。たとえば，ロシャほか（Rochat & Goubet, 1995）は，介助なしに座位をとることができない乳児を背もたれ椅子に座らせて前方にある対象物に手伸ばしさせる実験で，椅子と臀部の間にクッションを入れ，支持面に定位しやすくなるようにした。その結果，乳児らはクッションなしの条件のときよりも深く前傾し，より遠くに手を伸ばすことができるようになった。

また，山﨑（2008）は，乳児が伏臥位で対象物に手を伸ばす際，（両手を支持面につけた安定した状態から）手を伸ばすことで身体が不安定になることに着目している。そこでは，乳児が身体部位をさまざまに協調させて転倒や横転を防いでいる一方で，この不安定性が結果としてより遠くの対象に到達可能な新たな身体の組織化の創発につながっていることが観察されている。

両研究では，対象物への到達（移動）と支持面への定位という2つの機能が分析され，運動発達研究において伝統的な手伸ばしの制御の問題に，支持面への定位というタスクが存在することが確認されている[4]。これは「運動がそれ自身の機能をもちつつ，進行中の姿勢の機能をもって」おり，「姿勢が機能的に入れ子化している」というリードの見解に一致する（Reed, 1988, p.49）。行為を姿勢という単位で分析すること，すなわち身体がどのような機能を達成しているかという視点で検証することは，動物が常に複数のことを同時になしえていることを再確認する。

運動とは「姿勢⊂姿勢⊂姿勢…」と包摂関係で表現される，互いに姿勢としての性質を失わないようにしながら隣接した，区切りや階層のない要素間の関係であり，入れ子化した姿勢のことである（佐々木，2005）。先述のように，環境の表面の配置とそれがつくりだす包囲光配列は入れ子化している。そして個体が動くことで光学的流動が生じ，包囲光配列が情報として検知される。これらをふまえると，姿勢の非時空間的な入れ子化は，持続しつつ変化する（または変化しつつ持続する）環境の入れ子構造に対応していると考えられる。

このように姿勢とは，常に環境との切り結びをはたしつつ，それ自体変化を含む単位である。一回の行為を姿勢という単位で記述することは，一回の発達を記述していることになる。

2 柔軟性

柔軟性（flexibility）とはエレノア・ギブソン（Gibson, 1994/2005, 1997/2005）が発達的アプローチによって解明されるべきヒトの行動特質として挙げたものの一つである。それはあるゴールを達成するとき，それが異なる文脈，条件下であってもそこにある資源を利用し，さまざまな手段や方略で実現するという，ベルンシュタイン（Bernstein, 1996/2003）が「巧みさ（dexterity）」と呼ぶスキルの特質のことである。

この柔軟性について乳児の移動を実験場面に設定した一連の研究を続けているのがアドルフらのグループである（Adolph et al., 2008）。アドルフらは移動する面をさまざまに工夫して，乳児の行為に柔軟性があることを示し，それが学習されることを明らかにした。前者の証拠として，14カ月齢児らに異なる傾斜角度の斜面を昇降させたところ，傾斜の危険性が大きいほど傾斜が始まる位置での探索

---

[4] これは「見る」「聴く」といった他の知覚システムがはたらくとき，常に同時にはたらいて地面や上下方向に注意を向けて検知し続けている「基礎定位システム」の議論でもある。

が増加し，さらに傾斜に対してうつ伏せで這う，ハイハイで下る，座って下るなど昇降の方法をさまざまに変更した。また別の実験では，16 カ月齢児は，堅い木製，柔らかい発泡スチロール製やゴム製といった異なる手すりがある橋を渡るとき，それぞれの手すりの特性を利用した歩行（雪道を歩くようなフォームや，ウィンドサーフィンをするときのフォームなど）をした。さらに，斜面下りの場面を縦断的に検証し，危険か安全かの識別，下る際の足どりの変更能力が向上したことから，それらが日常経験を通して学習されるものであると述べている。

また，野中（2009）は，1名の乳児が日常場面で床の上の複数のブロックを容器に集める行為を14カ月齢から24カ月齢にわたって縦断的に観察し，ブロックを集めるタスク（task）が幾通りものやり方で達成されること，ブロック集めの進行にともなって，乳児，ブロック，容器，蓋からなる配置が多様に作り出されることを報告している。ヒトが学習するのは，手段－目的関係の認知（あるいは洞察）である，という考えが心理学にはある。この考えを野中の研究にあてはめると，ブロックを集めるためにどのような行為をどのような順序で構成すればよいのかを，乳児は洞察できなければならない。しかし実際には，ブロックを集めるという一連の行為の進行は，ブロックが容器からこぼれ落ちることなどを含む，その場限りの出来事や配置と切り離すことができないという事実が観察された。手段と呼ばれる行為の可能性は，現在とその前後にわたって進行する配置の変更過程そのものに，「柔軟に」知覚されていたのである（Nonaka & Sasaki, 2009）[5]。

目的的行動は心理学において長く議論されてきたテーマであり，レヴィン（Lewin, K.）やトールマン（Tolman, E. C.）らは目的とは，物理的な対象が引き起こす主観的経験がつくりだす心的対象であると考えていた。しかし，「柔軟性」の議論において，目的，手段はいずれも行為の可能性として知覚されるものであり，両者の関係の知覚は，目的のアフォーダンスから手段となる下位のアフォーダンスを分化することである，と説明される。あるゴールに向かう方略が多様になることは，そのゴールとなる対象（面の配置），事象の細部（面の配置の変化）と特殊性を知覚できるようになることである。

エレノア・ギブソンは，この柔軟性が増加するためには状況に特定されているアフォーダンス学習から般化が起こること，あるタスクにおいて学習された手段（の知覚）が他のタスクに転移することが必要であると考えていた。しかし，そ

---

[5] ケーラー（Köhler, 1925）による類人猿の洞察学習について，ギブソンは，（脳内で）知覚の再体制化をする必要はなく，棒の使用可能性についての情報を包囲光の中で入手すればよいと述べている。

れらがどう可能になるのかは現在のところ明らかになっておらず，今後の課題であるだろう。

3　探索

姿勢と柔軟性をめぐる諸研究は，私たちの行為は常に機能特定的であること，そして私たちの生活が常に行為の可能性であるアフォーダンスを特定・利用しながら進行していることを示してきた。それらはその場限りで起こっていることの重要性と同時に，たくさんの変化をある道筋へ一般化するという従来のやり方とは異なる記述の必要性を再確認するものである。変化の前後の違い（何ができたか）ではなく，変化そのもの（どのようにするのか）を扱う必要性は，近年の発達心理学ではすでに共通の認識事項となっているものの，その方法はいまだ示されていない。

個体の注意の先にある環境の性質へと行為を分解する方法は，その一つの試みである。

絵画や写真は，それを記録した者が知覚した環境の不変項が蓄えられた「知覚の記録」である。この注意し，気づいたものを保存する行為は痕跡作り（trace making）と呼ばれ，ヒトの乳児では非常に早くから開始されるようである（Gibson, 1966/2011, 1979/1985）。西﨑（2007）は，環境の表面に痕跡を残す行為が原初的描画行為または原初的造形行為の一つであるとし，この行為が生後2カ月から出現し，さまざまな表面で行われることを観察した。痕跡はある行為によって生じた表面の変化を知覚し，さらに変更する「反復的変更行為」によってできていった（ソファの座面に両手が触れることでできた皺を見て，さらに両手を動かして皺を変形させていく等）。西﨑が観察した多数の痕跡を残す行為は，描画や造形の発達において重要な報告であると同時に，行為と環境の結びつきがその行為者に独特に知覚される例として興味深い。それは，行為の遂行において特定，利用された環境によって，行為そのものを記述する先駆的方法である。では反復的変更がない行為は環境に解体可能だろうか。

乳児のつかまり立ち動作の事例観察でその可能性が試されている。つかまり立ちは，四足性から二足性への移行期にヒトの乳児が経験する動作である。この動作はさまざまな場所で生起し，それゆえその動作を構成する四肢の配置は一回一回独特である。山﨑（2011）はこのつかまり立ちに注目し，動作の前後にわたる四肢の軌道を，それが進行する環境の表面の配置とともに記述している。そこでは，動作の推移が注意をあらわしており，各事例において乳児の環境に向けた多

重な注意が入れ子化した結果としてつかまり立ちが達成されていることを示している。

また佐々木（2011）は，乳児の周囲にあるさまざまな段差（ベビー布団と床との間にできる縁部分，階段，建具枠の突起部分など）での行為を観察し，環境の多様性と行為の柔軟性を前提として両者が出会ったときに起こることを記述している。生後5〜25カ月のあいだに，寝返りやハイハイなどさまざまな行為が開始し，変化した。種々の行為が生起する段は乳児にとって，あるときは上ったり下りたりする「上下段」であり，別のときには移動の途中に姿勢を変えて越えていく「移動段」であった。ただしこの2つの段の性質は，段そのものというよりは，その段を埋め込んでいる周囲の配置に包含されている。乳児は段を埋め込んでいる場所のユニークネスを探索することによって，自身の姿勢や移動に関連する段差の性質を発見していたのである。

ここに紹介した研究が扱っている対象は，観察可能な非常に小さな一瞬の行為である。本節冒頭の議論との関連でいえば，これまで名づけられてこなかった行為である。かつてギブソンは，私たちにとって慣れ親しんだ特徴をもたないかたちの彫り物を同定させる，という実験を行った。この実験で観察されたパターンをもたない手指の動き（能動触と呼ばれる）について，ギブソンは「探索的としか言い様がない」（訳書，p.145）と表現した（Gibson, 1966/2011）。上記の研究で観察されたのもおそらくこの種の行為である。それらはあるときは表面を変更させるという文脈の先で描画や造形になり，あるときは垂直方向の面の配置への注意やハイハイ時に気づく遮蔽縁に導かれてつかまり立ちとなり，またあるときは段差と密に接触した先で段差に特定的な移動となった。

私たちの日常では，ギブソンが「探索」と「遂行」と呼んだ明確に分けることのできない二種の行為が同時的に進行しているのだろう。さまざまな局面でその姿をわずかにあらわす探索的行為について，現在明らかになっていることはわずかである。しかし，探索的行為とは，個体が経験してきたその歴史と現下で出会う偶然とがもたらす情報に制御されたものであり，そこには発達研究が扱うべき推移（あるいは流れ）そのものがある。

結び——アフォーダンスの心理学

生態心理学の発達科学への貢献可能性は，発達の最も基本にある「変化」の取り扱いにあるだろう。アフォーダンスは動物の行為の意味であり環境に存在する。

行為とはさまざまな表面の配置とその変形に注意を払い，表面の配置に意味を発見し，変化させることである．表面の意味のレベル（生態学的レベル）で行為を扱うアフォーダンス研究は，変化の前後を結びつける何かを創出することを必要とせず，変化する事象をそのまま取り出す可能性が潜在している．環境は私たち動物が動き回ることにとって十分に豊富である，というギブソンのアイデアは，これまで発達科学で扱われたことのない行為の可能性が周囲にあることを示唆している．

引用文献 ....

Adolph, K. E., Joh, A. S., Franchak, J. M., Ishak, S., & Gill, S. V. (2008). Flexibility in the development of action. In J. Bargh, P. Gollwitzer, & E. Morsella (Eds.), *The psychology of action* (Vol. 2, pp.399–426). New York: Oxford University Press.

Bernstein, N. A. (2003). デクステリティ：巧みさとその発達（工藤和俊，訳・佐々木正人，監訳）．東京：金子書房．(Bernstein, N. A. (1996). On dexterity and its development. In M. L. Latash (Trans.), M. L. Latash & M. T. Turvey (Eds.), *Dexterity and its development* (pp.1–244). Mahwah, NJ: L. Erlbaum Associates.)

Gibson, E. J. (2005). 心理学に未来はあるか．*生態心理学の構想*（佐々木正人・三嶋博之，編訳・本多 啓，訳，pp.19-40）．東京：東京大学出版会．(Gibson, E. J. (1994). Has psychology a future? *Psychological Science*, **5**(2), 69–76.)

Gibson, E. J. (2005). 知覚の発達のための生態心理学者のプロレゴメナ．*生態心理学の構想*（佐々木正人・三嶋博之，編訳・堀口裕美，訳，pp.41-64）．東京：東京大学出版会．(Gibson, E. J. (1997). An ecological psychologist's prolegomena for perceptual development: A functional approach. In C. Dent-Read & P. Zucow-Goldring (Eds.), *Evolving explanations of development: Ecological approaches to organism-environment systems*. Washington, D. C.: APA Books.)

Gibson, E. J., & Walk, R. D. (1960). The "visual cliff". *Scientific American*, **202**, 64–71.

Gibson, J. J. (1961). Ecological optics. *Vision Research*, **1**, 253–262.

Gibson, J. J. (2011). *生態学的知覚システム：感性をとらえなおす*（佐々木正人・古山宣洋・三嶋博之，監訳）．東京：東京大学出版会．(Gibson, J. J. (1966). *The senses considered as perceptual systems*. Boston: Houghton Mifflin.)

Gibson, J. J. (1985). *生態学的視覚論：ヒトの知覚世界を探る*（古崎 敬・古崎愛子・辻敬一郎・村瀬 旻，訳）．東京：サイエンス社．(Gibson, J. J. (1979). *The ecological approach to visual perception*. Boston: Houghton Mifflin.)

Köhler, W. (1925). *The mentality of apes*. London: Routledge & Kegan Paul.

西﨑実穂．(2007). 乳児期における行為と「痕跡」：なぐり描きに先立つ表現以前の表現．*質的心理学研究*，**6**，41–55.

野中哲士．(2009). 幼児が複数の遊離物を扱い始めるとき：幼児のブロック遊び場面における環境の表面のレイアウトの記述．*発達心理学研究*，**20**，112–124.

Nonaka, T., & Sasaki, M. (2009). When a toddler starts handling multiple detached objects: Descriptions of a toddler's niche through everyday actions. *Ecological Psychology*, **21**(2), 155–183.

Reed, E. S. (1988). Applying the theory of action systems to the study of motor skills. In O. G. Meijer & K. Roth (Eds.), *Complex movement behaviour: 'The' motor-action controversy* (pp.45–86). New York: Elsevier.

Reed, E. S. (2006). 伝記ジェームズ・ギブソン：知覚理論の革命（佐々木正人，監訳・柴田崇・高橋　綾，訳）．東京：勁草書房．(Reed, E. S. (1988). *James J. Gibson and the psychology of perception*. New Haven, CT: Yale University Press.)

Reed, E. S., & Jones, R. (Eds.). (2004). ギブソン心理学論集：直接知覚論の根拠（境　敦史・河野哲也，訳）．東京：勁草書房．(Reed, E. S., & Jones, R. (Eds.). (1982). *Reasons for realism*. Hillsdale, NJ: Lawrence Erlbaum Associates.)

Rochat, P., & Goubet, N. (1995). Development of sitting and reaching in 5- to 6- month-old infants. *Infant Behavior and Development*, **18**, 53-68.

佐々木正人．(2005)．ダーウィン的方法．東京：岩波書店．

佐々木正人．(2011)．包囲する段差と行為の発達．発達心理学研究，**22**，357-368.

Thinès, G., Costall, A., & Butterworth, G. (Eds.). (1991). *Michotte's experimental phenomenology of perception*. Hillsdale, NJ: Erlbaum.

山﨑寛恵．(2008)．乳児期の伏臥位リーチングの発達にみられる姿勢と運動の機能的入れ子化．発達心理学研究，**19**，15-24.

山﨑寛恵．(2011)．乳児期におけるつかまり立ちの生態幾何学的記述：姿勢制御と面の配置の知覚に着目して．質的心理学研究，**10**，7-24.

第7章
社会的学習理論の考え方

渡辺弥生

第1節　社会的学習理論の基礎理論の概説

　バンデューラ（Bandura, A.）は，社会的学習理論の提唱者として世界的に有名であり，なおかつ今でも現役で精力的に研究している。彼の理論は，人生を通して構築されてきたといっても過言ではない。彼の理論の構成や特徴を理解するにあたって，バンデューラが語る彼自身の生き方が大きな参考になる。

1　社会的学習理論の構築と変遷
　バンデューラは，1925年12月4日に，カナダの小さな村で生まれている。両親は十分な学校教育を受けていなかったが，ふたりとも学問に高い価値をおいていた。災害や家族の喪失など多くの困難に直面しながらも，両親は生きることを楽しむすべを知っており，家族が平穏に暮らしていけるよう懸命に働いてくれたと当時を振り返っている。バンデューラは，教師も教材も乏しかった当時の学校生活について，教育資源の乏しさは問題ではなく，むしろ学ぶ意欲を高めるうえでポジティヴな結果をもたらしたと後顧している。彼の高校時代，両親は村を出て幅広く経験するように彼を鼓舞したという。アルバイトで進学のお金を貯めたのち，バンクーバーのブリティッシュコロンビア大学（University of British Columbia）に進学した。しかし，生活は厳しく午後は働くことに時間をとられたため，午前中に授業を詰め込み，かなりハードに勉強しなければならなかった。
　ところで，バンデューラが心理学をめざしたのは，ほんの偶然からであった。毎日，早朝から大学に通ったものの，うまく時間のあう授業を見つけられないでいた。ある日，図書館で時間を潰していた日のこと。誰かが忘れていったコースカタログをめくったのがきっかけで，「心理学」と邂逅したという。この偶然と

もいえる心理学との出会いこそ，彼の理論に大きな影響を与えたようだ。1982年の論文「偶然の出会いと人生の心理学（The Psychology of Chance Encounters and Life Paths）」（Bandura, 1982）に，個人のもつ自発性が，さまざまな環境に身をゆだねた結果，ときに思いがけないできごとを生じさせることを論じている。その際，思いがけないものをコントロール不可なものとしてとらえるのではなく，むしろ，幸運の機会としてとらえること，これが，まさに後述する彼の理論の中核にある「相互決定主義」や「自己調整」の概念につながったと考えられる。

大学院時代は，心理学史に名前を連ねる多くの心理学者たちの影響を受けている。アカデミックアドバイザーに「心理学を学ぶによいところはどこですか」と尋ね，躊躇なく返ってきた答えから「アイオワ大学」に決める。この時代は，イェール大学のハル（Hull, C. L.）の新行動主義が隆盛をきわめていた。パブロフ（Pavlov, I. P.），ソーンダイク（Thorndike, E. L.），スキナー（Skinner, B. F.）といったS-R（刺激 - 反応）の内的な要因を想定しない行動主義に対して，ハルやスペンス（Spence, K.）は，S-O-R（刺激 - 有機体 - 反応）に示されるとおり，内的な媒介変数を導入し，仮説演繹的に物事を実証しようとしていた。また，フロイト（Freud, S.）の精神分析理論で述べられていた攻撃性や同一視について，学習の視点から説明しようとした。さらに，強化理論や試行錯誤学習に疑問を感じ，複雑な能力は代理的な経験で学ぶことが可能であることや，ミラー（Miller, N. E.）とダラード（Dollard, J.）の指摘した模倣の研究が人間のコンピテンス（competence：人にすでに備わっている潜在的能力と環境に能動的に働きかけて自身の有能さを追求しようとする動機づけを一体として捉える力動的概念〔中島ほか，1999より〕）や知識を獲得する方法を明らかにするのではないかと刺激を強く受けたという。

1953年にスタンフォード大学にうつり，博士課程の院生であったウォルターズ（Walters, R.）と協力して社会的学習と攻撃性の研究を始める。少年の反社会的行動を説明するために，観察学習のメカニズムや決定因を探る実験を重ね，人間の学習におけるモデリングの役割を強調した。1959年に『青年期の攻撃（*Adolescent Aggression*）』（Bandura & Walters, 1959），1973年に『攻撃性：社会的学習分析（*Aggression: A Social Learning Analysis*）』（Bandura, 1973）をまとめている。規則などの学習の説明には，抽象的モデリングの役割を考え，ドリー・ロス（Ross, D.）やシェリア・ロス（Ross, S.）と一緒に，ボボ（Bobo）人形（たたいても起き上がってくるビニール製の人形）を用いた，今では世界的に有名となった研究を行うことになる（Bandura et al., 1961）。攻撃的なモデルをみた子どもたちは，人形に対して攻撃的に行動することや，観察者に強化を与えなくても観察学習が起こることを明らかに

したのである。また，子どもたちが，実際に行動しなくても，さらには無報酬でも，代理的に新しい行動を学習することを明らかにした。この理論は，学習は直接強化の結果であるという当時の見方やミラーとダラードの模倣[1]，さらには条件づけの考えとは対立するものであった。この研究は1963年に『社会的学習とパーソナリティの発達 (Social Learning and Personality Development)』 (Bandura & Walters, 1963) に要約された。

　バンデューラのスタンフォード大学での研究は，人間の動機づけ，思考，行動における社会的なモデリングを中心に行われていた。モデリングは，単純な反応の模倣ではなく，見たり聞いたりした以上の，新しい行動を創造的に生み出すことや，モデリングの影響は行動結果を予測して動機づけを変えることもできると指摘した。さらには，人，場所，ものに対する他者の情緒的な表現を通して，価値体系や情緒的な表現の習慣を生み出すとも考えたのである。1960年代に，バンデューラは，自己調整 (self-regulatory) の能力の発達に関する研究プログラムを開始した。この研究は，人が自己調整および自省する生物であって，単に環境の影響に反応するだけではないという視点を発展させた。クーパー (Kupers, C.) と，自己報酬づけの遂行基準の獲得について検討したり，ミッシェル (Mischel, W.) と，小さくて即時的に得る報酬よりもあとで大きな報酬を得ることをモデルが好むところを観察した子どもたちが，遅延の報酬を好むことを明らかにした。こうした子どもたちの自己動機づけや自己調整についてのパイオニア的な研究は，パーソナリティの特性理論に代わる検証可能な新しい実験的な研究パラダイムを生みだした。さらには，通信の革新的な進歩によって，モデリングの象徴的な様式はより広い社会的効果を生み出すという象徴的モデリングのメカニズムを論じるまでに発展した。1977年には，『社会的学習理論 (Social Learning Theory)』(Bandura, 1977/1979) を出版した。この本は，1980年代の心理学の方向性を変える本となった。

　これ以降，バンデューラの関心は広がり，観察学習，自己調整，攻撃性，心理治療的な変容などの理論的な問題を1970年代後半から1980年代前半にかけて研究し続けた。そして，自己に関与する思考が，感情や行動を媒介する様相につい

---

[1]　ミラーとダラードの実験では，模倣者はモデルと一緒に反応を実行し，モデルの行動を手がかりとして，モデルと同一の反応をしたときに報酬を受ける設定であった。そして，モデルと一致した反応を学習したと考えた。しかし，バンデューラは，この考えは，単にモデルと同じ行動をしたことが強化を受けて学習できたという伝統的な強化理論によって説明できるとし，モデルを見るだけで学習する現象を説明できないことや，モデルが何を考えて反応したのかといったことに言及していないと批判した。

て解明できるかどうかに焦点が当てられた。1980年代半ばまでに,バンデューラは,人間の機能についての社会認知理論を発展させた。この理論は,人の適応や変化のプロセスに焦点を当てており,人間の機能は,人,行動,環境のダイナミックな相互作用の産物だとする。1986年の著書『思考と行動の社会的な基礎:社会的認知理論(*Social Foundations of Thought and Action: A Social Cognitive Theory*)』(Bandura, 1986) においては,「社会的学習理論」から「社会的認知理論」という大きな展開をみせた。彼の理論の取り上げる対象が拡大し,社会的学習という言葉がそぐわなくなったのである。思考と行動において,「自分を統合する」,「プロアクティヴ」,「自己内省的」,「自己調整的」な人間自身を主体として考えた。とくに,人間のシンボライジングする能力を強調し,その能力によって,環境を理解し,行動指針を構成し,問題を解決し,行動に先立つ思考過程をサポートし,反省によって知識を獲得し,時間と場所を超えるさまざまな人とのコミュニケーションを可能にするという考えを展開した。

社会的認知理論の特徴は,自己を方向づけ,前もって予見することを可能にする (forethought) 能力である。個人的な基準を設定し,自分の動機や行動をポジティヴあるいはネガティヴな結果を予測することで調整する。また,効果を最大限にするために自己反省 (self-reflection) する自己効力感のシステムを,人間の動機づけ,至福,個人的な偉業の基本とみなしている。

1995年の『激動社会の中の自己効力(*Self-Efficacy in Changing Societies*)』(Bandura, 1955/1997) では,自己効力感の理論の基本的な考えを明らかにした。人間の主要な特徴は,「可塑性」と「学習可能性」であるとした。無限に近い行動の多様性と社会の変化のスピードの速さは,生物が許容する可能性の広さをものがたると示唆している。彼の理論は,基礎的な研究のみならず臨床領域にも応用され,脅威として認知されることを統制可能と認知することが,ストレスにかかわるホルモンや神経伝達物質にどのように影響するかについて検討し,自己効力感の働きについて多くの事実を明らかにしている。このように,今日まで,そして今なお,彼の理論は世界中の研究者に影響を与え,彼の理論を引用した論文は膨大な数にのぼる。

第2節　中核となる理論と研究方法

1　相互作用的因果モデル

社会的学習理論が提唱されるまでは,主要な行動の決定因は個人の内部にある

(A) 一方向説　B＝f（P, E）　：個人（P）と環境（E）は独立要因
　　　　　　　　　　　　　　　行動（B）が従属変数

(B) 部分的二方向説　B＝f（P⇔E）：個人と環境の相互作用は認める

(C) 三者間相互作用説

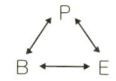

```
     P
    ╱ ╲
   B ⇔ E
```

図7-1　相互作用因果モデルが導かれるまで

と考えられ，行動からその内面を推測しうるという考えにとどまっていた。しかし，バンデューラは，ある行動が起こる頻度と強度が状況によって著しく異なるという事実は，内面にある動機づけ要因だけによっては到底説明できないと批判した。その後，行動理論の台頭によって人間の反応性に及ぼす外的影響を検討する方向へと切り換えられ，行動はそれを喚起する「刺激条件」と維持する「強化条件」とから分析されるようになった。ただし，こうした環境によって決定するという考えは，人間が環境によって左右されてしまうといったイメージが先行し反論をよぶこととなった。

　こうした理論的な対立の中で，行動，個人要因，環境要因について3つの考え方が提唱されてきた（図7-1）。一つは，個人要因か環境要因がなんらかの形で結びついて行動に影響を与えるという考え方であった（A）。その後，個人要因と環境要因の相互作用によって行動が決定されると考えられるようになった（B）。しかし，この考えは，行動が常に結果として導き出されることを前提としており，行動することによって認知が変化し，その認知の変容によって環境が変化し，それがまた新しい行動を規定するといった方向性を説明していないという批判がなされ，（C）の相互決定的な関係を仮定することが生態学的に妥当であると提唱されるようになった。この（C）こそ，社会的学習理論の基本の考えである。

2　モデリングの理論

　伝統的に，学習は反応を遂行しその結果を直接ほめられたり叱られるなどの強化が与えられて，成立しうると仮定されてきた。ところがバンデューラは，学習は他人の行動とその結果を観察することによって代理的に成立することを明らかにした。図7-2に示すように，モデリングには，4つの過程があることが明らかにされている。注意過程は，観察者の情報処理能力によって観察経験からどれだけ多くの利益を獲得するかにかかわる過程である。モデルの示す行動を探索し，

注意過程	保持過程	運動再生過程	動機づけ過程
モデリング事象 ・特徴 ・感情価 ・複雑性 ・普及性 ・接近性 ・機能的価値 観察者の属性 ・知覚の構え ・認知能力 ・認知的予見 ・覚醒水準 ・後天的好み	認知的構造 ・象徴的モデリング ・認知的体制化 リハーサル ・象徴的 ・行動的 観察者の属性 ・認知的スキル ・認知的構造	表象への誘導 ・反応の産出 ・誘導された行動 修正的適応 ・行動モニタリング ・情報のフィードバック ・概念のマッチング 観察者の属性 ・身体能力 ・細分化されたスキル	外的要因 ・感覚的 ・物質的 ・社会的 ・統制的 代理的要因 ・観察された利益 ・観察されたコスト 自己誘因 ・物質的 ・自己評価的 観察者の属性 ・誘因の好み ・社会的比較のバイアス ・内的水準

示範事象 → … → 反応遂行

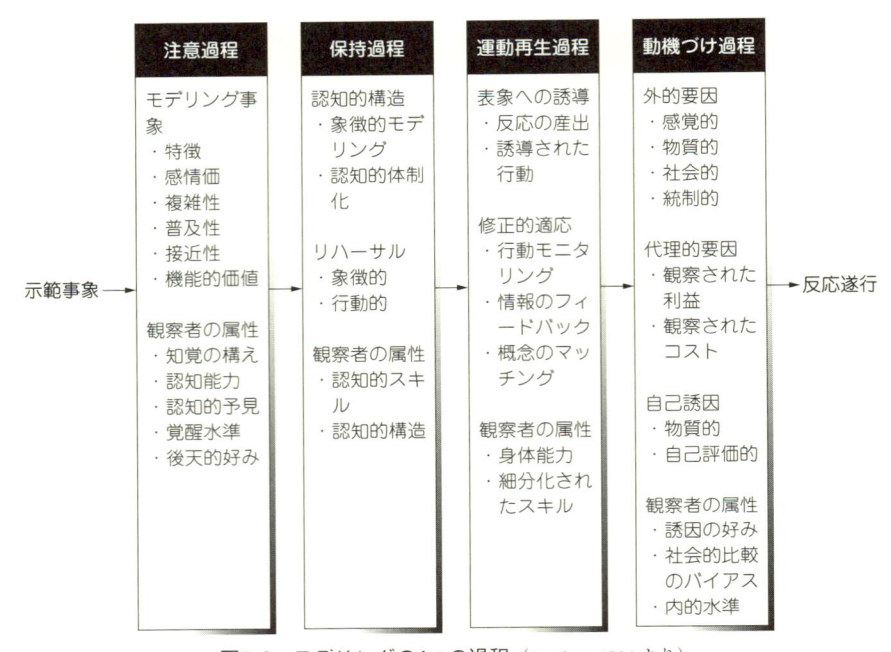

図7-2 モデリングの4つの過程 (Bandura, 1986 より)

知覚する過程である。保持過程は，示範された事象を「イメージ」や「言語」によって貯蔵し，メンタルリハーサルによって促進される。運動再生過程は，行動的に実行にうつすことによって，反応の認知的統合を行う。行動リハーサルによって，のちの行動を再生しやすくする。動機づけ過程は，遂行として表出されるかどうかにかかわる過程である。人は学ぶことのすべてを実行するわけではない。すなわち，習得した行動を遂行するかどうかは動機づけによって左右される。この動機づけ過程には，外的強化，代理強化，自己強化が影響すると考えられた。

モデリングの機能を明らかにした有名な研究は，先にも述べたバンデューラほか (Bandura et al., 1961) がある。幼児72名を対象に，攻撃モデルを提示する条件と提示しない条件が設定された。対象児は，ボボ人形やおもちゃなどが置かれている実験室に連れて行かれる。攻撃条件では，モデルは，そこでボボ人形に攻撃的な行動や言葉を示した（図7-3）。この実験の結果，攻撃条件では統制条件よりも，モデルが示した言動と類似した攻撃行動の生起率が高いことが示された。こうしたモデルは，現実の人ではなく，テレビの登場人物などの行動を観察するだけで学習されることや，観察直後に自分が同じ行動をしなくても，さらには強化

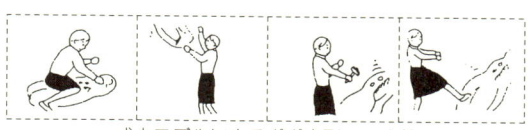

成人モデルによるボボ人形への攻撃

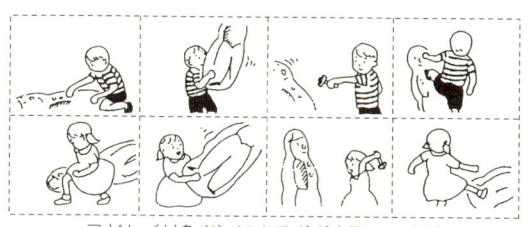

子ども（対象者）によるボボ人形への攻撃

図7-3　攻撃行動の観察学習

がなくても学習されるとし，模倣とは異なるという意味からモデリングという言葉が用いられた。モデリングは，高次の機能をもち，さまざまなモデルの刺激に含まれる共通要素を抽出し，そこから一般的なルールを導きだすといった抽象モデリングや，多くの経験から得た情報をもとに，最初のモデルとは異なるまったく新しい行動を生み出すといった創造モデリングについても言及している。

3　セルフ・コントロールの成立過程

　人々は，環境刺激を調整し，認知的機能を働かせ，自分自身の行為に結果を与えることによって自分の行動を制御することができると考えた。すなわち，遂行水準を自ら設定し，それが達成できないときは自分に罰を与え，達成できたときには自ら報酬を得て満足することになり，自分の定めた基準に適合するよう自ら努力するようになると考えた。図7-4のように，遂行行動がいくつかの評価次元によって変動する。判断過程においては，活動の価値づけや帰属のしかたに影響を受ける。そして，複雑な判断過程を経て，自己反応が惹起されると考えられる。したがって，肯定的な判断は，報酬的な自己反応をもたらし，満足感を得ることになる。

　また，こうしたモデルの自己反応を観察することによって，自己強化基準が獲得されることについても明らかにしている。バンデューラら（Bandura & Kupers, 1964）は，高い基準を設定するモデルを観察すると，子どもたちは，すぐれた遂行行為を成し遂げたときにのみ自分に報酬を与え，低い遂行行為でも十分だと考えるモデルを観察した子どもたちは，低い遂行行為でも自分を強化することを明

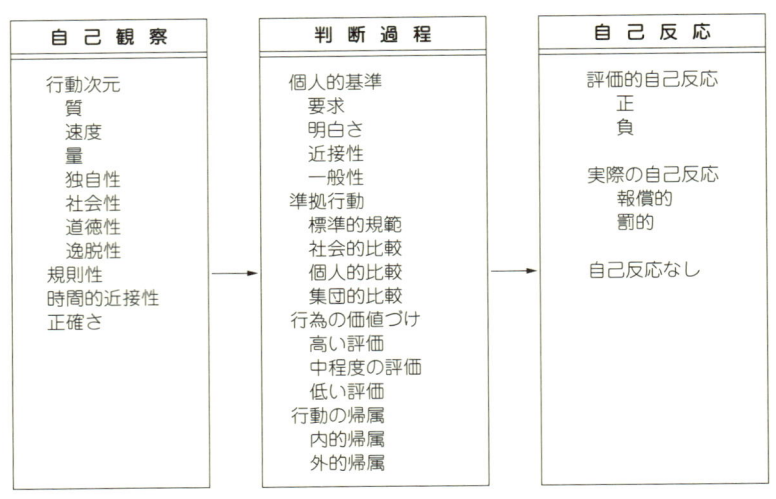

自　己　観　察	判　断　過　程	自　己　反　応
行動次元 　質 　速度 　量 　独自性 　社会性 　道徳性 　逸脱性 規則性 時間的近接性 正確さ	個人的基準 　要求 　明白さ 　近接性 　一般性 準拠行動 　標準的規範 　社会的比較 　個人的比較 　集団の比較 行為の価値づけ 　高い評価 　中程度の評価 　低い評価 行動の帰属 　内的帰属 　外的帰属	評価的自己反応 　正 　負 実際の自己反応 　報償的 　罰的 自己反応なし

図7-4　自己調整が行われる下位過程（Bandura, 1986；明田，1992, p.83 より）

らかにした。このように，単なる行動だけではなく，自身に対してどのような強化をすればよいのかなどを制御するシステムが明らかにされた。

4　自己効力感の理論

　前述のセルフ・コントロールの考えは結果からの行動制御に焦点を当てているが，自己効力は，行動の先行要因の一つであり，予期学習における認知機能を重視する考えにのっとる。人は単に刺激に反応しているのではなく，刺激を解釈していることや，刺激が特定の行動の生じやすさに影響するのはその予期機能によってであると説明している（Bandura, 1977）。この予期は，2つの種類に区別することができると考えた（図7-5）。一つは「結果予期」であり，ある行動がどのような結果を生み出すかの予期であり，もう一つの「効力予期」は「自己効力感」とも呼ばれ，ある結果を生むために必要な行動をどの程度うまくできるかについての予期である。子どもたちは，他者によって示範された評価基準に照らして自己の遂行行為を判断し，それに応じて自分自身を強化するのである。こうした自己効力感についての研究は，臨床心理学や問題行動の改善などに応用（不安や恐怖刺激の消去，学業成績の改善など）されている。

　この自己効力は3つの次元によって変化すると考えられている。すなわち，自己効力の大きさと水準，強さ，一般性である。大きさと水準は，具体的な行動目標を実際にいまどこまで達成できそうかということであり，強さは，どのくらい

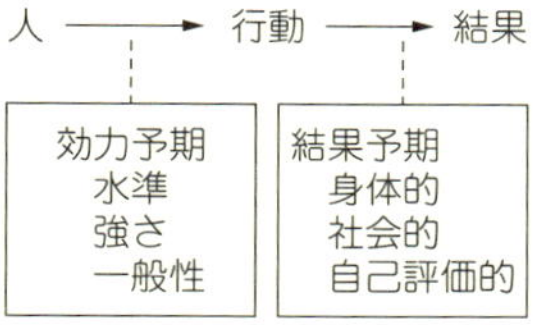

```
人 ──→ 行動 ──→ 結果
    ┆         ┆
┌─────────┐ ┌─────────┐
│効力予期  │ │結果予期  │
│水準     │ │身体的   │
│強さ     │ │社会的   │
│一般性   │ │自己評価的│
└─────────┘ └─────────┘
```

		「行動の結果に関する判断」	
		(−)	(+)
自己効力に関する判断	(+)	社会的活動をする。挑戦して，抗議する・説得する。不平・不満をいう。生活環境を変える。	自信に満ちた適切な行動をする。積極的に行動する。
	(−)	無気力・無感動・無関心になる。あきらめる。抑うつ状態に陥る。	失望・落胆する。自己卑下する。劣等感に陥る。

（「自己効力に関する判断」（効力予期）と「自らの行動の結果を，社会環境（他人）がどのように，受け止め，認めてくれるであろうかということ（すなわち，環境の応答性）に関する判断」（結果予期）とが，相互に作用し合って，人間の行動や感情体験をさまざまに規定していく。((+) は力強い・大きな「自己効力」や，応答的なよく「受け止め」・「認め」てくれる社会環境を示す。(−) は，弱い小さな「自己効力」や，応答的でない社会環境を示す。)

図7-5 効力予期と結果予期の関係（Bandura, 1997；祐宗ほか，1985 より作成）

の可能性があると思うかの確信度である。そして，一般性はある対象の，ある状況での，ある行動に関する自己効力がどの程度まで広がりをもつかということになる。

こうした自己効力感は，自然発生的に生じるのではなく，4つの情報源を通して，個人が自身でつくりあげていくものと考えられている。4つとは，①遂行行動の達成（自分で実際に行ってみること），②代理的経験（他人の行動を観察すること），③言語的説得（自己強化や他者による説得），④情動的喚起（生理的な反応の変化を体験すること），である。こうした，自己効力感の考え方は，主観的な言語的反応などの認知面を考慮していなかった行動療法の考え方と，認知面の解釈に偏りがちであった考え方を統合し，今日隆盛をきわめる認知行動療法を導きだしたと考えられている。

第3節　発達心理学への影響

1　独自の「認知」理論

ピアジェ（Piaget, 1960）によれば，子どもの認知は，生まれながらにして環境に能動的に働きかけながら，同化と調節という生物学的機能をもとに遺伝と環境の相互作用を通して発達していくと考えた。その際，新しい経験との適度の食い違いを均衡化していこうと動機づけられると考えたのである。これに対して，バ

ンデューラは，もし，ピアジェの考え方が正しければ，学習を弁別する現象を説明できない，と批判している。人は，あまりよく知らないことやうまくできない行動を積極的にとることはない。しかも，知りたいという内的動因だけに動機づけられるのだとしたら，自分の周りの世界についてなんでもかんでも物知りになることになると予想されるが，現実にはそうではない。これらの点を考えるとピアジェの考え方は当てはまらないと指摘する。他方，精神分析理論で説明されてきた同一視などの無意識過程を意識的な過程としてとらえなおしたことや，攻撃行動がカタルシスとして考えられてきた側面を，自己制御過程の不活性化やモデリングの概念を提唱することによって，社会的行動や道徳的な行動の獲得について新たな理論を構築した。

2　社会化理論への大きな貢献

社会的学習理論におけるこうしたモデリングや自己効力感，自己制御のプロセスについての考え方は，幅広い領域での基礎的研究に大きな影響を与えている。その中でも，大きな影響を与えている領域をいくつかあげると，セルフ・コントロール，攻撃性，向社会性，道徳性の研究があげられるだろう。

①セルフ・コントロールの研究：精神分析理論においては，幼児期が重要であるとし親子関係の影響を指摘しているが実証的な研究はなされていない。しかし，社会的学習理論では，どのようなプロセスが自我の制御過程を獲得させるかについて具体的なモデルを提唱している。前述のように，自己制御過程を自己観察，判断過程，自己反応の3つに分けるとともに，行動の選択的注意，原因帰属，判断の選択（自尊心の満足，自責の念）など，各プロセスにおける「自己」の主体性を重視し，こうした自己制御過程が対人関係や環境の相互作用において獲得されると考えた。こうした，自己の役割は，ミッシェルらの一連のセルフ・コントロールの発達研究につながるものであり，基礎的な発達だけでなく，問題行動を抑制するためにどうすればよいかなどの研究につながっている。幼児期の自己制御の発達的様相や，親子関係および友人関係におけるセルフ・コントロールなど，発達研究に大きな影響を及ぼした。

②攻撃性の研究：攻撃行動が欲求不満から生起するという理論や単なる模倣から生起するという理論を批判し，モデリングによって攻撃行動が生起されると提唱した。バンデューラのモデリングの説明は，一般的な社会的行動の情報処理モデルとは厳密には言えないが，社会的行動の下での情報処理過程が働いていることをモデル化したという意味で後の攻撃性の研究を導くうえで重要な研究と考え

られる。モデルの適切性について，多くの研究者によって検討されているほか，最近注目されている社会的情報処理理論にも強い影響を与えていると考えられる。

③向社会性の研究：向社会的分野においても，大人の示す寛容さや援助の観察が子どもの向社会的行動に与える影響が検討されるようになった。向社会的行動の発達には，養育的な大人が向社会性を行動に示し，これを子どもが観察することが重要であることが示唆されている。1970年代には，帰属理論などがモデリングに組み入れられ，自分が人に親切にするのは外発的ではなく，内発的に動機づけられると認知することが，向社会的行動を内在化するといった研究が行われるようになった。1980年代には，認知発達的な発達段階モデルとモデリングなどの状況要因との関係など，複数の理論を組みこむような複合的な研究がなされるようになった。

④道徳性の研究：道徳性の発達については，ピアジェ（Piaget, J.）やコールバーグ（Kohlberg, L.）などの認知発達理論から説明される場合が多いが，社会的学習理論からは道徳的な行動がなぜとれないかという切り口から独自の理論が提唱されている。バンデューラは，この発達段階が既定の順序にしたがって進行するという考え方を批判し，道徳性も社会的強化の随伴性やモデルの観察という社会的な要因によって学習されると主張した。その後，認知発達理論の立場からの論争が続いたが，発達的変数がモデリングを媒介することは認められている。道徳性については，道徳的思考と感情を個人要因，社会的承認や非難，モデリングなどを環境要因，道徳的行動を行動要因として，互いに相互作用をもっているという相互作用決定主義の立場がとられている。

逸脱行動は，社会的制裁と自己制裁という2つの制裁によって調整されており，予期的に働くと考えられている。しかし，自己調整メカニズムは，ときに自己満足感や自責感を抱くという感情的な自己反応を活性化させないことがあると考えられている。図7-6のように，内的な制御のさまざまな段階で，「望ましくない行為」が自己評価の影響を受けないようになるメカニズムを具体的に説明している。

3 発達臨床，教育臨床場面への応用

研究方法においても，さまざまな要因の影響のありかたを検討する目的のもとに，実証的な実験研究パラダイムが設定されたが，こうした研究方法が今日の臨床的な領域におけるエビデンスの獲得のしかたに大きく貢献している。社会的学習理論は，参加者が環境の影響にどのように反応するかを統制的な実験によって

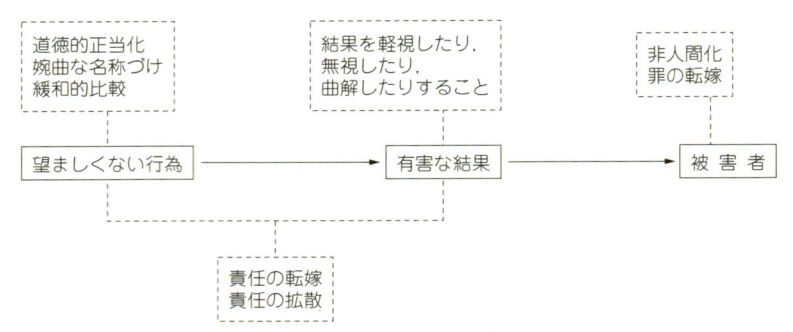

```
                  道徳的正当化         結果を軽視したり,         非人間化
                  婉曲な名称づけ       無視したり,             罪の転嫁
                  緩和的比較           曲解したりすること

                  ┌──────────┐      ┌──────────┐      ┌──────────┐
                  │望ましくない行為│ →  │有害な結果  │ →   │被 害 者  │
                  └──────────┘      └──────────┘      └──────────┘

                              責任の転嫁
                              責任の拡散
```

図7-6 自己調整過程における「望ましくない行為」が「自己評価の影響」を受けないようになるメカニズム (Bandura, 1986 より)

実証的に明らかにした。

　先にも述べたように，社会性や人格の発達の広い面で貢献しただけでなく，問題を緩和したり，除去するメカニズムを明らかにし，行動変容をベースにした多くの心理教育プログラムの構築にも貢献している。とくに，90年代以降，いじめの予防や攻撃性のマネジメントなどさまざまなプログラムに，バンデューラの考え方やモデリングの手法が取り入れられている。とくに，臨床面については，リハビリテーション，キャリア教育，恐怖症の治療，ストレス対処，抑うつ，など幅広い問題の解決に役立てられている。

　今後，生物学的要因や発達的な観点をどのように組みこめばよいのか，実験的に検討できないような複雑な個人と状況の相互作用をどのように検証していくべきなのかといった課題についてさらに詳細に検討していくことが必要であろう。近年は，認知や行動だけではなく，感情という側面すべてを一つの俎上においた研究が重ねられるようになってきているが，こうした研究の流れにおいて礎になった研究であることはまちがいない。いまだ，発達的な研究においては，発達障害への支援に関してモデリングが有効に使えるのかどうかや，認知発達的な考え方との統合など，未解決なことが少なくない。また，自己効力感の喚起方法やアセスメントのしかた，さらには，社会変化にともなうさまざまな情報様式の媒体の変化が人間に及ぼす影響など，バンデューラの理論をもとにした検討が期待されるところである。

引用文献 ……………………………………………………………………………
明田芳久．(1992)．社会的認知理論：バンデューラ．日本道徳性心理学研究会（編），*道徳*

性心理学（pp.221-236）．京都：北大路書房．
Bandura, A.（1973）. *Aggression: A social learning analysis*. Englewood Cliffs, NJ: Prentice-Hall.
Bandura, A.（1979）. *社会的学習理論：人間理解と教育の基礎*（原野広太郎，監訳）．東京：金子書房．（Bandura, A.（1977）. *Social learning theory*. New York: Prentice-Hall.）
Bandura, A.（1982）. Psychology of chance encounters and life paths. *American Psychologist*, **37**, 747-755.
Bandura, A.（1986）. *Social foundations of thought and action: A social cognitive theory*. Englewood Cliffs, NJ: Prentice-Hall.
Bandura, A.（Ed.）.（1997）. *激動社会における個人と集団の効力の発揮．激動社会の中の自己効力*（本明　寛・野口京子，監訳）．東京：金子書房．（Bandura, A.（Ed.）.（1995）. *Self-efficacy in changing societies*. New York: Cambridge University Press.）
Bandura, A.（1997）. *Self-efficacy: The exercise of control*. New York: W. H. Freeman and Company.
Bandura, A., & Kupers, C. T.（1964）. Transmission of patterns of self-reinforcement through modeling. *Journal of Abnormal and Social Psychology*, **69**, 1-9.
Bandura, A., Ross, D., & Ross, S. A.（1961）. Transmission of aggression through imitation of aggressive models. *Journal of Abnormal and Social Psychology*, **63**, 575-582.
Bandura, A., & Walters, R. H.（1959）. *Adolescent aggression: A study of the influence of child-training practices and family interrelationships*. New York: Ronald Press.
Bandura, A., & Walters, R. H.（1963）. *Social learning and personality development*. New York: Holt, Rinehart, & Winston.
中島義明ほか（編）．（1999）．*心理学辞典*．東京：有斐閣．
Piaget, J.（1960）. *The child's conception of physical causality*. Peterson, NJ: Littlefield, Adams.
祐宗省三・原野広太郎・柏木恵子・春木　豊（編）．（1985）．*社会的学習理論の新展開*．東京：金子書房．

参考文献

Bandura, A.（1974）. *人間行動の形成と自己制御：新しい社会的学習理論*（原野広太郎・福島脩美，訳）．東京：金子書房．（Bandura, A.（1971）. *Social learning theory*. New York: General Learning Press.）
Bandura, A.（Ed.）.（1975）. *モデリングの心理学：観察学習の理論と方法*（原野広太郎・福島脩美，共訳）．東京：金子書房．（Bandura, A.（1971）. *Psychological modeling: Conflicting theories*. Chicago: Aldine-Atherton.）
福島脩美．（1978）．認知的制御：行動理論と認知理論の交点．*心理学評論*，**21**，281-292．
春木　豊．（1978）．社会的学習の概念．*心理学評論*，**21**，191-196．
伊藤秀子．（1978）．発達と社会的学習．*心理学評論*，**21**，197-213．
望月　昭．（1978）．観察学習と般化模倣：社会的学習への行動分析的アプローチ．*心理学評論*，**21**，251-263．
中澤　潤・大野木裕明・伊藤秀子・坂野雄二・鎌原雅彦．（1988）．社会的学習理論から社会的認知理論へ：Bandura 理論の新展開をめぐる最近の動向．*心理学評論*，**31**，229-251．
大野木裕明・伊藤秀子・中澤　潤．（1987）．モデリング研究の最近の動向：日本の現状．*心理学評論*，**30**，129-142．
湯川進太郎・吉田富二雄．（1999）．暴力映像と攻撃行動：暴力性および娯楽性の観点による新たなモデルの提出．*心理学評論*，**42**，487-505．

第8章
社会文化・歴史的発生理論の考え方

佐藤公治

　ヴィゴツキー（Vygotsky, L. S.）はロシア革命の前後に青年時代を過ごし，1934年に37年の短い生涯を終えた不世出の心理学者である。いま改めて一人の心理学者の思想に光が当たっているのは，彼が問い続けた心理学研究への「反省」が今日の心理学研究の「現実」と重なるからである。

　ヴィゴツキーは，心理学では「常識」とされてきた個人から社会へと発達は向かっていくという説明原理を逆転させる。人間の精神やその発達は，社会的活動にその起源があり，人々の間で行われていること，つまり精神間の関係の中から生まれ，作られてくると考えた。そこでは，人間の精神的活動を支え，成長，発達していくうえで役割を果たしている社会・文化的諸変数を正統に位置づけることを求める。

　ブルーナーは『可能世界の心理』（Bruner, 1986/1998）の中で，ヴィゴツキーの思想に惹かれ，またヴィゴツキーの研究から多くの示唆を受けたことを「ヴィゴツキーのインスピレーション」の章で述べている。ブルーナー自身も認知心理学の誕生や「認知革命」と称された新しい心理学のさきがけになる『思考の研究』を1956年に出すが，この年はヴィゴツキーの『思考と言語』が発刊の禁止が解かれて再刊された年でもあった。この後，ブルーナーはルリア（Luria, A.）との交流を通してヴィゴツキーの研究を深く知ることになる。ブルーナー（Bruner, 1962）は『思考と言語』英語版に序文を寄稿し，ヴィゴツキー研究の出発点にあったのは意識研究のための条件反射学や行動主義からの脱却であり，また思考を社会的な道具である言葉との弁証法関係として論じることで，デューイやジェームズの機能主義やマルクス主義的史的唯物論の枠に納まらない独自の理論を立てたと指摘する。そして『思考の研究』の10年後，ブルーナーはピアジェ理論を文化比較の視点から批判する『認識能力の成長』を出す。この10年間の時間の流れの中でブルーナー自身の中で起きた変化を彼はもう一つの自叙伝の

『心を探して』(Bruner, 1983/1993) の中で述べているが，そこでもヴィゴツキーの理論に強く惹かれていたことが切々と書かれている。ブルーナーのヴィゴツキーへの関心は，欧米のヴィゴツキー再評価の動きを予測するものであった。認知心理学・認知科学が進展する中で，情報処理としての認識研究は，次第に人間を取り巻いている社会・文化的諸変数との連関の中で人間の認識をとらえようとするが，その動きの中でヴィゴツキーが改めて見直されることになる。

第1節　道具主義的方法と文化心理学

1　道具主義的方法

ヴィゴツキーの理論を理解するために欠かせないのは彼が言う「道具主義的方法 (instrumental method)」である。人間は道具を仲立ちにしながら具体的な対象に向き合っている。「道具的作用 (instrumental act)」である。このとき，道具は活動する人間（主体）と対象の関係，そして活動の内容を変えていく。さらに道具が対象に向かって行っている活動の過程の中に入り込んでくることで，心理的機能も変わっていく。このヴィゴツキーの考えは，マルクスの実践哲学に基づいている。マルクスは『経済学・哲学草稿』(Marx, 1932/1964) の中で，対象に働きかけ（具体的には労働），対象を変えていく過程の中で，対象に働きかけている主体自身の方も変わっていき，成長していくと言う。これが類としての人間の歴史を創りだしていく。

だからヴィゴツキーも労働の中で道具を介在させて対象にかかわっていくことは人間という類としての活動であり，人間の歴史の中でそれはあると言う。人間精神は道具と不可分な関係になっていること，そのかかわりの歴史的過程を論じていくことが「道具主義的方法」である。ヴィゴツキー (Vygotsky, 1930/1997) は，「道具主義的方法」はその本質からして歴史的・発生論的方法であり，人間の行動は行動の歴史として理解されなければならないと言う。今日の欧米のヴィゴツキー派も歴史的・発生論的方法を踏襲している。

2　文化心理学：文化・歴史的発達論の展開

ヴィゴツキーの理論の根幹にあるのは，人間精神は文化 - 歴史的過程の中で生成されるという主張であった。そこでは社会・文化とその歴史的変化は，人間精神の発達と密接にかかわるものとして位置づけられることになる。コール (Cole, 1996/2002) が「文化心理学 (cultural psychology)」という言葉で表現しようとした

のは，まさに人間の活動は文化諸変数とその歴史的変化の中でその姿を変えてきたこと，そしてこの文化諸変数との相互性の中で人間は人間としての本性を自分の中に作り上げていく過程を定式化しようとしたことであった。「文化心理学」という用語は必ずしもコールの独自のものではなく，古くはヴント（Wundt, W.）が心理学の草創期に民族学的な意味合いで社会・文化変数を扱うものとして用いたり，今日の社会心理学においても比較文化研究として「文化心理学」が使われている（たとえば北山，1998）[1]。しかし，コールが言う「文化心理学」はヴィゴツキーが「道具主義的方法」として定式化したものの延長上に位置するものである。コールの言う「文化心理学」は直ちに比較文化研究を意味しないで，文化とその歴史の中に身を置いている人間精神と行動が，これらの諸変数に規定されながらどのような発達の様相を描くのかを明らかにしようとする。たとえば，スクリブナーとコール（Scribner & Cole, 1981）がリベリアのヴァイ族を用いて彼らが日常生活の中で使用している複数の言語と読み書き能力との関係を解き明かした研究がある。ここでスクリブナーとコールが重視するのは，歴史・文化的変遷の中で彼ら（ヴァイ族）が用いるようになった言語がどのように使われているのか，そのことが彼らのリテラシーの発達にどのように作用しているかを日常の実践的な活動の詳細な観察から明らかにすることであった。そこで扱われている文化変数というのは彼らの日常的な実践とその歴史的変遷の具体的な姿である。ここを明らかにしなければ「人間精神にとっての文化とは何か」という問いは解けないと考えた。

ロゴフ（Rogoff, 2003/2006）もコールと同様に，人間精神とその発達は文化諸変数と相互連関していることを強調する。とくにロゴフの場合は，自分の所属する文化コミュニティの中の一員としてその文化的実践に参加することでそこで必要とするものを発達させていくという事実に注目する。もちろん，文化的実践の内容も固定したものでなく，時代によっても変化し，また文化による相違もある。問題はそこでどのような文化的実践が展開されているかということと，発達の姿を明らかにすることである。まさにヴィゴツキーの言う文化的発達の問題である。ヴィゴツキーの「文化的発達」は，人間の発達を時刻表のように固定したものと

---

[1] かつて日本においても社会心理学という範疇には収まらない問題を文化心理学として論じた築島（1962）のものや，明らかに社会心理学とは一線を画すことを意図して書かれた城戸（1970）の著作がある。とくに城戸の場合は人間の言語表現の問題，あるいは人間的価値や美的行動を人間精神の問題とするためには文化を論じることが必要であると述べているが，このことはもう一度注目しておいてよい。もっともこの種の議論は本章の趣旨とは離れるのでここではこれ以上は触れないでおくが，城戸の「文化心理学」の考えについては佐藤（2012）を参照されたい。

する発想を否定するが，この発達の現実をロゴフは北米と，そして中南米を中心にした地域，家族における文化的実践を通して明らかにする。ロゴフ（Rogoff, 2003/2006）は，文化的コミュニティは発達として必要なものを学習装置として用意していること，したがってそこで求められる発達と学習は文化に参入する過程の中でゆっくりと行われていると言う。文化的コミュニティの中で共有されている学習は一つの文化的価値をもったものであり，学習と発達を実現していくことは同時に文化的アイデンティティを得ることでもある。

発達と学習は文化実践としての一定の価値と目標に向かって展開されていることを確認しておかなければならない。これはヴィゴツキーの発達についての一つのテーゼである。ヴィゴツキーはいくつかの著書の中で人間は対象に直接対峙することはなく，文化的道具を媒介にして対象とかかわることを指摘し，このことを有名なヴィゴツキーの三角形という図式を使って説明している。このとき，主体の活動も主体にとって，そして文化的コミュニティにとって価値をもった対象と目的に向かって行われることを意味している。

ヴィゴツキー（Vygotsky, 1930/1997）が主張する「道具主義的方法」では，教育的活動を通して発達の自然的過程を文化的過程へと人為的に変えていくという教育と発達についての本質を位置づけることになる。発達と教育も明らかに人間という類の歴史的過程の中に位置づいているからである。「道具主義的方法は，人類が労働の永い歴史の中で達成してきたことを子どもの教育過程の中でいかに為し遂げていくかというもう一つの歴史を明らかにすることである」（原著，p.88）。

コール（Cole, 1996/2002）が80年代の後半からサンディエゴで取り組んできた「第5次元（the fifth dimension）」と名づけられた地域の子どもたちのための放課後の課外授業プログラムは大学生も加わり，コンピュータを利用した新しい学習活動はまさにヴィゴツキーが言う新しい文化的発達を子どもたちの中に実現させようとする試みであった。

ロゴフ（Rogoff, 1995, 2003/2006）は，文化的実践においては文化・制度的なもの，地域の歴史，家族の中での子どもを取り巻く活動の実態，学校の教育と学習活動が互いに連関をもち，またつながっていることに注目する。だからロゴフは制度，親子や教師と子ども，あるいは子ども同士の精神間の活動，そして個人の学習といった三つの平面が同時に起きていると言う。したがってこの三つの平面で起きていることのどれか一つを取り上げる場合でも他の残りの平面を同時に扱わなければならない。ロゴフほか（Rogoff et al., 2001）が公立小学校を舞台にして地域の大人たちが積極的に教室の学習活動に関与することを試みた学校コミュニティの

試みは子どもたちの学習活動の姿を変えていくものである。ロゴフ（Rogoff, 2003/2006）は，ヴィゴツキーの理論の重要性を前提にしながら，学校教育では概念的知識を重視する傾向にあり（訳書，p.372），家庭や地域における世代間の伝達の中で文化的知識を学んでいくことも重要な発達と学習の活動として位置づけていかなければならないと言う。それは地域と学校，家族が文化的実践を担い，相互に整合性をもっていること，その中で本来の学習活動はどのようなものであるべきかを問い直す試みでもある。

第2節　文化的発達と媒介手段としての文化的道具

1　文化的発達と自然的発達

　ヴィゴツキーは『精神発達の理論』や彼の人間発達の基本的原理である「文化的発達」について述べた「子どもの文化的発達の問題」の中で，文化的環境を受ける中で発達していく文化的発達が人間という種に特有の発達の姿であることを強調する。「文化的発達とは，人類がその歴史的発達の過程において創造した行動の補助手段を習得することであり」（Vygotsky, 1928/2008，訳書, p.144），たとえば，言語，文字，図式，計算体系といったさまざまな記号を使って心理的操作を実行する方法を習得していくことが文化的発達である。とくにヴィゴツキーの「文化的発達」について改めて確認しておくべきことは，文化的発達は，あくまでも行動の補助手段である文化的道具を習得していくことであって，決して文化的道具が存在することだけで文化的発達は実現しないということである。だからヴィゴツキーは，文化的手法の補助手段は心理的操作の構造を大きく変えるが，それは外的環境や外的技能といった外からつくり出されるものではなく，子どもがそれを習得することにより内から発生するものであると言う。心理的操作の構造は子ども自身の内的歴史をもっている。ここにヴィゴツキーの発達の考え方が端的に表れている。ヴィゴツキーは決して単純な年齢区分や生物的な自然的発達で人間の発達を説明することはできず，文化的手段を獲得していくことで生まれる文化的発達として発達の姿をとらえるべきであると言う。

　ヴィゴツキーが「文化的発達」の概念で示そうとした発達の考え方は，発達と学習をどのように評価するかという考え方にも変更を迫るものである。文化的発達を可能にしてくれる状況との出会いの中で発達をとらえるという発想をとらなければならない。ヴィゴツキーは人間の発達は文化の影響を受けることで人間となっていくという文化的発達が基本であるとしながらも，人間がもっている生物

的な特性や生物学的制約も人間の発達を規定する部分として位置づける。この自然的発達と文化的発達の絡み合いの「事実」を明らかにすることが発達研究の課題である。

2　文化的道具に媒介された人間精神と行為

　ヴィゴツキーが文化的道具の中でも中心的に取り組んだのは言語であり，とくに「ことば（speech）」である。彼は言語（記号）が思考作用に強くかかわりをもっており，思考と言語の複雑で統一的な関係を明らかにしていくことが，人間の意識世界を解くための出発点になると位置づける。ヴィゴツキー（Vygotsky, 1930-31/1997）は文化的道具が新しく加わることで精神構造のシステム的関係が変わっていくと言う。たとえば言語という文化的道具が加わることで思考構造がより高次な構造へと変化を起こしていく。だから全体構造の形成が上からトップ・ダウン式に入れ替わるのではなく，元々あったものに新しい文化的道具が加わることによって高次な構造になっていく。ここには後半で取り上げるヴィゴツキーの心理システム論の発想がある。

　ヴィゴツキーの文化的道具には言語，文字や図式，計算体系等の記号といった心理的道具のほかに技術的道具がある。技術的道具は人間の心理活動を支える心理的道具とは対比的に，人間が外部の対象に働きかけ，それらを改変していく道具のことであり，ノミ，カンナ，その他諸々の道具である。ワーチ（Wertsch, 1998/2002）はこのような道具の歴史的変遷と道具を媒介にした人間の活動との間で起きていることを問題にする。ワーチはヴィゴツキーが言う人間精神とその発達は媒介手段と切り離して論じることができないという考えをより具体的な形で展開しようとするが，ワーチが強調するのは「媒介された行為（mediated action）」という考え方である。行為として人間の精神的活動を考えるということであるが，ワーチ（Wertsch, 1991/1995）は行為として人間の精神的活動をとらえることで，人間を環境とのかかわりの中で生き，活動している存在，そして積極的に環境にかかわり，環境を能動的に作りだしていくものとして位置づけることを可能にすると言う。これはヴィゴツキーの思想の根幹になっていることでもあった。

　ワーチ（Wertsch, 1998/2002, 2002）は，この文化的道具とその役割を語りと物語にも拡張することを試みる。自分たちの歴史についてどのようにテキストとして理解し，またそれを語っているのかを問題にする。歴史的語り（ナラティヴ）は歴史的アイデンティティの形成にとって重要な文化的道具になっているというわけである。自分たちの歴史的アイデンティティとなっていくためには歴史のテキ

ストを表面的に理解するだけでは不十分である。ヴィゴツキーは文化的道具が自分の道具になるためにはこの道具を自分のものにしていかなければならないと言った。そこには自分の精神の外にあったものを自分の精神内へと移行していくという過程があるが，ワーチ（Wertsch, 1998/2002）は文化的道具（ここでは歴史のテキスト）を機械的にあるいは受け身的に理解している場合と，ステレオタイプ化された理解ではなく，自分たちの歴史的アイデンティティをしっかりともっていくことができるような歴史テキストの受容の仕方をしている場合とでは，文化的道具が果たす働きは大きく異なってくることを指摘する。ワーチは前者を「習得（mastery）」と呼び，後者のような本当の意味での文化的道具を自分の手にした「専有（appropriation）」とを区別しなければならないと言う。

　近年，ブルーナー（Bruner, 1996/2004, 2002/2007）も人間精神とその活動にとって，あるいは文化の形成にとって語るという行為，そして自己の物語を作ることの重要性を指摘している。政治思想としてカントに起源をもち，個人の自律的判断を尊重する自由主義論者（リバータリアン）がある一方で，共同体とのかかわりの中で共同体的共通の善を人間の行動規範に位置づける共同体論者（コミュニタリアン）の考えがある。この代表者にマッキンタイアがいるが，彼は『美徳なき時代』（MacIntyre, 1984/1993）の中で，人間は物語る人物であること，この物語るという行為によって自分の人生，そして自己のアイデンティティを説明し，省察していくとする。そして共同体論で強調されていることは物語は決して個人のものではなく，一人ひとりの物語はコミュニティの物語の中に埋め込まれていることである。マッキンタイア以外のサンデル（Sandel, M.），そしてテイラー（Taylor, C.）といった共同体論者は共通して自由主義論者が前提にしている社会からの「負荷を負わない自我」や社会という外部からの干渉から自由になった「遊離した自己イメージ」といった個人主義的発想を批判する。このことはヴィゴツキーが心理学の人間観としてもってきた個人主義的発想と方法として人の心をバラバラなものとしてしまう「アトミズム」を批判し続けてきたことと通底するものである。

3　「専有」を可能にする精神間の活動

　ヴィゴツキーの文化変数の扱いには，文化とその歴史を扱ったマクロな水準と，文化的発達の獲得の過程，つまり文化的道具との接触・獲得によって発達の変容が起きてくる過程を論じたミクロな水準の二つが含まれている（Cole & Gajdamaschko, 2007）。これまで前者のマクロな部分を主に取り上げてきたが，ここ

では後者のミクロな過程をみていく。

　人間精神は社会・文化，そしてその歴史的なものとかかわりをもちながら展開し，その発達変化を実現させていく。そして，ヴィゴツキーのいう文化的発達とは文化的道具を習得し，自分のものにしていく過程であった。この過程を大人や教師が後押しして容易にすることを概念化したのが「発達の最近接領域」論である。この「発達の最近接領域」はヴィゴツキーが人間の精神的活動の基本として述べている社会・文化的なもの，社会的活動という外的な側面（精神間カテゴリー）を個人の意識の内側（精神内カテゴリー）へ移行することを促すものである。

　「発達の最近接領域」については，ブルーナーが教師の側の役割を強調する形で「足場づくり（scaffolding）」という意味を込めて定義し直している。あるいは，ブルーナーとは異なって教師－生徒，あるいは生徒間の相互行為で展開される多様な視点の交流とそこから生まれる創造的な活動こそが「発達の最近接領域」の働きであるというウエルズ（Wells, 1999, 2001）のような考えが出されている。このような議論からも明らかなように「発達の最近接領域」で起きていること，その「相互行為」の詳細と機能を解いていかなければならない。

　ワーチとストーン（Wertsch & Stone, 1985）は2歳半の子どもが母親と一緒にパズルを解く場面でどのような相互行為が展開されているか，その微視発生的分析を行っている。とくにここで彼らが注目しているのは，最初のフェーズでは，母親は子どもにパズルを解くために必要なことを質問の形で与えている（ヴィゴツキーの言う「精神間」の活動）が，その少し後からは子どもは母親が出してくるだろう質問を自らが出す形で自問し，あるいは内言として行っている（「精神内」の活動）。ここには短い時間の中で母親と子どもの間で行われていた精神間の活動が基礎になって，それが子ども自身が問題を解いていく精神内の活動へ向かわせたことを示している。後の段階になると母親のかかわりは大きく減少することになる。

　教室の学習では，どのような精神間の活動が展開されることが学習効果を高めるのに有効なのだろうか。今や古典的な研究となったブラウンほか（Brown & Palincsar, 1989；Brown et al., 1996）の「相互教授法（reciprocal teaching）」は教室の学習で展開されている精神間活動を外部化，意識化させることで，次の段階の精神内活動の水準である自分の力で学習できる方法を高めていこうとしたものである。この相互教授法では，生徒が先生役になって活動してみることで学習のために必要なことが内化されていくことに主眼が置かれているが，ヘレンコール（Herrenkohl & Guerra, 1998；Herrenkohl et al., 1999）はこれに加えて他の生徒の発言に

対する質問やコメントを出していくことを「聞き役」の役割として自覚させることを行った。ここでも聞き役として必要な活動の内容を具体的な形で与え（精神間活動），それを次第に自覚化して授業の中でも能動的に使えるようにしていった（精神内活動）。この経験は教室の議論を活発化させ，同時に建設的な質問，意見を出していく議論の使い手に子どもたちを変えていったのである。

マーサー（Mercer, 2000）は，教室の学習に果たすべき教師の役割はヴィゴツキーの言う精神間活動，つまり生徒同士が議論をすることを通してお互いの思考を高めていくよう導くことであると言う。ここではヴィゴツキーの「発達の最近接領域」は「精神間発達領域（intermental developmental zones：IDZ）」として解釈し直される。生徒たちが議論を通してより高い思考へと進んでいく「相互思考（interthinking）」を実現させるために話し合いの活動を外部化した「トークレッスン（talk lessons）」を導入する。教師は教室という問題の探究をめざすコミュニティのコーディネーターとして，生徒たちが IDZ を作り上げていくことを目指している。

教室の生徒たちの学習活動の内容は，学校がどのような学習活動を重視しようとしているかによっても影響を受ける。もちろん，この種の教室文化や学校文化を現実化しているのは教師と生徒たちの日常の活動とその蓄積でもあり，制度的なものと相互行為実践とは相互規定的である。ダニエルズ（Daniels, 2001）は学校単位の教育内容と具体的なカリキュラムとその特徴をいくつかの次元からなる項目の質的分析によって調べ，その内容と教室の生徒たちの活動の特徴との連続性を明らかにしている。ダニエルズの研究は教室の生徒たちの学習活動をミクロとマクロの二つの次元が交叉する社会化の過程としてみようとしている。ヴィゴツキーの発達最近接領域論の拡張の試みの一つである。

第3節　ヴィゴツキーの遊び研究と「心的体験」論

1　ヴィゴツキーの遊び論

ここでは，ヴィゴツキーの遊び研究を取り上げる。幼児期の子どもの遊びについては，虚構（フィクション）と想像の世界としてみることが多い。たしかにこの時期の子どもたちの中心的な遊びであるごっこ遊びを可能にしているのは，目の前にあるモノの現実性に縛られないで空想の世界でイメージを作り出し，頭の中でこれらを表象していくことができる能力（「みたての能力」），自由に想像の世界を拡げる空想能力である。しかしヴィゴツキーはこのような説明では彼らの象

徴的表現や表象能力といったもっぱら知的機能によって説明をする「主知主義の危険性」に陥ってしまうと言う。

　ヴィゴツキー（Vygotsky, 1933/1989）は意味生成の根源には「モノ」との行為的かかわりがあると位置づけて，次のように言う。「想像は，意識の全機能と同様にはじめは行為のなかで発生する」(訳書, p.6)。現実から離れた想像の世界で自由に遊ぶことができるのが子どもの遊びの特権だが，始めから想像があるのではなく，子どもはまず現実にあるモノとの直接的，具体的なかかわりから始める。ヴィゴツキーが言うように，遊びを想像や象徴的記号としてとらえてしまうと，遊びを抽象的な紙の上での代数学と同じような記号操作のようなものとして扱うことになり，遊びの現実とはほど遠いものにしてしまう。幼児の場合は，モノへの行為的かかわりを通してモノに意味を附与していく。遊びはモノから遊離した記号や象徴的な表現ではなく，イメージも記号も「モノ」への行為的かかわりと相互にリンクしている。

　もちろん，人間は意味の世界で生きている。だから幼児も遊びの中でモノとの具体的なかかわりを通してモノ，そしてモノを使って遊んでいる行為に意味を見出し，それを言葉で表現するようになる。遊びの発達の中で子どもはモノに基づいた表現行為からモノの記号化に基づいた表現行為へと向かう。ヴィゴツキー（Vygotsky, 1933/1989）は次のように言う。「棒を馬のごとく扱う現実的行為は，意味の操作への過渡的段階である。つまり，子どもはまずモノを扱うかのように意味を扱い，しかるのちに，意味を意識し思考する」(訳書, p.23)。これが彼の遊び論からみえてくる発達についての考え方の基本である。子どもは，はじめは遊具の物理的特徴に縛られて自分たちの自由なイメージを作り出すことはできない。しかし少し年齢が上がってくると，子どもたちはモノの物理的特徴に縛られることなく，それらに自分たちなりの意味づけをして利用するようになる。そこでは視覚的形態に支配された世界から意味的世界へ，あるいはモノから分離された思考の世界へと向かう発達の基本的な姿がある。

　モノとのかかわり，そしてそれらを使った共同の活動の過程の中で子どもはどのように意味を立ち上げてくるのだろうか。この微視発生の過程を明らかにしていくことで，イメージ，シンボル生成という人間精神の根源にあるものの生成を解くことができる（佐藤, 2008）。そして，遊びによる自分の内的世界の形成を通してことばの意味のリアリティを獲得していく。それは個人の意識世界と言ってもよいだろう。

　ヴィゴツキーは彼の言語論の中で，語を二つに区別する。一つは社会的に共有

可能な意味としては一定の不動・不変な「語義（meaning；znacenie）」で，もう一つは語の「意味（sense；smysl）」で，単語によってわれわれの意識の中に発生する心理学的事実の全体のことである。語の「意味」は一つの語がもっている個人的なニュアンスを反映するものであり，またそこには個人的な経験の歴史が背景に存在している。子どもは遊びの中でこの「意味」を作り出し，豊かにそれを拡げていく。子どもは遊びという行為の展開の中で言語世界の基礎を成す意味世界を作っている。北欧・フィンランドのヴィゴツキー派の遊び研究者・ハッカライネン（Hakkarainen, 1999, 2006）は子ども自身の「心的体験」と意味世界の生成を子どもの遊びの活動に見出すことができると言う。このように子どもの遊びを考えるときに関連してくるのがヴィゴツキーの「心的体験」の考えである。

2 ヴィゴツキーの「心的体験」論

「心的体験（emotional experience；perezhivanie）」はヴィゴツキーが人間の意識を構成する完全な単位として位置づけているもので，それは環境において経験したことを自分なりに意味づけ，また感情的な意味合いを込めて自分の体験として受け止め，まさに心的体験となっているものである。だから彼（Vygotsky, 1933-34/2002）は「心的体験」は「環境のモメントと人格のモメントを統一する単位（ユニット）である」と言う。人間精神の営み，そして思考と言葉の相互性によって展開される意識活動を個人の内的世界から支えているのが一人ひとりの人間の具体的な生活の中で作り出されている「心的体験」である。子どもたちはこの「心的体験」の多くを遊びの中で豊かにしている。

子どもの遊びを「心的体験」として考えると，ヴィゴツキーが「心的体験」を一般的な意味で使われる「経験」と区別しているところが重要である。単なる出来事に遭遇したといった過去経験とは区別されるべきで，「心的体験」はときには「感情的体験」（土井, 2009）とか「感情を生きる（live through emotions）」（Hakkarainen, 2006）とも言い直されている。そうなると子どもたちが自分たちの遊びを自分たちなりに一つのまとまった「心的体験」としてとらえ直し，それをまとめ上げ，自分たちの遊びとして表現し，ときには物語としてまとめていく活動に注目する必要がある。

ハッカライネンを始めとして北欧のヴィゴツキー派遊び論を展開している研究者の多く（たとえば，Broström, 1999, 2006；Hakkarainen, 1999, 2006；Lindqvist, 1995）が子どもたちの遊びの世界を物語として作り上げていくことを重視しており，また北欧に共通の幼児教育プログラム（early childhood education programs；ECE；Hakkarainen,

2006) としても物語を作る活動 (narrative learning) を遊びの中で位置づけている。

第4節 実践的行為による変革の可能性

　日常的実践との連続から学習と発達を考える視点がヴィゴツキーの中にはいつもあった。実践的行為として人間精神をとらえることはヴィゴツキーがマルクス実践哲学から学んだことであった。ヴィゴツキーの行為論の背景にあるのはマルクスの「フォイエルバッハに関するテーゼ」の第一テーゼ：対象行為論である。行為は具体的な対象と目標に向けて行われるものであり、したがってそこには行為する者の動機が存在する。しかもこの目標と動機は個人的なものに限らず、社会・文化的な価値を有している。ヴィゴツキーの対象行為論の思想はア・エヌ・レオンチェフ (Leont'ev, A. N.) らによる「活動理論」として継承・発展している。「活動理論」では、人間の行為的活動は文化的道具という媒介手段を使いながら対象に働きかけ、対象を変えていく。そしてこの過程の中で自己の潜在力も大きく開花させていく。つまり人格の発達であり、また実践共同体と社会の発展である。「活動理論」は今日では、北欧・フィンランドの活動・発達・学習研究センターにおける研究活動として展開されている（これらの研究の詳細については本巻の第9章で扱われている）。

　行為には目的を設定し、目的に適った手段を選び、さらには新しい「目的に到る手段」を創り出すという、新たな未来を創造することも含まれている。逆に、「『……の為に』という目的としての未来が、現在の行為（目的に到る手段）を方向づけ、意味を与える」（細川、1985, p.182）。行為には未来の変革可能性を含んでいる。

　「正統的周辺参加 (LPP) 論」で知られるレイヴ (Lave, J.) とウェンガー (Wenger, E.) の実践共同体論では、学習の活動、そして人間の行為を実践の場の新しい変革の道へと位置づける。それはヴィゴツキーが考え、またこの章の冒頭でも触れた歴史を形成するものとしての人間の姿をより徹底させることである。同じような試みをヴィゴツキー派のニューマンとホルツマン (Newman & Holzman, 1993) は、学校外の地域における演劇活動やサイコセラピーの実践によってヴィゴツキーの言う歴史的変革をより現実の問題へと引き寄せようとする。彼らの実践のキーワードになっているのは「パフォーマンス」である。パフォーマンスは自分たちの生を創造していくことによる変革の活動そのものであり、そこでは質的変換－再形成化が一つのユニットとして位置づけられている。ホルツマン

(Holzman, 2009) はニューマンとともにニューヨークの下町にある小学校を教科学習の枠を超えるような実践へと変えていく試み，学校外の演劇活動，そして地域におけるサイコセラピーの実践を通して，さまざまな問題をもちながらも人間は世界を変えることができることを追求している。その多くはヴィゴツキーの人生と彼の研究から刺激を受けたものであることをこの書の結びで語っている。

第5節　ヴィゴツキー研究のさらなる課題

1　心理システム論

　ヴィゴツキーは人間精神を，それを構成している諸機能が相互に連関しているシステムとしてとらえようとした。彼は「心理システムについて」の論文 (Vygotsky, 1930/2008) で，精神機能の発達は思考や言語，記憶などの個別の機能や構造そのものが変化することではなくて，これらの諸機能間の連関の仕方が変わることによって生まれてくると言った。そして単にシステムとして静的にとらえているのではなく，諸機能を相互に結びつけるような，新たな可変的関係の発生のことを「心理システム」と呼んだ。

　彼が人間精神をシステム的にとらえることを具体的に行ったのは，思考と言葉の間の相互連関であり，この二つをシステム的に統合することによって人間意識を明らかにしようとした。そしてヴィゴツキーは言葉という社会的関係の中での出来事は最終的には思考活動という個人の内部へ移動し，相互作用を制御する人格として機能するようになると考えた。このことを「人間の具体的心理学」(Vygotsky, 1929/2008) では次のように結論している。「精神機能の背後に，人々の発生的関係があるとすれば，……高次精神機能（人格）のはたらきの基本的原理は，人々の相互作用の代わりとなる相互作用〔「自分の身体を制御する」自己刺激－ヴィゴツキーのメモ〕タイプの社会的機能である。それらは，ドラマの形式においてもっとも完全に展開されることができる」（訳書, pp.243-244）。ヴィゴツキーは人間の意識を現実の生活の中で起きていると考えるならば，思考と情動の二つの側面をトータルにとらえる必要があると考えた。ヴィゴツキーが最終的に人間精神をトータルにとらえるために提起したものは，意識と情動の間の不可分な関係，そして人間の生の具体的な単位である「人格」の解明であった。

2　意識論

　ヴィゴツキーが心理学研究のテーマとして生涯追い求めたものは人間意識の解

明であった。心理学では伝統的に意識の問題は科学的な心理学の研究対象として扱われてこなかった。その主な理由は，意識は個人の内的世界の出来事であり，客観的な研究ができないからである。そこでは意識を主観的なもの，観念的なものとして扱ってきた。このような考え方が支配的だった意識研究に対して，ヴィゴツキーは人間の行動と精神の中核にある意識の問題を心理学の研究として位置づけなければ心理学は人間精神を解いたことにはならないと言った。ヴィゴツキー（Vygotsky, 1925/1997）は初期の「行動の心理学の問題としての意識」や晩年の「意識の問題」（Vygotsky, 1933/2008）では，意識について心理学は何もわかっていないと批判する。そしてヴィゴツキーは当時の心理学で取られていた自然科学的方法論に基づいて心を物のように扱う立場や，一方で主観や観念のみを扱う唯心論的立場とは違った新しい第三の心理学，弁証法的唯物論による心理学の構築を目指そうとした。心身二元論ではなく，唯物論的一元論に立った心理学に基づきながら人間意識の研究を展開することを自らの研究テーマとした。

　そして，ヴィゴツキーは「思考とことば」の弁証法的関係を明らかにすることを通して人間意識を科学的に研究する道を探ろうとした。もっと正確に言えば「思考すること（思惟）」と「話すこと」の二つの活動によって人間の意識がどのように立ち上がってくるのかという問いの立て方をした。ヴィゴツキー（Vygotsky, 1934/2001）は彼の主著『思考と言語』の最終章では次のように言う。「思考とことばは，人間の意識の本性を理解する鍵である」（訳書, p.433）。とくに意識の問題を解くためには言葉の内的側面，つまり語の意味を正しく解くことの重要性を指摘する。「他人の思想（思惟）の真の完全な理解は，われわれがその活動力，情動的－意志的側面を明らかにしたときにのみ可能となる」（同上，訳書, p.427）。あるいは「意識の問題」（Vygotsky, 1933/2008）でも次のように言う。「思想は，その言語的表現とは違ったしかたで構成される。思想は，言葉に直接には表現されない。（スタニスラフスキーによれば，テキストの背後には内面的意味・ポドテキストがある。）あらゆることばが裏の思想をもっている。あらゆることばが寓意（アレゴリー）をもっている」（訳書, p.47）。

　ヴィゴツキーが語の意味に注目して，「ことばには裏の思想がある」とか，「意識を理解していくためには情動－意志を明らかにしなければならない」といったように個人の内面的な意味世界を問題にしている背景にはロシアの現象学者グスタフ・シペート（Shpet, G.）との関係がある。ジンチェンコ（Zinchenko, 2007）はヴィゴツキーの意識論にはシペートの考えが背景にあることを指摘する。ヴィゴツキーがモスクワ大学の学生のときにロシア革命で大学を追われた教授たちが

作った非公式の大学（シャナフスキー人民大学）に通っていたとき，哲学と美学をシペートから学んでいる。さらにモスクワの心理学研究所でヴィゴツキーが本格的な研究を開始した 1920 年代，シペートはそこの教授であった。このような人間的な関係だけでなく，以下でみるようなシペートの意識論はヴィゴツキーのそれと密接なつながりをもっていることがわかる。シペートはフッサール（Husserl, E.）のもとで現象学を学び，ロシアに現象学を広めた人物である。彼の考え方をシペート全集の中に納められている『美学断章』（Shpet, 1922-23/2004）をもとにしながらヴィゴツキーの思考と言葉，とくに語の意味と関連するところに絞ってポイントを述べると，彼は「物」と「対象」を区別し，その間の相互連関を問題にする。彼の言う「物」は私たちを取り巻いている現実的，物質的なものであり，「対象」はこの「物」がもっている意味を語によって「暗黙のうちに同定される」もの，あるいは同定されたもののことである。シペートは外部にある物や記号を「対象化」することによって美的感動が成立してくる，つまり意味作用の活動に依ると考えた。ここにはシペートの言う「物」－「対象」の関係とヴィゴツキーの「語の語義」－「語の意味」との連続性を見出すことができる。ヴィゴツキーが晩年になって「語の意味」と意味作用を意識の問題として位置づけようとした背景にはシペートの意識論がある。

　もちろん，ヴィゴツキーの著作にシペートの名前が出てくるのは『芸術心理学』の中で，シペートがドイツ美学では美的感動を心理主義的に論じるものと，反心理主義の二つの立場があることを紹介している部分だけである。しかしジンチェンコ（Zinchenko, 2007）が指摘しているように，ヴィゴツキーの晩年のいくつかの著作で展開されている意識論，とくに「思考と言語」の最終章で展開されている思考と言葉の活動と意識についての議論はシペートとの重なりがある。だからジンチェンコはもう少しヴィゴツキーが長く生きていたなら，自分の考え方とシペートのそれとを結合することをしていただろうと指摘する。

　ヴィゴツキーがもっと先を生きていたならどのような研究を展開していただろうかという問いは私たちが取り組むべき心理学の問題は何であるのかを考えることでもある。最近発見されたヴィゴツキーの著作プランのメモでは（ロシアの研究者・ザヴェルシネヴァの研究。神谷，2010 による）次に取り組みたい著作として『意識の問題』というタイトルがつけられていたという。『思考と言語』はこの『意識の問題』の序として位置づけられていたのである。

引用文献

Broström, S. (1999). Drama games with 6-year-old children: Possibilities and limitations. In Y. Engeström, R. Miettinen, & R. Punamäki (Eds.), *Perspectives on activity theory* (pp.250-263). Cambridge, UK: Cambridge University Press.

Broström, S. (2006). Children's perspectives on their childhood experiences. In J. Einarsdottir & J. T. Wagner (Eds.), *Nordic childhoods and early education* (pp.223-255). Greenwich, CT: Information Age Publishing.

Brown, A. L., Metz, K. E., & Campione, J. C. (1996). Social interaction and individual understanding in a community of learners: The influence of Piaget and Vygotsky. In A. Tryphon & J. Vonéche (Eds.), *Piaget-Vygotsky: The social genesis of thought* (pp.145-170). Hove: Psychology Press.

Brown, A. L., & Palincsar, A. S. (1989). Guided co-operative learning and individual knowledge acquisition. In L. B. Resnick (Ed.), *Knowing, learning, and instruction: Essays in honor of Robert Glaser* (pp.393-451). Hillsdale, NJ: Lawrence Erlbaum.

Bruner, J. (1962). Introduction. In L. S. Vygotsky; E. Hanfmann & G. Vakar (Ed. & translated), *Thought and language* (pp.v-x). Cambridge: MIT Press.

Bruner, J. (1993). 心を探して（田中一彦，訳）．東京：みすず書房．(Bruner, J. (1983). *In search of mind*. New York: Harper & Row.)

Bruner, J. (1998). 可能世界の心理（田中一彦，訳）．東京：みすず書房．(Bruner, J. (1986). *Actual minds, possible worlds*. Cambridge, MA: Harvard University Press.)

Bruner, J. (2004). 教育という文化（岡本夏木・池上貴美子・岡村佳子，訳）．東京：岩波書店．(Bruner, J. (1996). *The culture of education*. Cambridge, MA: Harvard University Press.)

Bruner, J. (2007). ストーリーの心理学（岡本夏木・吉村啓子・添田久美子，訳）．京都：ミネルヴァ書房．(Bruner, J. (2002). *Making stories: Law, literature, life*. Cambridge, MA: Harvard University Press.)

Cole, M. (2002). 文化心理学（天野 清，訳）．東京：新曜社．(Cole, M. (1996). *Cultural psychology*. Cambridge, MA: Belknap Press of Harvard University Press.)

Cole, M., & Gajdamaschko, N. (2007). Vygotsky and culture. In H. Daniels, M. Cole, & J. V. Wertsch (Eds.), *The Cambridge companion to Vygotsky* (pp.193-211). Cambridge: Cambridge University Press.

Daniels, H. (2001). *Vygotsky and pedagogy*. London: Routledge.

土井捷三．(2009)．ヴィゴツキー『教育心理学』をどう読むか：模倣と体験（ペレジヴァーニエ）に関連して．ヴィゴツキー学，**10**，51-59．

Hakkarainen, P. (1999). Play and motivation. In Y. Engeström, R. Miettinen, & R. Punamäki (Eds.), *Perspectives on activity theory* (pp.231-249). Cambridge, UK: Cambridge University Press.

Hakkarainen, P. (2006). Learning and development in play. In J. Einarsdottir & J. T. Wagner (Eds.), *Nordic childhoods and early education* (pp.183-222). Greenwich, CT: Information Age Publishing.

Herrenkohl, L. R., & Guerra, M. R. (1998). Participant structures, scientific discourse, and student engagement in fourth grade. *Cognition and Instruction*, **16**, 431-473.

Herrenkohl, L. R., Palincsar, A. S., DeWater, L. S., & Kawasaki, K. (1999). Developing scientific communities in classrooms: A sociocognitive approach. *Journal of the Learning Sciences*, **8**, 451-493.

Holzman, L. (2009). *Vygotsky at work and play*. Hove, East Sussex: Routledge.

細川亮一．(1985)．生きられる時間．大森荘蔵ほか（編），新・岩波講座哲学：トポス・空間・時間（pp.180-204）．東京：岩波書店．

神谷栄司．(2010)．未完のヴィゴツキー理論：甦る心理学のスピノザ．大津：三学出版．

城戸幡太郎．(1970)．文化心理学の探究．東京：国土社．

北山　忍．（1998）．自己と感情：文化心理学における問いかけ．東京：共立出版．
Lindqvist, G.（1995）. *The aesthetics of play: A didactic study of play and culture in preschools*. Stockholm: Almqvist & Wiksell.
MacIntyre, A. C.（1993）．美徳なき時代（篠崎　榮，訳）．東京：みすず書房．（MacIntyre, A. C.（1984）. *After virtue: A study in moral theory*（2nd ed.）. Notre Dame, IN: University of Notre Dame Press.）
Marx, K.（1964）．経済学・哲学草稿（城塚　登・田中吉六，訳）．東京：岩波書店（岩波文庫）．（Marx, K.（1932）. *Ökonomisch-philosophische Manuskripte*. Berlin: Marx-Engels-Verlag G. M. B. H.）
Mercer, N.（2000）. *Words and minds: How we use language to think together*. London: Routledge.
Newman, F., & Holzman, L.（1993）. *Lev Vygotsky: Revolutionary scientist*. London: Routledge.
Rogoff, B.（1995）. Observing sociocultural activity on three planes: Participatory appropriation, guided participation, and apprenticeship. In J. V. Wertsch et al.（Eds.）, *Sociocultural studies of mind*（pp.139–164）. Cambridge: Cambridge University Press.
Rogoff, B.（2006）．文化的営みとしての発達（當眞千賀子，訳）．東京：新曜社．（Rogoff, B.（2003）. *The cultural nature of human development*. Oxford: Oxford University Press.）
Rogoff, B., Turkanis, C. G., & Bartlett, L.（2001）. *Learning together*. Oxford: Oxford University Press.
佐藤公治．（2008）．保育の中の発達の姿．東京：萌文書林．
佐藤公治．（2012）．城戸幡太郎の心理学研究とその思想圏．北海道大学大学院教育学研究院紀要，**117**，171–203．
Scribner, S., & Cole, M.（1981）. *The psychology of literacy*. Cambridge, MA: Harvard University Press.
Shpet, G.（2004）．美学断章（加藤　敏，訳）．東京：水声社．（Shpet, G.（1922-23）. Эстетические фрагменты. Петербург: "Колос".）
築島謙三．（1962）．文化心理学基礎論．東京：勁草書房．
Vygotsky, L. S.（1997）. Consciousness as problem for the psychology of behavior. In R. W. Rieber & J. Wollock（Eds.）, *The collected works of L. S. Vygotsky Vol.3.: Problems of the theory and history of psychology*（pp.63–73）. New York: Plenum Press.（Original work published 1925）
Vygotsky, L. S.（2008）．子どもの文化的発達の問題．ヴィゴツキー心理学論集（柴田義松・宮坂琇子訳，pp.143-161）．東京：学文社．（Original work published 1928）
Vygotsky, L. S.（2008）．人間の具体的心理学．ヴィゴツキー心理学論集（柴田義松・宮坂琇子訳，pp.238-257）．東京：学文社．（Original work published 1929）
Vygotsky, L. S.（1997）. The instrumental method in psychology. In R. W. Rieber & J. Wollock（Eds.）, *The collected works of L. S. Vygotsky Vol.3.: Problems of the theory and history of psychology*（pp.85–89）. New York: Plenum Press.（Original work published 1930）
Vygotsky, L. S.（2008）．心理システムについて．ヴィゴツキー心理学論集（柴田義松・宮坂琇子訳，pp.9-37）．東京：学文社．（Original work published 1930）
Vygotsky, L. S.（1997）. Development of higher mental functions. In R. W. Rieber（Ed.）, *The collected works of L. S. Vygotsky Vol.4.: The history of the development of higher mental functions*（pp.1–26）. New York: Plenum Press.（Original work published 1930-31）
Vygotsky, L. S.（1989）．子どもの心理発達における遊びとその役割．ヴィゴツキーほか（著），ごっこ遊びの世界（神谷栄司，訳，pp.2-34）．京都：法政出版．（Original work published 1933）
Vygotsky, L. S.（2008）．意識の問題．ヴィゴツキー心理学論集（柴田義松・宮坂琇子訳，pp.38-54）．東京：学文社．（Original work published 1933）
Vygotsky, L. S.（2002）．7歳の危機．新児童心理学講義（柴田義松ほか訳，pp.152-166）．東

京：新読書社．(Original work published 1933–1934)
Vygotsky, L. S. (2001). *思考と言語*（柴田義松，訳）．東京：新読書社．(Original work published 1934)
Wells, G. (1999). *Dialogic inquiry: Towards a sociocultural practice and theory of education.* New York: Cambridge University Press.
Wells, G. (2001). *Action, talk and text: Learning and teaching through inquiry.* New York: Teachers College Press.
Wertsch, J. V. (1995). *心の声*（田島信元・佐藤公治・茂呂雄二・上村佳世子，訳）．東京：福村出版．(Wertsch, J. V. (1991). *Voices of the mind: A sociocultural approach to mediated action.* Cambridge, MA: Harvard University Press.)
Wertsch, J. V. (2002). *行為としての心*（佐藤公治・田島信元・黒須俊夫・石橋由美・上村佳世子，訳）．京都：北大路書房．(Wertsch, J. V. (1998). *Mind as action.* New York: Oxford University Press.)
Wertsch, J. V. (2002). *Voices of collective remembering.* Cambridge: Cambridge University Press.
Wertsch, J. V., & Stone, C. D. (1985). The concept of internalization in Vygotsky's account of the genesis of higher mental functions. In J. V. Wertsch (Ed.), *Culture, communication and cognition* (pp.162–179). New York: Cambridge University Press.
Zinchenko, V. P. (2007). Thought and word: The approaches of L. S. Vygotsky and G. G. Shpet. In H. Daniels, M. Cole, & J. V. Wertsch (Eds.), *The Cambridge companion to Vygotsky* (pp.212–245). Cambridge: Cambridge University Press.

第9章
活動理論の考え方

山住勝広

　「文化・歴史的活動理論（cultural-historical activity theory：略称 CHAT）」（以下，活動理論という）は，日常生活，学校教育，科学・技術，文化・芸術，仕事・組織，コミュニティなど，多様な社会的実践を協働的な「活動システム（activity system）」のモデルを使って分析し，人間の実践や発達の社会的・文化的な文脈，諸次元やパターンをとらえ，活動システムの歴史的な発達を理解しようとする概念的な枠組みである（Engeström, 1987/1999；山住, 1998, 2004；Yamazumi, 2006）。こうした活動理論の枠組みは，未来の革新的な実践をモデル化しデザインし創造してゆくためのアイデアやツールの豊かな資源となるものである。また，それは，人々が社会的実践の現場において自ら新たな活動をデザインしてゆくことを促進・支援するような介入（intervention）の新たな方法論を提供するものでもある。

　本章では，発達心理学の隣接領域としての活動理論の理論的・方法論的な特徴を明らかにし，活動理論が発達心理学にどのような示唆を与えることができるのかを考察する。そのため，以下，最初に，第1節では，活動理論の理論的エッセンスとして，理論のコアとなる「活動」の概念と分析単位としての「活動システム」について概説する。次に第2節では，何よりも理論と実践の対話によって特徴づけられる活動理論の方法論について，変化を生み出す主体の能動的な行為能力，すなわちエージェンシーへの「介入」という点から論じる。最後に第3節では，発達心理学への活動理論の寄与のあり方について，活動理論が切り開いている，人間や社会の発達に対する新たな考え方という点から展望する。

第1節　活動の概念と活動システムのモデル

1　活動の3階層構造論

　「活動（activity）」は，人間の社会生活において，目的をもった諸行為のひとま

とまりの単位を意味している。人は，活動によって自らの社会生活を組織化する。そして，そうした活動の中で，活動を通して，自らの知識や技能，意識や人格を発達させている。

　活動理論は，こうした社会的な実践活動の発達を分析する枠組みとして，1930年代にロシアの心理学者，レオンチェフ（Leont'ev, A. N.）によって基本原理の定式化と人間活動の構造論的把握が開始され，以後，その基盤の上に歴史的に発展してきたものである。

　レオンチェフによって創始された活動理論とは，「対象に向かう活動（object-oriented activity）」の理論である。つまり，活動理論の基本原理は，何よりも「活動の対象性」という点にある。主体を活動へ促す「対象」について，レオンチェフはこういっている。「ある活動を他の活動から区別するための最も重要な指標は，その対象のちがいである。まさに活動の対象こそが活動に一定の方向を与えもする」（Leont'ev, 1980, 訳書, p.84）。対象，すなわち「動機（motive）」なくして活動は生じない。対象とは主体を活動へ促す関心のことであり，それを焦点にして主体の注意や努力や意味が生み出されるのである。

　活動理論の創成へのレオンチェフの草分け的な貢献は，とくに彼が集団的な「活動」と個人的な「行為（action）」，そして特定の条件に規定される，行為遂行の手段ややり方である自動的な「操作（operation）」という活動の3階層構造を明らかにした点にある。それによれば，対象，すなわち目的や動機に向かってゆく活動は，目標達成的（goal-oriented）な複数の「行為」（行為 a, b, c … n）が連鎖する構造によって実現される。

　たとえば，レオンチェフ（Leont'ev, 1981, pp.210-214）が例にあげている「原始時代の集団狩猟」では，メンバーがそれぞれ目標・課題ごとに分担する，勢子の役割や最後に獲物をしとめる行為などが連関し，それらが連鎖的に実行されることによって，集団の狩猟活動が全体的に組み立てられている。逆にいえば，「分業」や「協業」の要素によって特徴づけられる集団的活動は，メンバーの個別行為を超えるような集合的次元や高次の文脈において実現されるのである。それは，「食物や衣服を獲得し生存してゆくこと」といった，メンバーに共有された集合的な動機に促され，向けられたものなのである。

2　エンゲストロームによる活動システムのモデル化

　現代における活動理論の発展を過去30年ほどにわたり主導しつづけ，今日，世界を代表する活動理論家のひとりであるのが，フィンランド，ヘルシンキ大学

活動・発達・学習研究センター（Center for Research on Activity, Development and Learning：CRADLE）のセンター長・教授のエンゲストローム（Engeström, Y.）である。彼は，レオンチェフの活動構造論を発展させ，所定の目標を達成してゆくような短期的な行為とは区別される活動，すなわち集団的であり，文化的人工物（cultural artifact：ツールや記号，言語やシンボル，コンセプトやモデルやビジョン，テクノロジーなど）に媒介され，長期的に動機づけられ対象に向かって歴史的に進化する活動を，システム的にモデル化することに成功している。『拡張による学習（*Learning by Expanding*）』（Engeström, 1987/1999）において提起された「集団的活動システムのモデル」である（Engeström, 1987/1999, 訳書，p.79）。次の図 9-1 は，エンゲストロームの研究グループがヘルシンキ市のミドル・スクールで行った発達的な介入研究（Engeström, 2009a；Engeström et al., 2002）において，「集団的活動システムのモデル」を枠組みとして，教師集団の活動システムを分析したものである。

このように，「集団的活動システムのモデル」では，「道具（人工物）」「コミュニティ」「ルール」「分業」の諸要素によってダイナミックに媒介された「主体」の「対象的な活動」のシステムがモデル化されている。集団的活動は，「コミュニティ」のメンバー間での「分業」，すなわち複数の異なる諸行為の分担によってのみ遂行されることができる。このことは，参加者の間での交換や相互作用を規制し拘束する「ルール」を必要とする。

こうしたモデルを概念的なツールとして活用したエンゲストロームらの介入研究では，図 9-1 において稲妻形の矢印で示されているように，教師集団の活動システムにおいて顕著であった二つの潜在的な「矛盾（contradiction）」が発見されている。第 1 は，教師たちの仕事の「対象」である「生徒」（より正確には，生徒

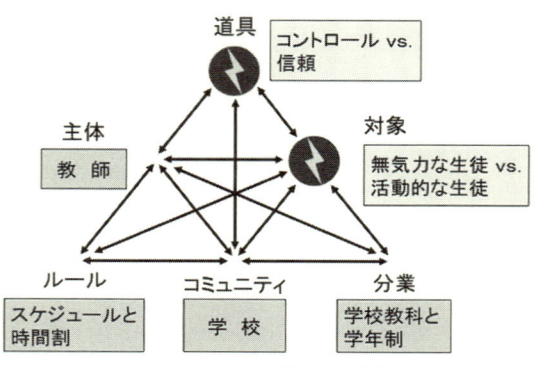

図9-1　ミドル・スクールにおける教師集団の活動システムとその内的矛盾
（Engeström et al., 2002, p.216）

と，彼らが獲得すべきとされている知識との間の関係）の概念化に関する矛盾である。それは，「無気力な生徒」と「活動的な生徒」という，相反する生徒のあり方に対する概念化をめぐって生じている。第2は，教師たちの教育実践を媒介する「道具」における矛盾である。それは，生徒のふるまいを「コントロール」するか，それとも生徒を「信頼」するか，という実践の手段をめぐるジレンマであり，緊張と対立の関係である。

　エンゲストローム（Engeström, 2006, pp.27-29）は，イリエンコフ（Il'enkov, 1977）の弁証法理論を参照しながら，矛盾の概念が活動理論の足場になると述べている。それは，活動システムの矛盾こそが，変化と発達の原動力として中心的な役割を果たすからである。矛盾は問題やコンフリクトと同じものではない。活動システムの内部で，あるいは複数の異なる活動システムの間で，歴史的に積み重ねられてきた構造的な緊張関係が，矛盾である。人は，歴史的に進化してきたコミュニティや活動の対象が，その歴史性ゆえに内部に埋め込み生じさせる多種多様な動機の間の矛盾に，活動システムの中で直面するのである。

第2節　変化を生み出す行為の主体性への発達的介入の方法論

　これまで述べてきたような活動システムは，オープン・システムであるといえる。活動システムに外部から新しい要素（たとえば，新しいテクノロジーや対象）がもち込まれたとき，それらと古い要素（たとえば，ルールや分業）が衝突して，しばしば大きな矛盾が生じることがある。たとえば，学校教育の中で，子どもたちの作業にコンピュータやインターネットが使われるときである。インターネットは，莫大な量の興味深くて面白い対象を提供している。それは，教室の中で子どもたちの注意や努力をコントロールしようとする学校のあり方を潜在的に危うくする。しかし，こうした矛盾は，攪乱やコンフリクトを生じさせるだけではない。同時に，矛盾は活動を変化させようとするイノベーティブな試みもまた生み出すのである。

　ダニエルズ（Daniels, 2001/2006, 訳書, p.159）のいうように，活動理論のエッセンスは理論と実践の弁証法的で対話的な関係にある。そこから，実践的なイノベーションのための発達的な介入研究の方法論を具体的に提起することが，活動理論の課題になる。エンゲストロームの研究グループは，活動理論にもとづき仕事・技術・組織を分析し実践的に転換しようとする介入研究の新しい方法論を「発達的ワークリサーチ（developmental work research：略称 DWR）」と呼び，多様な

実践現場での実際の実証的研究の成果とともに詳細に明らかにしている（Engeström, 2005；Engeström et al., 2005）。こうした DWR は，郵便局や工場から，学校や病院や新聞社・放送局などまで，幅広い仕事の現場で実施されてきている。

そのさい，活動理論における介入の方法論は，人々の行為や実践に対し，理論をトップダウンに適用するものではない，ということに注意しなければならない。たとえば，従来の教育研究に見られる典型的な研究者と実践者の関係を考えてみればよいだろう。そこには，次のような暗黙の前提が存在しているのではないか。研究者がグランドデザインを作り，教師がそれを適用あるいは修正し，結果として学習者によりよい変化が生じる，といった枠組みである。むしろ，DWR はそうした父権的な（パターナリスティック）「改革」ではなく，実践者自身が，自らの生活活動のシステムを分析しデザインすることを助け支援してゆくことを，介入の方法論としている。DWR は，あくまでも協働で学びあう人々が，自らの生活や未来を自らの力で形成してゆく行為の主体性（agency）やモチベーションにこそ，立脚するのである。

エンゲストローム（Engeström, 2007）は，こうした DWR の方法論を，ヴィゴツキー（Vygotsky, L. S.）の「二重刺激法（double stimulation）」のアイデアと結びつけ，それを応用した「形成的介入（formative intervention）」として DWR の本質を規定している。「二重刺激法」とは，目の前に自身の知識・技能を上回るような課題が置かれ，いわば問題状況に直面した被験者が，同時に「第 2 の刺激群」として，問題を解決するためのツールや記号を与えられる，という実験方法である（Vygotsky, 1978）。そこでの被験者は，第 2 の補助手段として与えられたツールや記号を使い，問題状況そのものの再解釈や再構成を行い，問題の性質を根本的に変化させながら自らの行動を自ら組織化して問題を解決する。

二重刺激法においてヴィゴツキーは，行為の能動的な主体性や自由意志と，ツールに媒介された行為との間の相互依存関係を強調しているのである。彼はこういっている。「道具を用いた行為において人間は，自分自身を外側から，心理的ツールを使って支配する」（Vygotsky, 1997, p. 87）。レヴィン（Lewin, K.）の「無意味な状況を用いた実験」（「ただ部屋でじっと待たされる」）を参照しながら，ヴィゴツキー（Vygotsky, 2002，訳書，p.172）は，人が外部の道具を使って自分なりの新しい状況を創り出し，そのことによって，自らの行動を自ら決定する（「時計の針が垂直の位置にきたら，すぐ私は出てゆく」）ことを述べている。活動理論による形成的介入の方法論は，人間の自由や創造性に関するヴィゴツキーのこうした原理的な考え方にもとづいている。「活動理論は，人々が自分たち自身の人工物に対する統制を獲得し，それによって自分たち自身の未来に対する統制を獲得する

ことを手助けする諸研究において，開拓者となりえるような概念的・方法論的潜在力をもっている」(Engeström, 1991, p. 12)。

先に述べたように活動システムの矛盾は構造的な緊張関係であるため，DWRでは，バラバラの孤立した技術的ソリューションよりも，システムを転換することによって矛盾のブレークスルーをもたらすような実践者や専門家の学びが促される。エンゲストローム（Engeström, 1987/1999）が提唱する「拡張的学習（expansive learning）」である。「拡張的学習」とは，学び手が自分たちの活動について，根本的に新しい，より幅広くて複雑な対象とコンセプトを構築して実行してゆくような学びのことである（Engeström & Sannino, 2010, p.2）。拡張的学習の中で学び手は，「いまだ存在していない何か」を，①既存の実践に疑問を投げかけること→②活動の新しい形態や発達をモデル化すること→③新しいモデルを実行し試みること，といった学習行為を通して学んでゆく（山住，2008, pp.30-31）。その中心には，自分たち自身の活動の新しい対象やコンセプト，新しい人工物や実践パターンの集団的創造がある。こうした拡張的学習こそ，自らの生活世界や未来を自ら創造してゆく「道具」であり「第2の補助手段」となるものなのである。

第3節　現代の発達心理学への活動理論の寄与

「活動理論の社会的な意義とインパクトは，変化しつつある対象の性質をとらえる私たちの能力に依存する」(Engeström, 2009b, p.304)。とりわけ，今日の相互に連結する世界においては，人間活動が「ネットワーク型組織」「ハイブリッド化」「緩やかな水平的結合」といったニュー・パラダイムに向かっていることを踏まえることが重要である。現在，活動理論は，単独の活動システム（たとえば，学校）への限定を超え，組織・制度・文化・国などの境界を打ち破るような，異なる多様な活動システム（たとえば，学校と学校外のコミュニティや組織）の間の相互作用，ネットワークやパートナーシップ，対話や協働を分析しデザインする，新しい概念的枠組みへ向け拡張している（Engeström, 2008；山住・エンゲストローム，2008）。エンゲストローム（Engeström, 1996b, pp.132-133）は，対象を部分的に共有して相互作用する，最小限二つ以上の活動システムの相互作用を分析単位の新たな拡張として提案している。

たとえば，学校教育における子どもたちの活動の対象は，教師の教える活動の対象と同じものではない。両者が同じカリキュラム内容や教科書に対処していたとしても，それぞれに結びついている動機や意味はまったくちがったものである。

しかしながら,「衝突の見込みをもつ教師と子どもたちの活動システムの間に,共有された対象と共通の動機を築いてゆくことは,決して完全には決着しないが決して完全に不可能でもない,ひとつの挑戦なのである」(Engeström, 2009a, p.24)。

私たちの研究グループは,こうした活動理論の発展的な枠組みを応用して,学校が新たな地域創造の担い手として果たすことのできる積極的な役割に注目し,地域の伝統野菜の再生と持続可能な生き方をテーマに,子どもと教師,大学,学校外の生産者や専門家,ボランティア組織,行政機関など,さまざまなパートナーが協働・交雑する,ハイブリッドな教育イノベーションを「ニュースクール」プロジェクトと名づけて実践的に研究開発している(関西大学人間活動理論研究センター,2009;Yamazumi, 2008, 2009, 2010a, 2010b, in press;山住・冨澤,2012;山住ほか,2011)。ここでは,異なる多様な組織間の非伝統的でハイブリッドな場における拡張的学習を通して,参加者を活動へ促すさまざまな動機が織りあわされ,共有された対象と共通の動機が新たに構築され,それによってそれぞれの活動システム,たとえば学校教育の活動の転換とイノベーションが生じている。

それでは,以上のような活動理論が現代の発達心理学に寄与するあり方はどのようなものだろうか。エンゲストローム(Engeström, 1996a)はそれを,次のような「発達理論の三つの挑戦」にまとめている。

① 習得の穏当な達成 vs. 古きものに対する部分破壊的な拒絶
② 個人の変容 vs. 集団の変容
③ レベルを上がってゆく垂直的運動 vs. 境界を横断してゆく水平的運動

活動理論は,このように個人やコミュニティの発達に関する新しい考え方をもたらすものとなる。それは,孤立した個人が「より有能である」ことへ向けて「垂直的」な「習得」を穏当に達成してゆく,というような発達ではない。むしろ,活動理論は,人間の行為や実践の質的変化に関する新しい発達理論として,個人と社会の間の分離や断絶をブリッジしながら,古きものに対する「拒絶」から「境界横断(boundary crossing)」や「水平的運動」によって新たな生活や自分たち自身の未来のあり方を集団的に創造してゆく,ダイナミックな人間発達の潜在的可能性へアプローチするのである(参照,山住,2012)。

引用文献

Daniels, H.(2006).ヴィゴツキーと教育学(山住勝広・比留間太白,訳).吹田:関西大学出版部.(Daniels, H.(2001). *Vygotsky and pedagogy*. London: Routledge Falmer.)
Engeström, Y.(1999).拡張による学習:活動理論からのアプローチ(山住勝広ほか,訳).

東京：新曜社．(Engeström, Y. (1987). *Learning by expanding: An activity-theoretical approach to developmental research.* Helsinki: Orienta-Konsultit.)

Engeström, Y. (1991). Activity theory and individual and social transformation. *Multidisciplinary Newsletter for Activity Theory*, 7/8, 6−15.

Engeström, Y. (1996a). Development as breaking away and opening up: A challenge to Vygotsky and Piaget. *Swiss Journal of Psychology*, 55, 126−132.

Engeström, Y. (1996b). Developmental work research as educational research: Looking ten years back and into the zone of proximal development. *Nordisk Pedagogik/Journal of Nordic Educational Research*, 16, 131−143.

Engeström, Y. (2005). *Developmental work research: Expanding activity theory in practice.* Berlin: Lehmanns Media.

Engeström, Y. (2006). Development, movement and agency: Breaking away into mycorrhizae activities. In K. Yamazumi (Ed.), *Building activity theory in practice: Toward the next generation* (pp.1−43). Osaka: Center for Human Activity Theory, Kansai University.

Engeström, Y. (2007). Putting Vygotsky to work: The Change Laboratory as an application of double stimulation. In H. Daniels, M. Cole, & J. V. Wertsch (Eds.), *The Cambridge companion to Vygotsky* (pp.363−382). Cambridge: Cambridge University Press.

Engeström, Y. (2008). *From teams to knots: Activity-theoretical studies of collaboration and learning at work.* Cambridge: Cambridge University Press.

Engeström, Y. (2009a). From learning environments and implementation to activity systems and expansive learning. *Actio: An International Journal of Human Activity Theory*, 2, 17−33.

Engeström, Y. (2009b). The future of activity theory: A rough draft. In A. Sannino, H. Daniels, & K. D. Gutiérrez (Eds.), *Learning and expanding with activity theory* (pp.303−328). Cambridge: Cambridge University Press.

Engeström, Y., Engeström, R., & Suntio, A. (2002). Can a school community learn to master its own future? An activity-theoretical study of expansive learning among middle school teachers (pp.211−224). In G. Wells & G. Claxton (Eds.), *Learning for life in the 21st century: Sociocultural perspectives on the future of education.* Oxford: Blackwell.

Engeström, Y., Lompscher, J., & Rückriem, G. (Eds.). (2005). *Putting activity theory to work: Contributions from developmental work research.* Berlin: Lehmanns Media.

Engeström, Y., & Sannino, A. (2010). Studies of expansive learning: Foundations, findings and future challenges. *Educational Research Review*, 5, 1−24.

Il'enkov, E. V. (1977). *Dialectical logic: Essays on its history and theory.* Moscow: Progress.

関西大学人間活動理論研究センター（編著）・山住勝広（監修）．(2009)．学びあう食育：子どもたちのニュースクール．東京：中央公論新社．

Leont'ev, A. N. (1980). *活動と意識と人格*（西村　学・黒田直実, 訳）．東京：明治図書出版．

Leont'ev, A. N. (1981). *Problems of the development of the mind.* Moscow: Progress.

Vygotsky, L. S. (1978). *Mind in society: The development of higher psychological processes.* Cambridge, MA: Harvard University Press.

Vygotsky, L. S. (1997). The instrumental method in psychology. In R. W. Rieber & J. Wollock (Eds.), *The collected works of L. S. Vygotsky: Vol. 3. Problems of the theory and history of psychology.* New York: Plenum.

Vygotsky, L. S. (2002). *子どもの心はつくられる：ヴィゴツキーの心理学講義*（菅田洋一郎, 監訳・広瀬信雄, 訳）．東京：新読書社．

山住勝広．(1998)．*教科学習の社会文化的構成：発達的教育研究のヴィゴツキー的アプローチ．*東京：勁草書房．

山住勝広．（2004）．活動理論と教育実践の創造：拡張的学習へ．吹田：関西大学出版部．

Yamazumi, K.（2006）. Activity theory and the transformation of pedagogic practice. *Educational Studies in Japan: International Yearbook of Japanese Educational Research Association*, **1**, 77-90.

山住勝広．（2008）．ネットワークからノットワーキングへ：活動理論の新しい世代．山住勝広・エンゲストローム，Y.（共編著），ノットワーキング：結び合う人間活動の創造へ（pp.1-57）．東京：新曜社．

Yamazumi, K.（2008）. A hybrid activity system as school innovation. *Journal of Educational Change*, **9**, 365-373.

Yamazumi, K.（2009）. Expansive agency in multi-activity collaboration. In A. Sannino, H. Daniels, & K. D. Gutiérrez（Eds.）, *Learning and expanding with activity theory*（pp.212-227）. Cambridge: Cambridge University Press.

Yamazumi, K.（2010a）. Schools that contribute to community revitalization. In K. Yamazumi（Ed.）, *Activity theory and fostering learning: Developmental interventions in education and work*（pp.133-160）. Osaka: Center for Human Activity Theory, Kansai University.

Yamazumi, K.（2010b）. Toward an expansion of science education through real-life activities in Japan. In Y.-J. Lee（Ed.）, *The world of science education: Handbook of research in Asia*（pp.187-202）. Rotterdam: Sense Publishers.

山住勝広．（2012）．語りえぬ記憶と復興への学習：ふたつの大震災の間で．*教育学研究（日本教育学会）*，**79**，367-379．

Yamazumi, K.（in press）. Beyond traditional school learning: Fostering agency and collective creativity in hybrid educational activities. In A. Sannino & V. Ellis（Eds.）, *Learning and collective creativity: Activity-theoretical and sociocultural studies*. London: Routledge.

山住勝広・エンゲストローム，Y.（共編著）．（2008）．*ノットワーキング：結び合う人間活動の創造へ*．東京：新曜社．

山住勝広・冨澤美千子．（2012）．「結び目」の中の総合的学習：ハイブリッドな教育イノベーションの活動理論的研究．*関西教育学会研究紀要*，**12**，17-31．

山住勝広・冨澤美千子・伊藤大輔・蓮見二郎．（2011）．生活創造としての学習：放課後教育プロジェクトにおける協働活動の生成．*教育方法学研究（日本教育方法学会）*，**36**，133-143．

第10章
状況論の考え方：
野火的活動と境界の横断

上野直樹

第1節　野火的活動と境界の横断

　80年代以降，活動論や状況論が世界的に拡がり始めてから，すでに，20年以上が経過している。状況論研究は，認知や学習，発達，アイデンティティ形成といったことを，個人的な営み，知識，技術の獲得ということを超えて，活動やコミュニティ，人工物，メディアといったことを含めて統一的にとらえる観点を提供した。そして，状況論は，学校，企業，家庭などの特定のコミュニティやそこでの活動，実践に焦点を当て，学習や生活のあり方，人々の相互関係や人工物の役割を理解しようとしてきた。

　しかし，80年代以降，私たちを取り巻く時代状況は大きく変化している。一つの大きな時代的変化は，web，モバイルを中心にした新しいソーシャルメディアの開発，使用のひろがりであり，もう一つは，これに関連しているが，活動，実践の多様化および流動化である。こうした現代の状況は，エンゲストローム (Engeström, 2009) の言葉を借りるなら，野火的な活動（wildfire activities）が拡大している時代ということが可能である。野火的な活動とは，分散的でローカルな活動やコミュニティが，野火のように，同時に至るところに形成され，ひろがり，相互につながっていくといった現象をさしている。こうしたつながりは，植物の地下茎のように複雑に，かつ，多様に絡み合った形状を取っている。こうした野火的な活動の中で，人々は特定のコミュニティの中に生き，活動を行うだけではなく，さまざまな場所，コミュニティの間を横断しながら，新たな活動を生み出している。

　こうした現代社会における野火的な活動の拡がりは，状況論に対して解明，解決すべき研究的，実践的課題をつきつけている。そして，改めて，状況的学習論

やテクノサイエンス研究に由来する境界横断論，多様なコミュニティを移動する軌跡の研究，科学技術論に由来するハイブリッドな集合体（hybrid collectives）についての議論，研究が着目される。

　野火的活動を担う活動主体は，カロン（Callon, 2003/2006）が言うようなハイブリッドな集合体とみなすことができる。ハイブリッドな集合体とは，活動主体として振る舞うような人々とモノ，技術のある布置のあり方である。カロンによれば，このハイブリッドな集合体は，以下のような特徴をもっている。

・集合体の境界線は組織上の境界（範囲）とは決して一致しない。それらは一般にいくつかの組（会社，大学等々）とその組織の中の異なる部署やユニットを超える。
・集合体はコスモポリタンである。それらは専門家と素人，本職，ユーザ，異なる専門分野からのエキスパートを含んでいる。
・ある集合体は高度に構造化，あるいは，階層化されている。他の集合体はゆるやかに組織されている。
・集合体は生きている。新しい集合体が現れ，他のものは消え去るというように，その境界線，組織の構成とフォームは常に変化しており，あるものは併合し，あるものは分裂する。
・このような集合体においては非人間物がカギとなる。（Callon, 2003/2006，訳書，pp.40-41）

　カロンが以上のようなハイブリッドな集合体の特徴について述べるとき，彼自身も言及しているように，コンピュータOSであるLinux（リナックス）をコアとして展開されたオープンソース運動がイメージされている。ただし，カロン自身は，この論文では，オープンソース運動におけるハイブリッドな集合体の特徴が，どのような人々，モノ，技術の布置から生み出されたのかということを議論していない。あるいは，オープンソース運動がどのように形成され，どのようにしてそこに多様な人々，コミュニティが参加し，特徴的なハイブリッドな集合体が形成されていったかについて記述，分析しているわけではない。

　本章では，オープンソース運動の歴史を振り返ることで，それが具体的にはどのようなハイブリッドな集合体であったか，また，どのようにして野火的な活動や境界の横断を生じさせたのかを見ていく。こうした問いに答えることで，現代的な状況論の課題とその課題へのアプローチのあり方を提案する。

第2節　野火的活動の事例——オープンソース運動の略歴

1　オープンソース

　オープンソースとは，ソースコードを公開し，それを改変，再配布することを可能にするソフトウェアのライセンス（ソフトウェアの使用許諾条件）をさす。オープンソースに先行し，そのアイディアの元になったものとしては，GPL ライセンスがある。こうしたライセンスの名称は，単に，ソフトウェアの使用許諾条件を超えて，ハッカーたちが長年，各地で行ってきたフリーソフト運動，あるいは，オープンソース運動と呼ばれる野火的な活動と強く結びついている。

　フリーソフト運動，あるいは，オープンソース運動は，UNIX 系の OS（オペレーティングシステム）の開発を中心に展開された。UNIX OS は，少なくとも 90 年前後までは，いわばハッカーたちにとっての天国のような場所を提供しており，また，そのコミュニティは，70 年代ヒッピー運動と結びつけて語られるようなものであった。

　しかし，90 年代以降，インターネットの時代になって，UNIX 系のオープンソースの OS である FreeBSD や Linux は，現代のインターネットの基幹的な部分を占めるに至った。たとえば，Google や mixi は Linux を用いている。また，Yahoo! や 2 ちゃんねる，ライブドアは，FreeBSD を用いている。さらに，かつてはハッカーたちから悪の帝国であるかのように見なされていた IBM は，ソリューションビジネスの OS としてオープンソースの Linux を用いている。IBM は，1998 年以降，社内の多くの技術者をそれぞれ Linux コミュニティの一個人の資格で Linux 開発に当たらせ，Linux システムの維持，発展に大いに貢献している。

　もし，インターネットの基幹部分をなすソフトウェアがフリーソフト，あるいは，オープンソースでなかったら，web サイトを作ることや web システムの開発は，技術的に非常に敷居が高く，また，予算的にも大変高価なものになっていたであろう。

2　Linux の開発と公開

　フリーソフト運動，あるいは，オープンソース運動が，ハッカーたちのコミュニティを超えて大きく広がったのは，1991 年にフィンランドのヘルシンキ大学の学生だったリーナス・トーバルズが，Linux OS の中核部分である Linux カーネ

ルを開発，公開して以降のことである。カーネルとは，メモリ，CPU，入出力などに関してソフトウェアと周辺機器を含めたハードウェアを仲介するOSの中核部分のことである。学生であったトーバルズは，パソコンであるPC AT互換機を用いて，その上で動作するLinuxカーネルを開発した。

　Linuxは，当時，ハッカーに人気のあったOSであるUNIXと互換性があった。Linuxが公開された当時，UNIXにかかわるハッカーたちのコミュニティは至るところに形成されていた。たとえば，伝説的ハッカーであるストールマンのGNU（グニュー）コミュニティ，カリフォルニア大学バークレイ校を中心にしたFreeBSDのコミュニティなどである。

　しかし，UNIX OSの著作権は，AT&T社がもっており，当時，FreeBSDは，AT&TとUNIXの著作権をめぐって係争を抱えていた。一方，70年代のヒッピー文化を継承し，ソースコードのオープン化，無料化を目指していたフリーソフトウェア運動のGNUは，さまざまなUNIX関連の多くのコンポーネント，たとえば，コンパイラー，エディターなどを開発していたが，自由に使えるUNIXカーネルはもっていなかった。このように，Linuxが公開された当時，各地の多くのハッカーたちは，自由に書き換えたり，コンポーネントを付け加えたりできるようなUNIX系OSのカーネルの存在を切実に望んでいた。

　1991年は，また，インターネットの黎明期でもあった。1990年にはwebサーバとwebサイトが実装され，利用可能なサービスとして稼働し始めた。また，画像が扱えるブラウザーであるMosaicが登場したのは1993年である。トーバルズが，Linuxカーネルの原型を開発し，教育用UNIXであるMimixのメーリングリストに公開したのは，このような時期であった。

3　ユーザ層の形成

　生越（2008）によれば，Linuxの初期のころまでのフリーソフトウェアの世界は，「ハッカーのコミュニティ」と同義であり，ソースコードに関するドキュメントも乏しかったという。しかし，間もなく，多くの「初心者」がLinuxコミュニティに参加するようになり，「ユーザ層」は急激に増えた。Linuxのユーザが増えた背景には，インターネットが普及してサーバ需要が増えたことがあった。

　生越によれば，これにともなって，Linuxのハッカーたちは，いままでハッカーがあまり取り組んでこなかった「普及」に力を入れるようになり，Linuxの紹介をしたり，ドキュメントの充実や初心者のための指導を行うようになったという。また，すでに1992年には，Linuxを設置しやすいように，Linuxカーネル

にさまざまなコンポーネントをあわせてセットした Linux ディストリビューションも販売されていた。しかし，生越（2008）によれば，最初の頃は，ディストリビューションがあっても，ユーザにとっては，Linux の入手やインストールは容易ではなかった。そこで，職場，地域という単位で，ユーザのローカルなコミュニティが形成されるようになったという。ここでは，エンドユーザもテストなどでコミュニティに貢献する「コントリビュータ」であり，コミュニティの一員と見なされていた。また，生越は，当時の状況を以下のように書いている。

　これは，それまでのコミュニティが「ハッカー独裁制」だったものが，「民主化」した結果であり，パラダイムシフトなのですが，その半面，コミュニティ運営が難しくなったという意味でもあります。……原開発者とコントリビュータの摩擦からコードが分裂することもありました。とはいえ，そのようなどちらかといえば「悲しい理由」に属することも，コミュニティの多様化やソフトウェアの多様化につながり，後の「バザール的なもの」が発生する一助となりました。（生越，2008）

4　伽藍とバザール

Linux カーネルをコアとしたオープンソースがひろがりつつあった 1997 年に，レイモンドは，Linux 会議において，「伽藍とバザール」と題した発表を行った（Raymond, 2001/1999）。これは，従来の企業における伽藍的，つまり，官僚的な組織におけるソフトウェア開発のあり方とオープンソースにおけるバザール的なソフトウェア開発のあり方を対比しながら，オープンソースにおける開発のあり方の特徴をまとめたものである。レイモンドは，バザール方式で開発を行った Linux やトーバルズについて以下のように要約している。

　Linux は，意識的かつ成功裏に全世界を才能プールとして使おうとした最初のプロジェクトだった。……リーヌスは，拡大するインターネットが可能にした新しいルールにしたがって活動する方法を見いだした，最初の人間だったわけだ。（Raymond, 2001/1999, 訳書, p.51）

レイモンドは，このバザール方式について，さらに，以下のように述べている。

　もしたった一人のたった一つのアイデアでいいなら，一人の人間がそのいいアイデアで，何百，何千という人々の協力をすぐに集められる社会方式のほうが，クビになる心配なしにそのアイデアに基づく作業ができるようになるために，階級機構に対し

て政治的な売り込みをしなくてはならないようなシステムに比べて，革新は早いに決まっている。(Raymond, 2001/1999，訳書, p.77)

また，レイモンドは，歴史的には，伽藍方式によるソフトウェア開発はそう多くなかったことを指摘し，そのうえで以下のように述べている。

巨大企業は新しいアイデアの源として大学の研究に頼っている。……あるいは，革新者の頭脳を中心に生まれた小企業を買収するだろう。いずれの場合にも，伽藍文化には技術革新は根付いていない。それどころか，そうやって輸入された技術革新の多くは，……「とてつもないレベルのマネジメント」によって，静かに窒息させられてしまう結果となる。(Raymond, 2001/1999，訳書, p.77)

この Linux 会議において，レイモンドは，後に Web 2.0 のパラダイムを提唱したオライリー（O'Reilly, T.）にも会った。こうしたことが，次節で紹介するオープンソース・イニシアティブの設立につながっていった。

5 オープンソース・イニシアティブ

公式に「オープンソース」という用語が提唱されたのは，1998 年 2 月 3 日にパロ・アルトで行われたハッカーたちの戦略会議においてであった。その 2 カ月後の 4 月 8 日に，オライリー・フリーソフトウェア・サミットが行われた。この会議には，Netscape などの企業関係者および「ハッカー文化の主な部族の長」たちが参加した。「主な部族の長」とは，Linux カーネルやメールサーバである sendmail，web サーバである Apache などのコンポーネントやプログラム言語である Perl，Python を開発したハッカー・グループの代表者たちのことである。この会議において，企業とハッカーたちが参加したオープンソースの活動体であるオープンソース・イニシアティブが立ち上げられた（Tiemann, 2006）。

その後，IBM など大企業がオープンソース・イニシアティブに参加していった。IBM がオープンソース・イニシアティブに参加した事情は，IBM の技術者のフライ（Frye, 2010）によって語られている。フライによると，1998 年当時，IBM は，マイクロソフトとサンの間に挟まれて，企業向けにシステムを提供するビジネス・ソリューションの分野で苦戦していた。IBM は，OS の開発でマイクロソフトとサンに遅れをとっていたが，新たな OS の開発のためには膨大な投資が必要であり，また，その開発は成功するとは限らず，大きなリスクをとも

なっていた。そのために，IBM にとって，オープンソースの OS である Linux を用いることは，重要な選択肢になったのである。また，やはり，IBM の技術者によれば，IBM の顧客企業が，OS として Linux を使うことを求めたことも，IBM を OS として Linux を選択させた理由であったという。IBM の技術者たちは，IBM という伽藍的な企業組織としてではなく，あくまで，個人の資格でオープンソースのコミュニティに参加していった。

オープンソース・イニシアティブは，IBM のような企業とオープンソース系のハッカーたちが同盟していくための基盤を作ったとも言える。こうした同盟関係は，企業が，OS を販売することでビジネスを行うのではなく，オープンソースのシステムを利用し，また，その開発，維持に貢献しつつ異なった形でビジネスを展開する道を開いた。

第3節　オープンソース運動のもたらしたもの

1　オープンソース運動における多層的なオブジェクトと参加者

レイモンドは「伽藍とバザール」の中で，Linux の形成が，インターネットの黎明期と重なっていることを指摘している（Raymond, 2001/1999）。

> Linux 形成期が，World Wide Web の誕生と同時期なのは偶然ではないと思うし，Linux が幼年期を脱したのが 1993-1994 年という，ISP 産業（インターネット通信事業者）がテイクオフしてインターネットへの一般の関心が爆発的に高まった時期と同じなのも偶然ではないだろう。（Raymond, 2001/1999，訳書，p.51）

このように「インターネットへの一般の関心が爆発的に高まった」ために，Linux はインターネットの中核 OS として重要な地位を獲得し，また，ライセンスをオープンソースにしたために，多様な人々が Linux の開発に参加し，また，利用することが可能になった。オープンソースへの多様な人々の参加者については，大まかにいくつかのレイヤーに分けて，整理することができる。

第一のレイヤーとしては，Linux カーネルの開発に参加したハッカーたちのコミュニティである。第二のレイヤーとしては，Linux の上に載るさまざまなインターネットのためのコンポーネントやプログラム言語を開発したハッカーたちの参加をあげることができる。こうしたハッカーたちが開発した UNIX のためのさまざまなコンポーネントは，ソースコードが公開され，自由に使うことができ

るUNIX互換のOSがあってこそ,相互に有機的に関連づけて用いることが可能だった。90年代には,まさに,LinuxがそのようなOSだったのである。このようなLinuxの上でのコンポーネントの結合が,同時に,さまざまなハッカーのコミュニティのつながりを形成した。その最も象徴的なのは,1998年の「オープンソース・イニシアティブ」の設立であった。

　三番目のレイヤーの参加者は,より広大なひろがりをもっていた。それは,World Wide Webが誕生し,インターネット通信事業サービスが整い,インターネットのOSとしてのLinuxやそのコンポーネントがある程度完成したあとに参加した人々,コミュニティ,企業である。この三番目のレイヤーの参加者たちが主に関心があったことは,Linuxそのものというよりは,その上で,新しいメディアとしてのwebサイトやwebシステムを構築していくことであった。つまり,World Wide Web,インターネット通信事業サービス,Linuxが,インターネットという新しい舞台を形成したのであり,三番目のレイヤーの人々やコミュニティは,その舞台の上で新しいメディアを構築していくことに関心があった。こうした新しいレイヤーの参加者としては,LinuxだけではなくFreeBSDも含めれば,Yahoo!,GoogleやAmazon,e-bayなどの新しいベンチャー企業を挙げることができる。この第三のレイヤーには,こうした企業の他,インターネットを新しいメディアとしてとらえたさまざまな市民グループ,ジャーナリストなどをあげることができる。

2　オープンソースにおける社会的,技術的つながり

　オープンソースの歴史が示していることは,人々やコミュニティの間のつながりの背景には,Linuxやそのコンポーネントのシステム上のつながりがあったということである。オープンソース・イニシアティブは,その象徴である。より遡るなら,トーバルズ(Torvalds & Diamond, 2001/2001)も指摘しているように,UNIX自体が,一つ一つはシンプルなコンポーネントを組み合わせて複雑なものを作っていくというアーキテクチャであった。こうしたUNIXのアーキテクチャが,さまざまなハッカーたちが社会的につながっていくということを可能にした。以上のことは,オープンソース運動において組織の壁を越えて社会的ネットワーク的なつながりが形成されているというとき,このネットワークのあり方はそのコアになっているモノ,あるは,技術の性質抜きには語れないということを示している。

　しかし,オープンソースの特徴は,システム的なアーキテクチャの特徴という

ことには還元できない。オープンソースのもう一つの特徴は，社会的なもの，つまり，各コンポーネントのコントロール権と所有権に関するものである。もし，ソフトウェアが，特定の企業の所有物であるなら，それを用いた開発は，原則として，その企業や所有者に従属するといった形でなされるだろう。これに対して，オープンソースのソフトウェアは，原則，誰でも用いることができる公共財（Raymond, 2001/1999）のようなものとして位置づけられている。参加者たちは，その公共財の一部を開発したり，あるいは，ユーザという形でこの公共財を用い，テストすることで，自らも用いるこの公共財の維持，発展に参加する。オープンソースのプロジェクトにおいては，プロジェクト・リーダーは存在するが参加者の間に従属関係はない。オープンソースにおける社会的ネットワークは，作られ，用いられるモノを公共財として位置づけることによっても特徴づけられている。

第4節　野火的活動と境界の横断の再定式化

　野火的活動や境界の横断という概念は，あらかじめ存在していたさまざまな人々やローカルなコミュニティが，なんらかの理由や努力で，つながったとか，個々の組織の壁を越えたというイメージをもたらす。しかし，これまで見て来たオープンソースの事例が示していることは，このようなつながりのイメージで表現される以上のことである。この事例が示していることは，モノ，技術や人々，コミュニティの布置が大きく変わり，多様な新しいエージェントが生成されたということである。ここで言うエージェントとは，なんらかの活動主体という意味である。そのエージェントは，単独で存在しているものではない。サッチマン（Suchman, 2006）の議論に従えば，エージェントとは，人間と非人間の物質の異なった布置において生み出される関係的な効果なのである。

　そして，あるモノや人々の布置，つまり，ある舞台や舞台装置は，ある可能的な行為，可能的な活動を示唆する。言い方を変えれば，ある舞台や舞台装置は，自らが異なったエージェント，あるいは，活動主体を生成する可能性をもっている。以上のようなことは，新しい舞台や舞台装置が，多様なエージェントの可能性を示し，実際さまざまな人々がこの舞台に立ち，新たなつながりをもったということを示している。結果としてみれば，人々は，野火的に，また，組織の壁を越えてつながったように見えるが，その背景にあることは，オープンソースが構築したような新しい舞台や舞台装置の構築やそのための人々の活動であった。

　ここで見てきたことからすれば，現象としての野火的な活動，あるいは，境界

の横断は,新しい舞台や舞台装置,そこで生み出される新しいエージェントといったことを示唆する。さらに,野火的な活動の中には,伽藍的ではない,あるいは,官僚主義的ではない人々のつながり方,仕事の仕方,新たな活動主体の形成の可能性を見て取ることができる。もちろん,新しい舞台や舞台装置は,何かを約束するものではなく,あくまで可能的エージェントを生成するものである。だから,一方でインターネットにおいて,多くの「残念なwebメディア」も生み出されている。しかし,もう一方で,野火的な活動は,「一人の人間がそのいいアイデアで,何百,何千という人々の協力をすぐに集められる社会方式」(Raymond, 2001/1999, 訳書, p.77) が可能であることを示していることも確かである。それゆえに,野火的な活動を具体的に研究し,また,それを可能にする「ハイブリッドな集合体」をアレンジしようとすることは,状況論の最も現代的な意義ある課題と言えるのである。

引用文献

Callon, M.(2006).参加型デザインにおけるハイブリッドな共同体と社会・技術的アレンジメントの役割.上野直樹・土橋臣吾(編),*科学技術実践のフィールドワーク:ハイブリッドのデザイン*(pp.38-54).東京:せりか書房.(Callon, M.(2003). The role of hybrid communities and socio-technical arrangements in the participatory design. *Paper Presented at Symposium on Information Ecology*.)

Engeström, Y.(2009). Wildfire activities: New patterns of mobility and learning. *International Journal of Mobile and Blended Learning*, **1, 2**, 1-18.

Frye, D.(2010). IBM と Linux の「これまで」と「これから」. http://jp.linux.com/whats-new/interviews/322100

生越昌己.(2008).前世紀の Linux:飛翔編. http://www.atmarkit.co.jp/flinux/special/20clinux02/20cc.html

Raymond, E. R.(1999).*伽藍とバザール:オープンソース・ソフト Linux マニフェスト*(山形浩生,訳).東京:光芒社.(Raymond, E. R.(2001). *The cathedral and the bazaar: Musings on Linux and open source by an accidental revolutionary*(Rev. ed.). Tokyo: O'Reilly.)

Suchman, L.(2006). *Plans and situated actions: Human-machine reconfigurations*(2nd ed.). Cambridge: Cambridge University Press.

Tiemann, M.(2006). History of the OSI. http://opensource.org/history

Torvalds, L., & Diamond, D.(2001).*それがぼくには楽しかったから*(風見 潤,訳).東京:小学館プロダクション.(Torvalds, L., & Diamond, D.(2001). *Just for fun: The story of an accidental revolutionary*. New York: Harper Collins.)

第11章
認知的社会化理論の考え方

臼井　博

　子どもの認知能力の発達は環境のどのような影響を受けているのだろうか。また，子どもは自分が生きるコミュニティにおいてどのようにして適応的な能力や行動を獲得するのだろうか。子どもの発達に対する広い範囲の環境要因の影響を認めるのはすでに自明のことであるが，今日では発達そのものが社会や文化に埋め込まれているという考え方が定着しつつある。この章では，子どもがさまざまな認知能力を学習していくプロセスに焦点を当て，そこではたらく影響要因（大人と子どもの相互交渉の特徴や環境要因など）について明らかにすることをめざす認知的社会化理論の考え方について検討する。そして，この作業を通じて，教育実践や子育てに対するヒントを得ようとするものである。

第1節　認知的社会化とは——認知的社会化の2つのアプローチ

1　認知発達に対する環境要因の影響過程の注目

　この用語に対する伝統的な定義は，認知能力の形成に対する社会的要因の影響過程を検討することであり，同時にこれまではパーソナリティや社会性の発達に重点が置かれてきた社会化からのアプローチで認知発達をとらえようとするものである（古畑，1981；田島・臼井，1980；臼井，1992；山村，1986）。後者についてもう少し具体的に説明すると，親から子どもへのしつけや何かを教える行動や子どもの読み物や遊び道具をそろえるなどの環境を整えるような行動の，子どもの認知能力の形成に対する影響作用を明らかにしようとすることである。ただ，認知能力の個人差に対する環境要因の影響を探ろうとするこのアプローチの歴史は古い。欧米では認知やパーソナリティや社会的態度などの社会階層差や民族差に強い関心が注がれてきた。これらの社会学や人口統計学的な変数が子どもの将来の学校適応やその後の職業生活などに影響することがわかっているので，社会的な

正義の面からこれらの要因の具体的な影響力を明らかにして、恵まれない環境の子どもたちの発達を保障する政策や教育プログラムの策定をめざしたのである。この社会政策志向的なアプローチはとりわけ教育社会学の人たちの問題意識にある（芝山, 1989）。この研究領域が一躍注目されるきっかけとなったのは、イギリスの社会言語学者のバーンステイン（Bernstein, B.）の家庭における言語的なコミュニケーションの様式の社会階層差の発見であり、それを学校適応と関連づけた研究による。彼の研究はアメリカでさらに進展し、後述するように幼児の補償教育を策定するときの重要な科学的な基礎を与えることになったのである。

2 認知発達の社会化のアプローチ：社会・文化的アプローチ

実は、もう一つの認知的社会化のアプローチがある。これは一言で言うと、「認知の社会化（socialization of cognition）」であり、子どもが生きるコミュニティのメンバーとなるためにそこで必要とされ、あるいは望ましい知識やスキルを獲得するプロセス解明を目ざすアプローチである。このアプローチ、つまり社会化の中心的なプロセスとして認知発達を位置づける考え方と密接に関連する概念には、正統的周辺参加理論、発達の最近接領域などを含む発達の社会・文化理論、コンテキスト重視の考え方などがある（Gauvain & Perez, 2007；Wang et al., 2004）。思考や推理や記憶などの認知プロセスは個人内の私的な心理的な経験と思いがちであるが、現実には社会的コンテキストを切り離してしまっては意味をなさないのである。たとえば、次のことをきいてどのような人物だと判断するだろうか。「テネシー州のメンフィスには何の罪もない人々をナイフで切りつける人がいるが、その人はこうしたきわめて野蛮な行為を何年にもわたり隠そうとしていない。それどころか、司法当局もこの行為を認知していながらも、むしろ彼の行為を奨励してさえいる。……」。これは有能な外科医についての話だと知らされると納得がいくが、行動のコンテキストが変えられて、この人がこの鋭利なナイフを路上のけんかで振るったとなるとまったく異なる行動として解釈される（Cohen & Siegel, 1991）。

そして、このアプローチで重視される環境は文化的な人工物（cultural artifact）である。たとえば、言葉、絵本、パソコン、テレビ、マスメディアなど私たちを取り巻く環境の大半がそうである。自然の環境と見える森林であっても、かなり人工的なコントロールが加えられていることが多い。そして、ここで目ざすのはこうした人工物がどのように人の認知発達に影響するのかについて、一般的・普遍的な認知能力というよりは、子どもが生きるコミュニティの維持と発展に寄与

する領域固有あるいは特殊な能力の獲得のメカニズムを明らかにすることである。さらに，発達のプロセスについても，長期間の個体発生的な視点に加えて，大人や親たちの指導を含めた相互交渉のパターンが特定の認知スキルの獲得に及ぼす短期間のプロセス（微視発生）に重大な関心が向けられ，教育実践に対する具体的な貢献をめざそうという点が明らかである。

次に認知的社会化理論にかかわる3つの代表的な仮説（モデル）（文化的剥奪仮説，心理的引き離しモデル，生物生態学モデル）について簡単に説明する。

第2節 文化的剥奪仮説

1 バーンステイン仮説

すでに述べたように，欧米では長い間，子どもの学業成績やさまざまな認知能力の社会階層による違いが認められてきた。この社会階層差は，民族による違いと密接に関係することが多かった。具体的にはアメリカの都市に住む黒人などの少数民族の子どもたちの学校での学習困難や問題行動がたびたび指摘されてきた。こうした現象に対する一つの有力な仮説は文化的剥奪仮説（cultural deprivation hypothesis）であった。この仮説によると，こうした子どもたちが住む環境，とくに家庭環境においては，中流階級の子どもたちが日常的に経験する文化的環境条件が欠落していると考えるのである（若井，1995）。

ここでいう文化的環境条件とは，一言で言うと文化的な人工物であるが，とりわけ子どもの認知発達を促進するような環境の条件が強調される。たとえば，バーンステインは，人の日常会話のスタイルは，周囲の物事をどのように認知し，それらをどうまとめるかといった思考のしかたに影響を及ぼすと考え，下層と中流の家庭において交わされる会話の分析を行い，形式や内容，そしてその機能に関する大きな違いを発見した。つまり，社会階級の違いに応じてそれぞれ異なる言語コードが使われやすかった。一つは制限的なコード（restricted code）と呼ばれ，相互によく知っている人の間で交わされる会話の特徴であり，比較的短くて，自分たちの感情を率直に表現し，内容としては今ここで起こっている具体的な事柄に関するものが多い。これに対して，中流家庭ではこのタイプの会話もあるが，精密的なコード（elaborated code）と呼ばれるものが支配的であった。この会話の特徴は，相互に経験を共有していなくても理解しやすいように状況を丁寧に説明したり，出来事の順序が明確になるように文法的な時制が区別されていたり，主述の関係も明示的である。つまり，抽象的，論理的な思考の道具として精密的な

コードが優れており，学校ではこのモードのコミュニケーションが支配的であることが下層階級の子どもたちにとって不利に働くと考えられたのである。バーンステインやその当時の心理学者の多くは，社会階層や民族の違いの原因として，こうした環境の面での欠陥や剥奪を考えたのである。

2 「文化的剥奪」の再検討

この文化的剥奪仮説が 1960 年代に入り勢いを増していったが，それはアメリカにおけるヘスたちのシカゴ研究によるところが大きい（Hess & Shipman, 1965, 1967）。彼らは，バーンステインの仮説から出発し，幼児と母親の相互交渉の詳細な分析を行う一方で，認知発達との関係についての検討を行った。また，彼らは母親の行動の社会階層差は学校や教師に対する見方や信念のシステムの違いに原因すると考えて，これらに注目して包括的なレビューも行った（Hess, 1970）。認知発達に対する環境要因の影響，とくに家庭の中で交わされる子どもと大人との間の相互交渉に焦点を当てるという点で認知的社会化研究のさきがけとなったのである。さらに，この研究が社会政策面に対してきわめて大きな影響を及ぼしたことも特記すべきであろう。アメリカでは貧しい家庭や少数民族の子どもにおける就学前の介入教育が 1960 年代に始まるが，中流階級の家庭では通常ある文化的な刺激作用の欠乏した部分を補償するとした教育モデルはこうした研究に基礎を置いたものである。

しかしながら，1970 年代の半ば頃より，この欠乏仮説に対しては激しい批判がなされるようになった（McLoyd, 1998；McLoyd et al., 2006）。そのもっとも大きなものは，バーンステインの仮説の妥当性に対する疑問であった。たしかに，下層階級の家庭では制限的なコードを使うことが多かったが，そのことから彼らがそれ以外のコード，つまり精密なコミュニケーションの能力が未発達だということは確かめられなかったのである。たとえば，イギリスの子どもに友人向けのインフォーマルと学校向けのフォーマルの 2 種類の手紙を書く課題を与えると，後者の手紙に関しては社会階層による違いがなかった（Robinson, 1965）。これと同様の結果は，アメリカの黒人の子どもが使用する標準的でない英語においても確かめられている（Cole & Bruner, 1971；Ginsburg, 1972）。要するに，文法の形式で判断すると適切な言語使用の実行（performance）では劣っているように見えるが，それと潜在的な言語能力（competence）を混同してはならないのである。くわえて，自らもナイジェリア移民であるオグブー（Obgu, 1994）は，アメリカの下層階級の黒人のコミュニティにおいて，標準的な英語を話すことや学校で先生にほめら

れるようなことをすること自体がアフリカ系アメリカ人にとっては，よそよそしく，彼らの民族的アイデンティティに対する大きな脅威と感じられることをあげ，安易な文化的な同調を迫ることの危険を力説している。

このような背景により，欧米の発達心理学のテキストでこの20年くらいの間に出版されたものからは，アングロサクソン系白人の自民族中心主義（ethnocentrism）を連想させる文化的剥奪仮説という用語はほとんど消えていて，すでに廃用語に近くなっているようである（McLoyd, 1998）。しかし，この認知的社会化研究モデルの歴史的な意義は依然として重要である。

第3節　心理的引き離しモデル

1　心理的な引き離し行動と表象的な思考の発達

このモデルを発案したシーゲル（Sigel, I. E.）の問題意識は，次のようなピアジェ（Piaget, J.）の発達心理学研究に対する限界から来ている（Sigel & Cocking, 1977/1983）。ピアジェは子どもの表象的な思考の発達については鮮やかに説明したが，その移行のメカニズム，とくに表象の発達を促進する経験要因については十分に明らかにしなかった点を彼は指摘している。そこで，彼は子どもにとっての重要な他者（両親や教師など）が用いる行動方略に注目して，子どもの「今，ここ」の出来事から心理的に引き離すような働きかけ（psychological distancing）が表象的思考の発達にとって重要な影響を与えるとしている。シーゲル自身が述べているようにこの概念そのものはまったく新しいものではなくて，ヴィゴツキー（Vygotsky, L. S.）の社会文化的な理論，ピアジェの知能の発達理論，とくにウェルナー（Werner, H.）の発達理論との共通性があり，適用範囲としては発達心理学に限定するものではなくて，心理学の全領域に適用可能であると述べている（Sigel, 2002）。そして，彼らのアプローチを一言で言うと，大人と子どもの間で交わされる対話的な相互交渉が子どもの認知発達にどのように影響するかのメカニズムを微視発生（microgenesis）の側面から解明することである。

心理的な引き離し行動として相互交渉のパートナー（主に両親や教師などの大人）が提供する行動の特徴としては，過去の出来事を考えさせたり，次に起きそうなことを予想させたり，計画を立てさせることなどがあげられる。また，子どもとの対話においては「はい・いいえ」の二分法で答えるような質問ではなくて，物事についての詳しい説明を求めたり，別の言い方をすることを求めるようなタイプである。さらに，表象モード間に違いがあるもの同士の等価性に気づかせる

ことの重要性を強調している。たとえば，水族館でイルカを見たとすると，そのイルカと家にあるおもちゃのミニチュアのイルカ，イルカの写真，図式化されたイルカの絵，そしてイルカという言葉がそれぞれ同一のものを指すことをわかるように試みる。こうした大人の側の働きかけの積み重ねにより，子どもは表象的な思考を活発にさせるのである。

2 心理的引き離し行動のプロセスモデル

シーゲルは後年になってこの心理的なメカニズムの全体を心理的な引き離しモデル (psychological distancing model：PDM) として，より具体的なプロセス指向的な説明を試みている。まず，子どもの側に表象的な思考の要素となるような心的な操作行動を喚起させる働きかけが必要である。彼はこれを「心的操作要求 (mental operation demand：MOD)」と名づけているが，この心的操作要求は具体的には次のようなさまざまな行動（「心理的な引き離し行為 (psychological distancing act：PDA)」）によりなされる。つまり，大人の側のPDAが子どものMODを喚起して心理的な引き離し行動が作動するという流れになる。たとえば，大人が何らかの質問をする (PDA) と，子どもの側ではその質問に対して過去の経験を想起したり，質問の内容について解釈するなどの心的な操作行動 (MOD) が始まる。その質問においても「はい」「いいえ」で答えられるような閉じたタイプか，説明を求めるような開いたタイプかによって，相手の側に引き起こされる心理的な引き離しの程度，言葉を換えると心的な操作要求のレベルが異なってくる。シーゲルはこの程度に応じてPDAのレベル分けをしている。

たとえば，子どもの目の前にリンゴ，ナシ，ブドウを置いて一つずつ指さして「この名前を言ってください」という質問に比べると，「この3つはどのようなところが似ているだろうか」という質問では表面的な事柄の違いを超えた共通性の抽出が求められ，事物からの引き離しの程度は大きいので高いレベルになる。また，記憶の想起を求める場合でも，即座に連想できるものなのか，あるいはさまざまな内容を検索して再構成を必要とするものかによって当然引き離し効果は異なるので，PDAのレベルの違いがある。こう考えると，親子の相互交渉において，権威主義的なやり方や力に頼るしつけ方略 (power-assertion) では子どもの側に対しては限定的な心理的な操作しか要求しないので，認知能力の発達を抑えると解釈する。ただし，PDAのレベルが高ければ高いほど子どもの認知発達にとって有効なのかという話はそう単純ではない。大人の側と子どもの側には認知能力にズレがあることが前提であるが，その際に大人の側のPDAと子どもの

側の対処可能性とのマッチングが重要である。あまりズレが大きければ，子どもの心的な操作を引き起こすことにはならないだろうし，その逆に子どもに心理的な負荷を最小限度しかかけないような働きかけも認知発達を促進する効果は望めない。しかし，一般にはこうしたズレが大きそうなときには，大人の側では質問をいくつかに分けたり，説明をていねいにしたり，ヒントを多く与えるなどの足場づくり（scaffolding）を用いる。

　シーゲルは自らの心理的な引き離し方略を表象的な思考能力の認知的社会化というように位置づけているように見える（Greenfield, 1993）。そして，その方略は両親や教師が提供する側面を強調しているが，今日ではマスメディアやビデオゲームなどで費やす時間が長いことを考えると，こうした経験がはたして表象的な思考の発達に対して阻害的なのかどうかは検討すべき課題である。

　このモデルに対する別の課題としては，表象のモードとしては抽象的な一般化を暗黙の内にもっとも好ましいとする西欧的な思考法へのバイアスが見え隠れする。ある文化的なコンテキストでは有効な働きかけが別なコンテキストではそうならないことも認められている。たとえば，母親と子どものインタラクションにおいては言語的にガイドされた参加がアメリカにおいては有効であったが，社会的な背景において対応のとれた南米ペルーのサンプルを加えた分析では確認することができなかった。

　具体的には，アメリカとペルーでそれぞれ32名の5年生の子どもと母親のペアでWISCの積み木模様と絵の分類課題を共同で行い，その間の相互交渉について分析した。両国の母子の行動の主成分分析からはアメリカのサンプルで見いだされた1因子ではなくて，2因子が現れた。しかも，さらに興味深いことは課題に対する母子の積極的な行動によって特徴づけられる第1因子の課題焦点的な共同では文化の違いはなかったが，母親が子どもに教えようとする行動を控えて子どもの側の能動性を重視する引き離し的な制御（distanced regulation）（第2因子）では明らかにアメリカのサンプルの方が高かった。そればかりでなく，この2つの因子間の相関はアメリカのサンプルではプラスの有意なものであったが，ペルーでは逆にマイナスの相関であった。さらに，認知的な測度（学業成績やWISCや分類課題の成績など）との相関ではアメリカではいずれもプラスの相関があったが，ペルーでは第2因子が学業成績とプラスの相関があったのみであった（Portes et al., 2000）。

　このように心理的な引き離しモデルは，大人と子どもの間の社会的相互交渉，とくに両者の間の対話に焦点を当て，認知発達の微視発生的なアプローチといえ

るので，そこで得られたことは実際の教育やしつけに適用できる部分が多い点で実践につながる理論として注目されるものである。ただ，シーゲル（Sigel, 2002）がこのモデルの課題として，情動の影響と知識分野の違いに関する研究の必要性をあげている。たとえば，後者について言えば，一般の日常的な会話において明らかにされた有効な心理的引き離し行動は音楽や美術などの芸術分野においても同様に有効であろうか，あるいは領域によって異なる行動方略が有用なのだろうか。そして，この研究では主に言語的行動に焦点を当ててその特徴を明らかにしているが，他者との相互交渉のみならず，広く自然界やマスメディアなどとの相互交渉ということも含めると，別の視点も必要になるだろう。

第4節　生物生態学モデル

1　生物生態学モデル（bio-ecological model）を必要とする背景

　このモデルはブロンフェンブレンナー（Bronfenbrenner, U.）が発達の生態学的システム理論（ecological system theory）として主張してきたものをさらに発展させたものである。彼は1970年代の後半にこれまでの発達研究のパラダイムへの根源的な疑問を次のように述べている。つまり，これまでの発達研究は見知らぬ二人の人同士が見知らぬ場所で，見知らぬ人によって行われる場面で，しかも可能な限り短い時間で観察された結果に基づくものであり，生態学的な妥当性が何ら保証されていないために，発達研究の教育や子育てなどの実践に対する貢献や応用可能性，さらには理論としての一般化可能性を大きく限定してきたと主張した。そして，彼は子どもが発達する広い範囲の環境を詳細に分析し，そこにおける子どもと子どもがかかわる人との相互交渉やそれに影響する環境や社会的な制度やさらにその背後で影響するイデオロギーや信念のシステムについても検討した。別の言い方をすると，生態学的環境システムの中心に発達しつつある子どもを据え，家族のように直接的なやりとりをする状況（マイクロシステム）から，文化のような最も遠い影響要因のコンテキスト（マクロシステム）に同心円状に埋め込まれているのである。たとえば，子どもの近所の遊び仲間のことが親子の間で話題になったり，あるいは学校の仲間関係が親子関係に影響を及ぼすように，マイクロシステム間の関係（メゾシステム）も重要である。また，両親の職場環境やそこの経験の質が子育ての行動に影響するように，子どもに対して間接的に影響を及ぼすエクソシステムも存在する。

　ブロンフェンブレンナーが彼の生態学的システム理論に「生物学的」という用

語を加えたのは，人の発達をとらえる際に個体発生とともに系統進化の視点も重視し，気質的な要因を含めた生得的な個人差，さらには古くて新しい遺伝対環境問題，つまり個々の子どもの遺伝的な潜在可能性（遺伝子型）が現象型へと変化する道筋（trajectory）への強い関心からである（Bronfenbrenner, 1995 ; Bronfenbrenner & Ceci, 1994 ; Bronfenbrenner & Morris, 2006 ; Ceci & Hembrooke, 1995）。彼はこの新しい構成概念を提起した目的として次の2点を挙げている。一つは，既存の知見を再吟味し，より正確で，追試可能な研究を導くことであり，もう一つは発達を阻害する社会的な影響要因に対抗するための社会政策的な提言を行うことにある。この後者の考えは，認知的社会化研究の一つの大きな推進力となるものであるが，発達心理学の子育てや教育実践さらには政策決定への志向性を強く意識したものであろう。

2　PPCT（プロセス・人・コンテキスト・時間：process-person-context-time）モデル

　ところで，彼の生物生態学モデルは1980年代に提起した問題意識を引き継いでいるが，このモデルでは発達に影響するプロセスを以前にもまして強調している。そのプロセス重視のモデルは後述する近接過程（proximal process）の導入として現れているが，その全体的な特徴について簡単に触れておこう。

　さて，彼はこのモデルを次の4つの構成要素（process-person-context-time）がダイナミックにはたらきあうことに即して特徴づけている。

(1) プロセス（process）

　このモデルの中核をなすものであり，具体的には近接過程を指す。この過程はあとで説明するように，子どもと環境（人や物）との相互交渉のパターンであり，発達を促進するエンジンのはたらきをするものである。

(2) 人（person）

　そして，この近接過程は person の特徴により大きな影響を受ける。この person は次の3つのタイプに分けられる。一つは，気質などの素質的な特徴であり，二つ目は能力や既有の知識など，そして三つ目は主にまわりからの特定の行動を引き起こしやすくさせたり，抑制させるような個人の行動特徴である。言葉を換えると社会的刺激価値である。たとえば，エルダー（Elder, G. H.）たちの世界大恐慌の時期の研究で，家庭の経済的苦境にともない娘の心理的な幸福感は下降したが，それは父親からの拒否的な行動の増大と結びついていた。だが，娘の身体的な魅力が高い場合には父親の娘に対する拒否的な行動が抑制され，結果的に娘の心理的幸福感は低下を免れたのである。このように子どもの側の一つの特

徴が養育者の側の特定の行動を引き起こしやすくしたり，抑制したりするのである。

(3) コンテキスト（context）

発達しつつある人の生きる環境・状況・背景などであり，有名な4つの生態学的なシステムもコンテキストに含まれる。

(4) 時間（time）

これは時間的なコンテキストというとらえ方もできる（Ceci & Hembrooke, 1995）が，時代や歴史的な時間の発達に対する影響に関するものである。たとえば，ターマン（Terman, L. M.）の有名な天才児の縦断研究では成人してもなお社会的に成功している人が圧倒的に多いことが知られているが，その反面その時代の歴史的なコンテキストにうまくあうか，あわないかが青年期以降の発達の道筋に大きな影響を与えることもわかっている。たとえば，セサミストリートが放映される前後でアメリカの幼児のアルファベットの読字数が著しく増大したことがその例である。また，別の例としてはアメリカで1904年から1910年に生まれた人たちは，ちょうど1930年代の混乱した時代に大学を卒業し，その後第二次世界大戦に徴兵されて，職業的な見通しが絶たれてしまうことが多かった。しかし，その少し後に生まれた人たちは，大恐慌の影響も少なくなり，徴兵中にそれぞれの得意なスキルを磨くことができ，そこで得た人間関係のネットワークを活かしてその後のビジネスの成功につながる人が多かったのである（Ceci, 1990）。

3　近接過程（proximal process）

さて，彼のモデルは次の図11-1に即して説明できる（Bronfenbrenner & Ceci, 1994）。彼は発達を遺伝子型がどの程度現実化するか，換言すると遺伝子型と現象型の間のずれあるいは遺伝規定性（h^2）に即して考える。そして，遺伝子型としての潜在的な可能性を現実の顕在化した能力へと変換させるメカニズム（プロセス）として近接過程を想定する。図11-1に戻ると，下から上に向かっては近接過程のレベルが示される。そして，左右には環境の質が示され，説明を単純化するために左側の環境は乏しく，右側はよい環境になっている。そして，上に向かって，つまり近接過程のレベルが上がるほど個人の遺伝的な可能性が現実化する程度（現象型）が増大する。たとえば，近接過程のレベルが低い場合よりも高い場合の方が環境の質にかかわらず遺伝的な可能性が現実化する割合は大きい。それとともに，同じ近接過程のレベルであっても環境の質の高い方が生まれもった能力を発達させる。一例をあげると，遺伝規定性の強さは経済的な不況状況に

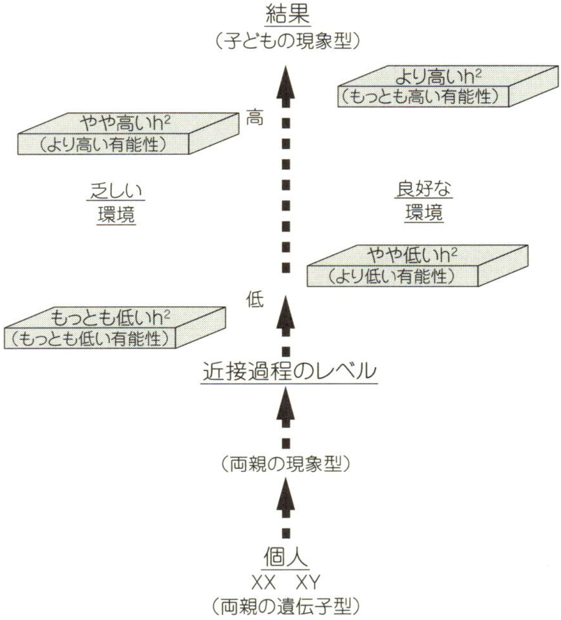
結果
（子どもの現象型）
より高いh2
（もっとも高い有能性）
高
やや高いh2
（より高い有能性）
乏しい
環境
良好な
環境
やや低いh2
（より低い有能性）
低
もっとも低いh2
（もっとも低い有能性）
近接過程のレベル
（両親の現象型）
個人
XX　XY
（両親の遺伝子型）

図11-1　生物生態学モデル（Bronfenbrenner & Ceci, 1994, p.581 より）

比べると，好況な時代の方がずっと高くなることなどがこのモデルを支持している。また，これは行動遺伝学の立場のヘアンスタイン（Herrnstein, 1973/1975）が，環境的な不利が少数民族の子どもの知的な遂行の低さの原因になっているという主張に対して，もしも環境が完全に平等に整えられた後に，なお個人差が存在するとすればすべて遺伝的なものとした主張を思い起こさせる。そして，図 11-1 から読み取ることができるもう一つのことは，環境要因よりも近接過程の方が発達に対する影響力が強いことである。たとえば，環境の質による遺伝規定性の高さの違いよりも，近接過程による違いの方がずっと大きいからである。また，当然ながらこの両者は相互に密接に絡む。一卵性双生児の間の知能の相関は豊かな家庭においての方が貧しい家庭よりも高いことが知られているが，それは次のように考えることができよう。つまり，経済的に豊かな家庭ではそれぞれの子どもの遺伝的な潜在力を試そうと多様で多面的な働きかけをしたり，興味やスキルを引き出すような多くの機会を与えるので，彼らの遺伝的な可能性がより多く実現されやすいのに対して，貧しい家庭ではそうした機会が乏しいので特定のスキルが発達するかどうかは偶然に依存しやすいと考えられるのである（Ceci &

Hembrooke, 1995)。このように近接過程の効果はコンテキスト（環境の質）と一緒にはたらいて子どもの発達に影響を及ぼすのである。

　この近接過程とはもともとはヴィゴツキーの造語であり，発達の最近接領域を広げる行動に由来するものであるが，ブロンフェンブレンナーは子どもの発達を生み出す主要なメカニズム（発達のエンジン）として位置づけ，そしてマイクロシステムにおける子どもと養育者あるいは子どもが直接かかわる環境との持続的な相互交渉のパターンの特徴などの測定や観察が可能な具体的な行動や環境の特徴として例示した。彼が近接過程の概念をことさら強調するのは，遺伝的な決定因の強調という従来の見解に対決して環境要因の重要性，言葉を換えると生態学的な環境の影響力を強調したが，その影響のプロセスについては十分な注意を払っていなかった点に対する反省からである。その中では，プロセスを重視する結果として，相互交渉の中の person の位置づけ，とくに成長しつつある子どもの生物的な個人差の要因を重視し，さらにプロセスの中身を検討するようになっている。この場合も，客観的な特徴とともに，個人が経験する主観的な要素を対等なものとして研究の対象に組み込んだところが新しい点である。この近接過程の特徴についてもう少し説明を加えると，愛着の質もこのプロセスへの重要な影響要因である。というのは，安定した愛着を形成する条件としては，子どもの内的心理的な状態に対する感受性なりタイミングのよい応答性があるからである。また，近接過程のレベルは対人関係に限定されないことも留意すべきである。以前にワックス（Wachs, 1979）が明らかにした物理的な環境刺激の特徴も重要である。たとえば，応答性や過剰刺激から守られていること，探索できること，時間的な規則性が高いことなどである。

第5節　まとめと今後の課題

1　モデルの間の違いと共通性

　ここでは認知的社会化理論の主なモデルとして3つを紹介した。いずれのモデル（仮説）においても，目ざすところは子どもの認知発達を促進あるいは抑制する環境要因の解明にあり，そこで提起された変数の特徴は当然ながら違いよりも類似点の方が多い。たとえば，文化的な剥奪理論は環境刺激の豊富化と大人の知識を含めた環境の多様な資源を子どもに伝えるときの相互交渉の側面に焦点をあてる。そこからは，親の側のしつけや教え方の方略の社会階層差が繰り返し認められてきた。心理的な引き離しモデルでは，親子の相互交渉の中の主に言語的な

やりとりに注目し、そこでの養育者の側の行動を先行変数に、子どもの側の認知発達の指標を後続変数にするパラダイムに関しては文化的剥奪理論と共通している。だが、文化的剥奪理論では後続変数として子どもの側の知能や学業成績といった大くくりの変数をとりやすかったのに対して、心理的な引き離しモデルでは表象的な思考能力に限定している。これに対して、生物生態学的モデルはこの3つの中ではもっとも包括的なモデルであり、大人の側の働きかけ行動の特徴ばかりでなく、子どもの側のさまざまな特徴も考慮に入れ、さらに歴史文化的な視点も含めている。こうした点から、今後の研究としては生物生態学的モデルをベースにした仮説の詳細化とそれに即したデータの蓄積がいっそう求められるだろう。

2 認知的社会化モデルの東西比較

　この章では主に欧米、とくにアメリカにおける研究を基礎にして論じてきた。しかし、これまでいくども社会や文化や歴史の影響を強調してきたがそれについては具体的に述べてこなかったので、日本や中国などの東アジアにおける認知的社会化理論のモデルについても説明を加えておきたい。

　東（Azuma, 1994）は、幼児の認知発達に対する母親のしつけや教え方についての日米比較研究から日米で対照的な認知的社会化の2つのモデルを提案している。一つは、公的でフォーマルな人間関係、つまりソト向けのものであり、言葉ではっきりと明確にそして細かく分析的に伝えることが重視される社会化のモードである。これはアメリカの母親においては子どもの認知能力の発達に有利に働きやすい方略と強く結びついていた。もう一つのモデルはいわばウチに向けられた社会化モードであり、母子関係に代表される親密な人間関係においてなされるものである。これと教え方の方略が密接に結びつくのは「滲み込み」型であり、何かを教え込もうとするよりは教える人と教わる人の間の隔たりを極力少なくし、両者の間の共感をベースにしてゆっくりと時間をかけて、水が紙に滲み込むように教えていくというものである。そして、これは日本の母親が用いやすかった方略であった。この滲み込みタイプの教え方では、表出された言語に基づく客観的、分析的なコミュニケーションよりも相互の情動や立場の共有性や内面の心理状態に言及するようなコミュニケーションが重視されやすい。

　中国においても、今でも儒教文化の伝統は生きており、学習を生涯にわたる人間の発達課題と考えたり、それとともに学習することに道徳的な行動が不可分な形でかかわっているという強い信念が生きているという（Ho, 1994）。また、これ

にともない持続的，継続的な努力も重視される。こうした力点の置き方はまたわが国の伝統的な信念ともかなりの共通性をもつ（小嶋，1989；臼井，1991, 2001）。国際化の時代と言われながらも，こうした東洋社会の認知的社会化のモデルに対しては十分な関心が向けられていない気がする。ヘスとシップマンの仮説の日米の文化の違いを超えた普遍性の検証研究から，東が明らかにしたような興味深い日米の違いが見いだされたが，これからの研究ではすでにあるこうしたモデルにもとづき，東洋社会のモデルをより明確に提案できる実証的な研究がさらに求められよう。

3 非認知的な要因の重要性と新たな研究方法の模索

認知的社会化のパラダイムは遺伝と環境論争の別バージョンのパラダイムのようにも見える。この論争では，行動遺伝学からスカー（Scarr, S.）は遺伝と環境要因の相互作用のタイプとして①受動的，②喚起的（evocative），③能動的をあげている（Shaffer & Kipp, 2007）。ここで 2 番目の例としては，赤ちゃんの気質の違いによって養育者の喚起される行動が異なることがある。認知的社会化のモデルの中でブロンフェンブレンナーの理論にはこうした子どもの側の個人的な特徴も入っていたが，動機づけ，知的な行動に対する価値や意味づけ，構えなどの直接は認知的な活動にかかわらない行動に対してももっと注意が向けられるべきであろう。また，恵まれない環境にありながらも，それがそのまま発達の不利へとつながることが少ない人もいる。こうした弾力性（resilience）といった個人差の要因も今後の研究においては考慮に入れるべきであろう。

最後に，研究方法とくに分析方法であるが，これまでは環境側のレベル，たとえば近接過程のレベルの高低と子どもの側の認知能力の形成の個人差とを関連づける研究デザインが用いられてきた。その中では近年，微視発生的なアプローチが積極的に取り入れられてきており（田島，2003），具体的な教育実践に対する有用な情報を以前にも増して提供できつつある。ただ，基本的な仮定としては，環境刺激と子どもの側の認知的なコンピテンスとの間の双方の連続的で量的な関係に基づくことが多い。ここで強調したいことは，ある種の閾値のようなはたらきの可能性に即した方法の工夫の必要性である。たとえば，ほんの少しの変化の量で予想を超える大きな変化が生じることもありうるかもしれない。こうしたフラクタルな変化をも想定した理論モデルも期待したい。

引用文献

Azuma, H. (1994). Two modes of cognitive socialization in Japan and the United States. In P. M. Greenfield & R. R. Cocking (Eds.), *Cross-cultural roots of minority child development* (pp.275-284). Hillsdale, NJ: Lawrence Erlbaum Associates.

Bronfenbrenner, U. (1995). Developmental ecology through space and time: A future perspective. In P. Moen, G. H. Elder Jr., & K. Luescher (Eds.), *Examining lives in context: Perspectives on the ecology of human development* (pp.619-647). Washington, D. C.: American Psychological Association.

Bronfenbrenner, U., & Ceci, S. J. (1994). Nature-nurture reconceptualized in developmental perspective: A bioecological model. *Psychological Review*, **101**, 568-586.

Bronfenbrenner, U., & Morris, P. A. (2006). The bioecological model of human development. In W. Damon (Editor-in-chief) & R. M. Lerner (Vol. Ed.), *Handbook of child psychology: Vol.1. Theoretical models of human development* (6th ed., pp.793-828). Hoboken, NJ: John Wiley & Sons.

Ceci, S. J. (1990). *On intelligence - more or less: A bio-ecological treatise on intellectual development* (Century psychology series). Englewood Cliffs, NJ: Prentice Hall.

Ceci, S. J., & Hembrooke, H. A. (1995). A bioecological model of intellectual development. In P. Moen, G. H. Elder Jr., & K. Luescher (Eds.), *Examining lives in context: Perspectives on the ecology of human development* (pp.303-345). Washington, D. C.: American Psychological Association.

Cohen, R., & Siegel, A. W. (1991). A context for context: Toward an analysis of context and development. In R. Cohen & A. W. Siegel (Eds.), *Context and development* (pp.3-23). Hillsdale, NJ: Lawrence Erlbaum Associates.

Cole, M., & Bruner, J. S. (1971). Cultural differences and inferences about psychological processes. *American Psychologist*, **26**, 867-876.

古畑和孝. (1981). 社会化. 心理学事典 (pp.338-339). 東京：平凡社.

Gauvain, M., & Perez, S. M. (2007). The socialization of cognition. In J. E. Grusec & P. D. Hastings (Eds.), *Handbook of socialization: Theory and research* (pp.588-613). New York: Guilford Press.

Ginsburg, H. (1972). *The myth of the deprived child: Poor children's intellect and education*. Englewood Cliffs, NJ: Prentice-Hall.

Greenfield, P. M. (1993). Representational competence in shared symbol systems: Electronic media form radio to video games. In R. R. Cocking & K. A. Renninger (Eds.), *The development and meaning of psychological distance* (pp.161-183). Hillsdale, NJ: Lawrence Erlbaum Associates.

Herrnstein, R. J. (1975). *IQ と競争社会* (岩井勇児, 訳). 名古屋：黎明書房. (Herrnstein, R. J. (1973). *I.Q. in the meritocracy*. London: Allen Lane.)

Hess, R. D. (1970). Social class and ethnic influences upon socialization. In P. H. Mussen (Ed.), *Carmichael's manual of child psychology* (3rd ed., pp.457-557). New York: Wiley.

Hess, R. D., & Shipman, V. C. (1965). Early experience and the socialization of cognitive modes in children. *Child Development*, **36**, 869-886.

Hess, R. D., & Shipman, V. C. (1967). Cognitive elements in maternal behavior. In J. P. Hill (Ed.), *Minnesota symposia on child psychology, Vol.1* (pp.57-81). Mineapolis, MN: The University of Minnesota Press.

Ho, D. Y. F. (1994). Cognitive socialization in Confucian heritage cultures. In P. M. Greenfield & R. R. Cocking (Eds.), *Cross-cultural roots of minority child development* (pp.285-313). Hillsdale, NJ: Lawrence Erlbaum Associates.

小嶋秀夫. (1989). 子育ての伝統を訪ねて. 東京：新曜社.

McLoyd, V. C. (1998). Children's porverty: Development, public policy, and practice. In W. Damon

(Editor-in-chief) & I. E. Sigel & K. A. Renninger (Vol. Eds.), *Handbook of child psychology: Vol.4. Child psychology in practice* (5th ed., pp.135-208). New York: John Wiley & Sons.

McLoyd, V. C., Aikens, N. L., & Burton, L. M. (2006). Childhood poverty, policy, and practice. In W. Damon & R. M. Lerner (Editor-in-chief), & K. A. Renninger & I. E. Sigel (Vol. Eds.), *Handbook of child psychology: Vol.4. Child psychology in practice* (6th ed., pp.700-775). Hoboken, NJ: John Wiley & Sons.

Ogbu, J. U. (1994). From cultural differences to differences in cultural frame of reference. In P. M. Greenfield & R. R. Cocking (Eds.), *Cross-cultural roots of minority child development* (pp.365-391). Hillsdale, NJ: Lawrence Erlbaum Associates.

Portes, P. R., Cuentas, T. E., & Zady, M. (2000). Cognitive socialization across ethnocultural contexts: Literacy and cultural differences in intellectual performance and parent-child interaction. *The Journal of Genetic Psychology*, **161**, 79-98.

Robinson, W. P. (1965). The elaborated code in working class language. *Language and Speech*, **8**, 243-252.

Shaffer, D. R., & Kipp, K. (2007). *Developmental Psychology* (7th ed., pp.109-113). Belmont, CA: Wadsworth.

芝山明義．(1989)．家族における子どもの cognitive socialization について．日本教育社会学会発表要旨抄録，**41**, 2-3.

Sigel, I. E. (2002). The psychological distancing model: A study of the socialization of cognition. *Culture and Psychology*, **8**, 189-214.

Sigel, I. E., & Cocking, R. R. (1983). 認知の発達（子安増生，訳）．東京：サイエンス社．(Sigel, I. E., & Cocking, R. R. (1977). *Cognitive development from childhood to adolescence: A constructivist perspective*. New York: Holt, Rinehart and Winston.)

田島信元．(2003)．共同行為としての学習・発達．東京：金子書房．

田島信元・臼井 博．(1980)．展望：認知的社会化研究．*教育心理学年報*，**19**，125-144.

臼井 博．(1991)．日本の子どもの課題解決の構えと認知スタイル．小嶋秀夫（編），発達と社会・文化・歴史（新・児童心理学講座 14，pp.199-239）．東京：金子書房．

臼井 博．(1992)．認知的社会化理論．東 洋ほか（編），発達心理学ハンドブック（pp.196-213）．東京：福村出版．

臼井 博．(2001)．アメリカの学校文化 日本の学校文化．東京：金子書房．

Wachs, T. (1979). Proximal experience and early cognitive intellectual development: The physical environment. *Merrill-Palmer-Quarterley*, **25**, 3-42.

若井邦夫．(1995)．文化的剥奪．岡本夏木ほか（監修），発達心理学辞典（p.606）．京都：ミネルヴァ書房．

Wang, Q., Ceci, S. J., Williams, W. M., & Kopko, K. A. (2004). Culturally situated cognitive competence: A functional framework. In R. J. Sternberg & E. L. Grigorenko (Eds.), *Culture and competence* (pp.225-249). Washington, D. C.: American Psychological Association.

山村賢明．(1986)．認知的社会化．日本教育社会学会（編），新教育社会学辞典（p.705）．東京：東洋館出版社．

参考文献

Cole, M. (2002). 文化心理学（天野 清，訳）．東京：新曜社．(Cole, M. (1996). *Cultural psychology: A once and future discipline*. Cambridge, MA: Belknap Press of Harvard University Press.)

Nisbett, R. (2004). 木を見る西洋人 森を見る東洋人（村本由紀子，訳）．東京：ダイヤモンド社．(Nisbett, R. (2003). *The geography of thought*. New York: Free Press.)

Rogoff, B. (2006). 文化的営みとしての発達：個人，世代，コミュニティ（當眞千賀子，訳）

東京：新曜社．(Rogoff, B. (2003). *The cultural nature of human development.* Oxford: Oxford University Press.)

田島信元．(2003)．共同行為としての学習・発達：社会文化的アプローチの視座．東京：金子書房．

第12章 新生児・乳児研究の考え方：その小史と展望

川上清文・高井清子

　新生児・乳児の研究について概観する本章は，あまりに扱う範囲が広く，理論的な展望は不可能である。それゆえに，一般的な研究の歴史と研究の方法を述べることから始めることにする。筆者らから見ると，新生児の前の胎児の研究も重要であるが，ここでは，後半の具体的研究のところで，少し触れるに留める。また，生後1カ月までを新生児というのが普通であるが，ここでは1歳半から2歳くらいまでの乳児の中に新生児を含めて論ずることにしたい。

第1節　乳児研究の歴史

　20世紀後半からの世界の乳児発達研究をリードしてきたルイス（Lewis, M.）とフィールド（Field, T.）が，前者は編著者として，後者は単著者として本をまとめている。ルイスのテキストブックは，2版目となり，内容も更新された（初版はSlater & Lewis, 2002；2版はSlater & Lewis, 2007）。
　まずルイスらに乳児研究の歴史を概観してもらおう（Lewis & Slater, 2007）。ルイスらは，ピアジェ（Piaget, J.）を20世紀の代表的研究者として挙げたあと，その後の乳児研究を①社会的発達，②注意と認知の発達，③情動発達，に分けて述べている。
　社会的発達については，精神分析の流れを汲む研究者たちの「ホスピタリズム」（Wolf & Wolff, 1947），「対象関係」（Bowlby, 1951）の研究に端を発し，子どもにとっての母親の存在が注目されてきたという。そこに一石を投じたのが，ハーロウ（Harlow, H.）の赤毛ザルを対象にした隔離実験の結果であった（Harlow & Harlow, 1965）[1]。母親からも，仲間からも隔離されて育ったサルたちは，社会的

---

[1] ハーロウの研究のもつ意義と問題点については，南（1994）が詳しく述べている。また隔離がもたらす問題については，南（1998）を参照されたい。

にも情緒的にも問題があった。さらに繁殖行動ができなかったり，母親になっても子どもを育てない，などの行動が観察されたのである。しかし，母親に育てられなくとも，仲間との関係などがあれば，問題を克服する可能性も示された。最後の点は，ルイス（Lewis, 1987）の社会的ネットワーク理論につながる。子どもの発達にとって，母親の存在がきわめて重要なのはいうまでもないが，子どもにとっては母親以外の対人関係も重要である，という視点である（筆者らから見ると，ルイスの理論の核心は，その中心が「自己」である点にある。川上，1989 参照）。

　注意と認知の発達研究の起点は，著名なファンツ（Fantz, 1958）の実験で，それを発展させたのがバウアー（Bower, 1966）と記述されている。ファンツは，対の刺激を見せ，どちらを見ているかを瞳に映る像によって記録するという方法を考えた。バウアーは，乳児にある大きさの立方体が見えたら頭を動かすように条件づけし，「大きさの恒常性」の有無を調べたりした。そして，ルイス自らもケイガン（Kagan, J.）らとともに心拍を指標にした研究（Lewis et al., 1963）に進んだわけである。心拍の研究では，刺激への「馴れ」を指標として使うことが多く，それが次節の研究方法で述べる「馴化パラダイム」につながることになる。

　情動発達研究は，1980 年代に花開いたというのがルイスらの観点である。ちょうどその頃，エクマン（Ekman, P.）の顔面動作評定法（Facial Action Coding System：FACS）とイザード（Izard, C.）のそれ（The Maximally Discriminative Facial Movement Coding System：MAX）が発表され，これらの情動にかかわる尺度の導入により，研究が飛躍的に発展することになる。これらの尺度についても，研究方法や具体例で触れることにする。ルイスは，自己意識の獲得という視点から，情動の発達を体系化させた。

　ルイスらのテキストブック第 1 版（Slater & Lewis, 2002）は，乳児研究の歴史について，ここで終わっているが，第 2 版（Slater & Lewis, 2007）には，その後の 2 つの流れが追加されている。情報処理理論からもたらされたコネクショニズム（人工神経組織モデル）と神経科学である。前者については，ウェスターマンほか（Westermann & Mareschal, 2005）が述べているように，今後行動変化の理解に不可欠なツールとなるだろうが，単純化されたモデルであり，発展の余地が多分にあるといえよう。後者はいうまでもなく，脳研究の成果とむすびついている。ともに，これからの研究分野ということであろう。

第2節　乳児研究の方法

フィールド（Field, 2007）の乳児研究法の紹介は，生理学的なものが中心なので，より全般的なルイスのテキストブックの第2章，ベンデルスキーとサリバンの論文（Bendersky & Sullivan, 2007）を参考に乳児研究法をまとめることにする。

新生児・乳児研究の特徴は，対象児がことばで答えてくれないということから生まれる。新生児・乳児の視覚研究の方法のひとつは，「視覚的追跡」で，これはブラゼルトン（Brazelton, 1984）の新生児行動発達検査にも，目の前でボールを動かすと追うかどうかという項目として使われている。視覚だけでなく聴覚研究の方法として使われるのが，前にも述べた「馴化パラダイム」で，まずある刺激を繰り返し呈示する。それで生じた馴れのあと，違う刺激を呈示し反応の回復を見ることで，弁別能力を探るものである。「馴化パラダイム」のひとつに「高振幅吸啜法」があり，乳児の口に吸啜の強さを計れる「おしゃぶり」を入れ，たとえば「おしゃぶり」を吸うと音が聞こえるように条件づける。乳児は音を聞くために，どんどん「おしゃぶり」を吸い続けるが，次第に飽きてくる。「おしゃぶり」を吸わなくなってきた時点で，呈示する音を変え，弁別能力を調べようというものである。また，長く注視することは，そこから情報を得ようとすることだと考え，そのような手段を「選好パラダイム（preference paradigm）」と呼ぶ。音がしたとき，頭を右に向けると玩具が動く，というような条件づけで音の閾値を調べるというような方法もある。

乳児の認知的能力を研究するのに広く使われているのが，「期待背反法（expectancy violation）」である[2]。おもちゃの線路を電車が走っていて，トンネルに入る。トンネルから出てきた電車が前の電車と違っていたら，乳児は驚くだろうか。驚くということは，前の電車を記憶していたためと考えられる。ある行動とその結果引き起こされる変化の関係を「随伴性（contingency）」といい，スキナー（Skinner, B. F.）の学習理論のキーワードのひとつである。手首に巻かれたひもを引っぱると音が出るという「随伴性」を発見した乳児は，音を聞くためにひもを引っぱる。この「随伴性」を用いて，乳児の記憶を徹底的に研究したのが，ロビー・コリアーほか（Rovee-Collier et al., 2000）である。彼女らは，乳児のベッドの

---

[2]「期待とのズレ」が起こるためには，後述の微笑・笑いとも関連する高度な能力が必要である。松阪（2008）はユーモアの起源のひとつに，「期待や予測とのズレ」があり，チンパンジーの遊びにもこれが見られると述べている。

上にモビールを設置し，足首に結びつけたひもを引くとモビールが動くという方法で記憶に迫ってきた。「模倣」も認知的能力を調べる指標になる。たとえば，研究者が玩具の犬をベッドに寝かせるのを乳児に見せて，玩具の鳥と飛行機を乳児に渡す。乳児が鳥をベッドに寝かせるが，飛行機を寝かせることはしなかったとしたら，乳児はある種の概念をもっている可能性がある。

　乳児の対人関係の研究法も多彩である。「静止顔方式（still-face procedure）」はよく使われてきた方法のひとつである。母親と乳児が対面に位置し，最初は普通にやりとりをするが，一定の時間が来ると，母親は表情を変えず，声も出さなくなる。乳児は困惑し，泣き出したりする。この「静止顔方式」はもちろん実験であるが，母親が鬱の場合，これが日常的に続くと考えられている。乳児と母親を分離し，再会したときの反応を観察する「ストレンジ・シチュエーション（strange situation）」について，触れていないテキストはないであろう。「社会的参照（social referencing）」は，乳児が母親と2人でいる状況で，見知らぬ他者がやってきた場合，他者に対する行動を母親の反応を基準にして決めるか，といった実験である。「共同注意（joint attention）」は，生後9カ月くらいからの乳児が，母親などと同じ物を見るという現象で，言語の獲得や対人関係の発達の基礎になると考えられている。

　生理的指標に関して，乳児のストレスに対する反応の尺度として使われるのが，「コルチゾル」というホルモンである。コルチゾルは，唾液からも採取可能なため，新生児や乳児にも広く適応されている（コルチゾルを使用したストレス研究については，川上・高井－川上，2003に詳述したので参照されたい）[3]。「心拍」も乳児の情動反応の指標として，広く使われてきた。すでに第1節で述べたように，顔の動きの尺度としてイザードのMAXとエクマンのFACSが発展してきた。乳児用のFACSについては，後述する。

　乳児の気質については，主に親を対象にした質問紙による調査が行われてきた。たとえば「乳児行動質問紙（Infant Behavior Questionnaire：IBQ）」がそのひとつである。親を対象にした質問紙は，残念ながらデータの信頼性に欠ける傾向がある。

　フィールド（Field, 2007）の本には，「脳波」を使った自身の研究も紹介されている。たとえば，右前頭部の脳波は，発達上の問題と関連する可能性があるという（ただし，斎藤晃〔私信〕によると脳波計を静かにつけている乳児は，穏やかな気質

---

[3] 筆者らの研究について簡単に述べると，たとえば川上ほか（Kawakami et al., 1996）では新生児の採血場面に音を呈示し，川上ほか（Kawakami et al., 1997）では同じ場面に匂いを呈示し，刺激呈示によるストレス緩和効果を唾液中コルチゾルで調べたのである。さらに筆者らは，これらの方法がニホンザルの新生児にも適応しうることを示した（Kawakami et al., 2002）。

の乳児であり，一般化できるかどうか検討の余地がある）。「機能的核磁気共鳴画像（functional magnetic resonance imaging：fMRI）」も紹介されているが，斎藤と同様の理由でフォックスほか（Fox & Stifter, 2005）は，乳児への適応に否定的である。また，わが国ではよく言及される「近赤外光血流計測（near infrared spectroscopy：NIRS）」は，ルイスらの本にもフィールドの本にも触れられていない[4]。

第3節　最近の乳児研究の例

いうまでもなく，乳児の研究は多方面に渡り，無数の研究が行われている。それらを検討することは不可能なので，ここでは微笑研究に焦点をあて，研究の歴史・方法・現在の到達点・今後の課題などをまとめることとする。

1　研究史

新生児・乳児の微笑は，昔から研究者以外の人々を魅了するだけでなく，研究者たちの関心を惹きつけてきた（Wolff, 1987）。しかし，何といっても新生児・乳児の微笑を科学的に観察し，記録した研究者といえばウォルフ（Wolff, 1959, 1963）ということになる。このウォルフの2つ目の論文（Wolff, 1963）は，フォス（Foss, B. M.）の編集した"*Determinants of Infant Behavior*"という書物に収められているが，このシリーズには他にもアンブローズ（Ambrose, 1961, 1963）やフリードマン（Freedman, 1965），ゲヴィルツ（Gewirtz, 1965）の微笑に関する観察論文があり，まさに微笑研究の原点といえる。フリードマン（Freedman, 1974）は単行本の中でも微笑に言及し，エムデほか（Emde et al., 1971）は低出生体重児の「自発的微笑（定義は後述）」を観察した。

わが国でも，スピッツ（Spitz, R. A.）の後継者である丹羽（1961）が微笑の研究を続けた。島田（1969）の組織的研究は英文で発表されていたら，微笑の研究が進んでいたかもしれない。高橋（1973）も微笑の研究を続けて，その成果を単行本（高橋，1995）にまとめている。

現在，世界の微笑研究をリードしているのはメッシンジャー（Messinger, D.）とドンディ（Dondi, M.）で，2人は共同研究も多い（Dondi, Messinger, et al., 2007；Messinger, Dondi, et al., 2002）。彼らの研究を読み解くには，顔面動作評定法（FACS）

---

[4] 近赤外光血流計測は，文字通り血流を頭部に装置をつけて測るものである。対象者をそれほど拘束しないという長所があるが，脳の表層しか分析ができないという短所ももつ。脳を探る装置の解説としては，渡邊（2005）が原理を含めてわかりやすく述べている。

が欠かせない。まず，FACS について見ていきたい。

2　研究方法

　FACS（Ekman & Friesen, 1978）は，目・口などの部分の変化をコーディングして，顔面動作を同定していくシステムで，その乳児版が Baby FACS（Oster, 2008）である。Baby FACS には，FACS には含まれていない Action Units（AUs）が含まれている（「目の中の涙」「視線回避」「人や物の凝視」「舌の突き出し」「喃語」など）。微笑に関しては AU12（唇の端が上がる）と AU6（頬が上がる）が重要な指標であり，これらは FACS と Baby FACS 共通である（Baby FACS の適応例は，Maier et al., 2009 など）。

　具体的に筆者らの微笑研究の方法を述べる。微笑が記録されたデジタル・ビデオがある。オスター（Oster, 1978）が乳児の微笑の定義として使用している①普通の速度で再生したとき，主観的に微笑に見える，② AU12 がある，③ AU12 が1秒以上継続する，をまず採用する。筆者らは，眠りながらの「自発的微笑」に焦点をあてているので，さらに④不規則的睡眠かまどろみ状態にいる[5]，⑤外的なまたは内的な規定できる刺激がない（だから「自発的」），⑥ 6分の1秒以内に起こった微笑は同一とみなす，という点も付け加えた。

3　現在の到達点

　以下，筆者らの研究（川上，2009；Kawakami et al., 2009；Kawakami et al., 2006, 2007, 2008；高井，2005；高井ほか，2008）から解明された点についてまとめる。なお，これらの研究の詳細なまとめは，川上（2011）を参照されたい。

(1)「自発的笑い」の発見

　乳児は生後4カ月頃から「笑い」を見せると考えられている。どの文献にも引用されるスルーフほか（Sroufe & Waters, 1976）の影響だと考えられる。なお，「微笑」と「笑い」の厳密な定義もほとんどされていない（Gervais & Wilson, 2005 を参照）が，筆者らは「微笑」に発声をともなうものを「笑い」と定義している。

　筆者らは，新生児も眠りながら笑うことを発見し，それを「自発的笑い（spontaneous laugh）」と呼ぶことにした[6]。2006年の論文では，生後17日目が最も

---

[5] ウォルフ（Wolff, 1987）は，覚醒水準を5段階に分けている。「規則的睡眠（regular sleep）」「不規則的睡眠（irregular sleep）」「覚醒不活動（alert inactivity）」「覚醒活動（waking activity）」「泣き（crying）」である。かつてウォルフ（Wolff, 1966）は，その5段階に「周期的睡眠（periodic sleep）」「まどろみ（drowsiness）」を加えていた。筆者らは，一部古い基準を採用したことになる。

早い記録であったが，2007年の論文では生後11日目であり，2008年の論文（高井ほか）では生後7日目に記録された。母親たちの話では，録画できなかったが，出生直後から笑っていたということで，新生児は生まれた直後から笑っていると考えてよいであろう。逆に，筆者らが記録した一番遅い「自発的笑い」は，生後312日である（Kawakami et al., 2009）。

「自発的笑い」は「自発的微笑」に比べて頻度が少ない（Kawakami et al., 2009；Kawakami et al., 2006, 2007；高井，2005；高井ほか，2008）。しかし，継続時間は「自発的笑い」の方が長い。これまで記録された多くの「自発的笑い」の中で，片頬だけに観察されたのは1つのみで残りは両頬に見られたのに対し，「自発的微笑」は発達初期において，片頬だけに見られることが多い。このような点から，筆者らは，「自発的笑い」と「自発的微笑」は別の機能をもつと考えている。微笑と笑いは同じ機能をもつと考える立場と異なるという立場がある（Gervais & Wilson, 2005；金沢，2000；松阪，2008；南，2000）。筆者らのデータは，後者を支持していることになる。

(2)「自発的微笑」の継続

ケイガンとフォックス（Kagan & Fox, 2006）は，ハンドブックの中で「生後1年間には2つの節目がある。最初は2～3カ月頃，2つ目は7～12カ月頃に起こる。最初の節目は新生児反射や自発的微笑の消滅をともなう」(p.169) という記述をしている。たしかに「自発的微笑」は生後2～3カ月で消え，「社会的微笑（覚醒時の対人的微笑）」に移っていくと考えると，スムーズな発達を想像しやすい。しかし，事実はまったく異なるのである。

まず，高井（2005）のケース・スタディは，生後半年まで「自発的微笑」が続くことを明らかにした。このケースでは，生後5カ月には回数が減っていた。しかし，川上ほか（Kawakami et al., 2007）のケースでは，生後5カ月目にも多数の「自発的微笑」が見られたのである。高井ほか（2008）のケースは，生後5カ月までに回数は減少していた。ただ，どのケースにしても，生後6カ月まで，「自発的微笑」が観察されることは確かなのである。極め付きは，川上ほか（Kawakami et al., 2009）のデータで，乳児たちは生後1年を過ぎても「自発的微笑」を示した。

ここで「自発的微笑」→「社会的微笑」という図式はくずれた。「自発的微笑」と「社会的微笑」は共存する。先に述べたことと合わせれば，「自発的微笑」「自

[6] なお，覚醒状態で，意図しないで笑うことを spontaneous laughter と呼ぶこともある（Ruch & Ekman, 2001）。また笑いの精神病理についての展望は，ウィルドほか（Wild et al., 2003）を参照。

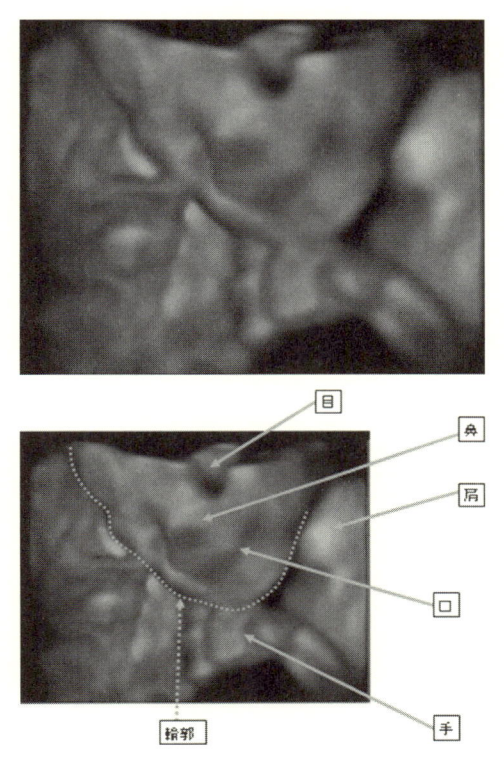

図12-1　胎児の自発的微笑（『人間環境学研究』2009, 7 より。許可を得て使用）

発的笑い」「社会的微笑」「社会的笑い」（後半の2つのデータはここではないが）は，すべて共存することになる。発達とは，単純ではないのである。

　「自発的微笑」の起源を探るべく，低出生体重児の観察も行った（Kawakami et al., 2008）。妊娠後200日目，体重511gの女児にも「自発的微笑」が観察された。さらに4次元超音波を使った胎児の観察で，受精後162日の胎児に「自発的微笑」を確認している（川上，2009）。図12-1が，その映像である。方法のところでは触れなかったが，胎児の研究もこれからますますさかんになるであろう。

(3)「自発的微笑」の系統発生

　パンクセップ（Panksepp, 1998）は，ネズミも笑うと主張しているが，支持されているとは言い難い。異論もあるが，笑いも微笑もあるのはチンパンジーとヒトといってよいであろう（Gervais & Wilson, 2005；Preuschoft, 1992；Waller & Dunbar, 2005 参照）。ニホンザルなどが含まれるマカクの微笑様行動は，微笑のような快の表出ではなく，劣位の表出である（van Hooff, 1972）。チンパンジーには「自発的微

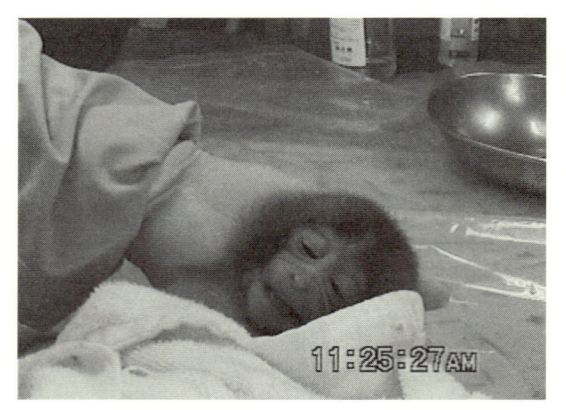

図12-2　ニホンザルの自発的微笑（『人間環境学研究』2009, 7 より。許可を得て使用）

笑」が観察されている（Mizuno et al., 2006）。チンパンジー用の顔面動作評定法，Chimp FACS を開発したバード（Bard, 2005）は，チンパンジーの最初の微笑は生後 11 日目，笑いは 37 日目というデータを示している（笑いの進化についての展望は，松阪，2008 も参照）。

　筆者らは，ニホンザルにも「自発的微笑」を観察した（図 12-2，川上，2009）。すなわち，ニホンザルには「自発的微笑」はあるが「社会的微笑」はなく，「自発的笑い」はまだ観察されていない。ニホンザルは，眠っているときだけ微笑するといえそうなのである。

　筆者らは，上述のようないくつかの発見をすることができた。どれも莫大な研究費を使ったわけではなく，高価な装置を使用したわけでもない（4 次元超音波は，診察用である）。ただ丹念に子どもたちの観察を続けただけである。乳児研究の原点は，観察であることを再認識したい。

　図 12-3 は，これまでの発達心理学的知見（実線）と筆者らの研究が示したデータ（破線）を対応させたものである。ハンドブックという概念からすると実線部分のみを示すべきなのであろうが，データはそれらを支持しないのである。

4　今後の課題

　「自発的微笑」や「自発的笑い」の研究の残された課題は，それらが出現するときの脳内の活動を調べることであろう。高井（2005）・高井ほか（2008）・川上ほか（Kawakami et al., 2008）のケース・スタディで，「自発的微笑」と「自発的笑い」が集中して起きる状態があることを示し，「群発」と名づけた。この「群発」

```
ニホンザル    自発的微笑       -→?
              ┌ 自発的微笑      ———→
チンパンジー  │ 社会的微笑      ——————————————→
              └ 社会的笑い      ——————————————→
              ┌ 自発的微笑      --→——————--→
              │ 自発的笑い      ----------------→?
ヒト          │ 社会的微笑      ——————————————→
              └ 社会的笑い      ——————————————→

                              ├──┼──┼──┼──┼──┼──┼→
                              0   2   4   6   8  10  12 月齢
```

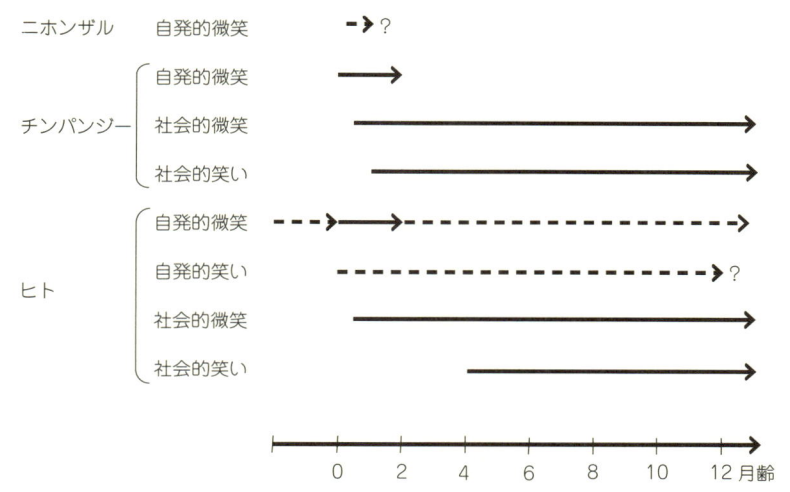

図12-3　微笑と笑いの発達における従来の知見と筆者らのデータ（注：実線は従来のデータ，破線は筆者らのデータ）

時の，脳内の活動を調べてみたい。

　ジャーヴァイスほか（Gervais & Wilson, 2005）は，何度も笑いと言語の関係に言及している。「自発的微笑」や「自発的笑い」の研究は，進化の問題にも光を当てるだけでなく，情動と認知の橋渡しもする可能性を含んでいるのである。また松沢（Matsuzawa, 2007）は，ヒトの母と子が，他の霊長類と異なり，子の誕生とともに離れることの意味を考察している。「自発的微笑」がヒトの大人にとって魅力的なのは，やはりそれが生物学的な意味をもつことを教えているのであろうか[7]。

引用文献　··
　　　　　　　　　　　　　　　（最後に * があるのは Slater & Lewis, 2002, 2007 からの引用）
Ambrose, J. A.（1961）. The development of the smiling response in early infancy. In B. M. Foss（Ed.）, *Determinants of infant behavior*（pp.179–201）. London: Methuen.
Ambrose, J. A.（1963）. The concept of a critical period for the development of social responsiveness in early human infancy. In B. M. Foss（Ed.）, *Determinants of infant behavior, 2*（pp.201–225）. London: Methuen.
Bard, K. A.（2005）. Emotions in chimpanzee infants: The value of comparative developmental approach

---

[7]　本稿脱稿後に筆者らは『ヒトはなぜほほえむのか：進化と発達にさぐる微笑の起源』（川上清文・高井清子・川上文人，著，2012，新曜社）を刊行した。本稿の第3節の詳細は，それを参照されたい。

to understand the evolutionary bases of emotion. In J. Nadel & D. Muir (Eds.), *Emotional development* (pp.31-60). Oxford, UK: Oxford University Press.

Bendersky, M., & Sullivan, M. W. (2007). Basic methods in infant research. In A. Slater & M. Lewis (Eds.), *Introduction to infant development* (2nd ed., pp.18-37). Oxford, UK: Oxford University Press.

Bower, T. G. R. (1966). The visual world of infants. *Scientific American*, 215 (6), 2-10.*

Bowlby, J. (1951). *Maternal care and mental health*. Geneve: World Health Organization.*

Brazelton, T. B. (1984). *Neonatal behavioral assessment scale*. London: Spastics International.*

Dondi, M., Messinger, D., Colle, M., Tabasso, A., Simion, F., Barba, B. D., & Fogel, A. (2007). A new perspective on neonatal smiling: Differences between the judgments of expert coders and naïve observers. *Infancy*, 12, 235-255.

Ekman, P., & Friesen, W. (1978). http://www-2.cs.cmu.edu/afs/cs/project/face/www/facs.htm.

Emde, R. N., McCartney, R. D., & Harman, R. J. (1971). Neonatal smiling in REM states, Ⅳ : Premature study. *Child Development*, 42, 1657-1661.

Fantz, R. L. (1958). Pattern vision in young infants. *The Psychological Record*, 8, 43-47.

Field, T. (2007). *The amazing infant*. Oxford, UK: Blackwell.

Fox, N. A., & Stifter, C. A. (2005). Emotional development. In B. Hopkins (Ed.), *The Cambridge encyclopedia of child development* (pp.234-241). Cambridge: Cambridge University Press.

Freedman, D. G. (1965). Hereditary control of early social behavior. In B. M. Foss (Ed.), *Determinants of infant behavior, 3* (pp.149-159). London: Methuen.

Freedman, D. G. (1974). *Human infancy: An evolutionary perspective*. Hillsdale, NJ: LEA.

Gervais, M., & Wilson, D. S. (2005). The evolution and functions of laughter and humor: A synthetic approach. *The Quarterly Review of Biology*, 80, 395-430.

Gewirtz, J. L. (1965). The course of infant smiling in four child-rearing environments in Israel. In B. M. Foss (Ed.), *Determinants of infant development, 3* (pp.205-248). London: Methuen.

Harlow, H., & Harlow, M. K. (1965). The affectional systems. In A. M. Schrier, H. F. Harlow, & F. Stollnitz (Eds.), *Behavior of nonhuman primates, vol.2.* (pp.287-334). New York: Academic Press.*

Kagan, J., & Fox, N. (2006). Biology, culture, and temperament biases. In N. Eisenberg (vol. Ed.), *Handbook of child development, vol. 3*. (6th ed., pp.167-225). Hoboken, NJ: Wiley.

金沢 創．(2000)．表情の比較行動学から比較認知科学へ．心理学評論，43，201-216.

川上文人．(2009)．自発的微笑の系統発生と個体発生．人間環境学研究，7，67-74.

Kawakami, F., Kawakami, K., Tomonaga, M., & Takai-Kawakami, K. (2009). Can we observe spontaneous smiles in 1-year-olds? *Infant Behavior and Development*, 32, 416-421.

川上清文．(1989)．乳児期の対人関係．東京：川島書店．

川上清文．(2011)．微笑・笑いを通して発達を知る．鳥居修晃・川上清文・高橋雅延・遠藤利彦（編著），心のかたちの探究：異型を通して普遍を知る (pp.83-102)．東京：東京大学出版会．

川上清文・高井－川上清子．(2003)．乳児のストレス緩和仮説：オリジナリティのある研究をめざして．東京：川島書店．

Kawakami, K., Takai-Kawakami, K., Kawakami, F., Tomonaga, M., Suzuki, M., & Shimizu, Y. (2008). Roots of smile: A preterm neonates' study. *Infant Behavior and Development*, 31, 518-522.

Kawakami, K., Takai-Kawakami, K., Kurihara, H., Shimizu, Y., & Yanaihara, T. (1996). The effect of sounds on newborn infants under stress. *Infant Behavior and Development*, 19, 375-379.

Kawakami, K., Takai-Kawakami, K., Okazaki, Y., Kurihara, H., Shimizu, Y., & Yanaihara, T. (1997). The effect of odors on human newborn infants under stress. *Infant Behavior and Development*, 20, 531-535.

Kawakami, K., Takai-Kawakami, K., Tomonaga, M., Suzuki, J., Kusaka, F., & Okai, T. (2006). Origins of smile and laughter: A preliminary study. *Early Human Development*, **82**, 61–66.

Kawakami, K., Takai-Kawakami, K., Tomonaga, M., Suzuki, J., Kusaka, F., & Okai, T. (2007). Spontaneous smile and spontaneous laugh: An intensive longitudinal case study. *Infant Behavior and Development*, **30**, 146–152.

Kawakami, K., Tomonaga, M., & Suzuki, J. (2002). The calming effect of stimuli presentation on infant Japanese Macaques (*Macaca fuscata*) under stress situation. *Primates*, **43**, 73–85.

Lewis, M. (1987). Social development in infancy and early childhood. In J. D. Osofsky (Ed.), *Handbook of infant development* (2nd ed., pp.419–493). New York: Wiley.

Lewis, M., Meyers, W., Kagan, J., & Grossberg, R. (1963). Attention to visual patterns in infants. Paper presented at Symposium on Studies of attention in infants: Methodological problems and preliminary results, at Meeting of the American Psychological Association, Philadelphia, PA.*

Lewis, M., & Slater, A. (2007). A brief history of infancy research. In A. Slater & M. Lewis (Eds.), *Introduction to infant development* (2nd ed., pp.3–17). Oxford: Oxford University Press.

Maier, A., Ducourtil, P., & Leathwood, P. (2009). Infants' hedonic facial responses indicating degree of wanting and liking for foods in 2 European regions. Paper presented at the 14th European Conference on Developmental Psychology.

松阪崇久. (2008). 笑いの起源と進化. 心理学評論, **51**, 431–446.

Matsuzawa, T. (2007). Comparative cognitive development. *Developmental Science*, **10**, 97–103.

Messinger, D., Dondi, M., Nelson-Goens, G. C., Beghi, A., Fogel, A., & Simion, F. (2002). How sleeping neonates smile. *Developmental Sciences*, **5**, 48–54.

南 徹弘. (1994). サルの行動発達. 東京：東京大学出版会.

南 徹弘. (1998). 隔離ザルの行動異常. 霊長類研究, **14**, 69–76.

南 徹弘. (2000). 金沢論文に対するコメント. 心理学評論, **43**, 217–219.

Mizuno, Y., Takeshita, H., & Matsuzawa, T. (2006). Behavior of infant chimpanzees during the night in the first 4 months of life: Smiling and suckling in relation to behavioral state. *Infancy*, **9**, 221–240.

丹羽淑子. (1961). 乳児期における対象関係の初発と発達の研究. 精神分析研究, **8**, 8–19.

Oster, H. (1978). Facial expression and affect development. In M. Lewis & L. A. Rosenblum (Eds.), *The development of affect* (pp.43–74). New York: Plenum.

Oster, H. (2008). Summary of Baby FACS Action Units. Paper presented at the Baby FACS Workshop, the 16th International Conference on Infant Studies.

Panksepp, J. (1998). *Affective neuroscience: The foundations of human and animal emotions*. New York: Oxford University Press.

Preuschoft, S. (1992). "Laughter" and "smile" in Barbary macaques (*Macaca sylvanus*). *Ethology*, **91**, 220–236.

Rovee-Collier, C., Hayne, H., & Colombo, M. (2000). Memory in infancy and early childhood. In E. Tulving & F. I. M. Craik (Eds.), *The Oxford handbook of memory* (pp.267–282). New York: Oxford University Press.*

Ruch, W., & Ekman, P. (2001). The expressive pattern of laughter. In A. Kaszniak (Ed.), *Emotions, qualia, and consciousness* (pp.426–443). Singapore: World Scientific.

島田照三. (1969). 新生児期，乳児期における微笑反応とその発達的意義. 精神神経学雑誌, **71**, 741–756.

Slater, A., & Lewis, M. (Eds.). (2002). *Introduction to infant development*. Oxford: Oxford University Press.

Slater, A., & Lewis, M. (Eds.). (2007). *Introduction to infant development* (2nd ed.). Oxford: Oxford University Press.

Sroufe, L. A., & Waters, E. (1976). The ontogenesis of smiling and laughter: A perspective on the organization of development in infancy. *Psychological Review*, **83**, 173-189.
高橋道子．(1973)．新生児の微笑反応と覚醒水準・自発的運動・触刺激との関係．心理学研究，**44**, 46-51.
高橋道子．(1995)．微笑の発生と出生後の発達．東京：風間書房．
高井清子．(2005)．自発的微笑・自発的笑いの発達：生後6日目〜6ヵ月までの1事例を通して．日本周産期・新生児医学会雑誌，**41**, 552-556.
高井清子・川上清文・岡井崇．(2008)．自発的微笑・自発的笑いの発達（第2報）：生後2日目〜6ヵ月までの1事例を通して．日本周産期・新生児医学会雑誌，**44**, 74-79.
van Hooff, J. A. R. A. M. (1972). A comparative approach to the phylogeny of laughter and smiling. In R. A. Hinde (Ed.), *Non-verbal communication* (pp.209-241). Cambridge: Cambridge University Press.
Waller, B. M., & Dunbar, R. I. M. (2005). Differential behavioral effects of silent bared teeth display and relaxed open mouth display in chimpanzees (*Pan troglodytes*). *Ethology*, **111**, 129-142.
渡邊正孝．(2005)．思考と脳．東京：サイエンス社．
Westermann, G., & Mareschal, D. (2005). Connectionist modeling. In B. Hopkins (Ed.), *The Cambridge encyclopedia of child development* (pp.305-308). Cambridge: Cambridge University Press.
Wild, B., Rodden, F. A., Grodd, W., & Ruch, W. (2003). Neural correlates of laughter and humour. *Brain*, **126**, 2121-2138.
Wolf, S., & Wolff, H. G. (1947). *Human gastric function*. London: Oxford University Press.*
Wolff, P. (1959). Observations on newborn infants. *Psycosomatic Medicine*, **21**, 110-118.
Wolff, P. (1963). Observations on the early development of smiling. In B. M. Foss (Ed.), *Determinates of infant behavior, 2* (pp.113-138). London: Methuen.
Wolff, P. (1966). The causes, controls, and organization of behavior in the neonate. *Psychological Issues*, **5**, 1-99.
Wolff, P. (1987). *The development of behavioral states and the expression of emotions in early infancy*. Chicago: The University of Chicago Press.

第13章
生涯発達心理学の考え方：
発達の可塑性

鈴木　忠

第1節　生涯発達心理学の成立

　生涯発達心理学は生涯全体にわたる変化を対象にしたうえで「発達とはどのようなものか」を問う。1960年代までの発達研究では，標準的（normative）な発達像の記述をもっぱらにする傾向が強かったのに対して，生涯発達心理学は，発達が周囲の環境に埋め込まれている（embedded）ことを強調する（文脈主義 contextualism；Lerner & Kauffman, 1985）。別の言い方をするなら，発達は環境変化に応答しながら進むのであり，環境が変われば発達のしかたは大きく変化する。それが発達の基本的な性質であることを前提にし，発達のメカニズムを明らかにしようとするのが生涯発達心理学である（Baltes et al., 1998, 2006）。

　このことは従来必ずしも自明なことではなかった。たとえば私たちは，子どもが○○をできるようになるのはふつう何歳だ，といった言い方をする。標準的な発達や加齢を念頭においているのである。そのようにいうとき，いま私たちが生きている特定の環境や生活条件のもとで，という限定がつくことを忘れがちである。たとえば，私たちは赤ちゃんのおむつがとれるのは2歳を過ぎてからと考える。しかしそれは今の日本の子育ての習慣での話なのであって，中国では1歳台半ばに排泄の自立が完了している（依田・清水，1994）。また，日本では子どもに刃物をもたせるのは早くても5歳頃であり，それまでは子どもの手の届かないところに置くのが普通であろう。しかしアフリカのいくつかの地域では，1歳にならないうちに，大人の見ているところで子どもは鉈や斧を使う練習を始める。農作業などに欠かせない道具をできるだけ早く使えるようになるためである（Rogoff, 2003/2006）。このように発達は，人々の価値観や伝統，習慣を含めた，広い意味での環境（発達の文脈）と切り離すことができない。

図13-1　古典的加齢パターン

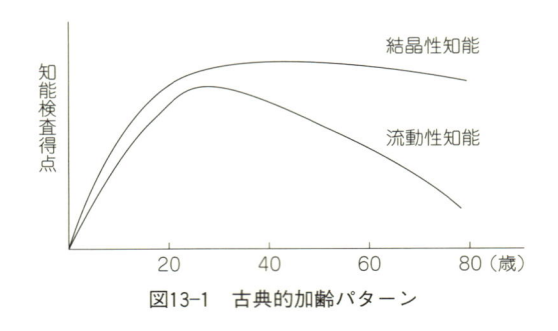

　発達は多様な環境条件に応答しうる可塑性（plasticity）[1]を本質的にもつというのが，生涯発達心理学の基本的な考え方である（鈴木，2008）。かつての発達研究ではこうした可塑性が重視されず，具体的な環境条件とは独立に標準的な発達を問題にできるかのように考えられた。生涯発達心理学は，そのような枠組みを批判的にとらえ直し，発達研究の潮流を大きく変える一翼を担った。本稿では，発達の可塑性に実証的根拠を与え，生涯発達心理学が成立するうえで中心的な役割を果たした知能の加齢研究をもとに解説したい。

1　古典的加齢パターン

　キャッテル（Cattell, R. B.）が1960年代に理論化した流動性知能（fluid intelligence）と結晶性知能（crystallized intelligence）による加齢曲線は，古典的加齢パターン（classic aging pattern）として，長く知能の生涯発達のモデルとされた（図13-1）。流動性知能は，思考の論理性や柔軟さに相当し，結晶性知能は，日常経験を通じて獲得されることばの知識や運用能力，一般的知識からなる。流動性知能は20歳前後をピークとしそれ以後一貫して低下するのに対して，結晶性知能は高齢期に至るまで安定していることが示されている。流動性知能は，脳機能と結びついた生得的な能力とされ，教育などの経験の影響を受けず，加齢による変化（低下）は不可逆とされた。言いかえると流動性知能にとって環境や経験はランダムに作用するいわばノイズであり，たくさんのデータを集めて平均することで，各個人の経験的要素の影響を取り除いた「標準的」な発達曲線を得ることができると考えられた。

　この考え方にバルテス（Baltes, P. B.）やシャイエ（Schaie, K. W.）らが反論し，古

---

[1] 生物学では norms of reaction（応答規準）や reaction range（応答域）と呼ばれる。秋山（2012）を参照されたい。

典的加齢曲線を支持するホーン（Horn, J. L.）らと論争を展開した。論点は2つあった。ひとつは，流動性知能が加齢にともなって低下し続けるのは本当かということである。もうひとつは，低下するにしてもそれは不可逆な変化なのかという問題である。これら2つは，発達といえば標準的な発達パターンを想定するそれまでの発達観の再考を促すものであり，この論争を通じて生涯発達心理学は新しいアプローチとして認められたといってよい。

2　縦断的方法とコーホート効果

中高年の知能が低下するという知見は，横断的方法にもとづいていた。横断的方法とは，若者から高齢者までさまざまな年齢の人たちを集めて一度に検査をするやり方である。これは今もよく使われる簡便なデータ収集法だが，限界もある。そもそも発達研究が知りたいことは，加齢にともなって知能がどう変化するかということであるが，横断データが表しているのは，異なる年齢集団の間の差異にすぎない。

横断的方法によって集めたデータをもとにして，中高年に比べ若者の方が知能の得点が高いという結果を得たとしても，それは「若いから」というだけでなく，「より最近に生まれた世代だから」という理由を無視できない。横断データは，年齢の違いによる影響と世代（コーホート）の違いによる影響とが交絡しているのである。

歳をとることによる変化を知りたいなら，知能検査を受けた人たちを5年後，10年後と追跡すれば，発達的変化をより直接的に反映したデータが得られるだろう。そのようなデータの収集のしかたを縦断的方法と呼ぶ。実際，成人期の知能の縦断的変化は，古典的加齢パターンよりも，中年期においてずっと安定したものであることが明らかになった。シャイエによるシアトル縦断研究（Seattle Longitudinal Study；Schaie, 2005）に依りながら説明する。そこでは25歳から81歳までの7歳おきの年齢集団（25・32・39・46・53・60・67・74・81歳）を対象にした横断調査を，1956年から1998年まで7年おきに7回にわたって行った。7歳おきの年齢を7年ごとに調べるので，同時に各年齢集団の縦断データも得られることになる[2]。用いられた知能検査（Primary Mental Abilities）は5つの下位検査からなっているが，ここではそのうちの2つをとりあげる。

図13-2は，流動性知能を代表する推論能力の，1963年の横断データにもとづくグラフである。25歳と60歳を比べると14点の差がある。かなり大きな差であり，従来はこのようなデータにもとづいて，加齢にともない一貫して流動性知

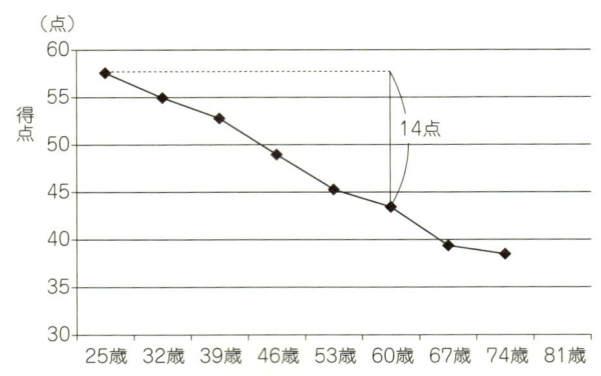

図13-2　1963年の横断データ（推論能力）（25歳＝1938年生　60歳＝1903年生）
（図13-2から図13-5はShaie, 2005, Table 4.2をもとに作成）

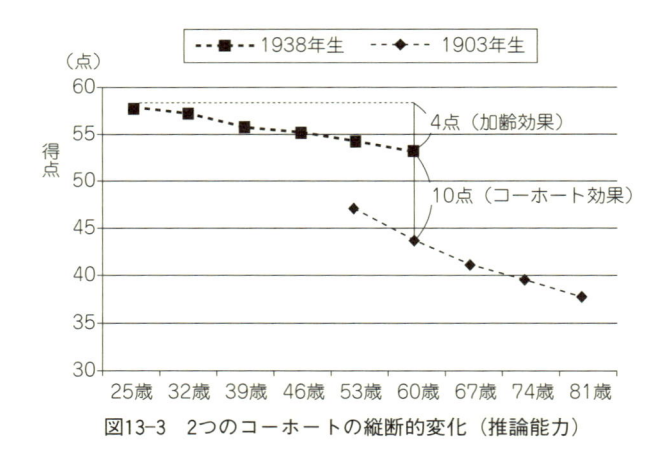

図13-3　2つのコーホートの縦断的変化（推論能力）

能が低下するとされた。では25歳の人たち（1938年生まれのコーホート）が実際に60歳になったとき，得点はどのくらいになるのだろうか。図13-3の太い点線が，そのコーホートの25歳から60歳までの縦断的変化である（独立サンプル法による）。25歳から60歳までは4点の低下である。つまり横断データで見られた14点の低下のうち，実際の加齢による低下分は4点程度であることになる。残

[2] 一度検査をした人たちを7年後，14年後……と追跡して縦断データを得たのと同時に，調査のたびに生年の同じ別の人たちを集め，検査を実施した。前者のように同じ調査参加者に繰り返して検査する方法（反復サンプル法：repeated sample）の場合，得点の低い人が徐々に「脱落」していき，高い人が後まで残る傾向がある（脱落効果：attrition effect）。それによるバイアスを防ぐひとつの方法が，後者のような独立サンプル法（independent sample）である。図13-3と図13-5の縦断データは独立サンプル法によるものである。

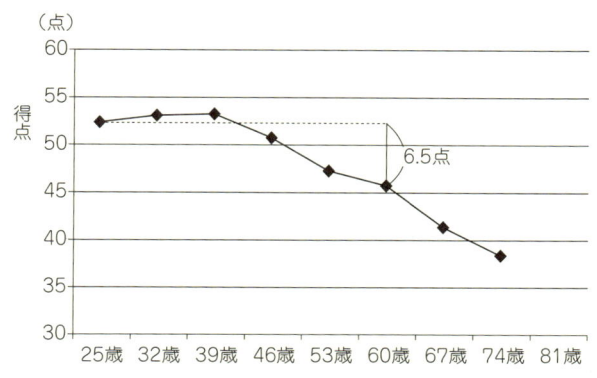

図13-4　1963年の横断データ（言語能力）（25歳=1938年生　60歳=1903年生）

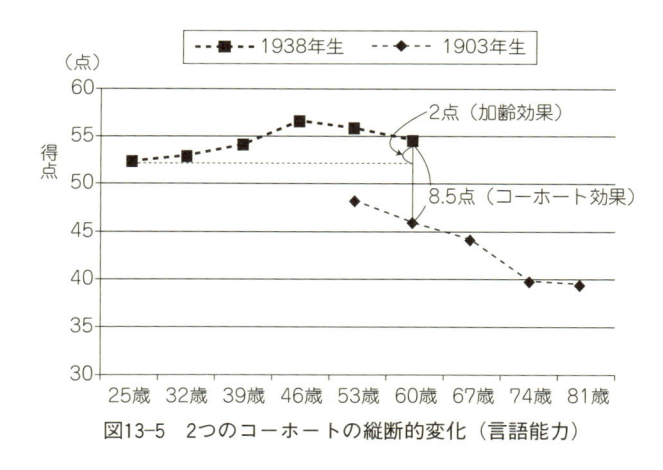

図13-5　2つのコーホートの縦断的変化（言語能力）

りの10点は何によるのだろうか。細い点線は，1963年の横断調査で60歳だった1903年生まれのコーホートの53歳から81歳までの縦断的変化である。2つのコーホートが検査を受けた年齢に差はあるが，若いコーホートが60歳以降も引き続き検査を受けたとすれば，1903年生まれのコーホートより高い得点を示すことは十分予測できるだろう。このようなコーホートごとのレベルの差がコーホート効果であり，時代による社会文化的な環境（学校教育の年数や内容，日常生活で要求される能力やスキルなど）の違いを反映すると考えられる。図13-3では，両コーホートを60歳の時点で比べるとちょうど10点程度の差ということになる。

今度は結晶性知能を代表する言語能力で見てみよう。図13-4が1963年の横断データである。25歳と60歳の差は約6.5点である。それを加齢の効果による成

第13章　生涯発達心理学の考え方：発達の可塑性　181

分とコーホート効果の成分に分けてみる（図13-5）。25歳のコーホート（1938年生まれ）が60歳になったときは2点上昇している。細い点線が1903年生まれのコーホートの縦断的変化であり，1963年の横断データの差異に2点を加えた8.5点分がコーホート効果だと見ることができる。言語能力の場合は，実際には加齢につれて得点が上昇しているが，コーホート効果によって横断データでは低下として表れているのである。

　以上のように，シアトル縦断研究のデータで見る限り，横断データは加齢にともなう知能の低下を実際より大きく見せてしまう。古典的加齢パターン（図13-1）の流動性知能の低下モデルにバルテスやシャイエが反論したと先に書いたが，低下は加齢そのものよりもコーホート効果によるところが大きいのである。もちろん社会的な変動がごく小さければ，コーホート間のレベルの差は小さくなり，子どもの世代も親の世代も同じような加齢曲線を描くことになる。実際，このような大きなコーホート効果は，欧米先進諸国で社会文化的な発展が著しかった20世紀後半で顕著だったようである[3]。しかし，人間が生まれて成長し歳をとっていく環境が加齢曲線に大きく作用していることは明らかである。発達や加齢を問題にするときには，個人がどのようなコーホートに属し，どのような時代や環境のもとで発達したかを考える必要がある。発達は本質的に環境への応答性――すなわち可塑性（plasticity）をもつのである。この観点から発達をとらえ直すことが生涯発達心理学の根幹である（鈴木，2008）。

3　加齢変化の個人差

　シアトル縦断研究では長期にわたる縦断データが得られたが，上の分析は，それらを平均して1本の曲線で表したうえでのことであった。平均値にすると捨象されてしまう個人ベースの発達的変化を見ていくことで，古典的加齢パターンと結びついた「加齢による知能の低下」という当時の定説をさらに詳しく検討することができる（Schaie, 1989, 1990）。

　平均値にもとづく加齢曲線を見て私たちは「知能は徐々に低下する」と考えがちだが，個人ベースで見たとき，それはどのくらい代表的な加齢パターンなのだろうか。シアトル縦断研究の反復サンプル法による縦断データをもとに，50歳代から70歳代にかけての変化を調べてみると，数年間にわたって連続して知能

---

[3] 後に生まれたコーホートほど知能検査の得点が高いことは，1980年代にフリンが欧米先進諸国のデータを再分析し報告した（Flynn, 1987）。フリン効果（Flynn effect）としてナイサー（Neisser, U.）らが注目し，知能心理学のトピックとなった。詳しくは鈴木（2008）を参照のこと。

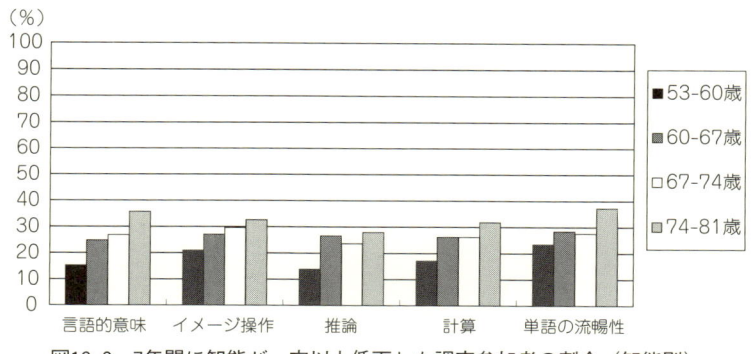

図13-6　7年間に知能が一定以上低下した調査参加者の割合（知能別）
(Schaie, 1990, Table4.4 をもとに作成)

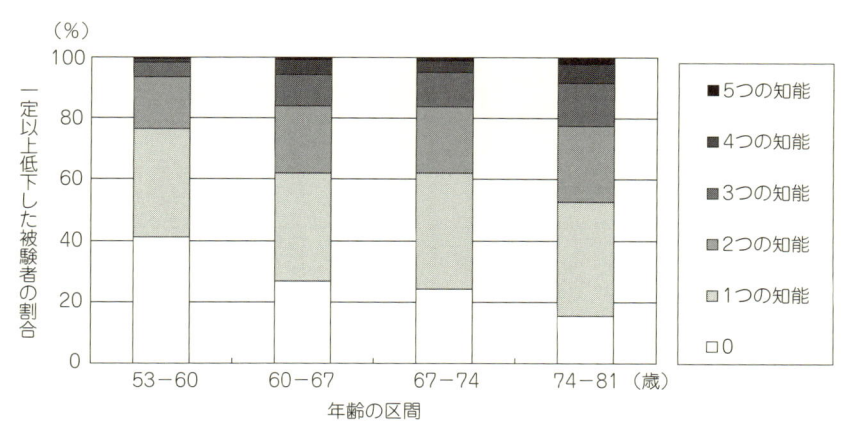

図13-7　53〜81歳の各7年ごとに，いくつの知能が低下したか
(Schaie, 1990, Table4.5 をもとに作成)

が大きく低下している人の割合はそれほど多くなく，70歳代でも3〜4割である（図13-6）。老年期を迎えて知能が低下する人がいる一方で，目立った低下がほとんど見られない人もかなりいる。加齢につれて個人差が大きくなるのである。また，比較的大きな低下がおこるとしても，ある一時期に集中しておこることが多く，徐々に少しずつ低下するわけではない。さらに，推論能力や言語能力，イメージ操作能力など，性質の異なる知能のうち，低下するのはひとつかふたつであり，認知機能全般が一斉に衰えるケースは少ない（図13-7）。このように個人ベースで縦断的変化を見てみると，一貫して低下し続けるという加齢変化は，必ずしも代表的なものではないのである。[4]

古典的加齢パターンの理論では，成人期における流動性知能の加齢変化は，脳生理学上の不可避的な機能低下を反映していると仮定された。多くの人から知能検査のデータを集めて平均し，個人の経験的要因を誤差として捨象することによって標準的な加齢曲線を得ることが研究の目標であった。しかし上の分析が示すように，個人差は単なる誤差と見るにはその幅がきわめて大きい。個人の経験的要素は発達的変化にとって誤差やノイズなのではなく，発達的変化そのものを構成する一部なのではないかと考えられるようになった。そのような心理学の新しい動きと並行して，古典的加齢パターンの理論が依拠していた医学や脳科学においても，発達に関する基本的な枠組みが変わり始めていた。

第2節　サクセスフルエイジングと可塑性

1　サクセスフルエイジング

　かつては医学や脳科学においても，「身体や脳の生理学的機能は歳をとることそのものによって低下する」という考えが暗黙の前提であった。しかし1980年代から，その考え方だけでは成人期の健康状態のきわめて大きな個人差が説明できないことに多くの研究者が気づき始めた (Rowe & Kahn, 1987)。

　当時の中高年期の医療では，病気による変化と，病気とは関係のない「ノーマル」な加齢変化という区別がなされていた。しかし病気にかかっていないというだけで「ノーマル」と一括りにするには，健康状態の個人差がきわめて大きい。それらを量的な分布としてとらえるのでなく，もっと質的な差異に注目すべきだと考えられるようになった。それ自体は病理的なものではない，血圧，腎臓や肺の機能，骨密度，免疫機能などの要因が，加齢による機能低下に重要な役割を果たすと考えられるようになったのである。重要なことは，それらは私たち自身がコントロールすることができ，重大な疾病の予防につながり機能低下を遅らせるという点である。たとえば血圧を適切に管理することで，そうしない場合より健康を長く維持することができる。つまり歳をとることは，しようと思えば「じょうずにできる」(aging well) ことである。老いることそのものは不可避だが，どのように老いるかは，運動や節制を心がけることでかなり制御できる。生涯発達は，私たち発達主体がまったく関与できないところで進行するわけではなく，主体が

---

[4] かつては60〜70歳代が老年学や加齢心理学の主な研究対象だったが，平均寿命の伸びにともない，「老い」を問題にしうるのはもう少し後の年齢にずれたと考えるべきだろう。実際，最近では80歳代以降を対象にした加齢研究がさかんになっている。

制御する余地がつねにある。そうした広い意味での経験的要素が生涯発達の重要な部分を構成するというサクセスフルエイジング（successful aging）の考え方が急速に浸透した（Baltes & Baltes, 1990）。

　脳科学の分野では，脳の神経細胞（ニューロン）が大人になって以降も生成される──ニューロン新生（neurogenesis）が発見された（Kempermann, 2006）。マウスを飼うケージの中にトンネルや橋などをつくり，刺激の豊富な環境をつくってやると，成長した後のマウスでも大幅なニューロンの増加が見られ，加齢の影響が抑えられることがわかった。重要な点は，ニューロン新生は単純な年齢の関数なのではなく，環境刺激などの経験的要素に左右されることである。

　こうして，古典的加齢パターンの前提となっていた脳生理学の定説は大幅に改められた。脳機能は大人になった後は衰える一方なのではなく可塑的である。脳の加齢変化は環境に応答しながら進むのであり，発達主体が環境を選び直したりつくり変えたりすることで，"どうにかできる"余地がつねにあるのである。

2　高齢者への訓練研究

　経験による可塑性を発達の中心にすえるサクセスフルエイジングの考え方は，目の前でおこっている発達や加齢のパターンを記述するだけでなく，「なぜそのような変化が生じるのか」というメカニズム（原因の説明）への関心を促し，経験的要素を実験的に操作することで加齢のしかたそのものを変化させるアプローチ──訓練研究をさかんにした。ただし知能の加齢についていえば，訓練はただ単に頭を使えばよいというわけではない。図13-1で示した2種類の知能の加齢曲線が異なることからもわかるように，知能は性質の異なる複数のものからなっており，伸ばしたい知能の種類を特定して訓練する必要がある。

　60歳代から80歳代の人たちを対象にし，流動性知能に関連する2つの知能因子を訓練した研究（Baltes & Willis, 1982）を例にしてみよう。訓練は1時間×5セッションである。訓練した知能と理論的に近い検査課題（たとえばイメージ操作能力）と遠い検査課題（たとえば言語能力）を用意して訓練後に調べたところ，予測どおり流動性知能に近い課題で大きな効果が得られた[5]。なお訓練に使われた

---

[5] 高齢者では単純にテストを繰り返すだけで成績が上がることが知られており，再テスト効果（retest effect）と呼ばれる。訓練実験をする場合，訓練の効果を知るために訓練の前と後でテストを課すわけだが，まったく訓練を受けなくても2度のテストを受けるだけで得点が上がることを考慮しなくてはならない。つまり訓練を受けるグループ（訓練前テスト−訓練−訓練後テスト）のほかに，前後のテストのみを受ける統制群をつくる必要がある。両群を比較し，再テスト効果を差し引いてもなお得点が伸びることを示す必要があるのである。

課題は日常生活であまり出会わない種類のものだが，訓練の効果は半年あまりにわたって維持されることも報告されている (Sheikh et al., 1986)。

訓練を数年の間隔をおいて3回にわたって実施した研究 (Willis & Nesselroade, 1990) では，訓練開始時 (平均69歳) よりも終了時 (75歳) の方が高い得点が得られた。一般的には知能の低下の見られる年齢で，6年後の方が知能得点が高くなったのである。さらに，中年期以降14年間の縦断データを調べ，低下傾向にある人だけを抜き出して訓練を施した場合でも，知能が安定している人たちと変わらない得点の伸びが得られた (Schaie & Willis, 1986)。知能が低下傾向にある人たちにおいても，回復可能性まで小さくなっているわけではないのである。

これらの研究から明らかなように，60〜70歳代の人たちから知能の可変性を示すデータを得ることは決してむずかしくはない。訓練を受けない場合と比べると70歳代でもその差は歴然としている。古典的加齢パターンが暗黙のうちに前提にしていた知能低下の不可逆性は誤りである。可塑性が発揮される程度の差はノイズではなく，むしろ発達と加齢の重要な部分を構成するのである。

3　可塑性の年齢差

高齢者の知能が訓練によって伸びることが実証されたことで，認知能力は歳をとっても可塑性をもつことが明らかになった。では，可塑性そのものは加齢にともなってどう変化するのだろうか。その確かな知見を得るために，有効な方略を長期間にわたって訓練する「限界テスト (testing-the-limits)」という方法がある。潜在的な能力を引き出すことからさらに進んで，特定の認知技能を熟達化させ，特別な記憶能力を形成させる方法である。文字どおり能力の限界で年齢差 (加齢の効果) を調べるのである。

20歳代の若者と60〜80歳代の人たちに長期間にわたって実験したバルテスらの研究 (Kliegl et al., 1989) では，提示される30の単語を覚えるために場所法 (Method of Loci) と呼ばれる特別な記憶術が老若の実験参加者に教示された。訓練は，関連するテストを併せると20セッションに及んだ。

その結果を図13-8に示した。訓練前と訓練後と比較すると，老若ともに得点が大きく伸びたが，伸び方は若者の方が大きく，老若の差は拡大した。訓練前に見られた両群の重なりがほとんどなくなり，年齢差が個人差を凌駕したことがわかる。この結果は，生涯発達心理学の基本的な考え方を具現化したものとして重要である。単に若者と高齢者の差異を示したのではなく，両者の能力を可塑性の限界まで引き出したところで，より明確な年齢差があらわになることを発見した

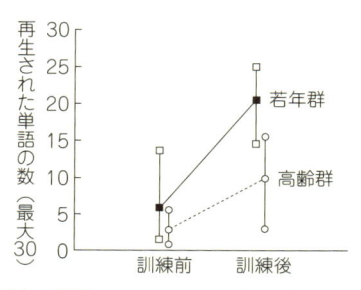

図13-8　記憶の限界テストにおける年齢差（Kliegl et al., 1989）

のである。可塑性という視点から人間の発達を考える新しい枠組みのもとで初めて明らかにされた知見といってよい。人間の知的能力は生涯にわたって可塑性をもつ一方で，可塑性こそが歳をとることによる変化をこうむるのである。

第3節　発達の自己制御

1　SOC 理論

　医学や脳科学の分野から生まれたサクセスフルエイジングの考え方を受け，心理学では目標（goal）と資源（resource）の概念を用いて，発達の自己制御の理論が提案された。人間とは現実世界に対して目標を立て，利用可能な資源を使って現実と相互作用をする存在であり，資源を用いて自分の発達を制御すると考えるのである。資源は社会的支援や補助器具，種々の情報などの外的資源と体力や認知能力などの内的資源に分けられるが，外的資源を効果的に利用するためには内的資源が必要である。前節で述べた限界テストの結果は，加齢とともに認知的資源が確実に減少することを示している。つまり発達の自己制御とは，認知的資源の低減を予期しながら，その割り当て方を考えることである。たとえば次のような調査（Salthouse et al., 2001）がある。

　若者から90歳を越える高齢者までの年齢層の人たちを対象に，認知的活動（問題解決や新しいことの学習）への意欲や関心を調べたところ，大きな差は見られなかった。しかし実際に活動に取り組む時間を尋ねると，歳をとるにつれて少なくなっていた。その理由は加齢とともに健康を損ねたり億劫になったりするためではなく，認知的活動の活発さは年齢そのものとのみ関係があった。つまり加齢による負の影響を予期して，いわば先を見越すかたちで，頭を使う活動を選択的に減らしているのだと考えられる。

人間は，加齢による失敗や喪失を経験することで考え方や行動パターンを変えることもあるが，加齢による変化を見越して自分の発達のしかたや発達環境を制御することも多い。負担が大きな活動を減らして好きなことが長続きするようにするといった工夫を，私たちは誰でもしているのである。それが「じょうずに歳をとる」ことにつながる。歳のとりかたを制御するために私たちがとっている方略について，バルテスはSOC理論という理論を提案した（Baltes, 1997）。それによれば，資源の使い方に関して，選択（selection）・最適化（optimization）・補償（compensation）という3つの方略を私たちは用いる。選択（S）は，利用可能な時間や労力などの資源が有限であることを自覚し，それを振り当てる対象や分野を選択することである。衰えを予期しそれがあらわになる前に行う選択と，衰えや喪失を実際に経験することによって行う選択がある。最適化（O）は，選択した領域に資源を配分して，機能の維持や向上をはかることである。補償（C）は，資源の低下に対処するために，補助器具を使ったり他者に助けてもらったりすることである。

2　感情制御の生涯発達

　SOC理論に代表される発達の自己制御の考え方は，成人期の感情発達と社会的ネットワークについての研究で大きな成果をあげている。

　従来，人は歳をとっていくにつれて社会的ネットワーク（人づきあい）を縮小し，精気に欠けたり怒りっぽくなったりするとされてきた。しかし実際に調べてみると，社会的ネットワークが縮小するといっても，人間関係を選んで絞っているのであり，親しく心を通わせ合える人との間で感情生活を充実させていることが明らかになった（Carstensen et al., 1999）。年配になると，気心の知れた親しい人間関係の中で感情を安定した状態に保とうと努める中で，感情状態をうまくコントロールする術を身につけるのである。

　人はなぜ，大人になると人間関係を絞り，感情生活を充実させるのだろうか。それは自分の一生の「残り時間」が有限だと思うようになるためだと考えられている（Carstensen et al., 1999）。自分がまだ一生の前半におり将来のもち時間が十分長いと感じられれば，人間関係を広げ多くの知識やスキルを獲得し，社会の中に自分の「居場所」を確保することを目標にする。将来のよりよい生活に向けての投資である。歳をとるにつれ，その見返りを享受するだけの時間が将来に残っていないと思えば，親しい人との関係を充実させ感情面での充足を得ることに目標を切り替えるのである。生涯という長いスパンで生じる発達的変化は，歳をとる

ことそのものが原因でおこるものだけでなく，加齢変化を見越した主体的な制御によっておこる変化もかなりあるのである。

　最後に生涯発達心理学の考え方をまとめよう。発達や加齢は本質的に可塑性をもっており，周囲の環境に応答しながら進む。ただし加齢とともに可塑性は小さくなる。私たちはそれを予期し勘案しながら，目標を変更し，少なくなっていく資源を有効に使って「じょうずに歳をとろう」としているのである。

引用文献

秋山道彦．(2012)．発達の規定因．高橋惠子・湯川良三・安藤寿康・秋山弘子（編），発達科学入門：1 理論と方法（pp.21-44）．東京：東京大学出版会．
Baltes, P. B. (1997). On the incomplete architecture of human ontogeny: Selection, optimization, and compensation as foundation of developmental theory. *American Psychologist*, 52, 366-380.
Baltes, P. B., & Baltes, M. M. (Eds.). (1990). *Successful aging: Perspectives from the behavioral sciences*. Cambridge, UK: Cambridge University Press.
Baltes, P. B., Lindenberger, U., & Staudinger, U. M. (1998). Life-span theory in developmental psychology. In R. M. Lerner (Ed.), *Handbook of child psychology: Vol. 1. Theoretical models of human development* (5th ed., pp.1029-1143), New York: John Wiley.
Baltes, P. B., Lindenberger, U., & Staudinger, U. M. (2006). Life span theory in developmental psychology. In R. M. Lerner (Ed.), *Handbook of child psychology: Vol. 1. Theoretical models of human development* (6th ed., pp.569-664). Hoboken, NJ: John Wiley & Sons.
Baltes, P. B., & Willis, S. L. (1982). Plasticity and enhancement of intellectual functioning in old age: Penn State's Adult Development and Enrichment Project (ADEPT). In F. I. M. Craik & S. Trehub (Eds.), *Aging and cognitive processes* (pp.353-389). New York: Plenum.
Carstensen, L. L., Isaacowits, D. M., & Charles, S. T. (1999). Taking time seriously: A theory of socioemotional selectivity. *American Psychologist*, 54, 165-181.
Flynn, J. R. (1987). Massive gains in 14 nations: What IQ tests really measure. *Psychological Bulletin*, **101**, 171-191.
Kempermann, G. (2006). *Adult neurogenesis*. New York: Oxford University Press.
Kliegl, R., Smith, J., & Baltes, P. B. (1989). Testing-the-limits and the study of adult age differences in cognitive plasticity of a mnemonic skill. *Developmental Psychology*, **25**, 247-256.
Lerner, R. M., & Kauffman, M. B. (1985). The concept of development in contextualism. *Developmental Review*, 5, 309-333.
Rogoff, B. (2006)．文化的営みとしての発達：個人，世代，コミュニティ（當眞千賀子，訳）．東京：新曜社．(Rogoff, B. (2003). *The cultural nature of human development*. Oxford: Oxford University Press.)
Rowe, J. W., & Kahn, R. L. (1987). Human aging: Usual and successful. *Science*, **237**, 143-149.
Salthouse, T. A., Berish, D. E., & Miles, J. D. (2001). The role of cognitive stimulation on the relations between age and cognitive functioning. *Psychology and Aging*, **17**, 548-557.
Schaie, K. W. (1989). The hazards of cognitive aging. *The Gerontologist*, **29**, 484-493.
Schaie, K. W. (1990). The optimization of cognitive functioning in old age: Predictions based on cohort-

sequential and longitudinal data. In P. B. Baltes & M. M. Baltes (Eds.), *Successful aging: Perspectives from the behavioral sciences* (pp.94-117). Cambridge, UK: Cambridge University Press.

Schaie, K. W. (2005). *Developmental influences on adult intelligence: The Seattle longitudinal study*. New York: Oxford University Press.

Schaie, K. W., & Willis, S. L. (1986). Can decline in adult intellectual functioning be reversed? *Developmental Psychology*, **22**, 223-232.

Sheikh, J. I., Hill, R. D., & Yesavage, J. A. (1986). Long-term efficacy of cognitive training for age-associated memory impairment: A six-month follow-up study. *Developmental Neuropsychology*, **2**, 413-421.

鈴木　忠．(2008)．生涯発達のダイナミクス：知の多様性 生きかたの可塑性．東京：東京大学出版会．

Willis, S. L., & Nesselroade, C. S. (1990). Long-term effects of fluid ability training in old-old age. *Developmental Psychology*, **26**, 905-910.

依田　明・清水弘司．(1994)．日中比較研究．日本心理学会発表論文集．

第Ⅲ部
隣接諸領域の理論・方法論と発達心理学への示唆

第14章
比較行動学の考え方

南　徹弘

　比較行動学は，それぞれの動物種に固有の行動（species-specific）の中から特定のひとつの行動についてばかりではなく行動間の関連性などにも注目して行動の生起を詳しく調べ，行動の発生や機制を明らかにし，さらに進化の問題に迫ろうとする。ところが，行動は生起した瞬間に消え去るという特徴をもち，そのため，行動観察・研究法の工夫と，行動を単独でとらえるのではなく，時間経過にともなう行動そのものの変容，当該の行動の前後にどのような行動が生起するかという文脈性，さらに行動の生起する事態との関連性などについても併せて研究の対象とすることが必要である。本稿では，比較行動学にはじまり，これまでなされてきた動物行動研究の立場から，行動観察・研究方法の必要性と具体的方法を紹介し，行動発達研究を概観する。

第1節　行動比較研究の背景

　ダーウィン（Darwin, 1872/1965）は，"*The Expression of the Emotions in Man and Animals*（ヒトと動物における情動の表出）"を出版し，鳥類，イヌやネコなどの哺乳類の情動の表出としぐさなどの行動，さらにヒトの表情表出などについて詳細に観察している。今から140年も以前に出版されたこの書物の中で，おそらくその時代の博物学の流れを背景として，彼は，同種の動物においては他種の動物とは異なる共通の行動の特徴があることを具体的に示し，また進化と発達の関連性についても言及していること（Archer, 1992）などが，その後の行動研究と行動比較研究にとっては，『種の起原』以上にきわめて重要であるといわれる所以である。
　ところで，ダーウィンの出版から80年も後になって，"*Er redete mit dem Vieh, den Voegeln und den Fischen*（彼は，けもの，鳥たち，そして魚たちと話をした）"という珍しいタイトルの書物が出版された（著者の前書きによると，1949年）。この本は，や

がて，"*The King Solomon's Ring*（ソロモン王の指環）" として，イギリスとアメリカで出版された（Lorenz, 1952/1963）。タイトルの変更は，ローレンツ（Lorenz, K.）が，「ソロモン王は指環をすることで動物たちと話をすることができた（旧約聖書）が，自分は，指環などしなくとも，かれらと話をすることができる」と述べていることに由来する。日本語版では，『ソロモンの指環』（日高訳，1963）として最初は新書で出版され，やがて，ローレンツが，ティンバーゲン（Tinbergen, N.）とフリッシュ（Frisch, K. v.）とともに，行動の比較研究という新しい学問を体系づけたことなどにより 1973 年にノーベル医学生理学賞を受賞したことなどを契機として，多くの版を重ねることとなった。

この経緯を経て始まった行動比較研究は，やがて，ハーロウ（Harlow, H. F.）のマザー・ラブ実験やリブル（Ribble, M. A.）やボウルビィ（Bowlby, J.）の行動発達や母子関係研究，あるいはアタッチメント研究へと発展し（南，2009），また表情を手がかりとしたアイブル゠アイベスフェルトの文化比較研究（Eibl-Eibesfeldt, 1970）にも大きな影響を及ぼしたものと考えられる（南，1998）。

第2節　比較行動学における「行動」

1　進化の舞台としての自然環境

比較行動学においては，基本的には，その動物の生活の場において発現した自発的行動（糸魚川，1969）をありのままに観察し，行動発生の仕組みを探ろうとするところに大きな特徴がある。つまり，動物の自然場面とは，巣を作り敵から身を守り食物を摂取し生命の営みを継続してきた環境のことといえる。

ヒト以外の動物にあっては，現在の生活場面における個体数の増加や生息環境の増大などにより，それまでとは異なる環境下に生活するようになり，その結果，食性や行動様式，さらには身体構造までも新しい環境に適応するように変化した結果，それまでとは異なる種を生み出すこととなる。多くの近縁種をもつ動物とは異なり，生物学的には唯一の種であるホモ・サピエンスが 80 億人もこの地球上に広く分布して生活している。つまり，自らを変化させ新しい種を生み出すことによって生息域を拡大するのではなく，自らは変化することなく自らの生活環境を自らに都合の良いように作り変えるという進化の様式を採用してきたヒトは他の動物とは基本的に異なる適応と進化の歴史をもっている。ただひとつの種がこの地球上に広く分布しているからこそ，ヒトにあっては，言語や生活様式をはじめ多くの地域的特徴があり，それが，ヒトの「文化」を生みだし，ヒトは長い

年月の間に自らが作り改変してきた「文化」によって，今度は自らが制約されるという生物学的には特異な存在となっている。

このように考えると，ヒトにとって「自然」とか「自然環境」とはなにかと問うことよりも，むしろ，活動する場面の物理的特性とか，観察や研究の対象となるヒトの性や年齢などの要因について相互に比較することが，行動研究には他の研究以上に重要なことと言えよう。

2　比較行動学における「行動」の基本的概念

自然生活場面の行動と生態の観察から得られた資料をもとに，比較行動学においては，当初，行動の生起には，内的条件として，一時的要求・欲求を生得的に引き起こす生得的解発機構（あるいは「機制」，innate releasing mechanism：IRM，後になって，とくに生得性にこだわる必要がないということから，「解発機構（機制）」とした）と，外的条件として，解発機制にとくに強い感受性を示す信号刺激・解発刺激（releaser）を想定し，この解発機制と解発刺激の組み合わせにより生得的行動が生起すると考えた。比較行動学において，この生得的行動は，遺伝的に決められた種に固有の行動様式（固定的行動型：fixed action pattern）といわれ，同種個体ならば共通に有する特定の行動に特に注目して行動目録（エソグラム：ethogram）を作成し，それにしたがって行動を分類・分析し行動の生起する機制を明らかにしようとした。

このように，比較行動学は心理学と他の生物諸科学との境界領域であり，心理学の生物的背景を解明しようとするところに研究上の特徴があるものと考えられる。かれらがなぜそのような行動を行うか，その行動が個体と種の生活や適応にいかに役立っているか，その行動がどのように発達してきたか，などを調べ，またある行動を取り上げて，さまざまな動物について系統発生的に比較検討することにより行動発現の機制を明らかにしようとする。このような基本的考え方とそれを元にした行動研究は，ホイットマン（Whitman, C. O.），ハインロート（Heinroth, O.），クレイグ（Craig, W.）らがひとつの研究分野として基礎的研究を行い，このような行動比較研究を，その後ローレンツ，ティンバーゲン，フリッシュらがさらに発展させた。

比較行動学は，本来的には，人間を含む動物行動の研究分野であるが，とくに主として人間を対象とするときには人間（比較）行動学（human ethology）といわれる。この分野の研究は，ローレンツの行った幼児図式（Kindchenschema, baby schema）の研究に始まる（前田，2002）といわれている。彼は，幼児のもつ，一般

的に丸い体型，身体に比較して大きな頭，まるまるとした手足や頬，などの形態的特徴は人間のみならず他の動物の幼体とも共通する特徴であり，この形態的特徴に加えて子どもらしい行動やにおいなどの特徴が成人・成体に「かわいらしい」とか「愛らしい」という感情や気持ちを起こさせることを指摘し，これが人間における解発機制の一例であると考えた。さらに，先にも述べたように，ローレンツの高弟であるアイブル゠アイベスフェルトは欧米のみならずアフリカやアジアなどの多様な文化の中に生活する人間の挨拶行動や，文化的社会的影響をほとんど受けていないと考えられる幼児の表情や行動を手がかりとして，ヒトに固有と考えられる行動を取り上げて観察を行い，人間行動学をさらに発展させた。

第3節　比較行動学の課題

　比較行動学が提唱されてから多くの疑問や問題点が指摘されてきた。形態や生理的特徴に加えて「行動」を手がかりとして当該の動物を相互に比較し種間比較を通して行動の進化を解明し，さらに系統発生的比較を行うことができることについて異論はなくとも，その手がかりとなる「生得的行動」や「本能行動」をどのように定義するかという問題であった。この問いに対しては，「未経験個体の示す行動」，つまり出生後，仲間とのかかわりや社会的経験をもたない個体が示す行動が「生得的行動」や「本能行動」を定義する目安となると説明されたが，「未経験とはなにか？」など，さらに多くの議論がなされた。そのために，出生や孵化から成体に到達するまでの期間の継続的観察が重要となった。つまり，比較行動学においては，研究の当初から発達研究の重要性がずっとつきまとっていたことになる。

　比較行動学において，当初，行動研究の対象となったのは，その多くは個体発達期間の短い魚類や鳥類であり，これらの動物においては，最初に生起した行動（型）は発生直後も成体に至ってからも比較的安定し変容することが少ないことからほかの行動と見分けることが容易であった。ところが，やがて，霊長類を対象とする研究が開始されるようになると，霊長類には他の動物種以上に行動の種類が多く，表情などの微細な動きをともなう行動が多い。したがって，霊長類行動研究においては，「生得的行動」や「本能行動」にこだわることよりも，同種の個体の示す共通の行動，つまりある程度決まった行動の形態（型）をもち，できるだけ多くの個体が示す行動を中心として，研究の目的に沿うような行動を選択し，正確に定義することにより，「生得的行動」や「本能行動」を含む行動を

研究の対象とする方が研究遂行上，重要なこととなった。霊長類のように，系統発生上高等な動物種にあっては，性や年齢を超えてすべての個体に共通の行動があり，オスあるいはメスに特有の行動があり，また子ども期に頻繁に生起する行動，老年期に特有の行動もある。このように，霊長類のきわめて多様で複雑な行動を研究するうえで，また霊長類の行動や行動発達を研究するために，行動観察にも長年にわたり多くの工夫がなされてきた。

以上述べたように，生起した瞬間に消え去ってしまい，各種行動が不確定に連続し，しかも，出生から寿命を迎えるまで継続するという行動を研究の対象とする場合，行動を記録し分析するうえで，観察法の工夫が必要である。さらに，特定の行動に注目する研究に加えて，各種の行動が同時に生起する場合もあり，また数秒間から数分間，継続するほかに，一度生起した行動が数年後にも大きな影響を及ぼすことも多々あり，継続的な行動観察，つまり行動発達という視点が重要となる。次に，行動観察法と行動発達研究の重要性について概観する。

1　行動と行動発達の観察法

同種の動物は身体形態の特徴と同じく，姿勢，発声，あるいは手足や顔面の動きなどにも共通の特徴をもち，また情動表出にも共通の特徴がある。行動とは，身体そのものの動きや姿勢，手足の動き・表情・言語などの身体外部に表出された身体の動きや活動のことである。つまり，行動は生命活動そのものであり，行動発達は個体の長期間にわたる変化を示しており，この変化は物理的および社会的環境への適応過程そのものである。したがって，行動発達を明らかにするうえで，行動の生起する生態的背景の解明，あるいはその関連性を検討することが必要となる。

行動研究には観察法と実験法があり，環境条件の複雑な条件下で実施される観察研究法は，多くの場合，得られた資料には統一性に欠けることが多く，データ分析にあたってはさまざまの工夫をしなくてはならないことも多いが，多くの要因間の関連を調べるには適した方法である。他方，実験研究法は問題を絞り込んで，できるだけ単純な条件下ではっきりとした結果を得ようとするときに用いられるが，要因間の関係を調べることは難しい方法でもある。多くの場合，実験に先立って，観察法によって十分な時間をかけて重要な条件を整理したうえで，実験法を採用する方が望ましい。しかし，実験に先立って十分な観察が必要であることについて，発達心理学においてもいまだ十分には理解されていない。また，発達研究における多様な研究法は，複雑で多様な発達現象の特徴を反映している。

霊長類の行動発達と関連する研究法については優れた総説がある（Sackett, 1982）。

霊長類の行動観察法の確立に大きな役割を果たしたのは，35年以上もの以前に公表されたアルトマン（Altmann, 1974）の研究である。彼は行動観察法を，アド・リブ法（ad libitum sampling），目標個体追跡法（focal-animal sampling），全生起観察法（all occurrences of some behaviors），連続観察法（sequence sampling），時間制限法（one-zero-sampling），そして点観察法（instantaneous and scan sampling）に分類し，その特徴について詳しく記述している。彼のまとめたこれらの研究法は，その後の霊長類行動研究にとどまらず人間行動研究にも大きな影響を及ぼし今日に至っている。この行動観察法の特徴や具体的な手順については，甲田・南（1999a, 1999b, 1999c）を参照のこと。

2　比較行動学における「比較」と「発達比較」

初期の比較行動学研究において研究の対象となった魚類や鳥類などは発達の速度が速く，いかなる行動がどのように発現し変容するかを調べることが困難であった。このように短時間で成体へと至る動物では発達の時期や個体の違いによる差異など，個体性や個体差の分析は事実上不可能であった。そのため，行動の比較研究においては，個体発達過程の緩慢な霊長類を対象とした発達研究の重要性が増していった。

社会的・文化的比較は，生活圏，生息域，あるいは分布域が広範囲にわたり，その物理的環境特性が異なれば，同種の動物であっても異なる生態的条件下に生活することとなる。ヒトを対象とした社会的・文化的比較から，われわれはヒトのもつ生物性，生物としての特性の維持と変容に関する可能性と，生物としての顕在的・潜在的能力を背景とした文化獲得と変容の過程を明らかにすることができる。このように，他の動物と比較すると，ヒトはさまざまの点できわめて多くの特性と多様性をもつ動物であり，ヒトそのものを知るためには多様で多面的なアプローチを必要とするが，とりわけさまざまの方法を用いた個体発達過程の解明が必要である。

ところで，現在生存している動物は，きわめて長い時間の中で，多様な特徴を次の世代に伝達し，ある場合には変化させつつ現在生活している環境の中で自らの生命を維持し，次世代へと新しい生命を伝える営みを行っている。ひとつの動物種が出生し時間経過の中で生活するということは，種としての遺伝的特性を利用しつつ，現在の時々刻々と変化し続けている生活環境に適応する過程でもある。つまり，個体発達（短期的時間変化）は系統発達（長期的時間変化）の大きな枠組

みの中で制限を受けながら進行することとなる。したがって，個体発達過程には系統発達と個体発達の特徴を同時に併せもつこととなり，ひとつの動物種に共通する特徴とともに同種の他個体にはみられない個体の特徴も顕在化する。このことが発達過程を複雑にし発達現象を多様化することとなる。

　ヒトの発達現象を複雑にする要因として他の動物にはみられない生物的特徴がある。多くの霊長類は，樹上性の哺乳類であり，出生したばかりの子どもであっても，直ちに母にしがみつくことができるなど，自らの生命を維持することのできる最小限の能力をもって生まれてくる。ところが，ヒトは，樹上性の特徴を断片的にもちつつも，地上性の哺乳類であって，ほかの哺乳類や霊長類とも異なる特徴をもって出生する。生命の維持にあたって，ヒトの子は，出生直後ばかりではなく，出生後の数カ月間あるいは数年間も母や同じ集団の仲間からの養育や保護を必要とする。それだけ，ヒトは，母の負担が大きく，母は二分の一の遺伝的特性を子に伝えるばかりではなく，授乳や養育を通して子と長期間にわたって継続的にかかわり，子の成長発達に大きな影響を及ぼす。また，ヒトの成長過程には，胎児期から老年期まで，ひとくちに発達といっても多くの段階があり，ひとつの発達段階だけではなく，ある発達段階から次の段階に至る移行にともなう変化をも併せて考えると，ヒトの発達がいかに多様で変化に富む過程であるかを容易に理解することができる。

　ところで，行動は，ある瞬間にひとつの行動が発現するときと，行動が次々とつながって，ひとつの流れを形成して生起する場合とがある。この点で，映像録画機器の発達は行動研究の発展に大きく貢献し，とりわけ，録画の機器と技術の発展は同じ場面を繰り返しチェックすることを容易にし，行動を識別・分類し客観的に評価するうえで大きな力となった。ところが，行動観察の技術上の問題が少しずつ解消されても，依然として，行動研究には行動発生の問題が残されていた。生命の維持や生命活動に関与し，仲間関係を調整する社会的行動などが個体発達上のいかなる時期からいかなる様式で生起するのかという問題である。

　行動発達研究の中でも，この重要な問題について，「微笑（smile）」を発達的視点から取り上げてみよう。

　微笑は，最近，川上ほか（Kawakami et al., 2008）や川上ほか（2012）により，きわめて興味深い研究がなされているが，歴史をさかのぼると，ダーウィンによるヒトと他の動物の比較研究にはじまり，その後，ボウルビィ（Bowlby, 1958）も，ヒトに特有の初期行動（吸う：sucking，しがみつく：clinging，追従する：following，泣く：crying，微笑む：smile）のひとつとして挙げるほどヒトに特有で基本的な行

動である。ただし，その後の観察などから，乳児期に生起する生理的微笑は必ずしもヒトにのみ特有ではないことが明らかになっている。

　また，乳児期の新生児微笑は，長い時間経過を経ておとなになる過程で，社会的場面にあわせて，きわめて多様に表出してくる。このようなことからも，微笑ばかりではなく，出生直後からの行動は，個体発達の長時間・長期間にわたる軌跡の中で，たとえ行動の形態（型）は変わらなくとも，あるいは微妙な変容を遂げる可能性もあるが，当該の表情や行動が，どのような社会的場面，あるいは社会的文脈性の中で生起してくるか，詳しく追求する必要がある。なお，表情表出に関しては，コミュニケーションの問題とも関連して，金沢（2000）と南（2000）の議論がなされている。

　一般に，種に固有の行動は初めて生起したときから一定の形態をもち，変容する余地は少ないものと考えられる。行動も種の遺伝的特徴を構成するひとつの要因であることからも，当然のことである。昆虫や魚類にみられるような獲物をとらえる行動や，鳥類の育児行動などを考えてみると，先行した学習や経験の機会がほとんどなくとも，一定の行動がひとつの流れの中で生起し目的を達することは通常観察されるところである。ところが，霊長類などの高等な動物では自らの生活する環境の中で，なにを食べてなにを食べてはならないかをあらかじめ知っているわけではなく，出生後の生活の中でひとつひとつ獲得していくことが必要である。おそらく言語の獲得も同様であろう。発声器官や末梢と中枢の関連性，言語の理解と発声・発語との関連性などについては，生得的能力と出生後のさまざまな個体経験や社会的経験が複雑に関与している。このように考えると，行動形態の特徴のみを手がかりとして行動研究を行うだけでは十分ではなく，長期間にわたる行動の連続性，行動間連関性を明らかにすることが必要であり，行動研究において発現と変容の過程，つまり「発達」を明らかにすることが不可欠であるといえる。

第4節　「サル類-チンパンジー-ヒト」の身体成長の比較発達

　比較発達という立場から，ここでは，マカクなどのサル類，類人猿の中からチンパンジー，およびヒトの身体成長過程から，子ども期，おとなへの入り口である青年期，および老年期を取り上げて比較し，生涯発達に関するヒトの特徴を概観する。身体成長は，行動発達と比較して，測定し分析することが相対的に容易であることから，ここでは身体成長を取り上げて，生涯発達におけるヒトの特徴

について述べる。なお，ここでは，糸魚川 (1973) と南 (1994) に加えて，その他の資料をも参考としている。

　子ども期を，出生から永久歯の萌出開始までの期間と考えると，サル類はおよそ 2 年，チンパンジーはおよそ 3 年，そしてヒトは 6 年と，ヒトの子ども期は最も長い。しかし，出生から寿命までの期間が，サル類はおよそ 30 年，チンパンジーはおよそ 40 年，そしてヒトは 80 年（最近の調査で，わが国の女性と男性の寿命は，それぞれおよそ 86 年，およそ 80 年であるが，低開発国を含む人類全体の寿命が明らかではないところから，ここでは便宜的にこの数字を参考とする）といわれる。したがって，寿命の長さと比較した子ども期の長さは，サル類，チンパンジー，ヒトの間でそれほど大きな違いはない。

　同様に，子どもからおとなへの移行の目安である初潮年齢を取り上げると，サル類はおよそ 4 歳，チンパンジーはおよそ 8 歳，ヒトはおよそ 13 歳で，初潮年齢から見て，ヒトはもっとも遅くおとなになる。しかし，子ども期と同様に，寿命と比較すると，これらの霊長類の間で，それほど大きな違いはない。しかし，サル類とチンパンジーは，多くの場合，性成熟に達すると，その 1, 2 年以内には妊娠し出産することが多い。このことは他の多くの動物と共通にみられる現象である。ところが，ヒトは 13 歳の頃に性成熟に達しても，妊娠・出産・子育てに至るのは，多くの場合 10 年から 15 年後であり，現在のように，晩婚化・高齢出産化の時代にあっては，さらに長い年数を必要とする。つまり，サル類やチンパンジーは，性成熟に達すると，妊娠・出産に続いて，子育てという新しい行動を生起させ，新しい個体を自らの集団の中に送り込むことになるのに対して，ヒトは生理的能力の獲得と妊娠・出産・子育てが分離し，他の動物とは異なって，生理的要因以上に社会的要因が大きな影響をもってくる。このような妊娠・出産・子育ての社会化が現在のヒトの大きな特徴である。

　続いて，老年期について検討しよう。

　まず，老年期の開始を生理的に妊娠できなくなり，あるいは，しなくなる時期以降と考えると，サル類，チンパンジー，そしてヒトともに，それぞれ異なる理由から，この時期を特定することはきわめて困難である。サル類やチンパンジーでは生理的に妊娠する能力を失うと出産しなくなることから，妊娠と出産がほぼ同期することが多い。ただし，野外の動物では一般に年齢不詳のことが多く，飼育下の動物では，資料から得られた数字がその動物種を代表するかどうかを検討する必要もある。同様に，ヒトであっても，年齢が不明であるとか戸籍が整備されていない民族もありうる。

ヒトは，妊娠する能力をもっていても，少なくともある時期以後は出産しないことが多い。たとえば，35歳で最終出産をすると55歳までの20年の期間がそれにあたることになる。

　便宜的に，出産年齢を手がかりとして女性とメスの老年期の開始を，サル類は出生後22年，チンパンジーは出生後35年，ヒトは出生後55年と考えると，老年期から寿命を迎えるまでの期間は，サル類で8年，チンパンジーで5年，ヒトでは25年と，ヒトの老後の期間がきわめて長いこととなる。さらに，ヒトにあっては，妊娠・出産・子育てにかかわる期間はきわめて短く，その能力をもちつつも妊娠・出産・子育てに従事しない期間がきわめて長いことも，ヒトの大きな特徴である。また，最終出産から寿命までの期間は45年となり，ヒトの女性の妊娠・出産に従事しない期間は，一生の半分の期間，さらに初潮までの期間の12〜13年を加えると，実に60年近くにもおよび，ヒトにおいては，妊娠・出産に関与する期間はきわめて短いことになる。

　一般に，多くの動物は妊娠・出産の時期と寿命の長さはほぼ同じであるといわれるが，サル類とチンパンジーにも，ヒトよりも短くとも，いわゆる老後があるのは興味深い。また，ここに挙げた数字の取り上げ方について，調査方法や公表された数字の信頼性について十分に検討する必要があるとしても，少なくとも，ヒトの老後は，サル類やチンパンジーと比較すると圧倒的に長く，したがって，妊娠・出産に関与しない長い期間と，長い老後をどのように過ごすかは，他の動物以上にヒトの女性にとってはきわめて重要であるということは明らかであろう。

　以上，概観したように，身体成長，寿命，および性と関連する事象を取り上げて，ヒトとサル類やチンパンジーと比較することにより明らかとなることは，ヒトは生理的にはおとなに達しても妊娠・出産・子育ての開始までには長い時間がかかること，結婚などの社会的条件が整い子どもを産み育てることが可能であっても妊娠・出産・子育てに従事しない期間が長いこと，および生理的に妊娠することができなくなったあとの寿命を迎えるまでの期間，つまり老年期がきわめて長いこと，一生の中で妊娠・出産にかかわらない期間がきわめて長いこと，さらに，広義の子育てに関与する期間が長いことなどである。このようにみると，ヒトの生涯発達の特徴は，生理的・生物的現象への社会的影響がきわめて大きいところにある。

　本稿において試みたように，動物種の違いによって異なる寿命などの時間を横において比較する絶対的比較と，寿命などを考慮して行う相対的比較によって明らかとなることは，比較の仕方によっては，それぞれ異なる特徴を表す。本稿で

は，おもに身体成長と関連する資料を取り上げて種間の比較を試みたが，行動，行動間のつながり，行動発達過程などについて種間比較を行うためには，さらなる工夫が必要である。まして，ヒトのように生活形態や生活習慣などの生態要因が異なり，言語，家族内あるいは家族外のヒトとのかかわり合いなど，社会的要因の異なる「文化」を超えて行う比較は，どのような行動をどのような基準で選択し，どのように比較するか，きわめて難しい問題がある。種間比較，文化比較など「比較」によって得られる資料は貴重であるが，そのためにはさらに多くの資料の収集と分析法の工夫が必要である。

　本稿をまとめるにあたり，最後に，ヒトの言語獲得としての発達過程についても触れておきたい。

　ヒトは，環境変化や進化の中で時代を超えて生存し，あるいは異なる場所で平行して生存し，あるいは共存しつつ，ヒトの祖先であるホモ・サピエンスだけが現在まで進化してきた。そのような進化の中で，心理学的には音声言語の獲得・使用が，他の動物と比較したヒトの大きな特徴であり，なによりも集団を形成し仲間とのかかわり合いをもつうえで，音声言語の果たしてきた役割はきわめて大きい。現在では，一定の音声の特徴やその音声を組み合わせることなどにより，危険や自らの存在を同種仲間に伝達するなど，なんらかの情報の伝達が他の多くの動物にも可能であることが明らかとなり，言語の獲得・使用がヒトだけの特徴ではないことが明らかとなっている。

　しかし，なんらかの道具を用いて絵画・文字で残すことのできる言語（すべて言語と表現することができるかは検討の余地があるとしても）をもっているのは，ヒトだけであろう。つまり，ヒトだけは，面前の仲間となんらかの意志，感情，情報などを伝達し相互の社会的関係の調整やコミュニケーションに役立てることのできる音声言語と，絵画・文字言語によって道具を用いてなんらかの記録を残し結果として後世に当時の言語や文化を伝えてきた歴史をもっている。

　このように，生起すると瞬間的に消え去ってしまうが，現在の仲間関係に大きな役割を果たす音声言語にくわえて，絵画・文字言語も時代を超えて後の世代に大きな影響を及ぼしてきたことは，他の動物にはみられないヒトの大きな特徴であり，言語獲得や文化伝承の問題を検討するうえで，ヒトがこのふたつの異なる言語様式をもってきたことは，ヒトがヒトであるうえで，きわめて重要なことといえる。

引用文献

Altmann, J. (1974). Observational study of behavior: Sampling methods. *Behaviour*, **49**, 227-267.
Archer, J. (1992). *Ethology and human development*. London: Harvester Wheatsheaf.
Bowlby, J. (1958). The nature of the child's tie to his mother. *International Journal of Psychoanalysis*, **39**, 350-373.
Darwin, C. (1872/1965). *The expression of the emotions in man and animals*. Chicago: The University of Chicago Press.
Eibl-Eibesfeldt, I. (1970). *Ethology: The biology of behavior* (translated by Klinghammer, E.). New York: Holt, Rinehart & Winston.
糸魚川直祐．(1969)．初期行動の自発性．前田嘉明（編），*講座心理学：5 動機と情緒* (pp.111-138)．東京：東京大学出版会．
糸魚川直祐．(1973)．霊長類の研究からみた青年期の問題．依田 新ほか（編），*青年期の比較文化的考察* (pp.60-87)．東京：金子書房．
金沢 創．(2000)．表情の比較行動学から比較認知科学へ．*心理学評論*，**43**，201-216.
Kawakami, K., Takai-Kawakami, K., Kawakami, F., Tomonaga, M., Suzuki, M., & Shimizu, Y. (2008). Roots of smile: A preterm neonates' study. *Infant Behavior and Development*, **31**, 518-522.
川上清文・高井清子・川上文人．(2012)．*ヒトはなぜほほえむのか：進化と発達にさぐる微笑の起源*．東京：新曜社．
甲田菜穂子・南 徹弘．(1999a)．ヒューマンアニマルボンド入門 (1) 行動観察の基礎．*ProVet*, **142**, 70-73.
甲田菜穂子・南 徹弘．(1999b)．ヒューマンアニマルボンド入門 (2) 行動観察の実施とデータ分析．*ProVet*, **143**, 66-69.
甲田菜穂子・南 徹弘．(1999c)．ヒューマンアニマルボンド入門 (3) 行動観察の注意点．*ProVet*, **144**, 62-65.
Lorenz, K. (1963). ソロモンの指環（日高敏隆，訳）．東京：早川書房（ハヤカワ・ライブラリ）．(Lorenz, K. (1952). *The King Solomon's ring* (translated by M. K. Wilson). London: Methuen./New York: Crowell. [Original work published 1949])
前田嘉明．(2002)．*人間を問う：比較行動学の視点*．東京：アートアンドブレーン．
南 徹弘．(1998)．ローレンツ『動物行動学』．本明 寛（編），*ブックガイド心理学* (pp.15-23)．東京：日本評論社．
南 徹弘．(1994)．*サルの行動発達*．東京：東京大学出版会．
南 徹弘．(2000)．金沢論文に対するコメント．*心理学評論*，**43**，217-219.
南 徹弘．(2009)．比較行動学からの示唆．繁多 進（編著），*子育て支援に活きる心理学：実践のための基礎知識* (pp.71-82)．東京：新曜社．
Sackett, G. P. (1982). Studying the ontogeny of primate behavior. In J. L. Fobes & J. E. King (Eds.), *Primate behavior* (pp.135-169). New York: Academic Press.

第15章
霊長類学の考え方

中村徳子

第1節　霊長類学とは

　ヒトとは何か？　ヒトをヒトたらしめているのは何か？　これらの問に答えることが「霊長類学」の目指すところである。霊長類学とは，霊長類の研究によってヒトの本性を解明しようとするものである。

　霊長類とはヒトを含めたサルの仲間のことである。よく「ヒトと霊長類」という表現を耳にするが，これは間違っている。ヒトも霊長類の一種であり，サルと共通の祖先をもつ。またチンパンジーの話をすると，そのあまりの賢さに「チンパンジーもこのまま進化したらヒトになるのか？」といった質問をされるが，これも間違っている。サル，チンパンジー，ヒト，それらはすべて共通の祖先から分岐して今日の姿にそれぞれ進化してきた。

　本節ではヒトの進化の霊長類的起源について探るために，霊長類の系統発生について概説し，とくに霊長類のなかでも系統発生的にヒトに最も近縁な種であるチンパンジーに焦点をあてて解説する。

1　霊長類の系統発生

　現生のヒト以外の霊長類は，およそ350種類といわれており，アジア，アフリカ，中南米の熱帯地方を中心に分布している。霊長類は，鼻孔の特徴によって曲鼻猿類と直鼻猿類に大別される。鼻孔がねじれているのが曲鼻猿類，単純であるのが直鼻猿類である。

　また直鼻猿類はメガネザル類と真猿類に，さらに真猿類は鼻孔の間隔の違いによって広鼻猿類と狭鼻猿類に分類される。狭鼻猿類はオナガザル上科とヒト上科（ホミノイド類）に分けられる。広鼻猿類は中南米といった大航海時代の新世界に，

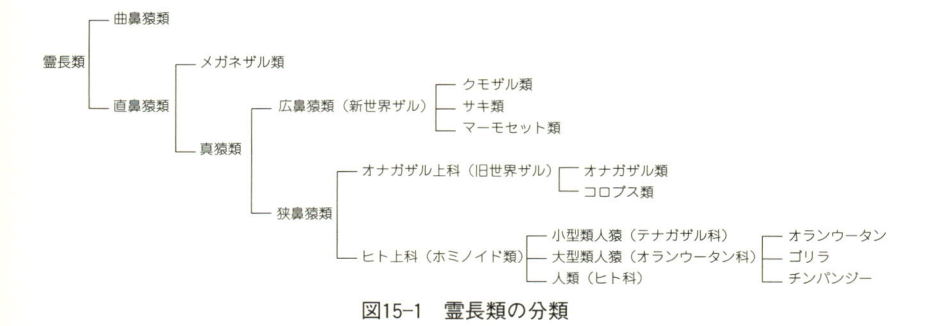

```
霊長類 ─┬─ 曲鼻猿類
        └─ 直鼻猿類 ─┬─ メガネザル類
                    └─ 真猿類 ─┬─ 広鼻猿類（新世界ザル）─┬─ クモザル類
                              │                         ├─ サキ類
                              │                         └─ マーモセット類
                              └─ 狭鼻猿類 ─┬─ オナガザル上科（旧世界ザル）─┬─ オナガザル類
                                          │                              └─ コロブス類
                                          └─ ヒト上科（ホミノイド類）─┬─ 小型類人猿（テナガザル科）
                                                                   ├─ 大型類人猿（オランウータン科）─┬─ オランウータン
                                                                   │                                ├─ ゴリラ
                                                                   │                                └─ チンパンジー
                                                                   └─ 人類（ヒト科）
```

図15-1 霊長類の分類

いっぽう狭鼻猿類（ヒトを除く）はアフリカやアジアといった旧世界に生息するサルの仲間である（図15-1参照）。この事実に基づき，広鼻猿類を新世界ザル，オナガザル上科を旧世界ザルとも呼ぶ。

　ホミノイド類には類人猿とヒトが含まれ，さらに類人猿は小型類人猿と大型類人猿に分けられる。

　よくチンパンジーをサルと呼ぶ人がいるが，チンパンジーやゴリラやオランウータンはサル（monkey）ではない。いわゆるサルとは，中南米に分布する広鼻猿類と，アフリカやアジアに分布する狭鼻猿類のうちのオナガザル類のことを指す。正確にはチンパンジーやゴリラやオランウータンは類人猿（ape）である。ヒト以外の霊長類を表す言葉はサル類（non-human primate）が適当である。

　なお哺乳類のなかでも最古の霊長類が誕生したのは今から約5,700万年前だと推定されている。現在まで生息している狭鼻猿類とホミノイド類が分岐したのが2,500～3,000万年前，ホミノイド類のなかでも，オランウータンが1,200万年前にアフリカ起源のホミノイドから分岐した。ついで約700万年前にゴリラが分岐し，最終的にヒトが約500～600万年前にチンパンジーとの共通祖先から分岐したと考えられている。

2　ヒト科チンパンジー

　ヒトが500～600万年前にチンパンジーと分岐したということは，今から500～600万年前まで遡ると，ヒトはチンパンジーと同じ生き物だったということである。1970年代より急速に進められたDNAの解析による遺伝子情報の研究によって，ヒトとチンパンジーのDNA塩基配列はわずか1.23％しか違わないことが解明された。多くの人が驚くことだが，チンパンジーとゴリラの方が遺伝的な違いが大きい。チンパンジーは系統発生的にヒトに最も近い種なのである。

表15-1　チンパンジーの発達段階（中村，2004）

アカンボウ （0～5歳）	誕生から離乳するまでの期間。栄養，移動，保護の面で母親に依存している。顔，耳，手のひら，足の裏は明るい肌色。白い尻毛が特徴。多くの場合，弟妹の誕生によって，この段階は終了する。
コドモ （5～8歳）	離乳から性的な成熟が始まるまでの期間。栄養，移動の面では母親から独立するが，情緒的には母親に依存している。顔，耳，手のひら，足の裏が黒ずんでくる。尻毛はまだあるが，徐々に少なくなる。
ワカモノ （8～15歳）	性的な成熟の開始から完了までの期間。メスは多くの場合，この期間に生まれた集団を離脱し，他の集団へと移籍する。初潮をむかえ，13～15歳ごろの間に初産を経験する。オスは生まれた集団に留まる場合が多い。オスの性的成熟の完了はメスよりも数年遅い。
オトナ （15歳～）	20歳までが若年，20～40歳までが壮年，40歳以上が老年。若年は体毛が黒い。壮年は腰，背，頭の毛が次第に灰色になる。額がはげることが多い。老年は腰，背の毛が灰白色になったり薄くなったりする。頭は頭頂部まではげあがるものもある。腰が曲がる。

　チンパンジーはアフリカ大陸の赤道周辺，現在ではサハラ砂漠の南の熱帯雨林とその周辺のサバンナ（西経15度～東経32度，北緯14度～南緯7度の範囲）に斑状に分布し，3つの亜種が知られている。

　表15-1に示すように，チンパンジーの生活史は，からだの成長によって，アカンボウ（本章では以下乳幼児とよぶ），コドモ，ワカモノ，オトナの4つの発達段階に区分される。

　チンパンジーの寿命は40～50年と非常に長い。妊娠期間は約8カ月とヒトよりやや短いが，他のサルに比べるとかなり長い。またサルのように繁殖に季節性がなく，ヒトと同様一年中いつでも妊娠・出産することが可能である。チンパンジー乳幼児はおよそ3～5歳で離乳する。アカンボウが離乳するとホルモンの関係で，それまで抑制されていた排卵周期が戻り次の妊娠が可能になる。つまり出産間隔は約5年となる。弟妹が誕生するまでは母親を独占できる乳幼児期であり，その期間は他の動物に比べてとても長い。また，非常に未熟な状態で生まれてくることから母親に依存することも多く，その意味でもヒトに類似している。

第2節　比較発達心理学とは

　ヒトとヒト以外の霊長類とを比較することで，ヒトの本性を探る。本節では比較することの意義とその成果，また発達という視点を取り入れる研究方法の特徴について概説する。

1 比較心理学

　ある対象の行動上の性質や特徴をより詳しく理解するため，2つあるいはそれ以上のものを「比較」する方法がある。いわゆる「比較心理学」あるいは「動物心理学」である。つまり，比較心理学とは，ヒト（Homo sapiens）とヒト以外の動物を同一の方法で比較することによって，ヒトという種の行動や心理を規定する系統発生的な要因を明らかにし，ヒトに特有なものを探究しようとする学問である。

　前節で述べたように，ヒトはチンパンジーと系統発生的にみて最も近縁な種である。ヒトがもつ「こころ」すなわち認知機能がどのように進化してきたのか，その固有性と系統発生的基盤を解明するためには，現生する最もヒトに近縁な種であるチンパンジーを対象とし，ヒトで得られたさまざまな知見と比較し検討する方法が有効となる。

2 比較認知心理学——認知機能を比較する

　チンパンジーを対象とした比較認知心理学研究を最初に行ったのは，ゲシュタルト心理学者のケーラー（Köhler, 1917/1962）である。彼は一群のチンパンジーを対象として知能に関する研究をした。その結果，チンパンジーは天井から手の届かない位置に吊るされたバナナを取るために箱を積むことを示し，チンパンジーのもつ認知機能を実験的に示した。またその際，チンパンジーは，問題を試行錯誤的に解決するのではなく，ヒトと同様問題を解決するために洞察していると説いた。

　ケーラーの研究がなされたのと同じ頃，モスクワでは心理学者のコーツ（Kohts, 1923）が，アトランタのヤーキス霊長類研究所ではケロッグ夫妻（Kellogg & Kellogg, 1933）が彼らの息子とチンパンジーの認知機能を比較した。

　それ以降，西ドイツの動物学研究所やヤーキス霊長類研究所，さらに日本の京都大学霊長類研究所で，チンパンジーの認知機能に関するさまざまな研究が行われてきた（Davenport & Rogers, 1970；Davenport et al., 1975；Matsuzawa, 1985b；Matsuzawa, 1990；Rensch & Döhl, 1967；Tomonaga & Matsuzawa, 1992；Yerks, 1925, 1943）。

　数の概念に関する研究（Matsuzawa, 1985a）や短期記憶に関する研究（Inoue & Matsuzawa, 2007；Kawai & Matsuzawa, 2000）からも，その処理過程においてヒトとチンパンジーは類似していることが報告されている。

　またギャラップ（Gallup, 1970）は，自己認知に関する実験を行い，チンパンジーは鏡に映った像を自己だと認識できると報告した。さらにプレマックとウッ

ドラフ（Premack & Woodruff, 1978）は，心の理論に関する実験を行い，チンパンジーは他者の心的状態を推論できると報告した。

チンパンジーを対象として実施されてきた代表的な研究に言語習得研究がある。チンパンジーに言語を習得させようと最初に試みたのはヘイズ夫妻（Hayes & Hayes, 1953）だ。彼らはメスのチンパンジーを生後3日目から6歳半まで家庭で育て，精力的に音声言語訓練を行った。しかし結果的に，「パパ」，「ママ」，「カップ」，「アップ」の4語しか学習できなかった。現在では，チンパンジーとヒトの喉頭上部と咽頭部の構造が異なるのでチンパンジーにはヒトの母音の a, i, u にあたる音を出せないことや，舌の可動性に限界があることなどがわかっている（Lieberman et al., 1972）。

ガードナー夫妻（Gardner & Gardner, 1969）は，1歳のメスのチンパンジーに手話を教え，またプレマック夫妻（Premack & Premack, 1972）は，色，形，大きさ，手触りがそれぞれ異なるプラスチック彩片を「語」とした人工言語をメスのチンパンジーに教え，コミュニケーションがとれたことを報告した。

ヤーキス霊長類研究所のランボウほか（Rumbaugh et al., 1973）は，コンピュータを用いてメスのチンパンジーに漢字のように一字で一語を表す図形文字（レキシグラム）を学習させ，ヒトとのコミュニケーションを可能にした。その後，京都大学霊長類研究所でも，メスのチンパンジーを対象にコンピュータ制御による図形文字習得の試みがなされた（Asano et al., 1982）。

さらにチンパンジーは，社会的な場面においても，ヒトと同様の高次認知機能を発揮することが明らかになっている（Menzel, 1974）。

以上のように，チンパンジーを対象とした比較認知心理学研究が数多くなされ，チンパンジーとヒトの類似点が明らかにされてきた。

3 比較発達心理学——発達を比較する

系統発生的な立場に立って，「発達（個体発生）」の視点をも取り入れる心理学が比較発達心理学である。出生後の初期発達において，身体のみならず認知的機能が非常に大きな変化を遂げる過程を研究対象とし，それらを種間で比較検討することは非常に重要である。複数の認知機能を兼ね備え，それらが相互に関連している状態を成体だと考えると，従来の比較心理学や動物心理学は，このような成体を対象とした比較研究がほとんどであった。しかしその場合は，すでに完成されてしまった個々の認知機能とそれら認知機能の相互関係しかみることができない。これに対して，出生後の初期段階には，各認知機能がどのような機能単位

で構成され，それらがどのような順序で成熟するのか，また複数の認知機能がどのように相互に関連しながら成熟していくのか，その過程を追うことが可能である。さらに，その成熟過程を種間で比較検討することによって，種間の類似・相違をより明確にとらえることができ，ヒトに固有の認知機能とは何かという問いに多くの手がかりを与えるだろう。つまり，比較発達心理学とは，加齢による変化を種間比較することによって，ヒトの個体発生の系統発生的な基盤を考える研究だといえる。次節では，この比較発達心理学について詳細に述べる。

第3節　霊長類学からみる発達的アプローチ——こころの進化的起源

本節では，チンパンジーとヒトの乳幼児の個体発生を詳細に比較検討し，ヒトのこころの系統発生的起源に迫りたい。

1　姿勢の発達

チンパンジー乳幼児も出生直後は自力で身体を動かすことがほとんどできない。うつぶせにされるとうつぶせのままで，あおむけにされるとあおむけのままである。それが，半月ぐらい（ヒトだと1カ月ぐらい）で，うつぶせの状態から顔を持ち上げることができるようになる（図15-2）。そして，1〜2カ月（ヒトの2〜3カ月）で前腕による上体支持ができるようになり，ちょうどこの頃に首が据わるようになる。

掌だけで上体を起こすことができるようになるのは，ヒトで3〜4カ月，チンパンジーで2〜3カ月頃である。この頃には，顔の向きを変えることもできるようになり，ヒト乳幼児では名前を呼ぶと振り向くようになる。ヒトは生後5〜6カ月，チンパンジーは3カ月頃に寝返りができるようになる（図15-3）。

発達には方向性（頭部−尾部勾配）があり，姿勢を支持する四肢の発達は，上

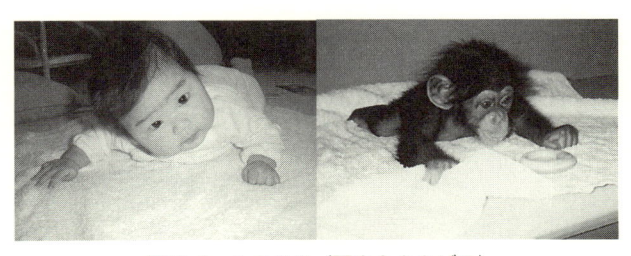

図15-2　うつぶせ（頭をもちあげる）

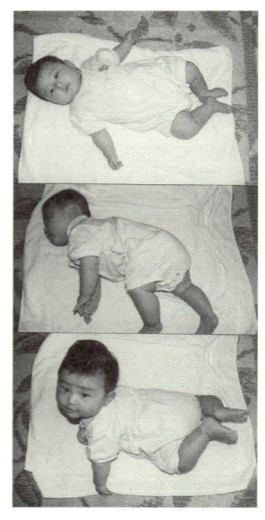

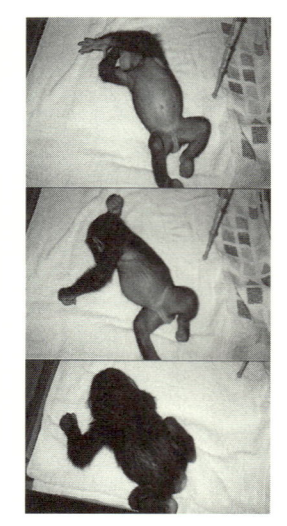

図15-3　寝返り

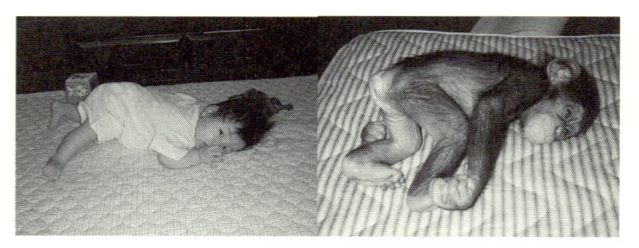

図15-4　下肢の伸展

肢が発達してから下肢が発達する。ヒト乳幼児が頻繁にお尻を上げて足を伸ばす時期があるが、これはチンパンジーにも見られる（図15-4）。その後、四足立ちができるようになって、うつぶせからあおむけへの寝返りもできるようになる。そして座位、つまりお座りができるように発達する。

　ここまではチンパンジーとヒトは非常に似た姿勢発達の過程をたどる。ところがこのあと、両者の発達は違ってくる。ヒトの場合、歩くことよりも、まずは座ることを発達させる。四足で立ち一瞬お腹を浮かす姿勢がとれるようになったあとは、二足座位や足を投げ出して座る投足座位ができるようになる。座ることをまず発達させることで、両手は身体の支持から解放され、自由になった両手で物を触ったり、操作したりすることが可能になるのだ（図15-5）。その後ずり這いや四つ這いができるようになり、9〜10カ月頃にはつかまり立ちが可能になる。

図15-5　投足座位による両手の自由　　図15-6　ナックルウォーキング

1歳頃にはひとりで立てるようになり，1歳すぎには歩き始める。

　一方チンパンジーは，座ることよりも歩くことを優先的に発達させる。4〜5カ月ぐらいで四足立ちをするようになると，すぐにつかまり立ちをして，同時に四足歩行をするようになる。自然界で生存するためには，まず移動することを発達させる必要があるのだろう。チンパンジー特有の手の甲を軽く地面につける歩き方，ナックルウォーキングも9〜10カ月ぐらいには見られはじめる（図15-6）。また二足歩行も10カ月ぐらいにはできるようになる。座位は，これらの移動手段を獲得したあとに発達させていく（中村，2004）。

2　愛着の発達

　ハーロウは，アカゲザル乳幼児を対象として，マザリング（母性的愛情に満ちた養護）のなかでも身体接触に関する実験を行った（Harlow, 1959）。生後間もないアカゲザルを母親から分離し，代わりに2種類の「代理母親」を用意した。胴体が金網製で哺乳瓶がついた「針金製母親」と，胴体が肌触りの良いネル布地で覆われた「布製母親」である。母親への選好が飢えや渇きの低減に基づく二次的動因説の解釈に従うなら，乳幼児はミルクが飲める針金製母親を好むはずだが，結果は，布製母親に接触することを好んだ。

　ハーロウはこの結果から二次的動因説を批判し，母子間の情愛の最も重要で基本的な要因は，身体的接触——スキンシップ——による安心感であるとした。また乳幼児の健全な発達には，特定の大人によって安定した養育がなされることが必要だと唱えた。

ハーロウの指摘した二次的動因説に対する批判を取り入れながら、ボウルビィは母子関係に関する新しい理論——愛着理論——を作り上げた（Bowlby, 1969）。彼は、ヒトや動物の乳幼児が特定の対象（多くの場合母親）との間に形成する情愛的な心の結びつきを「愛着（アタッチメント）」という概念で説明し、その重要性を指摘した。

エインズワースは、愛着の質を測定するために「ストレンジ・シチュエーション法」を考案した（Ainsworth & Bell, 1970）。これは、1歳前後の乳幼児が、母親との分離場面や再会場面に示す愛着行動や探索行動に注目し、それらの反応によって、母親へのかかわり方や愛着の質、愛着形成の個人差を測定する方法である。母親に対する愛着の質は、「安定型（Bタイプ）」と「不安定型」に大別され、不安定型はさらに「回避型（Aタイプ）」、「抵抗型（Cタイプ）」、そして近年できた「無秩序型（Dタイプ）」に分かれる。「安定型」の乳幼児は、母親を安全基地としてとらえ、母親と一緒のときは安心して周囲を探索したり、楽しく遊んだりできる。母親が部屋から出ると、泣いたり、後を追うといった愛着行動を示すし、母親が戻るとその再会を喜び、すぐに情緒的な混乱から回復する。これに対して「不安定型」の乳幼児は、母親に対する愛着行動を示さなかったり、過度な情緒的不安を示して母親との再会場面でも回復しない、あるいは母親に対して無秩序な行動を示したりする。これまでの研究で、安定した愛着が形成されないと、その後の発達に問題が生じやすく、情緒的・社会的発達はもちろん、身体的、行動的、認知的発達にも支障をきたすことがわかっている。

人工哺育で育てられたチンパンジー乳幼児を対象にストレンジ・シチュエーション法を適用して実験を行ったところ、チンパンジーは養育者に対して適切な愛着行動や探索行動を示し、「安定型」愛着を示した（井上ほか、1992）。また、それらの行動はヒト乳幼児と非常に類似していた。チンパンジー乳幼児も、種々の正常な発達のためには、母親（あるいは特定の対象）とのあいだに安定した愛着を形成する必要があると考えられる。

3 社会的認知の発達

自己意識の多様な側面の一つに、自己鏡映像認知の研究がある。ヒト乳幼児のおでこに口紅をつけ鏡を見せると、正確にそこを指さすことができる。鏡に映る姿は自分だとわかっていることが見て取れる。このようなことは、ヒトだと2歳前頃から、チンパンジーでも3歳頃から認められる。霊長類の自己鏡映像認知に関する実験は数多くなされてきており、ヒトと大型類人猿のみ自己鏡映像認知が

図15-7 社会的微笑

可能である (Inoue-Nakamura, 1997, 2001)。

ヒトには新生児微笑が見られるが、チンパンジーでも同様に見られる（水野・竹下, 2002）。そして両者とも3カ月ぐらいから社会的微笑、つまりこちらの笑いかけに対する笑いが見られるようになる（図15-7）。ところが、その後ヒトだけは笑いの種類を増やし、大人になっても笑うのに対して、チンパンジーは身体をくすぐったときなどにプレイフェイスという笑いに近い表情こそ出すが、成長するにつれて笑わなくなる。複雑な社会生活を円滑に営むために、ヒトは笑顔をより発達させたのかもしれない。

呼応の発達についても同じようなことがいえる。ヒト乳幼児は生後3カ月頃になると、周囲の大人に呼びかけるようになり、逆に大人の呼びかけに応えるようになる。呼応はチンパンジー乳幼児にも同じく3カ月頃から見られ、呼びかけに対して「ホッホ、ホッホ」と呼応する。ところが6カ月過ぎぐらいになるとチンパンジーの呼応は急速に消えてしまい呼びかけても応えなくなる。ヒトの呼応は、逆に生後6〜7カ月頃から急激に増加する。この時期、ヒト乳幼児は喃語を発し始める。喃語は自発性の高い音声で、乳幼児の機嫌がよければこちらからの働きかけなしに頻繁に観察される。だが、やはり周囲の大人が乳幼児と同じように「ババババ」とか「バブバブ」と声をかけた場合のほうが、彼らの発声は増える。ヒトの呼応で顕著なのは、周囲（たとえば母親）の声と乳幼児の声が頻繁に重なり、しつこいぐらいに呼応を続けることである。

4 道具使用の発達

チンパンジーはヒトと同様にさまざまな道具使用を行う。なかでも西アフリカのチンパンジーは、台石の上にヤシの種をのせ、それを石で叩き割るという複雑

図15-8　ヤシの種子割り

な道具使用行動を示す（図15-8）。ヤシの種子割り行動の獲得過程を0～4歳の乳幼児に焦点を絞って観察した（Inoue-Nakamura & Matsuzawa, 1997）。

注目したのは，チンパンジー乳幼児自身が種や石を扱う行動と，ヤシの種子割りを行う他個体を観察する行動である。チンパンジー乳幼児は，他個体の行動を非常に熱心に観察する。これはヒト乳幼児の場合と同じだが，両者の相違点は，チンパンジーには自分が種や石を扱いながら他個体を見るということがあまりない点である。

石や種に接触している間を1つのエピソードとして，エピソードの中で扱う対象が石だけなのか，あるいは種だけなのか，種と石の両方なのかに注目して発達過程を見たところ，石と種の両方を同時に扱うエピソードが年齢とともに増加することがわかった。また，同時に複数の対象を扱うといった複雑な行動が増えることも明らかになった。

ヤシの種子割りができるようになるまでチンパンジー乳幼児は，母親から離れることがほとんどなく，ヤシの種を足で押したり，種を拾って口に入れたりする。

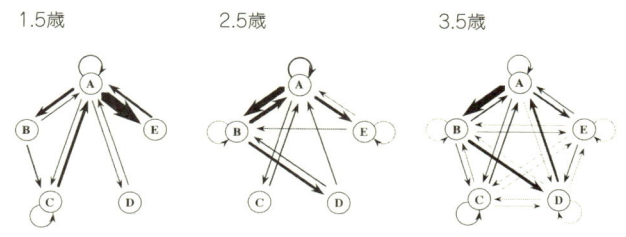

図15-9 基本動作が生起する遷移確率
A＝とる または つまむ，B＝置く，C＝つかむ，D＝叩く，E＝食べる

また石の上に石をのせるが，肝心の種がなかったり，石の上に種を置くが，石ではなく手で叩いてしまう。これらの行動は，ヒト乳幼児でもしばしば出る行動である。

　ヤシの種子割り行動は，(A) 種をつまんで，(B) 石の上に置き，(C) 別の石をつかんで，(D) 叩き割り，(E) 食べる，という5つの行為が必要であり，そのような行為がどのような順番で，どのような割合で出てくるのかについて調べた（図15-9）。すると，1.5歳のときはA→E，つまり種をつまんですぐ口に入れてしまう行動が非常に頻繁に観察された。それがA→B→D，つまり種をつまんで，石の上に置き，叩くようになる。ただし，Cの石をつかむという行為が抜けているので，これは石ではなく掌で叩いていることを意味している。注目すべき点は，1.5歳〜3.5歳というまだヤシの種子割り行動ができていないチンパンジーには，C→Dという，石をつかんで叩くという行動が出現しない点である。これに対して，ヒト乳幼児の場合には，石をつかんで台石の上の種ではなく地面の種を叩くといった行動がよく出現する。ここがチンパンジーとヒトの大きく異なる点である。

　そこで，「叩く」行為に注目して，何を叩くのか，何で叩くのか，どこで叩くのか，をすべて分析した。何千というエピソードを観察したところ，唯一出てこなかったのが，地面の上の種を石で叩くという行動だった。このことは，チンパンジーは石が道具として機能することを理解できない，つまり叩くために石を使うことを容易に理解できないことを示している。

　つまり，ヤシの種子割り行動を遂行するに至るには，単数の対象に対する単数の行動から，複数の対象に対する複数の行動というように，行動がより複雑になる必要がある。また周りの個体を観察することで学習するのだが，「叩く」行為でみたように，動作の理解についてヒトとは違いが認められる。

5 ヒトに固有な知性

ではヒトに固有の知性とは何か。チンパンジーとヒトの発達を比較し，ヒト乳幼児のみに認められる認知機能を挙げて考えたい。

ヒトにしか認められない行動として，まず物を指さすという行動がある。実はこの指さしは非常に難しい。たしかに生後8カ月頃からチンパンジー乳幼児も突起物やボタンなどに人差し指を接触させる行動をするようになる。だが離れた物を指さすことはまったくない。これに対してヒト乳幼児は指さしを始めると同時に離れた物も指さすようになる。またヒトは指をさされた方向を見ることができるが，チンパンジーはさされた方向を見ることができず，どうしても指の先端をじっと見つめてしまう。また，チンパンジーの指さしは，生後8〜10カ月に限定され，10カ月を過ぎると急速に減っていく。ヒトにとっての指さしは，コミュニケーション手段としての機能をもち，その萌芽は非常に早い時期から認められるといえる。

さらにヒト乳幼児は，花を指さして「お花だよ」というように母親のほうを振り返ることがあるが，チンパンジーは振り返ることをまずしない。何かを見たときに他者も同じものを見ているかを確認したり，何かを達成したあとに，他者に視線を向けて承認を求めるといった行動を示すのはヒトだけだといえる。

物のやりとりも，ほとんどヒトにしか見られない。ヒトは1歳ぐらいになると，母親に「どうぞ」と物を渡し，母親がまた「どうぞ」と渡し返すことを繰り返すが，チンパンジーの親子が物を渡し合うことはまずない。

またチンパンジーとヒトで最も顕著な違いは模倣だろう。たとえば舌を出すといった行動を模倣することはチンパンジーには非常に難しいが，ヒトはいとも簡単に褒美などなくてもまねてしまう。模倣は，非常にヒトらしい，ヒトに特徴的な行動だといえる。

さらに「心の理論」といって相手の立場に立って物事を考えることができるのもヒトに固有な特徴だろう。チンパンジーも単純なことなら相手の気持ちを推測できる。だが，他者が自分とは異なる意識状態の場合，その気持ちを推測することは難しい。

これらヒトに固有な行動の基盤として，三項関係の成立がある。三項関係とは，世界を「自分」と「物」と「他者」に分けてとらえ，乳幼児はそれらの関係を基に認知機能を発達させていくという考え方である。チンパンジーも道具使用をするし，物を操作する。でもそこにあるのは「自分」と「物」との二項関係だけである。また他者を一所懸命観察するが，そこには「自分」と「他者」しか存在し

ない。つまりチンパンジーにとって3つを同時に理解することは困難だと考えられる。しかも、石で叩くが、その機能を理解していないことや、他者を模倣しないことなどから、「自分」と「物」あるいは「自分」と「他者」の二項関係においても、その理解の仕方にヒトとの差異が認められる。ヒトは3つの項目を同時に並列的に処理することが可能であり、しかも2項目の関係においてもより深い処理が可能であるということが、チンパンジーとヒトの大きな違いだといえるだろう（中村，2004）。

6 まとめ

本節では、チンパンジーとヒトの乳幼児における認知機能の発達過程を比較することによって、両者に共通して認められること、チンパンジーだけに認められること、ヒトだけに認められることが明らかになった。このようにヒトとヒト以外の霊長類を発達的視点から比較検討することで、ヒトが進化の産物として手に入れてきた認知機能を探ることが可能となる。だがこのような発達的視点をも取り入れた霊長類の比較研究はまだ決して多くない。霊長類の比較発達研究から、その進化的基盤を探ることは今後ますます期待される。

引用文献

Ainsworth, M. D. S., & Bell, S. M. (1970). Attachment, exploration and separation: Illustrated by the behavior of one-year-olds in a strange situation. *Child Development*, **41**, 49-67.

Asano, T., Kojima, T., Matsuzawa, T., Kubota, K., & Murofushi, K. (1982). Object and color naming in chimpanzees (Pan troglodytes). *Proceedings of the Japan Academy*, **58**, 118-122.

Bowlby, J. (1969). *Attachment and loss: Vol.1. Attachment*. London: Hogarth Press.

Davenport, R. K., & Rogers, C. M. (1970). Inter-modal equivalence of stimuli in apes. *Science*, **168**, 279-280.

Davenport, R. K., Rogers, C. M., & Russell, S. (1975). Cross-modal perception in apes: Altered visual cues and delay. *Neuropsychologia*, **13**, 229-235.

Gallup, G. G., Jr. (1970). Chimpanzees: Self-recognition. *Science*, **167**, 86-87.

Gardner, R. A., & Gardner, B. T. (1969). Teaching sign language to a chimpanzee. *Science*, **165**, 664-672.

Harlow, H. F. (1959). Love in infant monkeys. *Scientific American*, **200**, 68-74.

Hayes, K., & Hayes, C. (1953). Picture perception in a home-raised chimpanzee. *Journal of Comparative and Physiological Psychology*, **46**, 470-474.

井上徳子・日上耕司・松沢哲郎．(1992)．チンパンジー乳児における愛着の研究：Strange situationにおける行動と心拍変化．発達心理学研究，**3**，17-24.

Inoue, S., & Matsuzawa, T. (2007). Working memory of numerals in chimpanzees. *Current Biology*, **17**, 1004-1005.

Inoue-Nakamura, N. (1997). Mirror self-recognition in primates: A phylogengetic approach. *Japanese Psychological Research*, **39**, 266-275.

Inoue-Nakamura, N. (2001). Mirror self-recognition in primates: An ontogenetic and a phylogenetic approach. In T. Matsuzawa (Ed.), *Primate origins of human cognition and behavior* (pp.297-312). Tokyo: Springer-Verlag.

Inoue-Nakamura, N., & Matsuzawa, T. (1997). Developmental processes of nut-cracking skill among infant chimpanzees in the wild. *Journal of Comparative Psychology*, **111**, 159-173.

Kawai, N., & Matsuzawa, T. (2000). Numerical memory span in a chimpanzee. *Nature*, **403**, 39-40.

Kellogg, W. N., & Kellogg, L. A. (1933). *The ape and the child*. New York: McGraw-Hill. (Rev. ed., New York: Hafner, 1967.)

Köhler, W. (1962). 類人猿の知恵試験（宮 孝一, 訳）. 東京：岩波書店. (Köhler, W. (1917). *Intelligenzprüfungen an Menschenaffen*. Berlin: Springer.)

Kohts, N. (1923). *Untersuchungen über die Erkenntnis Fähigkeiten des Schimpansen*. Museum of Darwinianum, Moscow.

Lieberman, P., Crelin, E., & Klatt, D. (1972). Phonetic ability and related anatomy of the newborn and adult human, neanderthal man, and the chimpanzee. *American Anthropology*, **74**, 287-307.

Matsuzawa, T. (1985a). Use of numbers by a chimpanzee. *Nature*, **315**, 57-59.

Matsuzawa, T. (1985b). Color naming and classification in a chimpanzee (*Pan troglodytes*). *Journal of Human Evolution*, **14**, 283-291.

Matsuzawa, T. (1990). Form perception and visual acuity in a chimpanzee. *Folia Primatologica*, **55**, 24-32.

Menzel, E. W., Jr. (1974). A group of young chimpanzees in a one-acre field. In A. M. Schrier, H. F. Harlow, & F. Stollnitz (Eds.), *Behavior of non-human primates: Vol.5*. (pp.83-153). New York: Academic Press.

水野友有・竹下秀子. (2002). 生後1カ月までのチンパンジーの行動発達：母子の夜間観察から. 心理学評論, **45**, 352-364.

中村徳子. (2004). 赤ちゃんがヒトになるとき. 京都：昭和堂.

Premack, A. J., & Premack, D. (1972). Teaching language to an ape. *Scientific American*, **227**, 92-99.

Premack, D., & Woodruff, G. (1978). Does the chimpanzee have a theory of mind? *Behavioral and Brain Sciences*, **1**, 515-526.

Rensch, B., & Döhl, J. (1967). Spontanes often verschiedener Kistenverschlüsse durch einen Schimpansen. *Zeitschrift für Tierpsychologie*, **24**, 476-489.

Rumbaugh, D. M., Gill, T. V., & von Glasersfeld, E. C. (1973). Reading and sentence completion by a chimpanzee (*Pan troglodytes*). *Science*, **182**, 731-733.

Tomonaga, M., & Matsuzawa, T. (1992). Perception of complex geometric figures in chimpanzees (*Pan troglodytes*) and humans (*Homo sapiens*): Analyses of visual similarity on the basis of choice reaction time. *Journal of Comparative Psychology*, **106**, 43-52.

Yerkes, R. M. (1925). *Almost human*. New York: Century.

Yerkes, R. M. (1943). *Chimpanzees: A laboratory colony*. New haven: Yale University Press.

参考文献

京都大学霊長類研究所（編）. (2009). 新しい霊長類学. 東京：講談社（ブルーバックス）.

杉山幸丸（編）. (2010). 人とサルの違いがわかる本. 東京：オーム社.

第16章
行動遺伝学の考え方

児玉典子

　発達心理学の歴史をみると，1960年代に登場した行動遺伝学が，20世紀初頭以来の遺伝優位説と環境優位説との不毛な対立に解決の道を拓いたことがわかる。心理学的個人差を規定するのは氏か育ちか，すなわち遺伝と環境のどちらなのかについて，実験が比較的容易だった環境の操作だけではなく，遺伝要因の積極的操作による，あるいは遺伝と環境の両要因の操作による検討を行うようになってきたからである。現在では遺伝と環境がともに重要な役割を果たしていること，そして両者は持続的に相互作用していることが明らかになっている。

第1節　行動遺伝学とは

1　行動遺伝学の課題

　行動遺伝学は，心理学と遺伝学の学際的分野として位置づけられる。かつて，遺伝の問題は心理学ではなく生物学領域の問題ととらえられがちであったが，行動遺伝学においては，行動形質の遺伝を研究するために，遺伝学と心理学の方法が結合されている (Plomin et al., 1994)。1960年代以降，行動遺伝学が急速に発展した背景には，遺伝的に統制された動物の育種がすすみ遺伝要因の操作が容易になったこと，連続分布を示す計量形質を取り扱う計量遺伝学が発展したことなどがある。それらが，行動遺伝学において，動物の遺伝的基礎とそれに及ぼす環境の影響の総合的検討を可能にしたといえよう。

　この分野において明らかにされるべき課題は，主に以下の7点に要約される。
①遺伝子型（個体がもつ遺伝子の組み合わせ）の差異が行動に及ぼす影響
②それに関与する遺伝子の数
③遺伝子型と環境要因との交互作用
④行動の変異性のうち，遺伝要因によって生じた変異性と環境要因によって生

じた変異性の程度
⑤遺伝子と行動の発現との間に介在する発生的,生理的プロセス
⑥行動の適応的意味,行動に及ぼす人為選択の効果と自然選択の効果
⑦特定の行動異常に関与する遺伝子の同定

2 遺伝システム——単一遺伝子とポリジーン

　行動遺伝学の前提として,まず遺伝システムについて基本的な理解が必要である。

　未受精卵は,排卵後卵管の膨大部で精子と受精する。これが個体としての出発点となる。1個の受精卵は分裂を繰り返し,すべての細胞に同じ染色体をもった個体が作られる。染色体には,常染色体と性染色体があり,種によってその数も形態も異なる。たとえば,ヒトは,22対の常染色体と1対の性染色体をもつ2倍性(倍数性とは,ゲノムを何セットもつかを示す概念。ゲノムとは生殖細胞に含まれる染色体もしくは遺伝子全体のこと)の動物である。しかし,減数分裂(細胞の染色体の数が半分に減る分裂のこと)によって作られる精子と卵子は1倍性であり,精子は22個の常染色体と1個のY(あるいはX)染色体を,卵子は22個の常染色体と1個のX染色体をもつ。この1倍性の卵子と精子が受精によって合一し,もとの2倍性に戻る。

　これらの染色体上には,遺伝現象の単位である遺伝子が特定の位置(遺伝子座)に配列されている。同じ遺伝子座にある2個の対立遺伝子の組み合わせを遺伝子型と呼ぶが,対立遺伝子の優性度によって遺伝子型が実際に表出されたときの形質(表現型)は異なる。

　もし,ある形質が単一の遺伝子座にある遺伝子(single genes:単一遺伝子)に支配されており,親世代(P_1, P_2)の遺伝子がAAとaaで表されるとすれば,その雑種第一代(F_1)の遺伝子型はすべてAaとなり,雑種第二代(F_2)の遺伝子型とその分離比は1AA:2Aa:1aa,親への戻し交雑(雑種第一代と,その両親のいずれかとの交雑)世代(B_1, B_2)の遺伝子型とその分離比はB_1が2AA:2Aa,B_2が2Aa:2aaとなる。Aがaに対して完全優性であれば,AAとAaの表現型は同じとなるが,優性がなければ,Aaの表現型はAAとaaの中間に来る。つまり,このような単一遺伝子に支配されている形質では,表現型は非連続的な離散分布を示す。

　ところが,心理学が対象としている多くの形質は,単一遺伝子ではなく多くの遺伝子座にある遺伝子(polygenes:ポリジーン)に支配されている。それがポリ

		雌の配偶子			
		AB	Ab	aB	ab
雄の配偶子	AB	AABB	AABb	AaBB	AaBb
	Ab	AABb	AAbb	AaBb	Aabb
	aB	AaBB	AaBb	aaBB	aaBb
	ab	AaBb	Aabb	aaBb	aabb

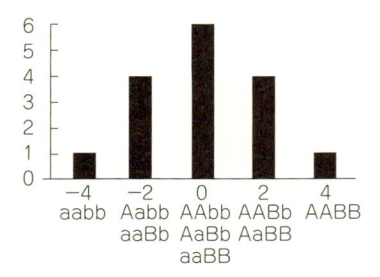

図16-1 雑種第一代の配偶子，雑種第二代の遺伝子型，および雑種第二代の表現型値

ジーンシステム（polygenic system）である。ポリジーンシステムでは，個々の遺伝子の効果は小さいが，1つの形質に対してそれらが互いに類似した効果をもち，相加的に働き合う。ポリジーンシステムのもっとも単純な例は，1つの形質に2つの座の遺伝子が関与している場合である。

いま，P_1が遺伝子型 AABB を，P_2が遺伝子型 aabb をもっているとすれば，F_1 の遺伝子型は AaBb となる。F_1 の雌の配偶子（生殖細胞のうち，接合して新しい個体を作るもののこと）は AB，Ab，aB，ab の4種類であり，雄の配偶子も同じく AB，Ab，aB，ab の4種類である。A と a，B と b の遺伝子頻度が等しく，2つの座間の交互作用がなければ，F_1 の交雑によって得られる F_2 の遺伝子型とその分離比は，1AABB：2AABb：2AaBB：1AAbb：4AaBb：1aaBB：2Aabb：2aaBb：1aabb である。A と B が1つの形質に対してそれぞれ+1寄与し，a と b がそれぞれ-1寄与するとすればF_2の表現型は+4，+2，0，-2，-4の5つのクラスに分かれ，それらの頻度は，1，4，6，4，1である（図16-1）。そしてさらに多くの座が関与するにしたがい，F_2の表現型はより多くのクラスに分かれ，その分布はますます正規分布に近づくことになる。つまり，ポリジーンシステムは，学習や知能といった連続分布を示す量的形質の様相に対応していると考えられるわけである。

3 行動に至る遺伝情報の発現過程

分子遺伝学では，遺伝子の主体はタンパク質情報を含むデオキシリボ核酸（DNA）であるとされる。一方，最近では，偽遺伝子と呼ばれるタンパク質情報を含まない遺伝子の働きも指摘されてきた（Tam et al., 2008）。今後は遺伝情報の発現についてのもっと複雑な説明が必要になると考えられるが，ここでは従来の考え方にしたがって，遺伝情報発現の概要を述べる（詳しくは児玉，1992を参照）。

受精卵のもつ遺伝子の遺伝情報は，まずタンパク質（酵素）の合成に関与する。

酵素は，組織形成に関する反応を規定し，続いて形態形成を，その後身体諸器官の体制化に関する反応を規定する。この過程では，以下のような複雑な交互作用が生じている。はじめに，細胞内環境が遺伝情報の発現環境を与える。次に，細胞間の種々の代謝作用が，そしてホメオスタティックなフィードバックシステムが，組織形成，形態形成，身体諸器官の体制化に影響を与える。さらに，さまざまな環境の影響を受けながら種々の行動が出現する。

つまり，心理学が対象としている行動形質は，遺伝情報の発現過程に，個体内の細胞内環境と細胞間環境，個体をとりまく外部環境とが影響を与え続けた結果にほかならない。したがって，発達研究において遺伝と環境の相互作用を論ずる際には，種々の環境の効果を考慮に入れながら遺伝子を行動にまで結びつける，行動遺伝学的研究を無視することはできない。行動遺伝学の分野では，時間経過にともなう遺伝情報の発現とそれに及ぼす環境の影響，それらによって生じる個体差，行動の適応と進化などの問題についての多様な研究が行われている。

第2節　発達心理学への行動遺伝学の貢献

1　行動遺伝学の方法

被験体としては，マウスやラットが最も適している。マウスでは，系統内での遺伝的均一性をもった多くの近交系と，特定の突然変異遺伝子をもったミュータント系がよく用いられる。また，近年標的遺伝子を破壊したノックアウト・マウスも用いられるようになった。ラットでは，特定の行動形質に人為選択をかけてつくられた選択系と，ランダム交雑集団がよく用いられる。ヒトの研究では，要因操作が不可能に近く，一卵性と二卵性双生児，近縁者を対象とした研究が主である。

(1) 遺伝要因の分析法

遺伝要因を分析するには，大きく2つのアプローチがある。一つは順遺伝学（forward genetics）と呼ばれ，表現型からそれにかかわる遺伝子を明らかにしようとする研究である。近交系，ミュータント系，選択系のマウスやラットなどが用いられる。マウスの近交系は何百系統にものぼり，それぞれ系統内では遺伝的に均一であり，系統間では遺伝的に異なる。したがって，もし同一環境で育てられたいくつかの近交系間に行動的差異が認められれば，それは近交系間の遺伝的差異によって生じたものといえる。選択系は，基礎集団のもつある形質に関して特定の方向（通常は上下2方向）への選択交配を繰り返した系統であり，遺伝率の推定や遺伝子座数の推定が行われる。遺伝率（heritability）とは，全表現型分散に占める

相加遺伝子型分散の比（$h^2=V_A/V_P$）のことであるが，選択系では実質遺伝率（realized heritability）すなわち累積選択偏差（S）に対する選択反応（R）の比，$h^2=R/S$ を求める。その他，ヒト集団では広義の遺伝率すなわち全表現型分散に占める遺伝子型分散の相対比，$CGD=V_G/V_P$ を推定したり，回帰係数や級内相関から遺伝率を推定したり，モデル適合分析を用いて広義の遺伝率から相加遺伝とドミナンス（優性度）の効果を分けることも行われるようになった。ミュータント系どうしの比較，あるいはミュータント系と正常な系統との比較と交雑では，突然変異遺伝子の優性度，行動への発現過程を検討することができる。紙幅の関係ですべて紹介できないが，ほかにもさまざまな方法がある（詳しくは児玉，1992参照）。

いま一つは逆遺伝学（reverse genetics）と呼ばれ，遺伝子に改変を加えて表現型を解析し，遺伝子の機能を明らかにしようとする研究である。トランスジェニック・マウス（遺伝子導入マウス）やノックアウト・マウス（遺伝子破壊マウス）などが用いられる。

1980年代に入ってトランスジェニック・マウスの作成技術が発展を遂げた。さらに1990年代以降，ジーンターゲティング法という遺伝子工学的手法によって，特定の遺伝子を破壊・欠損させた胚性幹細胞（embryonic stem cell：ES細胞）からノックアウト・マウスが作られた。現在ノックアウト・マウスの種類は数千を超え，今なお急速に増加している。

ノックアウト・マウスの使用は，特定の遺伝子の遺伝情報が発現しないことによって，逆にその遺伝情報の果たす役割を検討することができるため，これまでにない特色をもった有効な方法であると考えられる。そこで，心理学が対象としている学習，記憶，養育，その他の行動特性を，ノックアウト・マウスを用いて調べる試みも行われ始めた。しかし，ノックアウト・マウスの使用に問題がないわけではない。破壊された遺伝子が発現しない一方で，類似の遺伝子によってその機能が補償される場合があるからである。遺伝子破壊が完全か，重複する遺伝子が存在するか否かなど，検討すべき課題も残されている。

(2) 環境要因の分析法

行動遺伝学でいう「環境」とは，出生後の環境のみならず，細胞内環境・細胞外環境も含む，要するに遺伝情報の発現過程すべてにかかわる環境のことをさす。環境要因の操作とその効果を検討する方法は多岐にわたっている。母親も哺乳類にとっては重要な環境のひとつであり，この母親環境は，出生前と出生後に大きく分かれる。出生前の環境とは母胎内環境であり，出生後の環境とは離乳までは主として母親の養育環境である。このような母親環境の効果（母親効果）は，近

交系あるいは選択系とその F_1 の使用,養母交換法などによって分析することができる(詳しくは児玉,1992参照)。

2 行動遺伝学からの示唆

行動遺伝学の研究は,行動の遺伝的規定性を明らかにしてきた。単一遺伝子およびポリジーンは,行動発達から反射,学習,知能,パーソナリティに至るまで,非常に多くの心理学的形質を支配している。もちろん,このことは環境の効果を否定するものではない。遺伝というベースの上で,環境が行動の変異性をさらに生じさせているのである。ただし,特定の遺伝子型が常に特定の環境と相互作用するのであるから,遺伝子型の異なる多くの個体に同一の環境を与えても,相互作用の結果はまちまちとなることに注意せねばならない。環境としての母親が,必ずしも子の行動を母親に類似させるようには働かない,という事実も示されている(Cooper & Zubek, 1958;児玉,1988;増井・藤田,1989;van Abeelen, 1980)。したがって,遺伝と環境を論じる際には,個体に特有の遺伝子型と個々の環境との相互作用を念頭に置いて,それを実証していくことになる。単なる思弁に終わってはならないのである。

現在では,ことさら行動遺伝学と銘打たなくても,さまざまな研究方法が心理学の中に自然に取り入れられるようになってきた(児玉,1992)。実際には,遺伝要因に主眼を置きながら,行動発達(児玉,1988),情動性(Fujita et al., 1976;増井・藤田,1989),学習(Altman & Katz, 1979;Cooper & Zubek, 1958;藤田,1976),知能(Falconer, 1981;Plomin & DeFries, 1980;Scarr & Carter-Saltzman, 1983),パーソナリティ(Goldsmith, 1983)などをテーマに,遺伝と環境についてのさまざまな知見が得られている。

ここでは,行動遺伝学的研究による最近の成果を紹介する。

(1) 行動異常の遺伝

行動異常の遺伝については,ミュータント系を用いた突然変異遺伝子の研究が数多くなされており,染色体の同定も行われている。近年ではそれに加え,突然変異誘発物質による点突然変異や遺伝子ノックアウトによって引き起こされた行動異常の検討も行われている。たとえば,*N-Ethyl-N-nitrosourea* という薬品によって,記憶や学習に深くかかわると考えられている NMDA 受容体のサブユニット *Grin1* の一部に点突然変異を起こさせた $Grin1^{Rgsc174}$ 遺伝子は第2染色体上にあり,新奇性を求める行動の増加,社会的孤立に関与している(Furuse et al., 2010)。

また,遺伝子ノックアウトによって得られた *Fgf17* 欠損マウスは,子が母親と

離されてもあまり発声をせず，成体時での社会的相互作用も低下している (Scearce-Levie et al., 2008)。*Fgf17* は，第 14 染色体にある繊維芽細胞増殖因子の遺伝子であり，神経細胞の分化に関与している。その欠損マウスに見られる社会性の低下から，逆に，*Fgf17* が複雑な社会行動に必要だと推定される。

第 12 染色体上のエストロゲン β 受容体に関する遺伝子 *Esr2* をノックアウトしたマウスでは，第 10 染色体上のエストロゲン α 受容体に関する遺伝子 *Esr1* をノックアウトしたマウスとは異なる行動異常が認められる。すなわち，α 受容体ノックアウト・マウスが雄の攻撃行動を低下させるのに対し，β 受容体ノックアウト・マウスの雄はより攻撃的になるが，その攻撃性は思春期から若い成体の時期に特徴的であり，それ以後の成体では攻撃性が低下する（Nomura et al., 2002）。このことから，逆に，β 受容体が成体になる前の攻撃行動に抑制的な役割を果たしていると推定される。

子の養育を抑制する働きをもっているプロゲステロンに関して，その受容体をノックアウトしたマウスも作られている。第 9 染色体にあるプロゲステロン受容体に関与する遺伝子をノックアウトすると，通常なら現れる雄の子殺しや子への攻撃がほとんど見られなくなり，雄の養育行動が現れる（Schneider et al., 2003）。このことから，プロゲステロンが子に対する雄の行動を調節する重要な役割を果たしていると推定される。

その他，セロトニン受容体やドーパミン受容体のコード化を欠損させたノックアウト・マウス（Brunner & Hen, 1997；Steiner et al., 1997）を用い，学習，活動性，不安，薬物への反応など，さまざまな異常から遺伝子の働きが推定されている。

このような突然変異遺伝子や遺伝子ノックアウトの研究は，発達研究を意図しているというよりも，今のところ異常が生じる時期と部位を調べ，遺伝情報の発現メカニズムを検討している。それを知ることがヒトの治療にもつながるからである。ヒトでは，約 30 年前から臨床遺伝学が発展し始め（Omenn, 1983），遺伝的異常の発現メカニズムの研究とその治療，遺伝的カウンセリングなどが行われるようになってきた。現在，ゲノム医学の進歩により臨床遺伝学の考え方も大きく変わり，病気そのものの考え方も遺伝学抜きでは考えられなくなっている（Nussbaum et al., 2007/2009）。行動異常を起こす動物を疾患モデルとして位置づけ，ヒトの治療を見据えながら，遺伝子・発生・行動の道筋を検討することが今後ますますさかんになると考えられる。

(2) ヒトの知能とパーソナリティ

ヒトの知能に関しては，遺伝率の厳密な推定が困難なので，多くの場合，一卵

性双生児と二卵性双生児を用いた広義の遺伝率の近似値の算出や養子研究による遺伝率の推定が行われている。用いた知能検査と推定法によっても異なるが，.34～.61 である（Falconer, 1981；Plomin & DeFries, 1980；Scarr & Carter-Saltzman, 1983）。

　パーソナリティに関しても，一卵性双生児と二卵性双生児を用いて，広義の遺伝率の近似値が算出されてきた。近年，5つの因子でパーソナリティをとらえるビッグファイブに関しては，さまざまな血縁関係をもとにしたモデル適合分析によって遺伝率が推定されている。外向性は .36～.32，協調性は .28～.24，誠実性は .28～.22，情緒的安定性は .31～.27，開放性は .46～.43 である（Loehlin, 1992）。MMPI 臨床尺度の遺伝率も推定されており，心気症 .35，抑うつ性 .31，精神衰弱性 .60，精神分裂性（統合失調症性）.61，軽躁性 .55，社会的内向性 .34 である（DiLalla et al., 1996）。

　近年，遺伝学はヒト・ゲノムの解読に見られるように驚異的な発展を遂げてきた。同時に実験動物としてのマウス・ゲノムの情報もほぼ解読されたことから，今後は，心理学的形質を支配する単一遺伝子と個々のポリジーンの同定，ポリジーンと行動との関連が明らかにされていくことが期待される。遺伝情報の発現から行動の発現までの過程を，環境の効果とともにいっそう詳細に理解することができる条件が整いつつあるのではないだろうか。

引用文献

Altman, P. L., & Katz, D. D. (Eds.). (1979). *Inbred and genetically defined strains of laboratory animals: Part I. Mouse and rat.* Bethesda, MD: Federation of American Societies for Experimental Biology.
Brunner, D., & Hen, R. (1997). Insights into the neurobiology of impulsive behavior from serotonin receptor knockout mouse. *Annals of the New York Academy of Sciences*, **836**, 81–105.
Cooper, R. M., & Zubek, J. P. (1958). Effects of enriched and restricted early environments on the learning ability of bright and dull rats. *Canadian Journal of Psychology*, **12**, 159–164.
DiLalla, D. L., Carey, G., Gottesman, I. I., & Bouchard, T. J., Jr. (1996). Heritability of MMPI personality indicators of psychopathology in twins reared apart. *Journal of Abnormal Psychology*, **105**, 491–499.
Falconer, D. S. (1981). *Introduction to quantitative genetics* (2nd ed.). London: Longman.
藤田　統. (1976). 学習行動の計量遺伝学的分析. *遺伝*, **30**, 18–24.
Fujita, O., Abe, I., & Nakamura, N. (1976). Selection for high and low emotional reactivity based on the Runway Test in the rat: The first seven generations of selection. *The Hiroshima Forum for Psychology*, **3**, 57–62.
Furuse, T., Wada, Y., Hattori, K., Yamada, I., Kushida, T., Shibukawa, Y., Masuya, H., Kaneda, H., Miura, I., Seno, N., Kanda, T., Hirose, R., Toki, S., Nakanishi, K., Kobayashi, K., Sezutsu, H., Gondo, Y., Noda, T., Yuasa, S., & Wakana, S. (2010). Phenotypic characterization of a new *Grin1* mutant mouse generated by ENU mutagenesis. *European Journal of Neuroscience*, **31**, 1281–1291.

Goldsmith, H. H. (1983). Genetic influences on personality from infancy to adulthood. *Child Development*, **54**, 331-355.

児玉典子. (1988). 行動発達の個体差：マウスにおける遺伝と母親の影響. 遺伝, **42**, 71-75.

児玉典子. (1992). 行動遺伝学からの示唆. 東　洋・繁多　進・田島信元（編）, 発達心理学ハンドブック (pp.291-304). 東京：福村出版.

Loehlin, J. C. (1992). *Genes and environment in personality development*. Newbury Park, CA: Sage.

増井誠一郎・藤田　統. (1989). ラットの情動性の遺伝構築のメンデル交雑による検討. 心理学研究, **60**, 90-97.

Nomura, M., Durbak, L., Chan, J., Smithies, O., Gustafsson, J. A., Korach, K. S., Pfaff, D. W., & Ogawa, S. (2002). Genotype/age interactions on aggressive behavior in gonadally intact estrogen receptor beta knockout (betaERKO) male mice. *Homones and Behavior*, **41**, 288-296.

Nussbaum, R., McInnes, R. R., & Willard, H. F. (2009). トンプソン&トンプソン遺伝医学 （福嶋義光, 監訳）. 東京：メディカル・サイエンス・インターナショナル. (Nussbaum, R., McInnes, R. R., & Willard, H. F. (2007). *Thompson & Thompson genetics in medicine*. Philadelphia: Elsevier.)

Omenn, G. S. (1983). Medical genetics, genetic counseling and behavior genetics. In J. L. Fuller & E. C. Simmel (Eds.), *Behavior genetics: Principles and applications* (pp.155-187). Hillsdale, NJ: Lawrence Erlbaum Associates.

Plomin, R., & DeFries, J. C. (1980). Genetics and intelligence: Recent data. *Intelligence*, **4**, 15-24.

Plomin, R., Owen, M. J., & McGuffin, P. (1994). The genetic basis of complex human behaviors. *Science*, **264**, 1733-1739.

Scarr, S., & Carter-Saltzman, L. (1983). Genetics and intelligence. In J. L. Fuller & E. C. Simmel (Eds.), *Behavior genetics: Principles and applications* (pp.217-335). Hillsdale, NJ: Lawrence Erlbaum Associates.

Scearce-Levie, K., Robertson, E. D., Gerstein, H., Cholfin J. A., Mandiyan, V. S., Shah, N. M., Rubenstein, J. L., & Mucke, L. (2008). Abnormal social behaviors in mice lacking *Fgf17*. *Genes, Brain and Behavior*, **7**, 344-354.

Schneider, J. S., Stone, M. K., Wynne-Edwards, K. E., Horton, T. H., Lydon, J., O'Malley, B., & Levine, J. E. (2003). Progesterone receptors mediate male aggression toward infants. *Proceedings of the National Academy of Sciences USA*, **100**, 2951-2956.

Steiner, H., Fuchs, S., & Accili, D. (1997). D3 dopamine receptor-deficient mouse: Evidence for reduced anxiety. *Physiology and Behavior*, **63**, 137-141.

Tam, O. H., Aravin, A. A., Stein, P., Girard, A., Murchison, E. P., Cheloufi, S., Hodges, E., Anger, M., Sachidanandam, R., Schultz, R. M., & Hannon, G. (2008). Pseudogene-derived small interfering RNAs regulate gene expression in mouse oocytes. *Nature*, **453**, 534-538.

van Abeelen, J. H. F. (1980). Direct genetic and maternal influences on behavior and growth in two inbred mouse strains. *Behavior Genetics*, **10**, 545-551.

参考文献

Falconer, D. S. (1960). *Introduction to quantitative genetics*. Edinburgh: Oliver and Boyd.

Jang, K. L. (2005). *The behavioral genetics of psychopathology: A clinical guide*. Mahwah, NJ: Lawrence Erlbaum Associates.

加藤克紀. (2007). 発達の行動遺伝学. 南　徹弘（編）, 朝倉心理学講座：*3* 発達心理学 (pp.12-27). 東京：朝倉書店.

小出　剛（編）. (2009). マウス実験の基礎知識. 東京：オーム社.

第17章
進化学（進化心理学）の考え方

富原一哉

　ダーウィン（Darwin, C.）の『種の起原』が1859年に出版されて以来，「進化論」は心理学に対して実にさまざまな形で影響を与えてきた。しかし，進化に関する理論には，中立説などダーウィンの進化論以外のものもある。1950年代には，遺伝学や分子生物学などの著しい進歩を背景にさまざまな理論が統合され，生物進化についての総合的な学問分野として進化生物学（evolutionary biology）あるいは現代進化学（以下，進化学）と呼ばれるようになった。さらに1990年代には，この進化学の理論や知見を人間の心の研究に応用する進化心理学（evolutionary psychology）も台頭してきた。これらの基本的理念や心理学に与えた影響はかなりオーバーラップしているが，厳密には分けられるべきだろう。本章ではダーウィンの進化論，進化学，進化心理学の3つをごく簡単に概説し（詳細については参考文献を参照のこと），発達心理学における寄与のあり方を考察することにする。

第1節　理論的特徴

1　ダーウィンの進化論
(1) 自然淘汰の基本原理
　ダーウィンの進化論の基本原理は以下の4つである。①種内には形質に大きな変異がある。つまり，同じ種の動物といっても，身体の大きさや行動の特徴などにさまざまな違いがある。②生物は過剰な繁殖力を有するため，実際に生き残り子を残す個体数よりも，非常に多くの子を生産する。③したがって，どんな生物でも，生存のための奮闘（struggle for existence）が生じる。これには，個体同士の直接的な競争のみではなく，各個体が個別に周りの環境と対応することも含まれる。④最後に，形質の一部は遺伝する。したがって，生存のための奮闘において有利な形質に遺伝的基盤があるならば，その個体が生き残って多くの子を残し，

次世代ではその形質を有する個体数が増大する。これが何世代にもわたって繰り返されることで，その生物集団全体にその形質が普及するようになるのである。たとえば，キリンの首が長いのは，比較的首の長いキリンが集団の中にいて，それがたまたまその環境において適応的であったために多くの子孫を残し，さらにそれが何世代にもわたって繰り返されることで，種全体の首が長くなったと考えられるのである。このように環境に適応した形質をもつものが選ばれて生存し，その形質が普及していく過程を「自然淘汰（natural selection）」という。したがって，ダーウィンの進化論では，進化はあくまで結果論であり，何らかの目的や方向性をもって進行していくのではないとされる。

　ところで，ダーウィンの進化論では，祖先の特徴を超える変化が起こったことが説明できない。現在では「突然変異による形質の変化」を上記の基本原理に加えることでこの問題を補っている。つまり遺伝子は常に突然変異を起こしている。そのほとんどは生存に不利な変異であるが，時として生存に有利な変異が起こることもある。そのような変異を起こした個体がより多く生き残ることで，次世代にその遺伝子が普及していく。そして少しずつそのような突然変異が蓄積されて，最終的に祖先からかけ離れた特徴をもった種が誕生するのである。

(2) 性淘汰

　ダーウィンは，自然淘汰の考え方によって進化の枠組みを提出することができたが，その枠組みでは説明できない問題にも気づいていた。その問題のうちの一つは，簡単に言うと「クジャクの羽はなぜあんなに美しいのか」ということである。クジャクの雄はとても目立つ目玉模様の大きな羽をもっている。雄の大きな羽は，空を飛ぶには非常に効率が悪く，捕食者に見つかりやすく，つまり，とても生存に有利なために進化してきた形質とは考えられない。そのうえ，同じクジャクでも雌の羽は目立たぬ地味な色で，どうして同じ環境に生きている同種の雌雄でこんな差ができてしまうのか，自然淘汰の枠組みでは説明できないのである。

　ダーウィンは，進化にかかわる圧力（進化圧）として2つのものを区別することにより，この問題を解決した。第1は，先に述べた直接生存にかかわる形質の進化を引き起こす自然淘汰である。キリンの長い首は，高い木の葉を食べ，また敵を発見しやすいため，自然淘汰の結果として進化してきた。一方クジャクの羽は，生存には直接関係しないが，きれいな羽をもっている雄の方が雌に交尾相手として選ばれやすい。このように，生存における有利さではなく，繁殖における有利さから特定の形質が進化することを，ダーウィンは第2の進化の型として「性淘汰（sexual selection）」と呼んだ。

2　進化学の基本理論

　進化学は，集団遺伝学をはじめ，系統分類学，古生物学，生物地理学，生態学などを統合して成立しており，さらに近年は分子生物学やゲーム理論などの影響を強く受けた広範な学問領域となっている。そのため，ここでは心理学に強く影響を与えた理論の一部を簡単に紹介するのみとする。

(1) 包括的適応度

　ダーウィンの自然選択の枠組みでは解決が難しいもう一つの問題は，「なぜ自らを犠牲にしてまで他者を助けるというような利他的な行動が進化したのか」ということである。自分が犠牲になって他者を助けた個体は，それ以上自分の子孫を残せない。一方，決して自分を犠牲にしない利己的な個体は，他者から助けられることがあっても自分からは他者を助けないので，最も大きい利益を得て最多の子孫を残す。もし，この利己的か利他的かについての遺伝的基盤があるのなら，次の世代は利己的な遺伝的基盤をもった個体が多くなり，それが繰り返されるうちに利他的な個体は集団の中から完全に消滅してしまう。つまり，ダーウィンの自然選択の考えでは利他的な行動は進化しないことになる。しかし，実際には自然界では利他行動が非常に多く観察される。ハミルトン（Hamilton, 1964）の提唱した包括的適応度（inclusive fitness）の考え方は，この問題に明確な回答を与えた。適応度は，一般には，繁殖年齢になるまで生き延びる子孫をどれくらい残せたかによって評定される。これに対して，包括的適応度では，子以外の血縁個体に及ぼす影響もあわせて，個体の繁殖成功を考える。利他的な個体が利他行動を行う場合，それによって利益を得るのは子や兄弟などの血縁者が多く，この血縁者は利他的な個体と共通する遺伝子をもっている。血縁関係が近ければ近いほど共有する遺伝子の率は高くなるので，血縁者がもつ遺伝子に利他行動に関係する遺伝子が含まれている確率も高くなる。したがって，自らの繁殖機会を犠牲にして利他行動を示した場合，個体レベルで見るとたしかに適応度は低くなるが，遺伝子レベルで見ると，同じ遺伝子を残している確率はむしろ高くなると言える。つまり，進化の淘汰圧は，個体レベルではなく遺伝子レベルで作用し，より多くの利他行動を示して他者を助けた個体の遺伝子は，助けられた個体の遺伝子を通して，より多く次世代へ伝達されるのである。このような形での淘汰を血縁淘汰（kin selection）という。

(2) 進化的に安定な戦略

　ゲーム理論では，相手の行動によって自分の行動の結果が変わる状況で，それぞれがどのような選択を行うのかが検討される。たとえば，2匹の動物が食べ物

を巡って争っているとする。このとき，戦術は2つあって，自分が傷つくか相手が逃げるまで闘うか（タカ派戦略），闘わずに逃げるか（ハト派戦略）のどちらかである。ハト派同士が出会ったときには仲良く食べ物を分け合うことができるが，タカ派とハト派が出会ったときには，タカ派がすべてのえさを得て，ハト派は何も得ることができない。また，タカ派同士が出会ったときには，どちらかが食べ物を全部とり，もう一方は大きく傷つくことになる。したがって，タカ派の方が利益は大きいが，同時にそのためのコストも大きくなる。メイナード・スミス（Maynard Smith, J.）は，こうしたゲームの結果，利益とコストの関係によって特定の戦略をもった個体が集団全体を占め，そこに他の戦略をもったどんな個体が侵入してきても排除されてしまう場合があることを示し，その戦略を「進化的に安定な戦略（evolutionary stable strategy：ESS）」と呼んだ（Maynard Smith & Price, 1973）。一方，利益とコストの関係によって集団内で一定の比率で複数の戦略が安定する場合もあり，混合 ESS と呼ばれている。このゲーム理論は，われわれの社会行動の理解と予測に大変有効であり，心理学のみならず経済学や政治学など，さまざまな社会科学に重大な影響を与えている。

3 進化心理学の基本理論

　進化心理学は，進化的観点から人間の心や脳を理解することを目的としている（Buss, 1999）。人間の心について進化的観点から検討する研究は，進化心理学に限らず，比較心理学や社会生物学，ヒューマン・エソロジー，霊長類学などでこれまでにも行われてきた。進化心理学の特徴は，とくにヒトの認知過程に着目し，その認知的バイアスの検討に重点を置くところである。進化心理学では，現在のわれわれの行動を制御している認知過程も，われわれの祖先が過去に直面した環境と相互作用することによって進化してきたものであると考える（Cosmides & Tooby, 1987）。これらの認知過程は特定の問題に適応するためのシステムであるので，われわれの心の中には，過去の適応の痕跡がその領域に特異的な認知的バイアスとして組み込まれている。そこで，進化心理学では，進化的観点から導きだされる仮説に基づいて，われわれの認知的バイアスの検証を行うのである。

　ところで，ビョークランド（Bjorklund, D. F.）とペレグリーニ（Pellegrini, A. D.）は，心の発達について進化的観点から検討を行う新しい分野として「進化発達心理学（evolutionary developmental psychology）」を提唱している。彼らは，進化発達心理学とは「ダーウィンの進化論の基本原理，特に自然淘汰を，現代におけるヒトの発達の説明に適用する学問」（Bjorklund & Pellegrini, 2002/2008, 訳書, p.2）と定義

している。彼らの主張の特徴は，発達過程のさまざまな特徴や発達過程そのものも，淘汰圧の影響を受けて進化したとする点である。そのような発達的特徴の中には，たとえば新生児の微笑反応が養育反応を促進させるように，発達のその時期における適応に役立つものもあるだろう。一方，子どもの頃の遊びが大人になってからのさまざまな適応問題解決の練習場となるように，大人になってからの適応のために進化してきた特性もあるだろう。進化発達心理学では，このような適応的観点から，人間の発達を生物学的基盤に基づいて統合的に理解することを試みている。

　しかしながら，彼らの主張する進化発達心理学は，その母体とも言うべき進化心理学と，いくつかの基本原理について見解が異なっている。たとえば，進化心理学は遺伝子－環境の相互作用についてあまり明確に述べないが，進化発達心理学は，進化による遺伝的プログラムが個体レベルの環境との相互作用によって，どのように個人の発達を形成していくのかについて，むしろ具体的に示し，検証していく。また，進化心理学は，過去の淘汰圧がわれわれの認知や行動の形成にどのように作用したかについて関心をもっているが，進化発達心理学は，行動や発達の過程が逆に進化に与えた影響についても関心をもっている。さらには，進化心理学では，領域固有の認知的情報処理メカニズムが自然淘汰によって進化したと主張しているが，進化発達心理学では，領域一般的な認知メカニズムも同様に自然淘汰によって形成されたと考えている。このほか，進化発達心理学では発達パターンに見られる個人差や意識的な高次の認知メカニズムなどを重視する点も，進化心理学との違いとしてあげられている。彼らの主張するこれらの相違は，進化心理学の枠組みを非常に限定的にとらえたために生じている部分もあるが，発達的視点を加えることで，逆に進化研究に広がりをもたせることができることを示した点で重要であろう。

第2節　方法論的特徴

1　ダーウィンの方法論

　ダーウィンは，進化論を考え，『種の起原』を記すにあたって，ビーグル号で回ったときに得た世界中の生き物についての膨大な資料を利用して，さまざまな動物間の比較を行った。この「比較法」こそが，進化を考えるときの最も基本的で重要な研究法である。

　種間の比較において重要なのが，相同（homology）と相似（analogy）である。相

同とは，共通の祖先をもつ動物種間での特徴の一致である。つまり，系統発生的に近い動物種間で共通の特徴が認められたのであれば，それは共通の祖先から受け継いだ特徴と考えることができる。逆に，どの程度まで系統発生的に近い動物種で特徴を共有しているかを調べることで，何時その特徴が進化したのか（つまりどこまで共通の祖先をさかのぼれるか）を決定することもできる。類人猿や他の霊長類とヒトとを比較する研究は，基本的にはこの発想に基づく。一方，相似とは，共通の祖先から受け継いだのではなく，同一の進化圧によってそれぞれの種において独自に形成された特徴の類似である。たとえば，コウモリの翼とトリの翼は，それぞれ「空を飛ぶ」という共通の環境適応によって，非常に類似した形に進化した。逆に言うと，系統発生的に離れた動物種間で共通の特徴が認められたのならば，その特徴はそれらの動物種間に共通して存在する適応的課題によって進化してきた可能性を示唆するのである。したがって，ある特徴が「なぜ」進化したのかを考察するときには，相同よりも相似が重要な情報を与えてくれる場合も多い。霊長類以外の動物種とヒトとの比較研究の多くはこの観点に基づいている。

2　進化学の方法論

　進化学でも，現存動物種の比較はもちろん重要であるが，これに加えてさまざまな遺伝学的実験も，進化の証拠を導きだすために用いられる。たとえば，大腸菌などの世代期間の短いモデル生物を使った実験進化研究や，野生集団において特定の個体の繁殖成功を確認するために遺伝子マーカーを使った研究などは，時間経過にともなって実際に遺伝子頻度（ある集団内での個々の対立遺伝子の相対的頻度）がどのように変化するかについての直接的な証拠をもたらす。また，現在多くの種で全ゲノムが解析されつつあり，これにともなって遺伝子から表現型までのメカニズムの解析やDNA塩基配列の種間比較なども，生物の進化過程の分析を促進している。これらの研究によって得られた知見も心理学に大きな影響を与えてきているが，進化学で用いられている研究法として心理学により直接的影響を与えているのは，むしろ統計的手法や先に述べたゲーム理論などの数理的手法だろう。

3　進化心理学の方法論

　進化心理学研究では基本的に「心理学」と同一の研究手法が用いられており，質問紙調査，知覚実験，行動実験等が行われる場合が多い。これは，そもそも進

化心理学が「進化学の理論と知見を心理学に応用」したものであるので，当然と言えば当然かもしれない。むしろ，進化心理学の方法論的特徴は，その理論構成にあると言える。つまり，進化心理学では，ヒトの認知的特質が環境に対する適応によって「進化」したものだという仮説のもとに，そこから検証可能な行動特性を演繹し，心理学的な実験や調査によって検証を試みるのである。たとえば，われわれは相互に助け合う社会を形成しているが，このような互恵的利他性が進化するためには，利益のただ乗りをする裏切り者を素早く検知して排除しなければならないことが予測される。コスミデス（Cosmides, 1989）は，ウェイソンの4枚カード問題（Wason, 1968）を用いて，同じ形式論理を有する課題でも，単純な論理的整合性の確認よりも，社会的契約に違反している者を発見する方が容易であることを示し，われわれの裏切り者検知の能力の高さを証明している。

第3節　現代発達心理学への寄与のあり方

1　進化的観点の利点

『進化の光なくしては生物学には何の意味もない（Nothing in Biology Makes Sense Except in the Light of Evolution）』とは，有名な遺伝学者ドブジャンスキー（Dobzhansky, T.）が1973年に出したエッセイのタイトルである。発達心理学においても，ヒトの生物学的基盤を考慮した科学的理解を行おうとするならば，当然進化的観点は必要不可欠となる。これは，発達心理学の歴史を見ても明らかであり，進化的観点は多くの研究に対して，実にさまざまな形で影響を与えてきた。たとえば，ボウルビィの愛着理論は，ローレンツ（Lorenz, K.）やティンバーゲン（Tinbergen, N.）の比較行動学に強い影響を受け，類人猿における愛着行動の進化的連続性を論じている（Bowlby, 1969/1976）。また，ピアジェも，『知能の誕生』（Piaget, 1936/1978）の中で理性の遺伝と適応について論じている。

また，1970年代には，ヒューマン・エソロジーなどの分野で，子どもの仲間関係や母子の相互作用などについて，進化的視点に立った比較発達研究が多く行われてきた（たとえば，Blurton Jones, 1972/1987；Fishbein, 1976）。近年においても，たとえば視覚的共同注意（joint visual attention）の比較研究や，チンパンジーの乳幼児期の社会的微笑の発達研究などは，「心の理論（theory of mind）」や「社会的認知」の個体発生と系統発生について多くの示唆をもたらしている（参考文献遠藤，2005；明和，2006を参照のこと）。さらには，先に述べた進化発達心理学は，進化的観点を直接に発達研究に導入するものであり，発達心理学においても今後

大きな流れを作る可能性を秘めている。

　進化的観点を発達研究に導入することには，当然大きな利点がある。第1は，発達を考えるときの共通の基盤となるメタ理論を進化的観点が提供することである。現在発達心理学は細分化しており，そこで得られたさまざまな知見を統合的に理解することは非常に難しくなっている。これに対して進化的観点は，幅広いトピックと年齢にわたる評価を可能とするような枠組みを提供する（Bjorklund, 1997；Bjorklund & Pellegrini, 2002/2008；Fishbein, 1976）。これは，発達研究に限らず，「人間」について研究している多くの分野に当てはまる。

　第2の利点は，進化的観点が，これまで考えられなかったような仮説を演繹的に提出するための枠組みとして用いることができる点である。たとえば，ビョークランドとペレグリーニは，発達過程における子どもの認知的未熟さを「幼若な生物が自身のニッチとやり取りするための手段として選択された」ものであると考えるならば，むしろその未熟性によって認知発達が促進されるという仮説が導かれるとし，その実例を示している（Bjorklund & Pellegrini, 2002/2008）。このような新たな仮説は，進化的視点の強い仮説構成力によって生み出されるのである。

　この他にも，遺伝学的知見やゲーム理論の応用など，広い意味で「進化」を視野に入れた研究は，今後も発達心理学において重要な位置を占め続けると思われる。しかしながら，進化的観点を心理学に取り入れることに危険がないわけではない。最後に，進化心理学に対する批判を足がかりに，発達心理学に進化的視点を導入する場合の注意点を指摘しておきたい。

2　進化心理学は純粋な科学でいられるか？

　ブラー（Buller, 2009）は，進化心理学の問題点として以下の4つをあげている。第1に，進化心理学では，われわれの祖先が大昔に直面した環境への適応の結果として特定の心理的特性が進化したとしているが，当時の環境も進化する前の祖先の心理的特性も正確にわからない状態では，しょせんそれは推測の域を出ない。第2に，チンパンジーやボノボでさえ，言語使用や高次の認知能力に関してヒトとは大きな隔たりがあるため，ヒト以外のホモ属が絶滅してしまった今では，進化的考察の基本である比較研究法を有効に用いることができない。第3に，進化心理学者は祖先が狩猟採集民として生きた更新世期の環境を重視するが，人間の心理的側面の進化は，それ以前にも，それ以降にも同様に起こっているのであり，特定の時期の環境によって説明する十分な理由はない。最後に，進化心理学において提出される証拠はいずれも証拠として不十分であり，また，同じ結果が他の

理由によって起こる可能性の検討も十分になされていない。もちろん，これに対しては，必ずしも進化心理学の現状を正しく把握していないとの反論もあるが，安易に発達心理学に進化的視点を導入した場合には，ブラーの指摘したような批判を受ける可能性があることは十分認識しておかなければならない。

　このような問題は，そもそも人間の心の進化について直接的な証拠を得ることができない点から生じる。形態の進化であれば，化石標本が進化過程の直接的な証拠として存在する。しかしながら，心と行動は化石とはならない。したがって，進化心理学に限らず，人間の心の進化についての考察は，データの都合の良いところだけを取り出してまとめた，もっともらしい「なぜなぜ話」(Gould, 1978) になってしまう危険性がある。そうならないためには，多くの動物種を用いた比較研究をはじめ，シミュレーションなどの数理的研究，遺伝子から行動までの道筋を解明する神経科学的研究など，進化学を構成する，あるいはそれと関連する多くの分野の知見と方法論を用いて，地道な証拠集めを行う必要がある。進化的観点の提出する仮説や理論の華やかさに目を奪われて，生物学的基盤に立つ心理学の本来の強みであるはずの科学的検証を忘れることがないようにしたい。

　進化的観点がはらむもう一つの問題は，この観点によって得られた知見が差別や偏見を肯定することに悪用されかねないという点である (Lewontin et al., 1984)。進化心理学者を含めて進化的観点を用いている研究者は繰り返し，「進化的観点は遺伝子決定論ではない」と主張しているが（そしてその主張はまったく正しいが），この知見が一般に紹介されるときには得てして「進化によって決まっているので変えられない。だからしょうがないのである。」というようなニュアンスで記述される場合が多い。進化的観点をもとに研究を行う場合には，研究者として，そこで得られた知見に対しての製造者責任（佐倉, 2000）を充分に意識する必要がある。先に述べたように，進化発達心理学では，むしろ環境との相互作用によっていかに遺伝的資質が形を変えて現れるか，そしてそのメカニズムはどうなっているのかが問題とされる。このような知見の積み重ねこそが，誤解の解消と進化的観点の普及に寄与するものと考えられる。

引用文献

Bjorklund, D. F. (1997). In search of a metatheory for cognitive development (or, Piaget's dead and I don't feel so good myself). *Child Development*, **68**, 142-146.

Bjorklund, D. F., & Pellegrini, A. D. (2008). *進化発達心理学：ヒトの本性の起源*（無藤　隆，監訳・松井愛奈・松井由佳，訳）．東京：新曜社．(Bjorklund, D. F., & Pellegrini, A. D. (2002). *The origins of human nature: Evolutionary developmental psychology*. Washington, D. C.: American

Psychological Association.）

Blurton Jones, N.（Ed.）.（1987）.乳幼児のヒューマンエソロジー：発達心理学への新しいアプローチ（岡野恒也，監訳・小山幸子ほか，訳）．東京：ブレーン出版（Blurton Jones N.（Ed.）.（1972）. *Ethological studies of child behaviour*. Cambridge, UK: Cambridge University Press.）

Bowlby, J.（1976）.母子関係の理論：第 *1* 巻　愛着行動（黒田実郎ほか，訳）．東京：岩崎学術出版社．（Bowlby, J.（1969）. *Attachment and loss: Vol.1. Attachment*. London: Hogarth Press.）

Buller, D. J.（2009）.進化心理学の４つの落とし穴（平石　界，訳）．日経サイエンス，2009 年 4 月号，72-81.（Buller, D. J.（2009）. Evolution of the mind: Four fallacies of pop evolutionary psychology. *Scientific American*, **300**, 74-81.）

Buss, D. M.（1999）. *Evolutionary psychology: The new science of the mind*. Boston: Allyn & Bacon.

Cosmides, L.（1989）. The logic of social exchange: Has natural selection shaped how humans reason? Studies with the Wason selection task. *Cognition*, **31**, 187-276.

Cosmides, L., & Tooby, J.（1987）. From evolution to behavior: Evolutionary psychology as the missing link. In J. Dupré（Ed.）, *The Latest on the best: Essays on evolution and optimality*（pp.277-306）. Cambridge, MA: MIT Press.

Fishbein, H. D.（1976）. *Evolution, development, and children's learning*. Pacific Palisades, CA: Goodyear Pub. Co.

Gould, S. J.（1978）. Sociobiology: The art of storytelling. *New Scientist*, **80**, 530-533.

Hamilton, W. D.（1964）. The genetical evolution of social behaviour. *Journal of Theoretical Biology*, **7**, 1-52.

Lewontin, R. C., Rose S., & Kamin, L. J.（1984）. *Not in our genes: Biology, ideology, and human nature*. New York: Pantheon Books.

Maynard Smith, J., & Price, G. R.（1973）. The logic of animal conflict. *Nature*, **246**, 15-18.

Piaget, J.（1978）.知能の誕生（谷村　覚・浜田寿美男，訳）．京都：ミネルヴァ書房．（Piaget, J.（1936）. *La naissance de l'intelligence chez l'enfant*. Paris: Delachaux & Niestlé.）

佐倉　統．（2000）．人間生物学と科学者の"製造物責任"．松沢哲郎・長谷川寿一（編），心の進化：人間性の起源をもとめて（pp.77-79）．東京：岩波書店．

Wason, P. C.（1968）. Reasoning about a rule. *Quarterly Journal of Experimental Psychology*, **20**, 273-281.

参考文献

遠藤利彦（編）．（2005）．読む目・読まれる目：視線理解の進化と発達の心理学．東京：東京大学出版会．

長谷川真理子．（2008）．生活史戦略の進化から見たヒトの「子ども」．児童心理学の進歩，第 47 巻，250-282．東京：金子書房．

長谷川眞理子ほか（著）．（2005）．進化学の方法と歴史（石川　統ほか（編），シリーズ進化学　第 7 巻）．東京：岩波書店．

長谷川寿一・長谷川眞理子．（2000）．進化と人間行動．東京：東京大学出版会．

今井晴雄・岡田　章（編著）．（2002）．ゲーム理論の新展開．東京：勁草書房．

板倉昭二．（1999）．自己の起源：比較認知科学からのアプローチ．東京：金子書房．

河田雅圭．（1990）．はじめての進化論．東京：講談社（講談社現代新書）．

明和政子．（2006）．心が芽ばえるとき：コミュニケーションの誕生と進化．東京：NTT 出版．

Trivers, R.（1991）.生物の社会進化（中嶋康裕ほか，訳）．東京：産業図書．（Trivers, R.（1985）. *Social evolution*. Menlo Park, CA: Benjamin/Cummings Pub. Co.）

第18章
文化人類学の考え方：文化と発達

高田　明

　もうかなりの間，人間の社会性に関心をもつ心理学者が文化の大切さを称揚する一方で，多くの人類学者は自分たちが世に広めた文化という概念にアンビバレントな態度を示してきた。両者の溝は思いのほか深い。しかし，その底には豊かな水流がある。この章では，文化人類学の考え方の紹介を通じて両者がどう協働できるか考えたい。

第1節　文化人類学の概念

　文化人類学という名称は問題含みである。その成り立ちからいって，人類学は植民地主義をはじめとする時の国家政策と抜き差しならない関係をもってきた。それぞれの国の事情は学問的な潮流にも反映しており，その一端が研究分野の名称にも現れている。人類学的な研究が比較的さかんな連合王国（英国），フランス，ドイツ，米国，そして日本のうち，「文化人類学」という名称を積極的に用いているのは米国およびその影響を少なからず受けている日本のみである（ただし日本では近年，学会名にどの名称を採用するべきかについて激烈な議論が行われた）。連合王国やフランスでは「社会人類学」の名称がより広く用いられているし，ドイツ語圏では「民族学」という名称が用いられてきた。

　米国における「文化人類学」は，人間性を総合的に調査する学問としての「人類学」を構成する4つのアプローチのうちの一つとして登場した。残りの3つは自然人類学，考古学，言語学である。だが現在の米国ではこれらはそれぞれ発展を遂げており，連携がよいとはいえない。また現在，人類学関連の学会としては世界でも最大規模を誇るアメリカ人類学会では，文化人類学という名称は40近くあるセクションの一つとして採用されているにすぎない。

　はじめに名称をめぐる入り組んだ状況にふれたのは，人類学が生々しい政治的

な問題に敏感であることに思いをめぐらせたいからだ。人類学が社会と向き合う姿勢は，心理学とかなり異なる。そしてこれを理由の一つとして，人類学は心理学の視座を広げる可能性をもつ。本章では，発達心理学に寄与しうる人類学の考え方を紹介する。ただしその研究分野を指す場合は，上述の問題を認識したうえで，発達心理学で最もなじみのある文化人類学という名称に統一する。

第2節　方法論の特徴

1　社会・文化の研究を行う

　これは一見あたり前の指摘だが，その含意は大きい。たとえば，文化間の比較を行う心理学的研究の多くは，よく国や民族を心理学的な指標に影響する「説明変数」として扱う。いっぽう文化人類学でこうした方略がとられることはほとんどない。文化人類学において国や民族は，いずれも説明するものではなく，説明されるべきものだからである。ある国や民族について論じるためには，それを特徴づける社会構造やその内にある多様性，変化などについて十分な検討を経ることが求められる。また文化人類学では，個人と社会の関係をどうとらえるかは研究者によってさまざまだが，社会を個人の集合に還元することはないという点ではほぼ共通している。

　さらに，社会と文化の関係をどうとらえるかは研究者によって異なる。文化という概念は，社会という概念よりかなり後になって世の中に広まった。そして文化という言葉を一般に流布することに大きく寄与したのが，米国の文化人類学者，とりわけ文化とパーソナリティ論を推し進めた研究者たちであった。20世紀の半ば，これらの研究者たちは社会化のプロセスを調査し，理念型としての文化を特徴づけるパーソナリティがどのように構成されていくのかを論じた。だが，文化人類学における研究上の関心や理論的立場が多様化する中で，文化という概念の輪郭はぼやけ，研究者間のコンセンサスを得ることは難しくなっていった。しかも現在では文化という概念が一般化し，十分に定義されないままに多様な文脈で用いられ，教育・政治・経済においても大きな実効をもってきている。文化という概念は，世論の支持を得たがゆえに研究者の当初の思惑を超えて実体化し，社会を席巻しているのである。一般には「文化」を研究する主要な担い手だとされる文化人類学者の中には，こうした状況を鑑みて，研究者が安易に文化概念を用いることを辛辣に批判する者もある。とはいえ，「文化」は依然として文化人類学にとって最重要概念の一つであり，個々の研究者はそれと向き合うスタンス

を問われている。

2　フィールドワークを通じた参与観察を主たる研究手法とする

　文化人類学は19世紀に世界規模での移動手段が確立したことにより大きく進展した。欧米や日本などから，以前は探検家や旅行家によって断片的にしか知られていなかった辺境の地にも，研究を主目的とする人々が出向くようになった。その報告は欧米や日本のかなり広い層に関心をもって受け入れられた。この背景には，辺境の地に住む「他者」に対するあこがれの混じった浪漫主義的なものの見方があったのだろう。以来，フィールドワークを通じた参与観察は文化人類学の研究手法の代名詞となった。この研究手法では，研究者が特定の集団の人々と長期にわたる親交を結ぶことでその制度や慣習，実践に精通し，それを研究者がもともと属していた社会の読者にわかる言葉で伝えることが求められる。

　参与観察という用語を構成する「参与」と「観察」は一見相矛盾する概念である。調査地の人々の制度や慣習，実践などを「観察」するためには，研究者は自らがこれらをゆがめることをできるだけ避けねばならない。その一方で，人々の生活に「参与」するためには，研究者は透明人間ではいられないし，そのように振る舞ったと主張することも許されない。しかしながらフィールドワークでは，参与と観察の両立が求められる。これを達成しようとするやり方に学派や研究者の特徴がみてとれる。

　参与観察を通じて文化人類学が目指すのは，社会・文化の全体をその当事者の視点から理解することである。このため研究者は，現地の作法や現地語の概念に立脚してその社会・文化を記述することを勧められる。欧米の概念を安易に適用することは禁じ手だ。したがって，フィールドワークではその社会・文化の状況に応じた柔軟な対応を迫られる。

　また現在では，文化人類学のフィールドは辺境の地に限らない。多くの研究者が身近にあるコミュニティをフィールドとしている。この背景には「他者」と出会うために地理的な隔たりは必須ではないという認識の転換がある。この点でいくつかの子どもの日誌研究は，文化人類学とは異なる学問的背景をもつが，優れて人類学的な考察を展開している。

第3節　発達心理学への貢献

　この節では，筆者がかかわってきた養育者−子ども間相互行為に関する研究を

紹介し，それをもとに文化人類学が発達心理学へ貢献しうる点を論じる。

1 発達にかかわる現象を文化的な次元から見直し，再評価する

　文化人類学者がとる常套的な研究方略の一つは，フィールドワークで得られた資料に基づいて影響力の大きな研究が主張している一般化の誤りを指摘し，それが文化と結びついた現象であると証明することである（LeVine, 2007）。この研究方略は，以下の理由から現在の発達心理学に対してもかなり有効である。

　まず発達心理学の資料はたいてい「先進国」の一部の層から得られている。一方，文化人類学はそうした層以外から資料を得ることが多い。この点で，後者は文化的多様性と普遍性に関する議論に貢献できる。また，発達心理学においてある現象が普遍的だと主張される場合，その根拠づけとしては生理学，認知科学，脳神経科学などの知見が援用されることが多い。しかし，そうした現象が実際に生じる場合には必ず自然・社会環境との相互作用がともなっている。文化人類学は，そうした相互作用を文化的な次元から見直し，その現象を再評価する。

　具体例をあげよう。発達心理学的な観点から養育者－乳児間相互行為の成り立ちに注目し，早くに優れた議論を展開した仕事としてケイ（Kaye, K.）らの研究があげられる。ケイらは，母子間の相互行為を一つの社会システムが形成されるプロセスとして論じた。ケイ（Kaye, 1982/1993）によれば，母親と乳児は誕生直後から相互調整を通じて行動パターンを形づくっていく。その最も早い例は誕生直後の哺乳時にみられる。哺乳の際，新生児は数秒間ずつ吸啜（きゅうてつ）と休止をくり返す。そしてケイらが観察した母親は，みなこの休止期間に乳児をゆするジグリングという行為を行っていた。ジグリングは吸啜の再開を促す。さらに，こうした吸啜－ジグリングというパターンは，数週の間に次第によりズレの少ないリズミカルなターン・テイキングへと洗練されていった。ケイは，このターン・テイキングは乳児と他者との普遍的かつ最も基本的な相互行為のパターンで，これがその後さまざまな課題に転移することで，母子は次第に目的を共有する社会システムとなっていくと論じた。

　ケイ（Kaye, 1982/1993）の主張は，アフリカの大地から重要な反証をつきつけられている。その契機となったのは，現代に生きる狩猟採集民として知られる南部アフリカのサン，その中でもとりわけ辺境に住むジュホアン（Juǀ'hoan）というグループについて行われた研究である[1]。

　コナーとワースマン（Konner & Worthman, 1980）によれば，生後3日から79週齢のジュホアンの乳幼児は，いずれも日中を通じて1時間に数回程度，2, 3分の

授乳を受けていた。さらに生後 2 年以上にわたる授乳パターンを調査したところ,授乳間隔は週齢が上がるほど長くなったが持続時間に週齢差はなかった。コナーらは,こうした授乳パターンは母子が常に密着しており,母親が乳児の状態の変化に敏感なため生じると論じた。

ケイ (Kaye, 1982/1993) は,吸啜-ジグリングのターン・テイキングが洗練されていくと,授乳の持続時間が延びると報告している。だが,ジュホアンの頻繁で持続時間の短い授乳パターンはこれにあてはまらない。ただしコナーらの報告では,こうした授乳パターンがどうして生じるのか,とりわけ授乳がどうして短時間で終了するのかは十分に説明されていない。そこで高田 (高田,2002; Takada, 2005) は,サンの 1 グループでジュホアンと近縁な地域・言語集団だが,ジュホアンよりも定住化・集住化が進んでいるナミビア共和国のクン (!Xun) を対象とし,2〜4 カ月児への授乳場面を調査した。

クンの授乳の持続時間は平均 3 分ほど,授乳間隔は 20 分前後で,これらの値はジュホアンでの報告とほぼ一致していた。日常的場面の観察からこうした授乳パターンが生じる仕組みがわかってきた。まず授乳が頻繁に行われるのは,母親はどんな時間帯や場所でも授乳することを認められていること,授乳はしばしば乳児がむずかることを契機として始まることと関連していた。それから授乳の持続時間が短いことは,以下の相互行為と関連していた。第 1 に,母親は吸啜中やその直後は乳児をあまりみておらず,通常よりリラックスしているようだった。第 2 に,母親は乳児が起きている間,授乳とジムナスティック (乳児をひざの上で抱え上げ,立位を保持,あるいは上下運動させる一連の行動。後述) を頻繁にくり返す傾向があった[2]。それに,母親は乳児が吸啜を休止した直後にジムナスティックを行うことがあり,それが授乳終了の契機となっていた。第 3 に,乳児が吸啜を休止した直後のジグリングの生起率はベースレイトとほとんど変わらなかった。すなわち,クンでは吸啜が休止してもジグリングがあまり行われず,ジグリングにともなう吸啜の促進はほとんどみられなかった。

先行研究 (Kaye, 1982/1993) は,吸啜とジグリングのターン・テイキングは普遍的かつ最も基本的な相互行為パターンだと論じている。しかし,クンではこうしたパターンが認められない。そしてクンの頻繁で持続時間の短い授乳パターン

---

[1] 先行研究の多くはこのグループをクン (!Kung) と表記してきたが,最近ではその自称であるジュホアンという呼称を採用する研究が多くなっている。ここでは後述のクン (!Xun) と区別するため,すべてジュホアンに統一する。
[2] 乳児の月齢を問わず平均 40 秒前後のジムナスティックが 1 時間あたり 8〜27 回行われていた。

は，このことをはじめとした，乳児が吸啜を休止する前後の相互行為の特徴と関連していたのである。

　クンで頻繁に行われていたジムナスティックもまた，本節の主張との関連で注目される。ジュホアンも日常的にジムナスティックを行う（Konner, 1976）。ジムナスティックは，乳児の歩行反射を引き出す。歩行反射は生後すぐから認められるが，欧米や日本では一般に生後 2 カ月ごろ消失する。その後，歩行行動は生後 7 カ月近くまで現れない（Bly, 1994/1998）。このため歩行反射は，U 字型の発達曲線をとる「原始反射」の一つだとされる。また，初期の歩行反射と後の歩行行動はそれぞれ異なるメカニズムから生じると理解されていた。ところがゼラゾ（Zelazo, 1983）は，ジムナスティックを続けると生後 2 カ月では歩行反射はむしろ増加し，しかも後の独り歩きが早く達成されることを示した。そしてこれを裏づけるように，ジュホアンでは乳児の運動発達，とくに歩行に関連する発達が早いという（Konner, 1976）。

　クンでのジムナスティックの前後の相互行為の分析から，ジムナスティックは生後 2 カ月以降も乳児の歩行行動を誘発することが確認された。またジムナスティックはにぎやかで楽しい雰囲気で行われること，その直前にしばしば乳児がむずかっていること，またジムナスティック中は乳児の泣きが少ないことなどがわかった。これは，日常場面におけるジムナスティックは乳児をあやす効果が大きいことを示す（高田，2002；Takada, 2005）。

　以上の分析から，歩行反射という普遍的でヒトに生物学的に備わっていると考えられてきた行動パターンが，頻繁なジムナスティックという文化的に形成された養育行動の実践によってその現れ方を変えることが明らかになった。

　まとめよう。上記の事例は，養育者－子ども間相互行為のあり方には，その最も早い時期から文化的文脈が反映することを示す。条件を操作した実験的な手法やあらかじめ調査項目を定めた広域調査では，本来の行動の連関が見失われる危険性がある。日常場面の丁寧な観察はこうした欠点を補う。また日常場面を分析するためには，養育者と子どもを切り離すことなく，両者の相互行為を分析の単位とすることが有効である。そうした分析により，上の事例ではサンの特徴的な養育行動が生じる仕組み，その働きが明らかになった。

2　文化的文脈を解体する

　文化人類学による養育者－子ども間相互行為の分析は，普遍性仮説への反例を提供するだけに留まらない。より野心的な目的は，分析を通じてその社会・文化

についての理解を深めることである。環境に埋め込まれた相互行為連鎖の分析により，その場の文化的文脈が相互行為を形作るとともに，そうした相互行為により新たな文化的文脈が形成される仕組みを明らかにできる。

　上述のサンの研究を文化人類学の研究史に位置づけ，さらに検討を進めよう。サンの養育行動や子どもの発達に関心が集まったのは，現代に生きる狩猟採集民が「ヒト本来の子育て」について考える鍵となると考えられたからである。そこで研究者は，できるだけ外部世界の影響が少ないサンのグループを追い求めた。数々の興味深い特徴がみつかった。コナー（Konner, 1976）やドレイパー（Draper, 1976）によれば，ジュホアンの母親は3年以上にわたり乳幼児に密着して授乳，養育する。母子間の接触頻度は英米の同年代の乳幼児よりはるかに高かった。母子間の密着した関係やそれにともなう頻繁で持続時間の短い授乳，遅い離乳は，消化の悪いブッシュの食物に頼らず，子どもに十分な食料を与えることを可能にした。さらに子どもは母親に強い愛着を形成する傾向があったという。

　また母親ほどではないが，父親や他の大人と乳幼児との間にも密接な接触がみられた。こうした状況で，まだ歩き始めていない乳幼児には頻繁にジムナスティックが行われた。コナー（Konner, 1976）によればジュホアンは，乳児は訓練しないと背中の骨が柔らかくゆるんだままになり，座ったり，立ったり，這ったり，歩いたりできるようにならないと考える。そこで人々はこれらを日常的に教える。人々がジムナスティックを行う背景にはこうした信念があると考えられた。さらにコナーは，頻繁に移動をくり返す生活様式においては，乳児の運動発達を促進させることが合理的だったと主張している。

　ドレイパー（Draper, 1976）によれば，ジュホアンの子どもは長い授乳期を終えると，さまざまな年齢からなる子ども集団に愛着と社会的交流の場を移していく。この子ども集団は，乳幼児の養育に対する責任をほとんど負わない。また，食料の調達に関して貢献することも求められない。その一方で，一日の大半を遊びに費やす中で野生の動植物についての知識や狩猟採集の技術を獲得していた。

　これに対して高田（高田, 2002；Takada, 2005）は，より定住化・集住化が進み，農耕牧畜民との交流もさかんなクンで長期間のフィールドワークを行い，クンの養育行動や子どもの発達の特徴を明らかにしてきた。まず前述のように，クンでも母親と乳児の接触度は高く，頻繁で持続時間の短い授乳が確認された。こうした授乳パターンと関連する興味深い民俗知識もわかっている。クンではジグリングに関連する「アー・アニ」（手を接触させて左右にわずかに動かしてさすること）および「オウ」（抱いて上下にゆっくりと動かすこと）という民俗語彙がある。農

耕牧畜民起源では「ロロ」(乳児を抱いたり背負ったりしてゆすること)という語彙がある。これらを乳児に行う理由を聞くと，すべて「乳児を静かにさせ，寝かしつけるため」だという。したがってこれらは，吸啜の休止の際に行われるジグリングとはその機能や意味づけが異なるようだ。

また，クンにおけるジムナスティックは「あやし」行動としての意味づけが強い。クンでは乳児をあやすことを「カイン」と表現する。「カイン」は典型的には乳児をもちあげ，脇の下に入れた両手で背中を軽く叩く一連の動作を指す。この一連の動作はしばしばジムナスティックと一緒に行われていた。また乳児を上下運動，あるいはジャンプさせることについては「オブ」(ジャンプ一般を指す)および「カリマ」(空中に放り投げた何かを手で受け止めること)という語彙がある。乳児にこれらを行うのは「乳児を喜ばせる」ためだという。さらに，クンではほとんどの子どもに「カイン・コア」と呼ばれるあやし名(「カイン」は上述の「あやすこと」，「コア」は「名前」を意味する)がつけられている。養育者はジムナスティック中，しばしば乳児にこれでくり返し呼びかける。子どもにあやし名をつける例はジュホアン(Amanda Miller, 私信)でも確認されたがクンほど一般的ではない。以上から，定住化・集住化したクンで頻繁にジムナスティックが行われるのは，日常場面ではそれが「あやし」として行われることが多いこと，しかも人々が民俗知識でこの機能を認識していることによると考えられる[3]。

これらは，特徴的な養育行動を論じるうえではその機能に着目するだけではなく，それと関連する民俗知識がどう組織化され，文化的に共有されているのかを明らかにすることが重要であることを示している。

また高田(Takada, 2011)によれば，クンでは母親が次子を妊娠するかどうかにかかわらず，たいてい生後2年目で離乳が行われる。これはおもに定住化・集住化によって離乳食の材料となる穀物等の入手が容易になったことによる。離乳が早期化した結果，クンでは1, 2歳児がふだん共住する年長児にケアされながら多年齢からなる子ども集団の活動に参加するようになっている。また子ども集団はよく家事労働の手伝いを行うことも確認された。つまりジュホアンとは異なり，クンの子ども集団は乳幼児の養育や食料の調達にかなり関与している。ただしジュホアンと似て，クンの子ども集団も長い時間を歌／踊り活動をはじめとする

---

[3] また高田(2004)では，グイおよびガナというサンの2グループにおけるジムナスティックについても報告している。グイ／ガナは，ジュホアンやクンとは遠縁な地域・言語集団であり，比較的最近まで狩猟採集に基づく移動生活を続けていた。調査の結果，グイ／ガナはジムナスティックに付与する「訓練」としての意味づけを重視しており，この点でクンよりはジュホアンと似ていることがわかった。

遊びに費やす。そうした遊びは，可視的なクンの大人や農耕牧畜民の活動を創造力の源とする一方で，たいていそうした人々の監視の外で行われる。そして，子どもが相互行為におけるアクティブな役割をとれる「子ども文化」を育んでいる。子ども文化は社会全体の変化を推進し，さらにはその社会を再統合する力を備えている。

上記の特徴のうち，年長児による子守りや家事労働の増加，離乳の早期化は，定住化・集住化の影響を論じた従来の研究からある程度予測できる。一方，密着した母子関係，頻繁で持続時間の短い授乳パターン，頻繁なジムナスティックは，そうした研究では十分に説明できない。先行研究では，サンの養育行動や子どもの発達の特徴は，狩猟採集生活と関連づけて説明されていた。こうした研究は環境への適応という観点を重視し，生業様式が相互行為パターンや広義の社会的制度の規定因として働くと想定している。だが，これらの関係がそう単純でないことを示す事例は上記のクン以外にも多い。

急速に変化しつつある社会における養育者－子ども間相互行為の特徴を説明するには，生業様式と相互行為パターンや社会的制度の間にあらかじめ因果関係を想定することなく，それらの関係を問い直す必要がある。この入り組んだ関係を解きほぐし，ある行為がその社会における相互行為の特定の時点において，特定のやり方で，特定の参与者によって行われる理由を説明することが求められている。そうした研究は，社会化と社会変容を統合的に論じることを可能にするであろう。

第4節　まとめに代えて

人類学はその発足当初，ヒト／人間の特徴を総合的に明らかにしていくという目標を高らかに掲げた。そして文化人類学はこのうち，人間性の多様な集合的現れ方を整理して説明する役割を担うとされた。しかし，そうした目標に連なる文化人類学的な研究は，実際には多くない（Bloch, 2005）。

もっともこの目標の意義が失われたわけではない。たとえば人類学の隣接分野である霊長類学，比較認知科学，人間動物行動学などはそれぞれのアプローチから人間性を追究してきた。発達心理学にかかわる知見は急速に更新されつつある。こうした状況で文化人類学者は，隣接分野の同僚と協働しつつ，前節であげたような観点から上記の目標に貢献できる。狩猟採集民の研究は今も人間性を研究するために有効である。ただし，その有効性は狩猟採集民以外を含めた，どんな集

団を研究する場合にもある程度あてはまるであろう。重要なのは，個人と社会・文化を結ぶ文化人類学的な見方である。

引用文献

Bloch, M.（2005）. *Essays on cultural transmission*. Oxford: Berg.
Bly, L.（1998）. 写真でみる乳児の運動発達：生後 *10* 日から *12* カ月まで（大本孝子・中村勇，訳）. 東京：協同医書出版社.（Bly, L.（1994）. *Motor skills acquisition in the first year*. Tucson, AZ: Therapy Skill Builders.）
Draper, P.（1976）. Social and economic constraints on child life among the !Kung. In R. B. Lee & I. DeVore（Eds.）, *Kalahari hunter-gatherers: Studies of the !Kung San and their neighbors*（pp.199-217）. Cambridge, MA: Harvard University Press.
Kaye, K.（1993）. 親はどのようにして赤ちゃんをひとりの人間にするか（鯨岡 峻・鯨岡和子，訳）. 京都：ミネルヴァ書房.（Kaye, K.（1982）. *The mental and social life of babies: How parents create persons*. Chicago: University of Chicago Press.）
Konner, M. J.（1976）. Maternal care, infant behavior and development among the !Kung. In R. B. Lee & I. DeVore（Eds.）, *Kalahari hunter-gatherers: Studies of the !Kung San and their neighbors*（pp.218-245）. Cambridge, MA: Harvard University Press.
Konner, M. J., & Worthman, C.（1980）. Nursing frequency, gonadal function, and birth spacing among !Kung hunter-gatherers. *Science*, **207**, 788-791.
LeVine, R. A.（2007）. Ethnographic studies of childhood: A historical overview. *American Anthropologist*, **109**, 247-260.
高田 明.（2002）. サンにおける養育行動とその発達的意義：ジムナスティック・授乳場面の特徴. 発達心理学研究, **13**, 63-77.
高田 明.（2004）. 移動生活と子育て：グイとガナにおけるジムナスティック場面の特徴. 田中二郎・佐藤 俊・菅原和孝・太田 至（編），遊動民：アフリカの原野に生きる（pp.228-248）. 京都：昭和堂.
Takada, A.（2005）. Mother-infant interactions among the !Xun: Analysis of gymnastic and breastfeeding behaviors. In B. S. Hewlett & M. E. Lamb（Eds.）, *Hunter-gatherer childhoods: Evolutionary, developmental, and cultural perspectives*（pp.289-308）. New Brunswick, NJ: Aldine Transaction.
Takada, A.（2011）. Language contact and social change in North-central Namibia: Socialization via singing and dancing activities among the !Xun San. In O. Hieda, C. König, & H. Nakagawa（Eds.）, *Geographical typology and linguistic areas: With special reference to Africa*（pp.251-267）. Amsterdam: John Benjamins.
Zelazo, P. R.（1983）. The development of walking: New findings and old assumptions. *Journal of Motor Behavior*, **15**, 99-137.

第19章
ダイナミック・システムズ・アプローチの考え方

陳　省仁

　発達心理学にダイナミック・システムズ・アプローチ（dynamic systems approach，以下DSA）が導入されたのは1980年代の中頃である。当時発達心理学研究への新参者であった筆者にとって，DSAは従来の発達心理学理論とは根本的に違う新鮮さと説得力をもったものと感じられた。そのときまでに筆者が知っていた発達心理学の理論は，発達の内容の変化に関するものが多かった。たとえば一般的教科書や参考書において，代表的な発達心理学理論の一つであるピアジェ（Piaget, J.）の発達理論は，暦年齢に沿った子どもの認知や思考様式の段階的変化の記述として知られている。一方，ダイナミック・システムズ・アプローチは一種のメタ理論であり，その狙いは具体的な発達の内容よりむしろ「発達現象の生成の仕方」や「発達現象のとらえ方」に重点を置いた趣である。

　早くからDSAを発達心理学研究に導入した一人であるフォーゲル（Fogel, A.）によれば，従来の発達心理学研究，とくに横断的研究でとらえられるものは，変化の結果であり変化の過程そのものではなかった（Fogel, 2008, p.55）。このような事態に対して，ヴァルシナーは心理学研究における基本的視点を発達的視点（developmental orientation/perspective）と非発達的視点（nondevelopmental orientation/perspective）に分けることができること，および現代心理学は後者である「非発達的視点」が支配的であると指摘した（Valsiner, 1997, pp.1–5）。

　発達心理学研究において，発達過程の解明や把握の重要性はつとに強調されてきたが，実際は抽象的レベルに留まり，あるいは理論や方法論的制約のために発達過程をとらえることがなかなか実現できなかった。DSAはそのような現状を打開する可能性を示唆してくれるように思われた。

　この章において，まずはDSAの基本的な考え方と主な用語と概念，および行動発達研究に対するDSAの方法論としての特徴を述べて，続いて典型的DSAの研究例および実際に実証的研究を行うときの手順を紹介する。最後に，他の発達

の理論とDSAの比較およびDSAの位置づけと評価を試みる。

　本題に入る前に，DSAとその元であるダイナミック・システムズ・セオリー（DST）の違いについて指摘しておきたい。厳密に言えば，DSAとDSTは異なるものである。DSTは「現在の状態をベースにしてシステムの将来の状態を予測する数学的理論」である（岡林，2008, p.34）。一方，DSAはDSTの概念を借用して（比喩的に）発達現象を解明しようとする接近法である。そういう意味で，DSAは特定の発達の内容や側面に関する理論そのものではなく，むしろ，新しい発達の理論を作り出す手がかりになる手法と材料ととらえたほうがいいと思われる。この点は最後にDSAの評価を試みるとき，もう少し触れる。

第1節　DSAの基本的考え方

　DSAの理論的依拠であるDSTは古典物理学とは根本的に違う理論である。従来のニュートン力学が代表する古典物理学において，自然の現象はまず要素に分割され，それぞれの要素をさらに数量化し，現象の解釈には要素間の線形的，因果関係的モデルを用いる。それに対して，DSTにおいては，現象をある程度の複雑さのままでとらえる。現象は複雑な要因の相互交渉により非線形的変化の位相としてとらえられている。古典物理学を模範としたこれまでの発達心理学研究では，ある時点における生体の能力や状態をある先行する個別の要因の結果と仮定し，両者の相対的に単純な因果関係を明らかにすることを目的としてきた。このような基本的考え方や大前提に対して，DSAでは行動発達の現象を複雑系の現象と見なすと同時に，行動はヒエラルキーをなしている複数の下位構成要素の自己組織の結果ととらえる。発達を特徴づける不断の新しい行動形式の出現は，抽象的な「生体の発達の里程標」や「中枢神経系のプログラムや指令」などによる結果とする従来のとらえ方と違って，そのつどの生体と環境の諸要素の自己組織の結果であると考える。言い換えれば，行動発達過程における新しい形態の出現は，分散されている諸要因の動的相互交渉の結果であり，先験的単一の「原因」と線形的決定論に帰することができないと考える。DSAにおいては，子どもの発達における新しい行動の出現を複雑物理系におけるパターン形成の原理からヒントを得る。ある意味でDSAではDSTを比喩的に応用しているとも言える。これまでできなかった子どもの行動が相対的に安定した形で出現するときに，この新しい行動は具体的発達課題の要求と特定の状況および現在の子どもの筋肉や関節などによって構成された諸システムにおいて，行動を一定の方向へ展開さ

せるアトラクター（attractor，詳しくは後で）がソフト的に組み立てられた結果としてとらえる。行動は神経系の「配線」や前もって決定された指令の産物ではなく，さまざまの構成要素やサブシステム間の協力で立ち上がる。時間の経過や成熟などでシステムを構成する下位構成要素間の関係と勢力が変化し，協力する諸システムが「好む」特定な「構成」（configurations）や「経路・軌跡」（trajectories）を示し，新しい体制が行動の安定性をもたらし，同様の課題でも以前とは異なった仕方で遂行される。DSAの表現で言えば，「システムがある新しいアトラクター状態に落ち着いていく」のである。これまでの記述と説明からもわかるように，DSAと従来のアプローチとで顕著に異なるのは，前者が心理学の根強い個体主義から脱却して，発達を子どもという孤立したシステムズとしてではなく，子どもと環境というシステムズの相互依存的諸過程の力動のありかたでとらえるという視点である。

　DSAによる発達心理学研究の狙いは，行動パターン形成の経時的変化の諸位相を記述し，その変化や転換の過程を数式などでとらえることである。DSAによる研究の理想的な結果は，できるだけ細かく分けられた時間単位間の行動変化を記述するとともに，数式によるまとまった変化パターンを把握することである。

第2節　DSTの主な用語と概念

　DSAはダイナミック・システムズ・セオリー（DST）の比喩的応用であることは前に説明した。DSAで発達心理学研究の問題を取り上げるために，まずはDSTの概念を理解する必要がある。とくに物理的システムズにおけるパターン形成（pattern formation）の側面に関する概念と用語がここでは重要である。以下にいくつかの主な用語と概念を紹介する。

1　自己組織化（self-organization）

　多くの自然現象と同様に，行動発達現象も常に複数の構成員の相互交渉による動的力学系（ダイナミカルシステムズ）と見なせる。諸構成員の相互の力動から一定の秩序が形成され，現象的には一定のパターンとして出現する。つまり，自己組織化とは「システムの状態によって自身の制御パラメータの値が決定されること」，あるいは，「システムズがシステムズ自体を制御していること」である。物理的システムズの例で説明しよう。ある容器内の水は無数の水分子で構成される。理論的に，すべての水の分子は自由に運動し，互いに無数の仕方で結合可能な

（自由度が高い）状態である。仮にこの水分子の集合体に熱あるいは圧力を加える。熱や圧力が加えられた分子の自由度が急に低減し，どこにも「計画」や「司令」が存在しないにもかかわらず，渦や流れなど（日本語で表現できる言葉は少ないが）特定の回転，つまりパターンが形成される。形成されたパターンは熱や圧力のさらなる変化によって，いくつかの不連続的位相（phase）にシフトする（水分子の例で言えば，温度の連続的変化に対応して，固体，液体と気体という位相に不連続的に移行する）。このように集合体における個体が他の個体の動きに順応して自動的に一つの全体として動き出す現象を自己組織化と呼ぶ。レーザー光線の原理，雪の結晶の成長，孔雀の羽根やシマウマの模様などはよく知られる例である。DSAでは行動の発達も，行動を構成する多くの下位構成要素の自己組織化の現象としてとらえる。

2 　集合変数と制御パラメータ
　　（collective variable and control parameters）

　自己組織化によって構成要素間の自由度が低減された集合体（システムズ）の振る舞い（パターン）は，より単純な変数で記述されうるのである。一方，単純に記述されうるパターンがある時間の経過の中で「秩序立った複雑さ」を示す。DSTではこのように大きい自由度を一つもしくは少数の変数で秩序やパターンに圧縮すること，および時間の経過の中で形成されたパターンの力動的複雑さを正確な数式で表すことができる。秩序やパターンを大局的に表すこの少数の変数を「秩序パラメータ（order parameters）」あるいは「集合変数」と呼ぶ。時間経過の中で，システムズが不連続的「位相（phase）」にシフトすることが一般的に期待されている。システムズの秩序やパターンをシフトさせる変数が「制御パラメータ（control parameters）」もしくは「コントロールパラメータ」である。DSAで行動の発達過程を研究するにあたって，行動システムの位相をシフトさせる制御パラメータの同定が重要である。

3 　アトラクター（attractor）

　自己組織化するオープンシステムが形成可能なパターンの種類は理論的に厖大であるが，実際には集合変数が指標とする一つもしくはいくつかの少数のパターンしか示さないのである。このことを擬人化した言い方で言えば，「システムが少数のモードを好む」や「システムが少数のモードに落ち着く」となる。DSAの用語ではシステムのこのような振る舞いのモードを「アトラクター・ステート

(attractor state)」という。つまり，この場合，システムはこの特定な場所（位相空間）を好む，たとえ移動させても素早くそこへ戻っていく傾向を示すと理解される。アトラクターの存在はシステムの振る舞いの安定性を物語る。行動発達は一連のアトラクターの出現により，ある時期において安定した行動の振る舞いが発達的課題や環境の要求と身体的成長と変化によって効率が悪くなり，システムが新しいより効率の良い遂行体制を模索し落ち着いていく過程である。

　以上は DSA を語るに最小限度の用語と概念である。DST 一般に関して，さらに深く理解するために，「複雑系」，「ダイナミカルシステムズ」，「自己組織化」や「非線形的変動」などに関する日本語による参考書が多数出版されている。心理学，とくに行動発達について，「ダイナミカルシステムによる行為の発達モデル」（三嶋・高瀬，2000）や『心理学におけるダイナミカルシステム理論』（岡林，2008）が参考になるであろう。英語の文献は以下に挙げる数種類が参考になる（Goldfield, 1995；Hopkins et al., 1993；Thelen & Smith, 1994）。

第3節　DSA の研究方略

　DSA をいち早く乳幼児の行動発達研究に精力的に取り入れたのは，エスタ・シーレン（Thelen, E.）というアメリカの動物行動学者であった。研究者としてシーレンのもう一つの特徴は，DSA に関する啓蒙活動の展開であった。数多くの論文の中で，DSA の理論や概念の説明だけではなく，発達心理学の学徒にとってややもすれば難解になりがちな DST が行動発達研究に結びつくように，数回にわたって研究方略を具体的に紹介したのであった。
　1970 年代の末から 80 年代にかけて，シーレンは DSA を自分の研究テーマである乳幼児の運動発達の分野に導入し，発達研究において DSA が新しい局面を拓いてくれると力説した（Thelen & Ulrich, 1991）。シーレンは 1940 年代アメリカにおけるゲゼル（Gesell, A.）とマグロー（McGraw, M.）らによる「はいはい」などの運動能力の発達に関する研究が乳幼児の運動技能の発達の知見をもたらすのみならず，より一般の発達の原理にも示唆に富むと指摘し，アメリカの運動発達研究の良き伝統を引き継ぐべきだと主張した（Thelen, 1989）。シーレンが指摘した発達研究に示唆を与えてくれる一般的発達の原理は次の4つである：①発達するシステムは適正な研究単位である，②行動を組み立てさせているのは指令や教示ではなく，課題である，③発達の過程は非線形的である，④生体の行動と知覚は不可

分のループをなしている。

　1990年以降シーレンはいくつかの論文において，DSAを取り入れた研究方略を紹介してきた。シーレンによれば，DSAの研究方略は以下の7つのステップで構成される。

　1. **興味のある集合変数を同定する**：動的力学系において，多次元のシステムの大きな自由度を圧縮し，システムの振る舞いをとらえることのできる一つもしくは少数の変数があることにすでに触れたが，行動発達研究において，まずは一定な時間の経過中の集合変数の振る舞いをその安定性と変動を含めてとらえることが重要だ。そもそも発達研究の目的はこのような集合変数の経時的変化の記述にある。無論，システムの構成要素やその関係が変化するので，ある時点での行動のパフォーマンスの計測はその後も同じ意味を維持することができない。したがって，非線形的に変動するシステムの集合変数を探し出すのは決して簡単ではない。

　集合変数の同定において重要なのは，その変数が観察可能でよく定義されるものでなければならないということである。場合によって，関係性，たとえば，異なった身体の部位の動き間の関係や対話中の発話者の発話順番の交代なども適切な集合変数になりうる。

　2. **行動のアトラクター状態の特徴づけ**：変化の研究を行う前に，ある特定時点，そして異なった条件下において，集合変数がどのような状態を「好む」かを知ることが重要である。パイロット研究で横断法を用いて問題の集合変数が取りがちな形をおさえておくことが有効かもしれない。具体的例として，熟練した大人もしくは子どもがさまざまのスピード，正確さや空間的要求の条件下でどのように課題を成し遂げたのかを事前に把握しておくこと。また，異なった年齢・月齢におけるシステムの安定度のサンプルを採ったり，計測や分析時に，適切な時間単位を用いることも大事である。たとえば，8カ月と12カ月の間に大きな差が見られ，しかし12カ月以降はあまり変動がなければ，研究の焦点を急激な転換の起きる時期に絞ることが重要であろう。

　3. **集合変数の力動的経路・軌跡を記述する**：ダイナミカル分析の核心は集合変数の安定度の分布を示すことにある。DSA方略のもっとも重要な大前提の一つは行動の経時的変化が分析の基本単位であることである。従来の横断研究法は行動変化の境界を把握するのに役立つが，変化の生成を明らかにすることができない。発達的経路・軌跡の理解には縦断研究法を必要とする。たとえば，新しい行

動がほとんど毎日のように起きる乳児初期においては，場合によっては週一回の観察でさえ，重要な行動の転換を見逃してしまう。

　4．転換点を同定する：行動の転換は行動の安定度の消失によって示される。縦断研究法の目的は集合変数の転換の時点（「位相シフト」とも言う）をとらえることである。位相シフトは新しい行動形態の出現を意味する。DSTによれば，位相シフトのときシステムは安定的ではない。言い換えれば，位相シフト時の特定文脈において，構成要素間の協同性（coherence）が消失し，「好まれる」アトラクター・ステートのまわりの変動が高まるのである。データ的に言えば，個体のパフォーマンスの計測値の大きな変動がそれを反映する。さらに，不安定なシステムは攪乱（perturbation）に弱いため，転換点や実験的攪乱においては，システムが元の「好んだ」状態へ回復する時間がより長くかかるか，あるいはシステムを安定した新しいアトラクターへ押し出してしまうかのいずれかの結果となる。

　5．転換点の不安定性を利用して潜在的制御パラメータを探り当てる：DSTによれば，システムズの中の一つもしくは複数の構成要素が変化を引き起こす制御パラメータになりうる。また，制御パラメータの小さな変化がシステムの大きな発達的シフトを引き起こせる。制御パラメータを同定する方法は，発達の時間にそってのシステムズの集合変数のプロフィールを用いて，いくつかの制御パラメータの候補の発達的経路と軌跡のマップを作り上げることである。そのために，位相シフトをもたらすと推定される行動領域（側面）におけるパフォーマンスについては，同じ対象者の同時に取られた複数の計測値が必要である。たとえば，対象者の体格特徴の計測値，感覚・知覚能力，筋力や動機の変化の計測など。ある認知課題の遂行のシフトと関連する下位システムの例では，たとえば，記憶容量，知覚能力，知識ベースあるいは動機的・社会的要因などである。場合によって，一見距離のあるパラメータが実際には重要な役割をもつこともあるので，想像力を働かせる必要がある。たとえば，乳児のはいはいの始まりのような運動領域の変化が，乳幼児の認知，情動および社会面におけるシフトを引き起こすであろうという仮説は重要な洞察であった（Bertenthal et al., 1984）。ただし，分析のこの段階において得られた結果は，相関的であり示唆に過ぎないことを心に留めるべきである。発達的制御パラメータとしての本格的証拠は，次に紹介する実験的操作のステップの結果に待つ必要がある。

　6．推定された制御パラメータを操作して実験的に位相転換を作り出す：動的力学系において，転換点は研究者が潜在的制御パラメータを探すあるいはテストするよいチャンスを与えると考える。しかし，倫理的および実際の考慮によって発

達の制御パラメータの直接なテストは稀であり，一般的にリアルタイムで発達的変化を模擬する「微視発生的実験」が行われることが多い。具体的には学習場面である課題に補習や学習強化を施し子どものパフォーマンスをより成熟したレベルに押し上げたり，あるいは課題の難度を上げ，学習の弱体化で子どものパフォーマンスを下げることで探索される。このような微視発生的実験が功を奏するのは，脆弱で不安定なシステムが新しい安定な体制を求める傾向があるためである。

7. 複数のレベルでの分析をダイナミックに説明する：発達研究に限らず，どんな科学的研究も適切な因果関係のレベルについて判断を下す必要がある。たとえば，行動の変化の説明をより高いレベルの神経伝達の達成や発達における急激なシナプス除去の時期などの脳の解剖学的変化に求める研究者もいれば，これらの脳の変化を引き起こす神経系や行動的事象は何かを追究したい研究者もいる。これらのいずれも最終決定因ではないようだ。ある人にとっての説明は，他の人にとって説明されるべき現象に過ぎない。従来の考え方と違って，DSA の考え方の特徴は，どのレベルも決定因としての特権を与えないこと。つまり DSA では還元主義的答えを求めないのである。したがって，より完全な理解の目標はすべてのレベルのダイナミックスとその統合の記述である。

第4節　DSA と他の主な発達理論との比較

発達研究の接近法の一つである DSA はよく知られているいくつかの発達理論と比べるとどのように見えるのであろうか。ここでシーレンとベイツ (Thelen & Bates, 2003) によって行われた比較の結果を紹介する (Thelen & Bates, 2003 ; Thelen & Smith, 2006)。シーレンとベイツが自分らのダイナミックシステムズ論を 10 項目の側面からチョムスキー (Chomsky, N.) の言語発達生得論，ギブソン (Gibson, E. J.) の知覚と知覚学習理論，ヴィゴツキー (Vygotsky, L.) の認知発達の社会・歴史的理論，ピアジェの認知発達の構成主義理論およびエルマン (Elman, J. L.) らによる結合説 (connectionism) と比較し，表にしている (表 19-1)。

第5節　結び

ヴァルシナーが現代心理学の基本的視点として，非発達的視点と発達的視点に分ける・集約することができる，と主張したことを本章の冒頭に触れた

表19-1 DSAと他の発達理論との比較

理論	チョムスキー	ギブソン	ヴィゴツキー	ピアジェ	DSA	エルマン・ベイツ
強化する変化のメカニズム	成熟	知覚学習	内化	構成作用	自己組織	創発／学習された結合
経験の役割	小	大	大	大	大	大
外部の情報	小	大	大	大	大	大
社会的相互交渉の重要性	小	小	大	小	小	小
生物学的束縛	大	大	小	大	大	大
脳の発達	小	小	小	小	大	大
高次認知と身体性	小	大	小	大	大	小
心的表象	大	小	大	大	小	大
ダイナミカルシステムズ	小	小／大	小	小	大	大
形式的モデル・シミュレーション	大	小	小	小	大	大

Thelen & Smith (2006, p.304) により改変した。

(Valsiner, 1997)。ヴァルシナーの分類によれば，DSAはまさに人間行動の発達的過程の側面を主眼とする視点と言える。この視点に基づいた接近法によって，乳幼児行動のいくつかの側面が取り上げられてきた。とくにこの接近法を精力的に導入してきたシーレンとその同僚らの研究テーマを見てもわかるように，ステッピング（足踏み），リーチング（手伸ばし，到達行動）など乳幼児の四肢の運動の発達とかかわる研究が主である (Thelen & Ulrich, 1991；Thelen et al., 1993；Thelen et al., 1996)。これらの研究において，DSAにしたがった被験者に対する頻繁な観察による個別データ値の徹底的個別分析から従来の発達研究では到達できなかった知見が得られた。その一例として，手伸ばし（リーチング，到達行動）行動の発達を紹介しよう。研究対象児は4名と少ないが，1年間にわたって，1週間から2週間おきに到達行動および到達行動以外の上肢とかかわる運動が観察・計測された。このように得られた個別ケースの計測データを用いて，4人の子どもそれぞれの到達行動の経路・軌跡の経時的変化を動きのスピード，トルク（回転力），回転の角度や腕の固さ（スティフネス）などの角度から分析を行った。この研究の一つの知見として，たとえば，手伸ばし行動の発達において，リーチングしようとするときに子ども自身が産出する運動の攪乱に対抗できる手伸ばしの経路や軌跡を安定させる能力の出現は乳児の運動発達の課題，あるいは成果であると結論した。これは従来の横断法を用いた，多数の被験者のデータをグループ平均す

る分析法では到達しえないものである。

　DSAは新しい発達研究の接近法の一つとして，研究において，現象のとらえ方，行動のどの側面をどのように取り上げるかのデータの産出方法や分析のときの着眼点などを含むメソドロジー（methodology）として認識されるべきである。また，上にもすでに触れたが，DSAの最も顕著な特徴は，研究するにあたって研究の対象は個体ではなく，発達するシステムであることを強調することである。無論，研究の着手にあたって，研究者にとっての「発達するシステム」を同定することじたいは大きなチャレンジであり課題でもある。

　1980年代中頃から発達研究に導入され始めたDSAは，上に挙げた乳幼児の身体運動の領域への応用が試みられ，ある程度の成果もみられた。上にも触れたが，DSAは発達の内容に関するものと言うよりも，一つのメタ理論である。実際，これまでは，身体運動以外のテーマ，たとえば，乳幼児と養育者の相互交渉・コミュニケーションや言語発達などの領域にも試みられた（Fogel, 1992）。DSAの発達研究の接近法としての将来は，これまでの研究例のように，発達研究者の創造（想像）力を刺激し続けることができるか，また，従来の知見を越えて，発達現象の豊かさに肉薄できるか否かにかかるのであろう。

引用文献

Bertenthal, B. I., Campos, J. J., & Barrett, K. C.（1984）. Self-produced locomotion: An organizer of emotional, cognitive, and social development in infancy. In R. N. Emde & R. J. Harmon（Eds.）, *Continuities and discontinuities in development*（pp.175-210）. New York: Plenum.
Fogel, A.（1992）. Movement and communication in human infancy: The social dynamics of development. *Human Movement Science*, **11**, 393-423.
Fogel, A.（2008）. 発達心理学にみるダイナミカルシステム研究．岡林春雄（編著），*心理学におけるダイナミカルシステム理論*（pp.53-64）．東京：金子書房．
Goldfield, E. C.（1995）. *Emergent forms: Origins and early development of human action and perception*. New York: Oxford University Press.
Hopkins, B., Beek, P. J., & Kalverboer, A. F.（1993）. Theoretical issues in the longitudinal study of motor development. In A. F. Kalverboer, B. Hopkins, & R. H. Geuze（Eds）, *Motor development in early and later childhood: Longitudinal approaches*（pp.347-371）. Cambridge, UK: Cambridge University Press.
三嶋博之・高瀬弘樹（2000）．ダイナミカルシステムによる行為の発達モデル．*児童心理学の進歩 2000年版*，vol. 39., 226-248．東京：金子書房．
岡林春雄（編著）．（2008）．*心理学におけるダイナミカルシステム理論*．東京：金子書房．
Thelen, E.（1989）. The (re)discovery of motor development: Learning new things from an old field. *Developmental Psychology*, **25**, 946-949.
Thelen, E., & Bates, E.（2003）. Connectionism and dynamic systems: Are they really different? *Developmental Science*, **6**, 378-391.
Thelen, E., Corbetta, D., Kamm, K., Spencer, J. P., Schneider, K., & Zernicke, R. F.（1993）. The

transition to reaching: Mapping intention and intrinsic dynamics. *Child Development,* **64**, 1058-1098.

Thelen, E., Corbetta, D., & Spencer, J. P. (1996). Development of reaching during the first year: Role of movement speed. *Journal of Experimental Psychology: Human Perception and Performance,* **22**, 1059-1076.

Thelen, E., & Smith, L. B. (1994). *A dynamic systems approach to the development of cognition and action.* Cambridge, MA: MIT Press (Bradford Books).

Thelen, E., & Smith, L. B. (2006). Dynamic systems theories. In W. Damon & R. M. Lerner (Eds.), *Handbook of child psychology: Vol.1. Theoretical models of human development* (6th ed.). Hoboken, NJ: John Wiley & Sons.

Thelen, E., & Ulrich, B. D. (1991). Hidden skills: A dynamic systems analysis of treadmill stepping during the first year. *Monographs of the Society for Research in Child Development.* Serial No. 233, Vol. 56, No.1.

Valsiner, J. (1997). *Culture and the development of children's action* (2nd ed.). New York: Wiley.

第20章
社会言語学の考え方

岡本能里子

第1節　社会言語学の概念

　社会言語学は，社会と言語の関係を探求する学問であり，その射程は広い。また，日本と欧米で互いに独立して発展してきたため，そのすべてに共通した視点を提示することは大変困難である。よって方法論についても，多様である。そこで，まず，社会言語学の起こりやことばのとらえ方を紹介する。そのうえで，紙幅の関係上，細かい方法論よりも，アプローチの視点を紹介し，発達心理学との関連で，主に，言語習得，言語能力，および言語とアイデンティティに焦点をあてて論じ，最後に「発達」について考えてみたい。

1　起こり

　社会言語学は文字どおり，社会と言語の関係を探究する学問であり，対照言語学，心理言語学，認知言語学，さらに，近年ではコーパス言語学などの多様な言語学が誕生しつつある中，社会言語学もこのような研究領域の広がりの中で発展してきた広義の言語学の一領域である。

　まず，ソシュール（Saussure, F. de）に代表される狭義の言語学では，言語を自律的な閉じた体系としてとらえ，文法，音韻体系など，言語内の要素のみに焦点をあて，話し手と聞き手の関係や地理的な広がりなど，言語体系に直接関係をもたない言語以外の要素を捨象し，言語を探究しようとした。ソシュールは，前者の言語内の要素を言語体系として考察する学を「内的言語学」，後者の社会的要素と言語との関係を探求する学を「外的言語学」と名づけた。そして「内的言語学」を「外的言語学」に優先するものとしてとらえたのである。この考え方に基づいた「一般言語学講義」が，言語学における構造主義のスタートとなり，言語

以外のものとの間に明確な境界線を引いたのである。この言語観は，ブルームフィールド（Bloomfield, L.），イェルムスウ（Hjelmslev, L.）へと継承されることとなり，長く言語学の中心的な概念として位置づけられてきた。

　この考えを継承しつつ，言語形式そのものではなく，それを産出する話し手の能力に注目し，子どもがいかにして言語を習得していくのかを解明しようとしたのがチョムスキー（Chomsky, A. N.）である。チョムスキーは，言語が使われる場や話し手と聞き手の関係などの社会的要因に影響されない理想の話し手の言語を唯一の研究対象として，1965 年に"*Aspects of the Theory of Syntax*"を出版した。それが引き金となり，アメリカにおいて，それまで言語が使われる場と言語との関係，地域や社会階層による言語のバリエーションや話し手と聞き手の関係による言語の使い分けなどの「外的言語学」の視点から言語を研究していた研究者たちが結集し，社会的要因を捨象して言語を研究する方法に対する反論として誕生してきたのが，「社会言語学」である。そのため，はじめから現在に至るまで，その射程は大変広い。社会の変化やメディアの発達に応じて研究領域もさらに広がっていくと思われる。

　一方，日本の社会言語学の萌芽は，まだ欧米では社会言語学という学問領域がなかった頃に，菊澤（1933）により，社会的属性やスタイルの違いによる変種について体系的に考察することが提唱された点に見出せる。それは，個人個人のことばは，一人一人異なっているということに注目し，データを集めて体系性を追求するという計量的な研究である。この視点と手法は，戦後の国立国語研究所における，方言の聞き取り調査を通した大量のデータの積み重ねによる共通語化の研究につながる手法だといえる。さらに，欧米の社会言語学にとっても先駆的な視点と方法論だったことは注目に値する。欧米の社会言語学は，それまでの言語学の流れの影響か，どちらかというと，そこに普遍性を見出そうとする傾向があるという（真田，2006）。それに対して，日本の研究は，当初から実際に使用されている言語を収集し，個人個人のバリエーションに注目し，言語変化を綿密に記述してきた。

　このように，欧米と日本では多少の相違点はあるが，話し手と聞き手が実際にどのようにコミュニケーションを行っているのかという人間の言語運用能力に注目することにより，長く周辺的に扱われてきた言語外の要素に光を当て，内的言語学と外的言語学を不可分なものとしてとらえようとしたことが研究の出発点にある。社会言語学は，言語以外のさまざまな社会文化的要素に注目し，生きた人間の「ことばの研究」とそのような人間のコミュニケーション能力の探求の道を

切り拓いたといえよう。

2 社会言語学におけることばのとらえ方

　言語学の歴史は，途上国や無文字社会の言語は，先進国の言語へと発展する途上にある言語というとらえ方から，「未開の言語」や「発展途上の言語」というものはなく，それぞれ平等であり，すべて言語学研究における対象と認められるようになってきた歴史であるといえよう。つまり，多様な言語はすべて独自の自律した言語体系をもっており，各言語間の違いは，体系間の違いであるという相対的な見方である。そのような観点から，同じ言語においても，成人語に対する若者語（若者ことば），共通語に対する方言，男性語に対する女性語，母語話者言語に対する学習者の中間言語などのバリエーションに注目し，それぞれ正当な研究対象となってきている。

　社会言語学も他の広義の言語学と同様にこの研究対象の拡大の歴史を共有している。その中で，社会言語学は，「それぞれの言語は，体系としては平等でも，社会のなかでは不平等である」という事実を直視しようとする点が特徴的であり，社会的マイノリティーの言語に属する人々を支援していこうという姿勢が根底にある（真田，2006）。

3 研究目的

　社会言語学の問題意識は，このように，バリエーションの中でも社会的マイノリティーの言語体系の自律性を見出すことで，隠れた不平等や差別といった言語にまつわる問題点を解決していこうとする点にある。第1節1で述べたように日本と欧米では異なる歴史的背景により発展してきたが，この問題意識は共有されているといってよい。よって研究目的は，以下2点に集約できると考える[1]。

　①社会における言語のバリエーションを明らかにする
　②これらのバリエーションによって生じる言語にまつわる問題を解決する

　以上，「ことばのとらえ方」と「目的」の双方からも，社会言語学が閉じた言語の研究ではなく，社会に開かれた社会実践的研究分野であることが明らかであろう。

---

[1]　真田（2006）は，研究動機として①ことばの多様性の整理（言語学的な理由）②ことばをめぐる社会問題の解決（社会的な理由）をあげており，「ことばの多様性」と「ことばをめぐる社会問題」が，社会言語学を理解するための二大キーワードであると述べている（pp.3-4）。

4 研究領域

研究領域としては，社会と言語に関するものはすべて社会言語学ともいえるが，以下の分類が一般的であろう。（ ）内は例である。

①言語変種（地域方言や性差，年齢差による変種，職業，専門による集団語）
②言語行動（場面，敬語運用）
③言語生活（生活環境とことば）
④言語接触（外国語と母語，方言と標準語，ニューカマー，移民）
⑤言語変化（ネオ方言，共通語化）
⑥言語意識（アイデンティティ，規範）
⑦言語習得（第二言語習得，幼児語，中間言語）
⑧言語計画／言語政策（外国語政策，国語国字政策）

近年，テレビやインターネットなど多様なメディアを介したコミュニケーション研究や，ジェスチャーなども含めたマルチモーダルな表現要素に注目した相互行為の考察へとさらなる広がりを見せている。このような最近の流れは，言語は社会の中ではじめて成立するものであり，言語が元来表情による視覚的要素や音声を介して相互行為的に意味や情報を伝達しあう媒体であることを考えた場合，当然のことといえよう。

第2節 方法論の特徴[2]

東（2009）は，言語と社会の関係を扱う研究として，2つのアプローチがあるとしている。一つは，社会と言語との関係を静的に見るアプローチで，話し手がある環境にいるといつも特定の言語形態を使用するというように，話し手を取り巻く環境と言語形態を固定した関係としてとらえる見方である。たとえば，関西方面の出身者はいつも関西弁を話すというものである。先に述べた国立国語研究所の方言調査がその例であるといえる。定点調査により通時的に多くのデータを統計処理し，知見を得ることができた量的研究であり，その功績は大きい。

一方，動的アプローチというのは，話し手の環境と言語形態が必ずしもいつも一定ではなく，日常ではその関係性が破られる場合が多い点に注目する。たとえば，いつもは，普通体（常体）で話している夫婦の会話で，ある日突然，妻が

---

[2] 社会言語科学会がまとめた最新の細かい領域ごとの方法論は，伝・田中（2006）を参照のこと。

「お世話になりました。実家に帰らせていただきます」と，丁寧体や謙譲語を使うような場合である。そのような切り換えは，いつ起き，その機能は何かを考察するのである。身内の文体である「普通体」から，身内でない疎の関係の人に使う，丁寧体や謙譲語を使用することは，通常相手を丁寧に待遇するという機能をもった文体が，心理的距離を示す機能を有し，相手への怒りや不快感などを伝えることとなる。このように，場面や相手が同じでも，異なる文体や語彙を使うことで，私たちが相手との関係を修復したり切ってしまうなどの調整をしていることがわかる。また，同じ「丁寧体」であっても，その場の話し手と聞き手の関係性やその会話が行われたコンテクストによって，異なる機能をもつこともわかる。

先に述べた静的なアプローチは，2つの変数の関係を一定ととらえ，仮説検証という演繹的手法から出発した心理学の量的アプローチと重なる部分がある。ただ，とくに日本の社会言語学の方法論として特徴的なのは，先に述べたとおり，実際の場面での聞き取り調査や，録音録画データから，人々が生活の中で，どのように言語を使用しているのかを考察していこうとする姿勢が見られる点であり，この点は重要である。

近年，心理学においても，質的研究がさかんに行われている。以前から，茂呂(1997)，田島(2003)らに代表される教室談話や母子の談話研究の質的研究と上記の動的アプローチとは，学習を個体的にとらえず，学習そのものが常に社会的なものであり，相互行為として学習と能力をとらえようとしている点は，重なりが多い。

第3節　発達心理学への貢献

1　社会言語学における能力観

先に述べたように，チョムスキーが子どもの言語能力に注目したことは，発達研究における第一言語習得研究，第二言語習得研究に大きな影響を与え，今日にも及んでいる。人間を探求するためには，言語能力の解明は，最も重要な課題の一つであることは明らかである。発達研究においても，子どもの言語習得の力やその道筋や方法が重要な研究課題であり，その点で，社会言語学との重なりや学び合えることが多い。そこで，言語能力について簡単に振り返り，社会言語学が貢献してきた点について考えたい。

チョムスキーは，周知のように，子どもが聞いたこともない文を生成することができるのは，人間の脳の中に生得的に文法習得装置があるからだと考えたので

ある。このような，人間が文法的に正しい文をつくり出していく能力を「言語能力＝linguistic competence」と名づけ，その解明こそが言語研究の目指すべき課題であるとした。一方で，実際に人々が使用する言語運用（linguistic performance）には言い間違えや誤りなどが多いため，言語研究の対象としては適切ではないととらえた。そこで，子どもの第一言語習得を観察し，社会的要素を捨象した理想の話者を想定した普遍文法の解明へと進めたのである。第二言語教育の現場にもこの能力観は大きな影響を与え，文法的に正しい文を生成できることが習得の到達点と考えられるようになった。

しかしたとえ文法的に正しい文を作ることができても，実際のコミュニケーション場面では，うまくコミュニケーションの目的が達成できないという問題が起こった。そこで，アメリカの社会人類学者であるハイムズ（Hymes, D.）が，チョムスキーが捨象した社会的要素の重要性を指摘し，個々のコミュニケーションが起こる文脈での適切さの社会文化的要素を含んだ「コミュニケーション能力＝communicative competence」の解明の必要性を唱えたのである。チョムスキーの提示した文法的な知識が実際の運用で役立つためには，その場のコンテクストに適した言語運用の知識の解明が必要であるとし，言語能力と言語運用の両方の重要性を主張した。その後さらに，カナルとスウェイン（Canale & Swain, 1980）を皮切りに，ハイムズの提唱したコミュニケーション能力の構成要素の議論が深まっていった。

ただ，通常のコミュニケーションは，常に相互行為的であり，話し手の伝えたい意味が伝わったかということも相手の反応によってはじめて確認できるはずである。つまり，コミュニケーション能力は，個々人の頭の中で獲得される知識ではなく，相手との協働によって相互行為的に獲得される能力のはずである。この観点は，第二言語教育現場においてこれまで母語話者評価が「適切さ」の規範とされていたことにも再考を迫るものとなり，第二言語習得の能力は，母語話者規範の習得ではなく，目標言語文化への十全な参加者になる過程で発達すると考えられる相互行為能力へと移ってきている[3]。

人々が日常使用している生きた言語の研究を目指す社会言語学において，実際の母語話者同士や母語話者と非母語話者の接触場面における談話を分析することで，社会文化的要素を含めたコミュニケーション能力とは何なのかの探求が続けられている。発達研究における言語習得研究と重なりながら，実際のコミュニ

---

[3] 義永（2008）に，言語能力，伝達能力，相互行為能力についてのわかりやすい解説がある。

ケーション場面をデータとして人間の言語能力についての知見を深めたことによる社会言語学研究の貢献は大きいだろう。

2 言語習得とアイデンティティ

発達研究において，言語習得研究とアイデンティティの獲得の研究は，常に大変重要なテーマであるといえる。これまでの習得研究では，多くのデータが就学前の幼児の言語を対象としているようだ。また，習得項目も，文法や語彙が中心であったといえよう。さらに，これまで発達心理学の第一言語習得研究では，一人の話者のことばの使い分けやバリエーションへの注目はやや弱いように思われる[4]。しかし，社会言語学は先に述べたとおり「ことばの多様性」を調べ，そのバリエーションの機能とそれらを含んだコミュニケーション能力を探求する。先に紹介した夫婦の会話の文体の切り換えといった動的なバリエーションをとらえ，その機能を探求することは重要である。

そこで，発達研究につながるものとして，言語習得と言語アイデンティティの問題を考えるうえで，茂呂（1997）による教室談話における方言と共通語の使い分けの研究をもとに，丁寧体と普通体（常体）との切り換えをとらえた研究（岡本，1997）を簡単に紹介する。

小学校3年生の国語科の授業において，教師と生徒が，それぞれ，丁寧体と普通体とを切り換える現象が頻繁に見られた。その機能は以下（表20-1）のとおりである。

通常，外国語として日本語を教える日本語教育現場では，目上の人には丁寧体を使い，目上は目下に普通体を使うという規範を教えることが一般的である。しかし，教師が丁寧体を使っているとしたら，静的アプローチの考えから見て，教

表20-1　教室談話における文体シフトの役割とそのメタメッセージ（岡本，1997，p.49）

言語使用状況特定化のメタメッセージ	丁寧体	普通体
状況規定	現行場面は公的場面である	現行場面は非公式場面である
相手規定	発話相手はクラス全体である	発話相手は個人または限定された人々である
自己規定	「教師」または「生徒」として発話	個人として発話
対人関係規定	相手をソト扱いする	相手をウチ扱いする

[4]　真田（2006）においてもこの点が指摘されている。

室をフォーマルな場面としてとらえ，教師も生徒も丁寧体を使うと考えればわかりやすい。しかし，実際の会話データを丁寧に見てみると，単にフォーマルな場面であるからではなく，上記のような，自己と相手との関係をどう規定するかを示す機能もあることがわかる。このことは，教室という場面において，その場の制約をふまえつつも，生徒が「生徒」というアイデンティティを引き受けて発話するか，個人として発話するかという選択が可能であり，他者による自己規定と自己による自己規定との間のせめぎあいが，言語を通して行われていることを意味する。

さらに，注目したいのは，教師が指名しても，生徒が立ち上がらない場合である。以下にその部分をあげる。

ケイは，教師から指名を受けているが，拒否し続けている状況で起こった教師とケイの発話部分である。(岡本，1997，p.46)

> 教師：そうだよね。おばあちゃんせっかく，イクマヨシエちゃんが言ってくれたよね，とりむすんでくれたんだよね。おばあちゃん悲しくなっちゃうね。
> はい，ケイさん，<u>がんばってください</u>。
> 　(ケイ：いい，いい)
> 教師：ケイさん，学級委員。
> ケイ：<u>だめー。</u>

ここで興味深いことは，表で示したメタメッセージが，言語と合わせてケイの動作としても示されている点である。教師は，はじめにすでに答えた生徒を「ちゃん」づけで呼び，普通体で応じている。一方，それに続く教師の発話では，応答を拒否しているケイに対して，「さん」で呼び「がんばってください」と丁寧体にシフトしていることがわかる。しかし，ケイは，座ったまま（　）にあるように，普通体で小声で拒否し続けている。そこで教師はさらに「学級委員」という教室での役割名でも呼んでいる。つまり，教師は「丁寧体」を使うことで自己を「教師」として「自己規定」しようとし，生徒にも「生徒」の役割を担うよう要請しているといえる。一方，生徒は，「普通体」を使い続けることで，「個人」として自己を規定し，立ち上がらないという身体的な対応によっても「生徒」というアイデンティティを引き受けることを拒否していると考えられる。言い換えれば，教師は，生徒が「生徒」というアイデンティティを引き受けてくれ

ることで，はじめて「教師」になれるということになるのである。教室において，教師と生徒の互いのアイデンティティのせめぎあいが語彙や文体の切り換えや使い分けによってなされているのであり，自己のアイデンティティも固定的ではなく，常に相互行為を通して動的に規定されるといえる。このようなせめぎあいが，日常どのような場面においても行われているはずである。教室という場は，このような自己アイデンティティの交渉を行う能力を他者とのコミュニケーションを通して実践的に獲得する場でもあり，その能力を習得していく「発達」の「今，ここ」が垣間見える場であるといえるのではないだろうか。

　本書第24章で紹介されるエスノメソドロジーの会話分析では，教室での教師と生徒の会話や，病院の医者と患者の会話など[5]の「制度的（＝institutional）会話」とよばれる研究の長い蓄積があり，社会言語学の一つの研究方法として実際のコミュニケーション場面をデータに，さかんに研究が行われてきた。なぜ，教室において，方言と共通語の切り換えや，丁寧体と普通体の切り換えが起こるのかを考察することで，「教室のことば」という社会言語能力としての制度的会話を身につけ，教室活動に参加していく「今，ここ」における発達の動的な過程をとらえることができる。この点は，早くから教室を，バフチン（Bakhtin, M. M.）の言語観をもとに，規範の習得から自らのことばへと専有していく葛藤の場としてとらえ，「教室のことば」を探求してきた田島（2003）の一連の研究とも重なる。

　社会言語学の先行研究には，ラボフ（Labov, W.）の発音のバリエーション研究や，スピーチレベルシフトやコードスイッチングの研究もさかんに行われており，相互行為を通したアイデンティティ構築の場を記述した研究の蓄積がある。今後，「教室のことば」における規範を，生徒たちと教師とのせめぎあいを通して，教師の権力を脱構築し，相互行為的にその規範を変えていく場面をとらえることができれば，社会言語学の目的にそった研究でもあり，そのような言語能力の学習も，生徒の発達研究として意義深いものだと思われる。また，教師という大人の生涯発達心理学研究としてもとらえることができるのではないだろうか。

---

[5]　吉岡（2011）は，社会言語学的調査をふまえ，病院，市役所など行政の窓口といった，専門家と非専門家との間のコミュニケーションの壁を取り除く方策を提示している。

第4節　研究領域の広がりと今後の展望

　2011年8月には，日本ではじめて手話の言語性を認めた法律（改正障害者基本法）が公布された[6]。このことは，自然発生的な日本手話も，一つの独立した言語体系としてとらえられたということを示している。マイノリティーの言語に注目するという社会言語学の研究目的から，手話のコミュニケーション研究も，社会言語学における相互行為のコミュニケーション研究の重要な一領域となっている。また，エスノメソドロジーの会話研究の手法を用いて，視線やジェスチャーの研究もさかんに行われている[7]。

　現在，日本の小中高校では，多少の増減はあるが，日本語指導が必要な児童生徒が毎年増加傾向にある[8]。日本語を母語としない児童生徒と日本語母語話者児童生徒とのコミュニケーションでは，第一言語習得と第二言語習得およびアイデンティティ構築との双方を担う視点が求められる。川上（2011）は，母語という概念にも，これまではマジョリティー側から見た母語やアイデンティティのとらえ方が反映しているとし，複数の言語間を行き来する子どもたちを「移動する子どもたち」と名づけ，文化人類学と日本語教育との知見を活かして，従来の言語習得研究への再考を促している。

　言語習得は，相互行為を通して可能となるものであり，発達心理学において習得と専有の関係を検討し，母子のコミュニケーションを記述し，プロトコル分析や会話分析の手法を用いて言語発達の過程をつぶさに観察してきた手法から社会言語学が学ぶことも多い。

　言語能力が元来，相互行為的であり，言語を通して他者との関係を結び，自己を確立し，社会を構築していく能力だとすれば，その能力の獲得は，幼児が大人の言語を完成したものとして学んだり，非母語話者が母語話者の言語運用規範を学ぶことが発達ではなく，互いの相互行為を通して，規範を創り変えていくとい

---

[6]　障害者基本法の一部を改正する法律（平成二十三年法律第九十号）第三条三において「言語（手話を含む。）」と規定された法案が，2011年7月29日に衆議院本会議で全会一致で可決され，8月5日に公布された。http://www8.cao.go.jp/shougai/suishin/kihonhou/houritsuan.html
[7]　2011年には，社会言語科学会の学会誌で特集号としてジェスチャー研究や手話によるコミュニケーション研究がまとめられた（社会言語科学会，2011）。
[8]　文部科学省初等中等教育局国際教育課によると，日本の小中高校在籍の日本語指導が必要な児童生徒数は，平成22年にわずかに減少したが，同年9月時点で，28,511人となっており，散在しつつ増加傾向にある。http://www.mext.go.jp/component/a_menu/education/micro_detail/__icsFiles/afieldfile/2012/05/28/1320782_1_1.pdf

う人間が一生涯をかけて学ぶ軌跡こそが発達ではないだろうか。社会言語学では，老人との会話研究も行われており，老人語は「発達」という観点からはどうとらえられるのかなど，興味はつきない。

　グローバル時代を迎えつつある今日において，多様な価値観をもつ，多言語，多文化の他者との複数の動的なアイデンティティの不断のせめぎあいと葛藤が起こることも予測される。このような社会に起きている言語問題の解決は，一つの研究領域からの知見や手法のみでは難しいだろう。さらにいえば，これらを解決することを社会の「発達」ととらえるなら，複数の研究領域の学び合いによって生涯発達心理学における新たな発達の概念が見出せるのではないだろうか。

引用文献

東　照二．(2009)．*社会言語学入門*（改訂版）．東京：研究社．（初版1997）
Canale, M., & Swain, M.（1980）. Theoretical bases of communicative approaches to second language teaching and testing. *Applied Linguistics*, **1**, 1–47.
伝　康晴・田中ゆかり（編）．(2006)．*講座社会言語科学：6　方法*．東京：ひつじ書房．
川上郁雄．(2011)．*「移動する子どもたち」のことばの教育学*．東京：くろしお出版．
菊澤季生．(1933)．*國語位相論*．東京：明治書院．
茂呂雄二（編）．(1997)．*対話と知*．東京：新曜社．
岡本能里子．(1997)．教室談話における文体シフトの指標的機能：丁寧体と普通体の使い分け．*日本語学*, **16**(3), 39–51.
真田信治（編）．(2006)．*社会言語学の展望*．東京：くろしお出版．
社会言語科学会．(2011)．特集：相互作用のマルチモーダル分析．*社会言語科学*, **14**(1).
田島信元．(2003)．*共同行為としての学習・発達*．東京：金子書房．
義永美央子．(2008)．第二言語話者の「能力」：能力観の変遷と第二言語習得研究のパラダイム・シフト．*CHAT Technical Reports No.7*（pp.143–157）．吹田：関西大学人間活動理論研究センター．
吉岡泰夫．(2011)．*コミュニケーションの社会言語学*．東京：大修館書店．

参考文献

日比谷潤子（編）．(2012)．*はじめて学ぶ社会言語学：ことばのバリエーションを考える14章*．京都：ミネルヴァ書房．
井出祥子・田辺和子・阿部圭子・岡本能里子・佐藤安希子．(2005)．*社会言語学*（改訂版）．東京：アルク．（初版1988）
真田信治・渋谷勝己・陣内正敬・杉戸清樹．(1992)．*社会言語学*．東京：桜楓社．

第21章
認知科学の考え方

島田英昭・海保博之

第1節　認知科学の概念

1　認知科学の誕生と定義

1956年9月11日

　ガードナーは，著作『認知革命』（Gardner, 1985/1987）において，「ミラー（Miller, G. A.）がこの日をもって認知科学の発祥の日とした」（訳書，p.26）と記述している。アメリカ・マサチューセッツ工科大学で開催されたシンポジウムの2日目であり，ニューエル（Newell, A.）とサイモン（Simon, H. A.），チョムスキー（Chomsky, A. N.）による革新的な理論が発表された日である。ミラー自身もこの日，短期記憶の容量に関する有名な論文「マジカルナンバー7」を発表している。

　これ以前のアメリカの心理学や行動科学は，ワトソン（Watson, J. B.）やスキナー（Skinner, B. F.）を代表とする行動主義が全盛であった。行動主義の中では，客観的測定が可能な対象のみが研究対象として認められた。認知とは，簡単に言えば，「頭の中で起こっている出来事」を指す。これらは客観的測定が不可能であるから，行動主義の時代には，研究対象から除外されていた。

　ガードナーは同著の中で，認知科学を次のように定義している。

　　認知科学とは，永い年月を経て問われてきた認識論上の問題に答えようとする，経験に基礎をおいた現代的な試みであり，特に，知識の性質，その構成要素，その源泉，その発展と利用にかかわるものである。（訳書，p.5）

　若干の変遷はあるが，今日でも受け入れられる定義である。よりシンプルには，「認知科学は知を解明しようとする科学である。」（三宅，1999, pp.662-663）と定義

できる。

また，認知科学の発展は，知的機械であるコンピュータの発展と大きな関係がある。その中で，やや狭い定義ではあるが，人間の知をコンピュータの情報処理になぞらえて理解する，いわゆる情報処理論として定義することもできる。

2　認知科学と認知心理学

認知科学とよく似た学問領域として，認知心理学がある。両者はほぼ同義として語られることも多いが，認知科学について解説するにあたり，認知心理学との違いをはじめに明らかにしておきたい。

両者は，認知活動の研究を行うという点では共通している。一方，両学問の違いは，あえて言うならば，研究の方法論とねらいである。方法論に関しては，認知科学はコンピュータプログラムに落としこめるような論理性を重視することであるのに対し，認知心理学は実証を重視する。研究のねらいに関しては，認知科学は工学技術としての応用を企図しているのに対して，認知心理学は心の現象の解明を目指す。

また，認知科学は，人類学，言語学，哲学，脳科学，情報科学などを含む非常に大きな学際分野である。そのため，認知科学に認知心理学を含むという立場もある。

認知科学が誕生して半世紀が経過するが，認知科学と認知心理学は，相互に密接なかかわりをもちながら発展してきた。本稿では，認知科学について解説をするが，認知心理学ときわめて重なる部分が多いことをあらかじめお断りしておく。

第2節　方法論の特徴

認知科学は，方法論の自由度が非常に大きい。「認知科学には方法論などという枠を設定しない方がいい」(佐伯，1986，前書き)という意見もある。認知科学には，唯一，固有の方法論は存在しないと言ってもよい。

しかし，個々の研究のレベルで見れば，研究と言うからには，何らかの方法論を採っているはずである。そこで，認知科学の歴史を振り返りながら，代表的な方法論について紹介していきたい。

ただし，これから挙げる方法論にこだわらず，認知科学は常に新しい方法論を探し求めている。まずはこの点を，第1の方法論的特徴として指摘しておく。

(1) 実験的アプローチ

実験的アプローチは，心理学の祖と言われるヴント（Wundt, W.）以来，行動主義の時代も含め，心理学の主要なアプローチとして位置づけられてきた。認知科学では，今なお実験法が主要なアプローチの一つとして採用されている。

　代表的な実験パラダイムの例として，記憶研究における再生法と再認法がある。再生法は，経験した出来事を記述等で報告するものである。再認法は，経験した出来事に合致しているかを判断するものである。

　再生法の代表的な現象として，系列位置効果がある。系列位置効果とは，20項目程度の単語リストを順番に提示し，その直後に自由再生（順番に関係なく再生させる）を行うと，リストの最初の方の項目と最後の方の項目のいくつかの再生率が，中間よりもよい現象である。それぞれ初頭効果と新近性効果と呼ぶ。

　系列位置効果は，短期記憶と長期記憶の二重貯蔵モデルの証拠として引き合いに出される。初頭効果は，リストの最初の方の単語はリハーサルが行われやすく，長期記憶に転送される確率が高いことにより起こるとされる。新近性効果は，リストの最後の方が短期記憶から忘却されず，保持されたままになっていることにより起こるとされる。

　系列位置効果と二重貯蔵モデルの関係のように，実験と認知モデルを対応させることが，認知科学の大きな特徴である。一般に，認知心理学では実験データが重視されるが，認知科学では認知モデルの役割が大きい。認知モデルの役割をさらに重視するのが，次に述べるモデル論的アプローチである。

(2) **モデル論的アプローチ**

　実験的アプローチは，研究対象を検証可能な程度まで細分化し，切り出されたミクロな範囲しか扱えないという欠点がある。刺激と反応の積み重ねによって複雑な行動を説明するという行動主義の仮定の中では，このようなアプローチでもよかったかもしれない。しかし，認知の構造や過程は複雑である。したがって，扱う問題によっては，実験的アプローチだけでは不十分な場合が生じる。

　そこで生み出されたのが，モデル論的アプローチである。実験的アプローチと異なり，心のモデルをまず措定し，論理的にモデルをくみ上げる。実験データは，そのモデルの妥当性を検証するために利用される。

　モデル論的アプローチの背景には，コンピュータの飛躍的な発展がある。コンピュータによって，認知の過程をシミュレーションすることが可能になった。これにより，複雑な過程を少ない前提で説明するモデルを構築し，その妥当性を検証し，さらにモデルを修正するという新しいアプローチが生まれた。また，コンピュータの発展にともなう人工知能研究とも密接なかかわりをもちながら発展し

てきた。

　代表的なモデル論的アプローチとして，プロダクションシステム，ACT，Soar，ニューラルネットワークモデル（PDPモデル，コネクショニストモデル）などがある。詳しくは，守（1995）などの解説を参照されたい。

　たとえば，ニューラルネットワークモデルについては，パターン認識，学習，思考などの領域で，1980年代を境にさかんに研究が行われるようになった。ニューラルネットワークの利用は，プロダクションシステムをはじめとした記号処理モデルの行き詰まりに対する反省から生まれた。記号処理モデルは，一つ一つのステップが直列的に実行されることを仮定する。しかし，われわれの脳の処理を見てもわかるとおり，いくつかの同時並列的な処理を仮定しなければ，妥当な認知モデルにならないことが明らかになってきた。その欠点を補うため，ニューラルネットワークモデルがさかんに採用されるようになった。

(3) 状況論的アプローチ

　1970年代後半から，モデル論的アプローチとは異なった文脈で，実験的アプローチの問題が指摘された。それは，実験室の人工的な環境で行われる人間のふるまいが，日常生活でのふるまいと異なっているという批判である。言い換えれば，実験室環境で明らかにされた知見が，日常場面に一般化可能であるか，という批判である。この問題は，生態学的妥当性の問題と呼ばれる。生態学的妥当性がなければ，いわば実験「室」心理学と言ったような，日常とはかけ離れた，意味のない研究を行っていることになってしまう。

　生態学的妥当性に対する批判は，認知科学に2つの方向性をもたらした。

　一つは，日常場面の重視である。それまでは，実験室において剰余変数を厳密に統制することが重視されていたが，それよりも日常にできるだけ近い状況で実験を行うようになった。たとえば，エビングハウス（Ebbinghaus, H.）は無意味綴りを使って研究を行ったが，現在の記憶研究は有意味語が使われるケースが多い。また，実験という枠を離れ，自然観察などの方法も重視されるようになってきた。

　もう一つは，個人と環境の相互作用の重視である。このようなアプローチは，状況論と呼ばれる。それまでの認知科学は，個人の知を，個人の中で完結できる形で明らかにすることを目指した。しかし，学校の算数と買い物の計算方略が異なるように，個人の知はその環境に依存した形で存在する。つまり状況論は，個人の知は環境の中に埋め込まれており，その枠組みの中で，はじめて個人の知が明らかになるという立場を主張する。

第3節　発達心理学への貢献

認知についての発達心理学的研究は，認知科学の誕生以前に，ピアジェ (Piaget, J.) の認知発達理論，ヴィゴツキー (Vygotsky, L. S.) の社会・文化・歴史的理論などの先駆け的研究がある。認知科学は，これらの理論と密接にかかわりをもちながら発展し，ネオ・ピアジェ派という新しい学問分野も生まれた。これらの認知発達理論の紹介は他章に譲る。

本節では，認知科学の発達心理学への貢献について，とりわけ特異的であると思われる点について，基礎的側面と応用的側面に分けて述べる。加えて，発達心理学の未来に対して，認知科学がどのような貢献が可能であるか，予測を含めて述べてみたい。

1　基礎的側面への寄与

発達心理学は，子育てや教育の文脈で語られることが多い。そのために，そうした文脈の中での研究が支配的になりがちである。そこに，認知科学的な発想が持ち込まれることによって，子どもの心理，行動のメカニズムをより精緻に明らかにすることが要請されることになる。

たとえば，ひき算の筆算や一次方程式を解決する過程は，プロダクションシステムによって表現することができる。プロダクションシステムとは，「(if) もし○○ならば，(then) ××せよ。」というルールの集合である。ひき算の筆算であれば，「1の位において，上の数が下の数よりも大きければ，上の数から下の数を引き，その答えを書け。」といったルールがある (Gagné, 1985/1989)。このような細かいレベルでルールを書き下すことは，無駄に見えるかもしれない。しかし，コンピュータで実行が可能なまでに精緻なモデルを構成することを通して，子どもで見られる多彩で複雑な誤りのパターンを新たな観点から類型化して理解することが可能になる。

2　応用的側面への寄与

知的な発達を情報処理の側面から見ることで，認知科学に特有の学習観が生じる。たとえば，子どもにとってわかりやすい学習環境を情報処理論の側面からとらえると，次のような留意点が浮かび上がる。

1つは，既有知識を考慮することである。認知科学から学習を考えると，学習

とは空の頭に知識を詰め込むのではなく，既有の知識に情報を付加することであると考える。したがって，事前にどのような知識が存在しているかを明らかにし，その知識に適した情報を提示する必要がある（Sawyer, 2006/2009）。

2つは，情報処理の負荷を低減することである。たとえば，ワーキングメモリの容量が小さな子どもは，学習に必要な情報を保持することが難しい。このような場合，覚えなくてはならない情報の量を減らす，なじみのない単語を避けるといった対処が有効である（Gathercole & Alloway, 2008/2009）。

3つは，文脈による制約を利用することである。情報処理を行う文脈の中に，するべきことが作り込まれていると，迷いなく行動を起こすことができる（Norman, 1988/1990）。たとえば，最近増えているタッチパネル教材では，押すべきところを日常でよく見るボタンのように見せかければ，自然に押す操作に入ることができる。

3　認知科学と発達心理学の新たな展開

認知科学と発達心理学の今後の展開にとって，次の2つのトピックが挙げられる。

(1) 認知発達ロボティックス

発達法則を組み込んだロボットの製作は，認知科学の究極的な目標と言ってよい。このような試みが，実際に行われている（たとえば，浅田，2009）。人間と同じように発達するロボットが完成する可能性は低いかもしれない。しかし，製作された／されようとしている子どもロボットは，発達心理学研究に新たな研究課題，あるいは，より深化した研究を促すことになる。これは，認知科学が，人工知能を作ろうとして発展した歴史と同様である。

(2) 脳科学の展開

近年，脳科学は飛躍的な発展を遂げている。脳科学と認知科学は，同じ学問として語られることもあるが，大きな違いがある。コンピュータにたとえれば，脳科学が知をハードウェアの側面からとらえようとすることに対し，認知科学はソフトウェアの側面からとらえようとする。認知科学は，脳科学の知見を取り入れることはあるが，それは必須ではない。しかし，ハードウェアとソフトウェアは表裏一体の関係にあるので，認知科学における脳科学の影響は非常に大きい。ハードウェアを明らかにする脳科学を参考に，ソフトウェアを明らかにする認知科学の発展が見えている。

現在，赤ちゃんの脳活動を測定することでさえ，容易にできる。当然ながら，

脳科学の中で，発達に関する知見も続々と明らかにされてきている。脳科学を発端とした，認知科学，発達心理学の相乗的な発展が期待できる。

引用文献

浅田　稔．(2009)．認知発達ロボティクスによる身体・脳・心の理解と設計の試み．心理学評論，**52**，5-19．
Gagné, E. D. (1989)．学習指導と認知心理学（赤堀侃司・岸　学，監訳）．東京：パーソナルメディア．(Gagné, E. D. (1985). *The cognitive psychology of school learning*. Illinois: Scott, Foreman and Company.)
Gardner, H. (1987)．認知革命（佐伯　胖・海保博之，監訳）．東京：産業図書．(Gardner, H. (1985). *The mind's new science: A history of the cognitive revolution*. New York: Basic Books)
Gathercole, S. E., & Alloway, T. P. (2009)．ワーキングメモリと学習指導（教師のための実践ガイド）（湯澤正通・湯澤美紀，訳）．京都：北大路書房．(Gathercole, S. E., & Alloway, T. P. (2008). *Working memory and learning*. London: Sage Publications.)
三宅なほみ．(1999)．認知科学．中島義明ほか（編），心理学辞典（pp.662-663）．東京：有斐閣．
守　一雄．(1995)．認知心理学．東京：岩波書店．
Norman, D. A. (1990)．誰のためのデザイン？：認知科学者のデザイン原論（野島久雄，訳）．東京：新曜社．(Norman, D. A. (1988). *The psychology of everyday things*. New York: Basic Books.)
佐伯　胖．(1986)．認知科学の方法．東京：東京大学出版会．
Sawyer, R. K. (2009)．イントロダクション：新しい学習科学．R. K. Sawyer（編），学習科学ハンドブック（森　敏昭・秋田喜代美，監訳）（pp.1-13）．東京：培風館．(Sawyer, R. K. (Ed.). (2006). *The Cambridge handbook of the learning sciences*. Cambridge: Cambridge University Press.)

参考文献

箱田裕司・都築誉史・川畑秀明・萩原　滋．(2010)．認知心理学．東京：有斐閣．
海保博之（編）．(2005)．認知心理学．東京：朝倉書店．
海保博之・加藤　隆（編）．(1999)．認知研究の技法．東京：福村出版．
守　一雄・都築誉史・楠見　孝（編）．(2001)．コネクショニストモデルと心理学．京都：北大路書房．

第22章
教育学の考え方：
発達の観念と教育研究

古賀正義

第1節　教育学研究の歴史と発達の科学

1　「成熟拒否」時代の子どもと教育研究

　今日「成熟拒否」という病が蔓延しているとある精神科医が警告している（片田，2010）。子ども時代に失敗や喪失の体験が乏しく，親たちの過剰な期待と庇護の下で，若者になっても空虚な万能感だけが支配し続けていくからだという。ひきこもりやニートなどにも成熟を忌避する気分が見て取れる。反抗期に象徴される，価値観の異なる大人世代との葛藤から一人前の社会的自我が形成されていくという発達の観念は，いまや消え失せようとしているのかもしれない。

　1980年代以降，子どもをめぐる社会環境は大きく変化した。社会情報学者ポストマンが「子どもはもういない」と論じたように（Postman, 1982/1995），インターネット社会の到来は子どもの情報アクセスや処理能力を大人並みに向上させ，「ハイパー・キッズ」と呼ばれる情報新世代を誕生させている。また，子どもがウエッブサイトなどを閲覧して自ら商品を選択・購入することも可能となり，市場化の波は子どもを大人以上に先端的な流行の消費者と位置づけている。ネットコンテンツを介したオタク文化の世界的隆盛は，それを如実に物語る。

　教育も同様である。子どもの将来を見据えた小・中学校受験は大都市圏を中心に拡大し，英会話や習い事など早期教育へのニーズも一般化してきた。そのため，学習の条件を整えて計画的に効率よく受験体制をのりきることが今日の学歴社会における親の責務となり，少子化でありながら，教育に投資する学校外学習費は増大し続けている。その結果子どもたちも，学校－塾（学校外教育機関）－家庭というスケジュール化された生活システムに早い発達段階から順応していく。教育学が強い関心を寄せてきた学校現場もこうしたシステムの一部でしかなくなり，

子どもを筆頭に教育の消費者たちから絶えず評価されるようになった。子どもの学校での姿も限定的な役割演技にすぎないといわれる。

こうした変化は，教育史家アリエスの言葉を借りれば（Ariès, 1972・1978/1983），子どもを「小さな大人」へと位置づけ直し，子どもが自分自身の責任で選択し適応できる存在になることを推奨している。幼い時期からフラット化した高度産業社会に埋め込まれ，教育の効果も子ども一人一人に選択された「個人化された環境」に左右されるようになっている（Beck, 1986/1998）。従来の「成熟」が一人前の大人になるために発達課題を克服していく社会的過程であったとすれば，今日その順序性はコンセンサスを失い，しだいに神話化してみえる。

2　近代教育学における「全面発達」への期待

いうまでもなく教育が本来子どもを一人前の社会成員にするための文化的な営みである限り，社会化過程における発達段階や発達課題の重要性は看過することができない。従来教育学は，こうした発達のテーゼを前提として理念的で思弁的な研究を構築してきた。

20世紀初頭の児童中心主義教育において，子ども独自の知性や感性に即した学校教育の見直しが問いかけられたのも，よりよい大人になるための内在的な資質や才能の開花を促す方法が強く要請されたからに他ならない。近代教育学の発展は，単なる抑圧的な教え込みの歴史を乗り越えて，子どもの「全面発達」すなわち遺伝的に受け継がれる能力の十全な発達という課題に即した大人への同化・異化の過程を，哲学的歴史学的に解明することから始まった。

発達の特質に即した教育実践の探求は，近代国家にとって有為な人材の養成という目標とも表裏をなしていた。市民社会に参加できる個人の育成は，村落共同体の伝統的な集合的人間観を越えて，「意志ある個人」に立脚した教育の活動や評価を求めることになった。また，生産労働の担い手として役割分業体制を支え，立身出世をめざしていく「努力主義」の価値観を称揚する力ともなった。さらに，社会の経済発展を推し進める人的資本の形成に期待する「進歩史観」を教育の目標とすることも可能にした。

学校教育の制度的基盤が均質に整備されるにつれて，子どもの発達への理解はいっそう重要な国家戦略の課題となった。一律の年数と学年に基づいて構成される「年齢主義」の学校段階は，到達される学力に応じた「課程主義」と違い，子どもの発達の進展と教科学習の展開を結びつけることを必要とした。こうしてカリキュラムや教授方法，評価技法などを，発達課題に即して標準的に設定するこ

とが求められた。教育効果を向上させるため，各年齢にある子どもの興味を把握し，学級単位での一斉授業を編成することが重要となったのである。

そこでは，教授学の祖と称されるヘルバルト（Herbart, J. F.）の5段階教授法に代表される海外輸入の教育方法を日本の子どもの文化的な学習過程に応じて現地化することが必要となり，単なる成人の能力からの類推として設定された教育目標を年齢ごとの特性に合わせた教科の学習課題へと転換することが求められた（佐藤，1996）。こうして教育学研究における「発達の科学」が要請されていった。

3 「発達の科学」への教育的ニーズ

第二次大戦以降の実証的な発達研究の隆盛は，親子関係の特質などばかりでなく，教育機会の拡大や学校教育の質保証のための研究とも強く関連した。「教育爆発の時代」と呼ばれ高校の進学率が急激に上昇した1960年代に入ると，さまざまな学力や社会性を抱えた子どもたちを受け入れるようになった学校は，具体的な実践を支える知能や情意などに関する発達の科学的根拠を必要とした。そのため，欧米諸国で実施された同一年齢層を対象とした横断的研究の成果や，特定の子どもの発達の順序性を追跡していく縦断的研究に強い関心が寄せられた。「遺伝か環境か」といった論争に端的に示されるように，教育効果を向上させるための方法論として分析的な発達の理論が必要だったのである。

とくに非行少年や落ちこぼれ生徒のような逸脱を経験した子どもの事例からは，健全な発達に必要な学校や家庭，地域社会の指導体制が問われることになった。子どもの教育問題の改善や施策の実施にとって，遺伝的要素ばかりでなく，発達の文化的阻害という観点からみた生活実態の解明が重要となった。ここでは調査データに依りながら，歪みのないアイデンティティを獲得していくための自尊感情の醸成や道徳性の伸長を促す社会経験の獲得などが指摘されることになった。

このように発達の科学が学問的地位を確立するにつれて，教育学研究においても，たとえば学習理論では認知心理学者ブルーナーのスパイラルカリキュラムのように（Bruner, 1960/1986），教科の構造の理解が早期段階でも可能であるといった発達可能性の新たな見方が出現し，英才教育への期待が高まった。他方，教育学者ハヴィガーストの発達課題に関する分析のように（Havighurst, 1953/1995），前課題の達成がなされないとその後の人生の成功がおとずれないといった発達の不可逆性が強調されることもあり，子どもの失敗を回避するケアリングへの関心も高まった。

いずれにしても，現在多くの教育学テキストに紹介されているような，乳幼児

期に始まり青年期を通って成人期に至るライフコースに即した心理的な発達の特性が，教育学の一般常識として多くの人々に受容されるようになった。そして現在では，軽度発達障害や思春期の病理など正常な発達の歪みに関して，あるいは有名校合格者の子ども時代など優れた発達の促進に関して，教育雑誌の記事などに多くの親が注目する「発達全盛の時代」に突入している。この動向は，80年代末，教育学者堀尾輝久が「教育は発達に解消されるか，ないしは発達の後をおいかけるものとして位置づけられるようになっていきます」(p.5) と憂えた事態といえるのかもしれない（堀尾, 1989）。

第2節　教育学研究の方法的変化と発達への接近

1　変容する子ども観と研究方法のとらえ直し

このように教育学が政策・実践志向の強い規範学や応用学の性格を色濃く保持してきた分，心理学的な発達研究の事実に依拠する度合いは強くなった。そのため，冒頭に記した成熟の揺らぎは教育学に根本的な研究課題の変更を突き付ける。それは子どもと大人との境界の無効化であり，保護や矯正の対象としての子どもから権利主体や責任主体としての子どもへの転換を迫るものである。

従来，行政が主導する教育政策は国家による子どもの受教育権の保障を前提に実践されてきた。家庭や地域社会の環境などが子どもの発達を阻害する場合，福祉的な対応が義務づけられ，憲法にあるような「等しく能力に応じた」平等な教育の機会を保障することが求められた。欧州の福祉国家ほどではないにせよ，日本では中流階層を支える教育の制度的平等が学級規模の統一や教育内容の均質さなど「面の平等」として実現されてきた（苅谷, 2009）。こうして阻害を改善する教師らの日常的な教育実践の記録や考察が，教育学研究でも重用された。

しかしながら，「子どもの権利条約」に象徴されるように，子どもはいまや意見表明権などを有する社会の構成者として市民社会へ参加参画することを求められる。大人の設定する成長のシナリオに従属するだけでなく，変化の予想しにくい新たな社会づくりの担い手となる取組みが必要である。他方で，不登校やいじめ事件などに代表されるように，子どものモラル喪失やコミュニケーション障害が社会不安を呼び，市民生活を妨げる危険にも注目が集まる。子どもは社会成員としての大人と同等な責任を果たし，協働できる資質や能力を獲得する必要がある。新自由主義の立場に立つ自己責任論からみた子どもの教育への評価は，数値目標を要請して厳格である。

こうした変容は，子どもの生きる現場に密着しつつ，方法的な自覚に立った臨床的で実証的な研究を求めている。自律的な子どもの成長は，褒めたり叱ったりといったこれまでの社会統制の手法だけでは達成できず，教育の環境をコントロールして，子どもが課題を通して権利や責任を学習できる仕掛けにしなくてはならないとされる。2000年代に入って，「学びの共同体」作りを模索した教育学者佐藤（2006）や「効果のある学校」の構築を掲げた教育社会学者志水（2009）が，教育現場でのアクション・リサーチ，すなわち問題解決のために現場の当事者と実践しつつ分析的に研究するという手法を試みたことは，教育学の新たな方向性として特筆される。

2　大規模な量的研究による総合的理解

　今日の教育学研究には，たとえば文科省の「学びのすすめ」（2002年）に倣えば，「自ら学び自ら考える」姿勢の醸成やグローバルな学力の向上あるいは学習意欲の改善など変容する学習課題を，専門家の立場から分析的かつ総体的に把握する説明責任が求められている。マスコミなどが報じる子ども問題の言説に振り回されることなく，授業評価の活用や外部人材の導入など時々に試みられる学校現場の実践を再帰的反省的に把握する研究が必要とされている（古賀，2008）。

　その代表は，全国一斉学力テストや学習状況アンケート調査などに基づく子どもの学力と教育環境との関連に関する量的研究である。OECDによるPISA調査の結果を受けて，学力低下論争が激化したことは記憶に新しい。その是非は別に，発達の過程にある小・中学生の学力格差がどの程度あり，学校の教育実践や家庭の社会階層，地域の文化環境などといかに関連しているのかを分析することは，子どもの教育の阻害要因を分析する基礎資料として重要である。とりわけ，操作的な学力を想定した一律な問題による大規模な全国調査は，総合的な諸要因の相関関係や年次の比較対照を可能にし，政策科学としての貢献も大きい。

　調査の結果は，地方地域の方が大都市圏より平均的な学力水準が高いことや同一地域内でも学校間で学力水準に差があることなどいくつかの特徴を見出している。とりわけ注目されるのは，格差社会の進展が指摘されるなかで，家庭の階層と子どもの学力との相関がきわめて高いことである。図22-1にもあるように，年収1,000万円以上の世帯では，小学生の国語・算数の正答率が75％以上あるのに対して，400万円以下の世帯ではすべて平均正答率以下の結果になっている。学力の格差が，家庭の経済的文化的環境に連関していると解釈できるデータである。

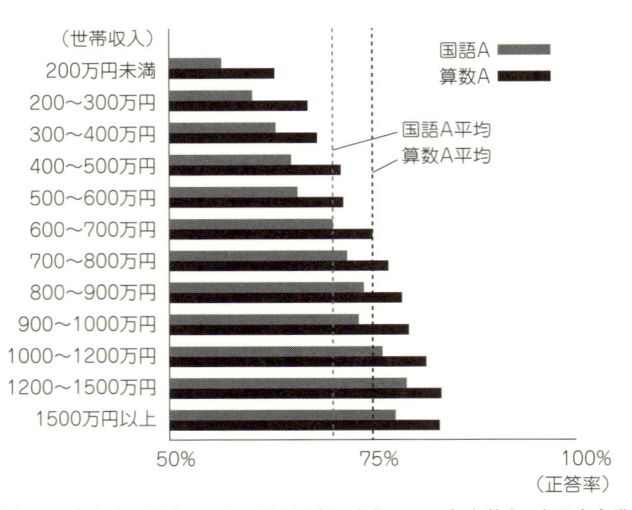

(注) 2008年度全国学力テストの結果分析。出典：2009年文科省・専門家会議
（図表は，岩井・近藤，2010，p.128 から引用）
図22-1　子どもの社会階層と学力（小学6年生の結果）

3　質的研究による教育文化の解明

　苅谷らの研究によれば（苅谷・志水，2004），子どもの自発的な学習時間の長さは家庭の「文化資本」と密接に関連するという。「文化資本」とは，社会学者ブルデューの概念であり（Bourdieu & Passeron, 1970/1991），家庭内の書籍・絵画などの学習財や親の社会参加の態度，あるいは所有する学校歴などによって，経済資本とは違う文化の格差が生じるとする。とくに，「ハビトゥス」と呼ばれる習慣行動は言葉づかいや振る舞いとして現れ，無意識のうちに家庭成員に共有されて学習の構えを構成する。先の研究でも，家での読書習慣やニュース視聴，コンピュータ利用などの違いによって，学習意欲に差があったとされる。

　社会言語学の知見にあるとおり，言語の習得は学力に大きな影響を与え，人種・性別・階級など属性的な原理に左右される。教育社会学者バーンステインによると（Bernstein, 1977/1985），新中産階級と下層階級との言語使用には，精密コードと制限コードという異なった表現形式が見出せるという。精密コードは，普遍的な文脈の提示によって出来事が客観的事実としてわかることを重視する（「北側の窓にボールが当たってわれた。」といった表現）。これに対して制限コードは，実際にその場で見ていることに依拠して出来事の様子を描写する（「投げたら当たって，窓われちゃった。」といった表現）。学業達成の評価は言語式のテストに

拠っているため，精密コードの使用がいっそう親和的で有利であるといえる。

　言語使用に代表される教育の文化研究は，インタビューによる会話の分析やエスノグラフィといった観察手法など質的な研究を要請している。実際アンケート調査ではわからない，学校文化の形成過程や授業実践の経験知，不登校やいじめなどの現象をフィールドワークから分析しようとする試みは増加している。たとえば，近年，教育社会学者山田らは民間人校長・藤原和博の革新的な学校づくりの現場を参与観察し（苅谷ほか，2008），特異な教育実践ばかりが行われるのではなく，外部に実践を公開することが効果をあげていると分析する。また，教育社会学者貴戸は不登校の当事者の声を拾い集め（貴戸，2004），逸脱というレッテルへの嫌悪でも，学校を拒否する選択でもなく，多くの子どもがルーティーンな学校生活に意義を見出せず曖昧な「生きづらさ」を告白していたという。

　質的研究は，出来事の多義性を分析することに適しており，すでに設定されている問題の意味を再考し，新たな解釈に開かせる効果がある。いいかえれば，既存の研究の語り方をいったん再帰的反省的に把握し構築し直す作用があるといえる。

第3節　発達研究への教育学の貢献

1　発達の問題と教育実践に関する言説研究

　教育学の臨床的実証的な方法論への移行は，子どもの発達にまつわる学習・生活の実態を明らかにするとともに，日常的な教育実践の文化的特質にも改めて着目させる。概して教育の問題は，政策的な解決や改善が即効的に検討されやすく，その分メディアなどの断片的な課題のとらえ方に左右されやすい。仮に学力低下論争が起こっても，学力の定義の仕方や測定・評価の方法などによって，問題の意味は大きく異なってくる。教育の立場性への自覚がないと，「教育言説」つまり教育に関する認識や価値判断を支える語り方の幻惑作用に振り回されるだけで，誤った実践への方向付けに加担してしまうことにもなりかねない（古賀，1999）。

　たとえば，近年，軽度発達障害への関心が急速に高まっている。文科省の推計では義務教育在籍者の約6%がこれにあたるとされる。学校内のコミュニケーションのルールに従えない子どもや学習活動の一部に歪みがある子どもには障害の可能性があり，特別支援教育による対処だけでなく，現場での早期の発見と治療が求められるという。しかしながら，軽度発達障害は脳科学的にも器質的な欠損と断定するのが難しく，言動や態度の現れから推定することも容易ではない。

いわゆるサスペクト（疑い）の状態である場合が大半で，一般の子どもにもかなりの症状はあてはまってしまうことが多い。

　安易な障害や病の適用は，子どもの教育可能性への期待を失わせ，個性や長所への目配りを歪めることもありうる。また，社会規範からの逸脱や文化資本の欠如などによる言葉や振る舞いの歪みを是正する指導の努力を，障害とみなして，医師など専門家への外部委託に解消してしまう懸念も消えない。正確で適切な判断のための調査研究とその活用がなされないと，むしろ問題が拡散・深化してしまうといえる。

　こうした発達や障害に関する語りや言説の分析は，教育実践という中長期的な成果を問い曖昧さをともなう領域で研究の知を活かし，現場における有効な対処方法を相対的に検討する視点を提供する。政策的な利害や刺激的な言説に惑わされず，発達研究の現状を客観的に示し，学校教育の実践にできることとできないことを見極めるのである。それによって，予算や人員などの制約のなかで重点的な対応項目の選択や成果の評価方法も研究的に提案できるといえよう。

2　ニューカマー研究の言語教育への示唆

　発達研究の新展開は他にもある。グローバル化の進展は，日本の学校にも多くの外国人子弟の流入をみることになった。2010年度公立学校に在籍した日本語指導が必要な者の総数は約3万人おり，ポルトガル語や中国語を母語とする生徒が大半を占める。これまでの閉鎖的な島国の教育環境から，移民や在日など多様なエスニシティを受け入れる内なる国際化を前提とした教育が必要になっている。いいかえれば，親の地域移動によって新たに日本にやってきた「ニューカマー」の子どもたちの教育実践に有効な支援が必要となっている。

　まず急務なのは，日本語教育の指導体制の確立である。多くの学校現場では，多様な外国語のできる教師は皆無であり，外部からの補助的な講師の巡回指導などに頼っているのが現状である。日本語教師の養成は，近年各大学でも始まったばかりであり，充分な体制を確立するには時間を要する。加えて，子どもたちの言語習得のレディネスや母語との関係も難しい課題である。日本への滞在期間が長くなると，一方で家庭内でも子どもの日本語使用が多くなり，言語の発達が急速に進むといわれるが，他方親とのコミュニケーションギャップや民族アイデンティティの変質などに遭遇していくことにもなりやすい。一面で，多文化化を保持していく方法論が必要となる。

　学校教育でも，異文化間葛藤という問題がある。教育社会学者志水らによると

(志水・清水, 2001), 中南米系の生徒を受け入れた学校で「雨が降ったので学校に来なかった」という生徒の事例があり, 教師が困惑したという報告がある。学校の規範は自国の文化を背景に構成されており, 生徒自身が不適応になるケースも多い。加えて, 「オールドカマー」も多く, 勤勉で同化傾向の強い中国や韓国などアジア系の生徒と他国の生徒では, 日本文化への適応のあり方が大きく異なる。

　日本的集団主義の文化も, 外国人生徒には違和感が強い。自発的な役割分担による班行動や一体感を醸成する学級活動などの意味が理解しきれず, いじめなどの力学に呑み込まれる子どももいるといわれる。個性の伸長や規律強制の改善など従来の集団主義の現れ方は変質してきているが, 移民家庭の文化資本に頼る子どもにとっては文化の対立や融合を経験する厳しい機会であることに変わりはない。日常のコミュニケーションを支える言語のクレオール化すなわち日本語を知らない親世代の実用的な言語の利用による子どもの教育への影響なども含めて (田中・田中, 1996), 今後言語使用と文化との関係に関して調査を行う必要がある。

3　トランジション研究への応用可能性

　最後に冒頭に触れた発達課題や発達段階の曖昧化について述べておきたい。青年期には, 児童期と異なるアイデンティティの模索があり, 社会的責任を猶予されるモラトリアムの時期が生じるといわれる。しかしながら, 「自分探し」という言葉に代表されるように, 現在では永続化する自己像の探求が成人期への移行をみえにくくしている。大学では心理テストなどによるジコブン（自己分析）の広がりやキャリア教育での自分史の記入など, 将来の私を物語ることによって, 目標とする大人像を描く心理主義的な実践が隆盛である (古賀, 2011)。

　従来学校教育とその後の企業や商店など産業社会での活動とは, 若者個々人にとって無理なく連動していた。「トランジション」すなわち青年から成人への移行過程が, 学歴社会などを介しながら社会システムにおける適材適所への選別と配分として理解されてきた。発達的な展望が描きやすかった社会といえる。しかしながら, いまや短期非正規雇用の拡大や結婚適齢期の喪失など, 成人への移行を象徴的に感じ取る出来事が見えにくくなり, 成長を確認する特段の努力が必要になっている。社会学者バウマンのいう未来の順序性を喪失した「液状化した社会」が出現している (Bauman, 2005/2008)。

　また, 子ども・若者の人間関係が限られた少数の仲間との「島宇宙」による交

友になっていくにつれて，社会課題への政治的な自覚をもった市民性の発達や日常のマナーの遵守によって関係性を保持する道徳性の発達などが明瞭でなくなってきた。「親密圏」という言葉で表現されるように，親しさを確認する場が意識され，KY（空気読めない）な行為を避ける気分が広がって，対立的な関係性を経験することは難しくなっている（土井，2004）。青年心理学のエリクソン（Erikson, E. H.）らが分析した時代とは異なる「小さな社会」のなかの発達現象の出現である。

　現在，学力やコミュニケーション能力の伸長などをめぐって，ライフコースに即した縦断的な教育学研究が展開され始めている（乾，2006）。パネル調査（同じ対象者に年を追って繰り返す調査方法）なども試みられ（古賀，2010），発達の内実を社会問題に接続させながら実証的に分析しようとしている。実際はどうあれ，成人式などのような年齢意識を構築するための通過儀礼が依然残存しているのは，若者の不安な生きづらい心理と連関して，発達の段階性への回帰があるからかもしれない（古賀，2004）。欧米の疫学調査に倣った縦断的なライフコース研究の歴史をみるとき，日本の教育学研究にもこうした「揺らぐ発達」につながる広範な基礎データの蓄積が強く求められているといえる。

引用文献

Ariès, Ph.（1983）.〈教育〉の誕生（中内敏夫・森田伸子，編訳）．東京：藤原書店．(Ariès, Ph.（1972, 1978）. *L'histoire des mentalites: Problemes de l'education.*)

Bauman, Z.（2008）. リキッド・ライフ：現代における生の諸相（長谷川啓介，訳）．東京：大月書店．(Bauman, Z.（2005）. *Liquid life.* Cambridge: Polity Press.)

Beck, U.（1998）. 危険社会：新しい近代への道（東　廉・伊藤美登里，訳）．東京：法政大学出版局．(Beck, U.（1986）. *Risikogesellschaft auf dem Weg in eine andere Moderne.* Frankfurt am Main: Suhrkamp.)

Bernstein, B.（1985）. 教育伝達の社会学（萩原元昭，編訳）．東京：明治図書出版．(Bernstein, B.（1977）. *Towards a theory of educational transmissions*（2nd ed.）. London: Routledge & K. Paul.)

Bourdieu, P., & Passeron, J.-C.（1991）. 再生産：教育・社会・文化（宮島　喬，訳）．東京：藤原書店．(Bourdieu, P., & Passeron, J.-C.（1970）. *La reproduction: Elements pour une theorie du systeme d'enseignement.* Paris: Editions de Minuit.)

Bruner, J. S.（1985）. 教育の過程（新装版，鈴木祥蔵・佐藤三郎，訳）．東京：岩波書店．(Bruner, J. S.（1960）. *The process of education.* Cambridge: Harvard University Press.)

土井隆義．（2004）．「個性」を煽られる子どもたち：親密圏の変容を考える．東京：岩波書店（岩波ブックレット）．

Havighurst, R. J.（1995）. 人間の発達課題と教育（荘司雅子，監訳）．東京：玉川大学出版部．(Havighurst, R. J.（1953）. *Human development and education.* New York: Longmans, Green.)

堀尾輝久．（1989）．教育入門．東京：岩波書店（岩波新書）．

乾　彰夫（編）．（2006）．18歳の今を生きぬく．東京：青木書店．

岩井八郎・近藤博之（編）．(2010)．*現代教育社会学*．東京：有斐閣．
苅谷剛彦．(2009)．*教育と平等*．東京：中央公論新社（中公新書）．
苅谷剛彦・志水宏吉（編）．(2004)．*学力の社会学*．東京：岩波書店．
苅谷剛彦・清水睦美・藤田武志・堀　健志・松田洋介・山田哲也．(2008)．*杉並区立「和田中」の学校改革*．東京：岩波書店（岩波ブックレット）．
片田珠美．(2010)．一億総ガキ社会：「成熟拒否」という病．東京：光文社（光文社新書）．
貴戸理恵．(2004)．*不登校は終わらない*．東京：新曜社．
古賀正義（編）．(1999)．*〈子ども問題〉からみた学校世界*．東京：教育出版．
古賀正義．(2004)．青年の「大人」意識：地方都市での成人式調査の結果から．*中央大学教育学論集*，第46集，87-110．
古賀正義．(2008)．学校研究の現在．*教育学研究*，**75**，46-54．
古賀正義．(2010)．高卒フリーターにとっての「職業的能力」とライフコースの構築．本田由紀（編），*労働再審／1 転換期の労働と〈能力〉*（pp.147-182）．東京：大月書店．
古賀正義．(2011)．「将来の私」を物語る：セラピー・カルチャーを求める若者たち．北澤毅（編），*〈教育〉を社会学する*（pp.127-154）．東京：学文社．
Postman, N. (1995)．*子どもはもういない：教育と文化への警告*（改訂版，小柴　一，訳）．東京：新樹社．(Postman, N. (1982). *The disappearance of childhood*. New York: Delacorte Press.)
佐藤　学．(1996)．*教育方法学*．東京：岩波書店．
佐藤　学．(2006)．*学校の挑戦：学びの共同体を創る*．東京：小学館．
志水宏吉（編）．(2009)．*「力のある学校」の探究*．吹田：大阪大学出版会．
志水宏吉・清水睦美（編）．(2001)．*ニューカマーと教育：学校文化とエスニシティの葛藤をめぐって*．東京：明石書店．
田中春美・田中幸子（編）．(1996)．*社会言語学への招待*．京都：ミネルヴァ書房．

第23章
家族社会学の考え方

大和礼子

　家族社会学においては 1970 年代を境に「発達」のとらえ方が大きく変わった。その1つはエリクソン（Erikson, 1959/1973）など発達心理学の影響のもと，「生まれてから成人するまでを発達」とする考え方から「生涯にわたる発達」という考え方への変化である。これ以外の重要な変化として次の①②がある。
　①発達は生物学的な現象なので，どの時代・社会でも大きくは違わない。
　→発達は社会・文化的な現象でもあるので，時代・社会によって多様である。
　②育児（発達の手助け）は，生物学的母親がするのが自然で最適である。
　→育児は，多様な人間関係（ネットワーク）の中で営まれる社会的現象である。
　本章では①②の変化を概観することにより，今日の家族社会学の方法・概念を紹介しよう。

第1節　1つめの変化──「発達は時代・社会によって多様」

1　発達段階論（ライフサイクル論）からライフコース・アプローチへ

　家族社会学において 1970 年代までは，発達心理学の影響を受け，「発達段階」という視点で多くの研究が行われた。発達心理学においては個人のライフサイクル（誕生から死まで）に焦点を当てるが，家族社会学においては家族（とくに核家族）のライフサイクル（結婚から夫婦の死まで）がおもに研究された（森岡・望月，1993, pp.66-78）。こうした「発達段階を設定する」というアプローチの背後には，加齢（生物学的時間）にともなう変化，しかも変化の共通パターンに注目するという視点がある。
　しかし 1980 年代になると，「発達のあり方は時代・社会によって多様である」という考え方が強まった。そのきっかけとして第1に，社会史の研究（歴史的時間への注目）がある。たとえば私たち現代人は，「子ども」は無垢で，「大人」と

は異なる存在であり，「子ども期」とは大人の生活（労働・性など）から隔離され，保護と教育を受ける時期と考えている。しかしアリエス（Ariès, 1960/1980）によると「子ども」に対するこのような見方は，西欧社会で16〜18世紀にかけてしだいに作り出されたものにすぎない。それより前の時代は，身の回りのことが自分でできるようになった10歳くらいより年長の人間は「小さく不完全な大人」として扱われ，労働し，大人と同じ世界を生きていた。しかし16世紀以降，保護と教育の期間としての「子ども期」という考え方が出現し，それはまず経済的に豊かな中産階級（その中でも男の子）に適用され，その後，数世紀もの時間をかけて，労働者階級や女の子へと適用範囲が広げられた。また学校教育制度の発達によって「子ども期」はさらに延長され，「青年期」が誕生した。こうした研究の進展にともなって，「子ども期」のあり方は生物学的年齢によって一義的に規定されるものではなく，時代・社会によって，またジェンダー，社会階層（収入・職業・資産・家柄・学歴等々の違い）などによって異なると考えられるようになった。

　第2のきっかけとして1980年代以降，現実の社会において家族生活の多様化（たとえば離婚，再婚，非婚，子どもをもたないなど）が進んだことがある。そのため家族社会学においても，「どんな家族にも当てはまる発達段階」を設定することが難しくなった。そこで無理に一定の段階を設定するのではなく，現実の多様性をとらえるための方法が模索された。その中から現れたのがライフコース・アプローチである（岩上，2003）。

　このアプローチは2つの時間（生物学的時間と歴史的時間）に注目する（図23-1参照）。ライフコース（life course）とは「年齢（生物学的時間）別に分化した役割と出来事を経つつ個人がたどる道」（Elder, 1977）である。年齢と多かれ少なかれ結びついた出来事（ライフイベント＝life event），たとえば学校卒業，就職，結婚等々は，それが起きた時点で，ある「役割」が開始あるいは終了したことを関係者に告げる。人はこれらの出来事を境に「役割移行」（それまでの役割からの離脱と，新しい役割の獲得）を経験する（石原，1987）。ライフコースの多様性は役割移行の「時機」「順序」「間隔」（次項参照）によって記述できる。

　ライフコースの多様性が生じる要因として，社会学では社会的要因を重視する。社会的要因は，規範的要因（社会規範）と構造的要因（機会構造）に分けられる。規範的要因は個人の意識に直接影響を与える。しかし同じ意識をもっていても，意識どおりの行動が実際にできるかどうかは機会構造（どのような機会が社会によって用意されているか）によって異なる。

社会的要因の影響をとらえるために，実際の分析では，コーホート（cohort），ジェンダー，社会階層，エスニシティ（民族）などに注目する。まずコーホートとは「特定の出来事を同じ暦年に経験する統計上のグループ」のことで，たとえば「出生」年が同じグループを「出生コーホート」とよぶ。コーホートが異なると，その人が生きる時代（歴史的時間）が異なり，直面する機会構造が異なる。また，たとえ同じコーホートに属していても，役割移行のあり方はジェンダー，社会階層，エスニシティなどによって異なる。社会学ではこれらは，単に個人の属性というだけでなく，社会の中でその人がおかれた位置（しかも容易には変え難い位置）を示すものとみなす。社会の中での個々人の位置によって，個々人が資源・権利へアクセスできる機会は異なる（つまり不平等が存在する）。したがってコーホート，ジェンダー，社会階層，エスニシティなどによる違いを比較することにより，その社会がもつ機会構造の特徴，変化，そしてそれらが個人の人生に与える影響を分析できる。

2 「大人への移行」の研究

ライフコース・アプローチの例として「大人への移行」を取り上げよう。エリクソンの発達段階論において「青年期」は学校教育期にあたり，社会的責任をともなう役割の取得を猶予される時期（モラトリアム期）である。この時期に自己のアイデンティティを模索・獲得し，その後，学校卒業→安定した就職→経済的自立→結婚という過程をへて「成人期」へすみやかに移行するものと想定されていた。

図 23-1 は日本において，成人期への移行がコーホートによりどう変化したかを示したものである。男性を例にして，1934～38 年生まれコーホート（高度成長期の 1960 年時点で 22～26 歳，2010 年時点で 72～76 歳）の前・後を比べよう。①学校卒業→②初就職→⑤経済的自立というライフイベントに着目すると，これらが起こる「順序」には変化がない。しかし「時機」（年齢）は若いコーホートほど遅れる傾向にあり，高学歴化の影響がみられる。また「間隔」については①学校卒業→②初就職→⑤経済的自立という移行が，1934～38 年コーホートより前では 5～6 年もかかっていたのに，これ以降では約 1 年という短期間で完了しており，学校から職業への間断のない移行が常態になったことがわかる。この背景として，高度成長期以降の雇用慣行（新卒一括採用）と労働行政（新卒者への職業紹介は学校が行うこととされた）がある（乾，1996）。

しかし 1990 年代半ば（1970 年代半ば生まれ）頃から卒業→就職→経済的自立→

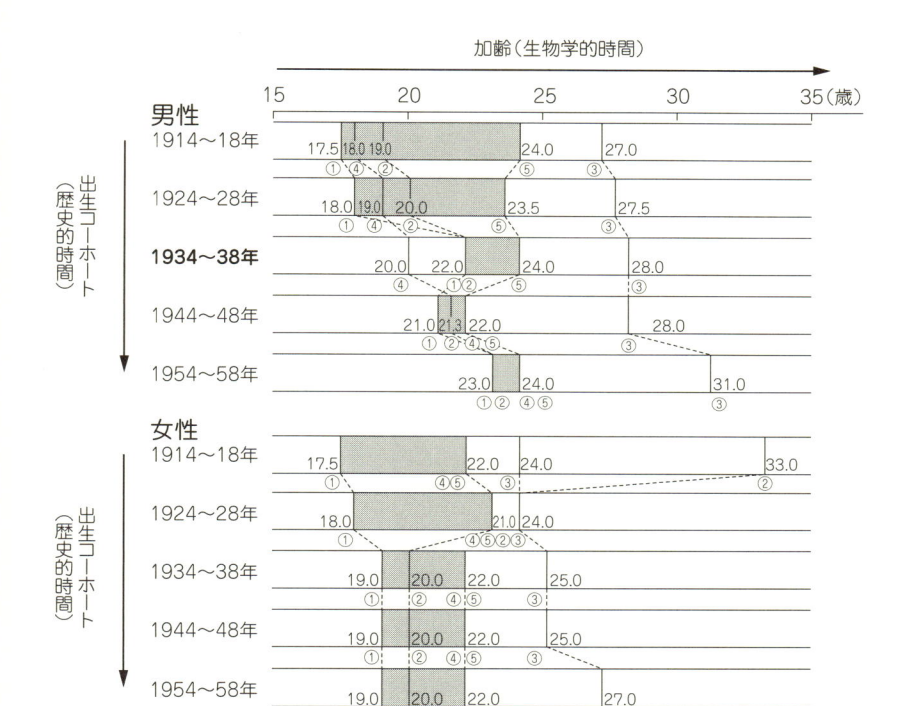

①学校卒業，②初就職，③初婚，④離家，⑤経済的自立を体験した年齢の中央値．
図23-1　大人への移行に関連するライフイベントを経験する年齢（出生コーホートによる比較）（嶋﨑，1990をもとに作成）

結婚という移行が滞るようになった。まず，学卒後に非正規職につく若者（いわゆるフリーター）が増加した。非正規化は男性より女性で，また短大・大学卒より高校卒で著しく，一度フリーターになると正規職への移動は難しい（宮本，2002；太郎丸，2009）。さらに非正規職は収入が不安定であるため，男女ともに正規職に比べて結婚が遅れがちになった（永瀬，2002）。

　ではなぜ非正規職につく若者が増えたのか。心理学や家族社会学においては当初，若者の依存的な意識やそれを助長する親子関係といった，非正規化のいわば自発的要因に注目する研究が行われた。たとえばモラトリアム論によってフリーター現象をとらえた研究（後藤，2003）や，親と同居し経済的自立を先延ばしする若者（パラサイト・シングル）に注目する研究（山田，1999）などである。これに対し労働経済学では，若者に対する正規雇用機会の減少，つまり非正規化の非自発的要因に注目する研究が現れた（玄田，2001など）。玄田によると1990年代

の不況により,企業は労働コストの削減を迫られたが,正規雇用者は雇用法制・慣行で保護されているため削減が難しい。そこで新規採用において若年(とくに女性や高卒者)の正規採用を減らし,そのかわりに非正規採用を増やした(玄田,2001)。この研究を契機に社会学においても,若者の意識や親子関係だけでなく雇用機会などの機会構造に注目し,ジェンダーや社会階層による違いをも考慮して,大人への移行が研究されるようになった。

第2節 2つめの変化――「多様な人間関係の中での育児」

1 「母子関係パースペクティブ」から「育児ネットワーク研究」へ

育児については1970年代頃まで,「親は子どもに一方的に影響を与える存在である」「幼少期の親子関係で重要なのは母子関係である」といった視点で研究がされてきた。山根真理(2000)はこれを「母子関係パースペクティブ」とよぶ。

しかし1980年代に入ると,この視点に疑問を投げかける研究が現れた。1つめは「育児不安」(牧野,1982)の研究である。「育児不安」とは育児にともなう不安・困難感・意欲低下・疲労感などであり,現代日本で育児中の母親の多くが,程度の差はあれ経験している。育児不安は,母親がひとりで,つききりの育児をしている場合に起こりやすいことが,多くの研究で明らかにされた。

2つめとして先に紹介した社会史の研究も「母子関係パースペクティブ」に疑問を投げかけた。「子ども」の意味が,「小さく不完全な大人」から「愛情あふれた世話と教育を必要とする存在」へ変化したのにともない,「大人」(とくに大人の女性)の意味も変化した。「女性なら誰もが母性愛という本能をもち,他の感情よりそれを優先させ,それに満足を感じるはず」というのは,現代ではあたりまえとされる考え方だが,実はこれは18~19世紀の西欧で新たに生まれた意識である(Badinter, 1980/1991)。子どもを可愛いと感じ世話をする大人は,男女にかかわらず,いつの時代も存在する。しかしそれを女性にだけ,しかも本能として強制する考え方は,「子ども」の意味の変化とともに新たに誕生したのである。

それより前の時代,別の社会では,育児は意識においても実態においても,母親だけでなく多くの人がかかわる活動だった。たとえば日本の江戸時代においては,子どもは家の大事な継承者であり,とりわけ男の子には父親が家業のノウハウを教えていた。したがって育児書のほとんどは父親向けに書かれた。また当時の社会は生産力が低く誰もが働く必要があったし,衛生水準が低いため乳幼児死亡率も高かったので,手の空いた者(父,母,他の誰でも)が子どもの世話をす

る必要に迫られていた（太田，1994）。さらに現在の，日本とアジア5カ国（中国，韓国，台湾，シンガポール，タイ）の比較研究によると，日本以外の国では父・親族・家事使用人など多くの人々が育児にかかわり，母親の育児不安はあまり見られない。一方，日本はこれらの人々による育児支援が少なく，母親に育児責任が集中している。母親が育児不安におちいりやすいのは，このような現代日本社会に特有の現象である（落合ほか，2007）。

こうした研究を経て，現実の育児は，母親だけでなく父親，祖父母，近所の人，友人，保育所等々の多様な人間関係（ネットワーク）の中で，これらの人々からの援助に支えられて行われているという視点がとられるようになった。

2　育児ネットワークと父親の育児

育児の多様な担い手についての研究で，とくに注目されたのが「育児ネットワーク」研究と「父親の育児」研究である。これらの背後にある研究関心は大きく2つに分けることができる。1つめは，育児ネットワークや父親の育児が，子ども・母親・父親の発達やウェルビーイング（well-being）にどんな影響を与えるかという「発達論的関心」である。2つめは，育児という労働を父母，親族，友人，近隣，保育所などがどう分業しているか，その分業のしかたに影響を与える社会的要因は何かという「分業論的関心」である（大和ほか，2008, pp.1-24）。後者の分業論的関心は男女平等意識の広まりとともに高まったもので，次のような問題意識から発している。労働には，職業など金銭的報酬が支払われる労働（paid work）と，家庭での育児など社会的に重要だが金銭的報酬は支払われない労働（unpaid work）があるが，日本では他の先進国に比べ，公的育児支援が乏しいため，育児負担が家族に集中している（舩橋，2006）。そのうえ，職業は男性，育児は女性に過度に偏っている。このことは男女の自己実現の幅を狭めるだけでなく，女性の低収入が母子家庭の貧困を引き起こし，貧困は子どもの発達に深刻な悪影響を及ぼす（阿部，2008）。したがって育児の公・私および男・女の分業はどうあるべきで，そのために何が必要かという分業論的関心が高まった。

実際の研究例は図23-2に示したように3つのタイプに分けられる。まず中央に位置づけたタイプ②は，育児ネットワークあるいは父親の育児の実態を記述・分類する研究である。その下のタイプ①は「育児ネットワークあるいは父親の育児が，子ども・母親・父親の発達やウェルビーイングに与える影響」を分析する。そしてタイプ③aと③bは「社会構造・規範など社会的要因が（個人の意識を媒介して），育児ネットワークあるいは父親の育児に与える影響」を分析する。あ

```
社会レベル    社会構造的要因    社会規範的要因
                                    ↓
                              (個人の)意識要因
              タイプ③a
              (分業論的関心)
                                    タイプ③b
                                    (分業論的関心)
行動レベル    タイプ②    育児ネットワークの実態／父親の育児の実態
                        タイプ①
                        (発達論的関心)
                              ↓
心理レベル              子ども・母親・父親の発達やウェルビーイング
```

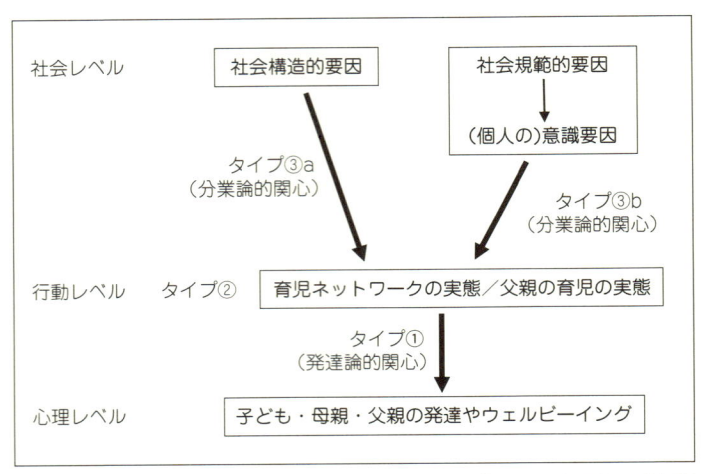

図23-2 家族社会学における「育児ネットワーク」と「父親の育児」の分析枠組み

えて単純化すると，タイプ①は発達論的関心（松田, 2008 など），一方タイプ③aや③bは分業論的関心（舩橋, 2006；大和ほか, 2008 など）にもとづくことが多い。

具体的な研究例を「育児ネットワーク」と「父親の育児」に分けて，タイプごとにみていこう。まず「育児ネットワーク」研究のタイプ①として，たとえば「育児ネットワーク⇒子どもの発達」については，育児ネットワークの直接効果（育児ネットワークは子どもに対して直接に認知的刺激・役割モデル・助け・諸活動への参加機会などを与え，これが子どもの発達を促進する）と，間接効果（育児ネットワークは親に対して育児支援・親役割モデルなどを提供し，これが親の育児力を高めることを媒介して，子どもの発達を促進する）がある（Cochran & Brassard, 1979）。日本では直接・間接両方の効果があることが報告されている（松田, 2008）。また「育児ネットワーク⇒母親のウェルビーイング」については，母親の日常生活を支えるネットワーク（親族・友人・近隣等からの育児援助・つきあいなど）が，育児不安を軽減すると報告されている（牧野, 1982；松田, 2008）。

タイプ②の研究としては，育児ネットワークを援助の内容から「手段的援助／情緒的援助／情報的援助」に分けたり（関井ほか, 1991），援助の与え手から「親族からの援助／友人・近所の人からの援助／保育所などからの援助」に分けることが行われてきた。また近年では社会学におけるネットワーク分析を応用し，「同質的で凝集性が高いネットワーク（緊密なサポートが得られる）／異質で緩やかなつながりからなるネットワーク（多様性のあるサポートが得られる）」といっ

た基準で育児ネットワークを分類し，母親のウェルビーイングや子どもの発達に対する効果を比較すること（松田，2008）も行われている。

タイプ③として，まず③ａ：「社会構造的要因⇒育児ネットワーク」については松田茂樹（2008）の研究がある。松田は，「子どもが多い地域に自分の幼少時から住んでいる」「年齢が30代前半（幼児をもつ母親の平均的な年齢と同じ）」「経済的ゆとりあり」「専業主婦」といった特徴をもつ母親は，世帯外のネットワークが豊富であることを報告し，（居住地域や社会階層など）「社会の中で本人が置かれたポジションによってネットワークを築く機会が大きく左右される」と論じる。では不利なポジションに置かれた人に対してどんな支援が可能か。松田は，育児サークルや児童館の利用がネットワークを広げることを報告し，これらの利用を促進するという施策を提案している。一方，③ｂ：「個人の意識⇒育児ネットワーク」については，性別分業に否定的な母親のほうが，より広範囲の人に育児を頼れると感じる（関井ほか，1991）という知見がある。

次に「父親の育児」研究におけるタイプ①～③の具体例をみよう。タイプ①として，たとえば「父親の育児⇒子どもの発達」についての分析では3歳児の父子関係について，父親とよく遊ぶ子どもは発達の度合いが高いという知見がある（中野，1996）。次に「父親の育児⇒母親のウェルビーイング」については，父親からの育児援助が母親の育児不安・育児ストレスを軽減することが報告されている（松田，2008）。また大和礼子ほか（2008, pp.115-135）は父親の育児を「子どもの世話」（おもに平日）と「子どもと遊ぶ」（おもに休日）に分類し，共働きの夫婦では，夫が「子どもの世話」をすることが妻の結婚満足感を高めるが，片働き（妻が専業主婦）の夫婦では，夫が「子どもと遊ぶ」ほうが妻の結婚満足感が高まる（つまり共働きと片働きでは，妻が夫に期待する育児の内容が異なる）ことを報告している。

さらに「父親の育児⇒父親自身の発達」については，幼稚園児と小～中学生の父母を対象にした調査から，父親が「おむつ替え・しつけ・相談相手」といった手間や精神的緊張をともなう育児をすることは，父親自身の「親としての自覚」「人間として成熟したという意識」を高めるが，「一緒に遊ぶ」「風呂に入れる」といった楽しい育児や，「子どもが病気のときの看病」といった緊急時の世話は，これらを高める効果がほとんどないと報告されている（牧野，1996）。

次にタイプ②の研究においては，「父親の育児」をその内容によって分類するという作業がされており，上記の「世話」と「遊び」といった分類や，「手間や精神的緊張をともなう育児」と「楽しい育児」といった分類はその例である。

最後にタイプ③として，③a：「社会構造的要因⇒父親の育児(影響)」について家族社会学では，おもに2つの仮説が検証されてきた。第1は「状況要因説」で，父親が育児をしやすい／せざるをえない状況にあると（たとえば父親の労働時間が短い，母親がフルタイムで働いている，祖父母が近くにいないなど），父親の育児分担が増えると予想する。状況要因説は多くのデータで支持されている（Ishii-Kunts et al., 2004；松田，2008；永井，2004；大和ほか，2008）。第2は「権力要因説」で，権力資源をより多くもっていると（たとえば妻がフルタイム就業で家計への貢献度が高いなど），相手に育児を分担するよう交渉する力が強くなり，相手の育児分担が増えるという仮説である。権力要因説はいくつかのデータで支持されている（永井，2004；大和ほか，2008）。また③b：「意識要因⇒父親の育児(影響)」は「意識要因説」ともよばれ，たとえば「男は仕事，女は家事」に賛成の父親は育児をしないが，これに反対の父親は育児をすると予想する。この仮説は日本ではあまり支持されていない（Ishii-Kunts et al., 2004；松田，2008；永井，2004）。まとめると，状況要因説や権力要因説は実態にあてはまるが，意識要因説はあてはまらない。この知見が示しているのは，父親の育児分担を増やすためには，父親の意識を変えるより，父親が育児をしやすい環境を整えること（たとえば労働時間の短縮，父親の育児休業）や妻の交渉力を高めること（たとえば妻が就業し経済力をもつこと）のほうが有効だということである（大和ほか，2008）。

　さらに近年では，上記の状況要因や権力要因に影響を与えるものとして，福祉国家の育児支援政策に注目する研究もある。たとえば舩橋惠子（2006）によると，児童手当を支給する政策は，母親の就業を抑制し育児分担についての母親の交渉力を弱めるため，父親の育児分担をふやす効果は弱い。一方，育児休業を父親に割り当てる政策は父親が育児しやすい状況を生み，父親の育児分担を促進する。

　以上のように家族社会学の発達研究では，社会レベルの要因に注目する。発達心理学が個人に注目する傾向があるのと対称的である。このように発達心理学と家族社会学は研究視角で異なる面もあるが，問題意識や研究内容には共通点も多い。今後も両領域の交流から多くの実りがもたらされるだろう。

引用文献 ………………

阿部 彩．(2008)．子どもの貧困：日本の不公平を考える．東京：岩波書店（岩波新書）．
Ariès, Ph. (1980)．『子供』の誕生（杉山光信・杉山恵美子，訳）．東京：みすず書房．(Ariès, Ph. (1960) *L'enfant et la vie familiale sous l'ancien Regime*, Paris: Plon.)
Badinter, E. (1991)．母性という神話（鈴木 晶，訳）．東京：筑摩書房．(Badinter, E. (1980). *L'amour en plus: Histoire de l'amour maternel, XVIIe-XXe siècle*. Paris: Flammarion.)

Cochran, M. M., & Brassard, J. A.（1979）. Child development and personal social networks. *Child Development*, **50**, 601–616.

Elder, G. H., Jr.（1977）. Family history and the life course. *Journal of Family History*, **2**, 279–304.

Erikson, E. H.（1973）. 自我同一性：アイデンティティとライフサイクル（小此木啓吾，訳編）．東京：誠信書房．（Erikson, E. H.（1980）. *Identity and the life cycle*. New York: International Universities Press.）

舩橋惠子．（2006）．育児のジェンダー・ポリティクス．東京：勁草書房．

玄田有史．（2001）．仕事のなかの曖昧な不安：揺れる若年の現在．東京：中央公論新社．

後藤宗理．（2003）．フリーター現象の心理社会的意味．後藤宗理・大野木裕明（編），現代のエスプリ 427 フリーター：その心理社会的意味（pp.5-18）．東京：至文堂．

乾　彰夫．（1996）．〈学校〉〈労働市場〉間の日本的接続と日本型大衆社会．日本労働社会学会年報，**7**，85–96．

石原邦雄．（1987）．研究目的，概念，研究方法．森岡清美・青井和夫（編），現代日本人のライフコース（pp.17-18）．東京：日本学術振興会．

Ishii-Kuntz, M., Makino, K., Kato, K., & Tsuchiya, M.（2004）. Japanese fathers of preschoolers and their involvement in child care. *Journal of Marriage and Family*, **66**, 779–791.

岩上真珠．（2003）．ライフコースとジェンダーで読む家族．東京：有斐閣．

牧野カツコ．（1982）．乳幼児をもつ母親の生活と〈育児不安〉．家庭教育研究所紀要，**3**，34–56．

牧野暢男．（1996）．父親にとっての子育て体験の意味．牧野カツコ・中野由美子・柏木惠子（編），子どもの発達と父親の役割（pp.50-58）．京都：ミネルヴァ書房．

松田茂樹．（2008）．何が育児を支えるのか：中庸なネットワークの強さ．東京：勁草書房．

宮本みち子．（2002）．若者が《社会的弱者》に転落する．東京：洋泉社（新書 y）．

森岡清美・望月　嵩．（1993）．新しい家族社会学（3 訂版）．東京：培風館．

永井暁子．（2004）．男性の育児参加．渡辺秀樹・稲葉昭英・嶋崎尚子（編），現代家族の構造と変容：全国家族調査［NFRJ98］による計量分析（pp.190-200）．東京：東京大学出版会．

永瀬伸子．（2002）．若年層の雇用の非正規化と結婚行動．人口問題研究，**58**（2），22–35．

中野由美子．（1996）．はじめの 3 年間の子どもの発達と父子関係．牧野カツコ・中野由美子・柏木惠子（編），子どもの発達と父親の役割（pp.31-49）．京都：ミネルヴァ書房．

落合恵美子・山根真理・宮坂靖子（編）．（2007）．アジアの家族とジェンダー．東京：勁草書房．

太田素子．（1994）．江戸の親子：父親が子どもを育てた時代．東京：中央公論社（中公新書）．

関井友子・斧出節子・松田智子・山根真理．（1991）．働く母親の性別役割分業観と育児援助ネットワーク．家族社会学研究，**3**，72–84．

嶋﨑尚子．（1990）．成人期への移行のコーホート間変化．正岡寛司ほか（編），昭和期を生きた人びと：ライフコースのコーホート分析（pp.258-274）．所沢：早稲田大学人間総合研究センター．

太郎丸博．（2009）．若年非正規雇用の社会学．吹田：大阪大学出版会．

山田昌弘．（1999）．パラサイト・シングルの時代．東京：筑摩書房（ちくま新書）．

山根真理．（2000）．育児不安と家族の危機．清水新二（編），家族問題：危機と存続（pp.21-40）．京都：ミネルヴァ書房．

大和礼子・斧出節子・木脇奈智子（編）．（2008）．男の育児・女の育児：家族社会学からのアプローチ．京都：昭和堂．

第24章 エスノメソドロジー（社会学）の考え方

高木智世

　ガーフィンケル（Garfinkel, H.）の研究を原点とするエスノメソドロジー（ethnomethodology）の立場は，実は，従来の発達論的研究の文脈における「発達」という概念とはなじまない。それは，どういうことか。そして，そうであるならば，本章でエスノメソドロジーの考え方を紹介する意義はどこにあるのだろうか。前者については，エスノメソドロジーが，発達心理学におけるいくつかの重要な概念，とりわけ，「子ども」をどのようにとらえるのか，その視点を明らかにしながら説明していきたい。後者については，エスノメソドロジーの強い影響を受けて生まれ，開発されてきた会話分析の手法を紹介し，この手法による「子ども」の観察が私たちにどのような知見をもたらしてくれるのかを明らかにしたい。

第1節　エスノメソドロジーの視点

1　発達心理学における重要概念をとらえなおす

　人々が実際の生活の中で日常的に遂行しているさまざまな活動の場面は，端的な事実として，（同じ社会文化集団のメンバーであれば）誰にでも見てそれとわかるものであるし，どのような実際的関心に基づいているのか説明できるという性質を備えている。誰にでも見てわかり，説明できるという性質をもつ実際的な諸活動は，すなわち，秩序立っていて，合理的であるということである。そして，そのような性質は，活動に参加している当の人々（エスノ）が，その活動を遂行し，達成する中で用いている諸々の手続き（メソドロジー）の性質でもある。つまり，活動とその活動において人々が用いる諸々の手続きは，互いにその意味（合理性）を与え合いながら展開する。エスノメソドロジーは，これを，経験的・具体的に明らかにし，私たちの日常生活世界が人と人のかかわりの中でどのように構成されているのかを探究する社会学的アプローチである。

このような視点に立つエスノメソドロジーにおいて,「子ども」は独特かつ重要な位置づけをもつ。南(1996)は,「世界に順化していない『未熟』なメンバーとしての子ども」(p.148)を,日常生活世界を構成する秩序を攪乱する者としてとらえ,子どもの「逸脱行為」が,大人の住む生活世界の構造を逆照射するとしている。このような視点は,「大人を到達点として,大人ではない不完全な存在から大人という存在に段階的に発達し,社会化されていくものとしての子ども」という古典的発達論的な見方とは大きく異なり,大人の支配的価値観や関心から独立した独自の文化をもつ社会的主体として子どもをとらえる[1]。こうした立場から「子ども」にアプローチする際,次のことが焦点の一つとなるはずである。そもそも,いかにして,(独自の文化をもち,いまだ言語を完全に共有できていない)幼い子どもと大人のコミュニケーションが成り立っているのか。私たちは,経験的に,子どもと相互行為が可能であることを知っている。同時に,子どもとの相互行為は,大人同士の相互行為とは何かが違うことも,やはり,経験的に知っている。そこでは,独自の文化や世界の見方をもった子どもが,大人の日常の構造を暴いて攪乱する一方で,大人が,そのような子どものふるまいに対して,日常性の回復を試みて自分たちの秩序や世界の見方に順化するように子どもを導き,両者が何らかの形で折り合いをつけながら日々の実際的活動を達成しているはずである。いかにしてか。これを,実際の相互行為場面を対象として丹念に調べることがエスノメソドロジーにとって重要な課題となる。

　それは,「子ども」を対象としたときに,その到達点としての大人を基準とした定義を前提に語られがちな「発達」「社会化」「学習」といった事態を,大人と子どもが出会う「今,ここ」の具体的相互行為の現場の中に置きなおす作業とも重なり,そうした概念についての従来の理解を新たな角度でとらえる必要性を迫ることにもなろう。たとえば,西阪(2008)は,4歳の子どもに対してバイオリンの弾き方を教える場面において「学習する・した」という記述が相互行為の当の参加者の間で可能となる「条件」を明らかにすることを試みている。

2　生活世界における経験を精確にとらえる

　西阪の試みは,言葉と身振りの配置によって相互行為の環境が構造化され,その構造化に参加者が演奏に際して志向している様子を,会話分析の手法を用いて

---

[1] このような「子ども」のとらえ方は,ハッチビーとモラン＝エリス(Hutchby & Moran-Ellis, 1998)に代表されるコンピテンス・パラダイムと呼ばれる立場の視点とも重なる。会話分析の創始者の一人であるサックスによる子どもの文化についての考察(Sacks, 1979)も参照のこと。

丹念に記述することによって，達成されている。実際，エスノメソドロジーの視点の有効性は，会話分析という手法を用いて，子どもが他者とのやりとりをどのように経験しているのかを可能な限り精確にとらえることを通してこそ，その真価を発揮すると言えよう。会話分析は，その基本的姿勢をエスノメソドロジーに由来しつつ，サックス（Sacks, H.），シェグロフ（Schegloff, E.），ジェファーソン（Jefferson, G.）を中心に開発された手法である。（たわいもないおしゃべりも含めた）言葉のやりとりの場面を，秩序立った活動ととらえ，当の参加者が，言葉や身体や環境を資源として，互いに理解可能・説明可能（つまり合理的）な手続きを用いてその秩序を生み出しているとみなす。そして，今日に至るまで，この秩序を精確に記述する道具立てを整え，分析手法を彫琢してきた。

近年では，ガードナーやフォレスター（Gardner & Forrester, 2010）などに代表されるように，会話分析の手法や知見を取り入れた，子どもが参加する相互行為の研究もさかんになってきている。できるだけ多くの子どもについて，彼ら・彼女らが生活世界で経験することを，会話分析の手法で網羅的に見ていくことができれば，子どもの「発達」や「社会化」の実際のありようが，これまでにない精確さで明らかになるのではないか，という期待もあろう。ただ，こうした「数多く，網羅的に見ていく」ことの必要性を前提とする発想については，以下の点について注意を促しておきたい。

先に述べたように，エスノメソドロジー・会話分析研究が記述するのは，あくまでも，人々が，諸々の社会的場面をつくりだすときに用いる手続き，つまり，方法である。人々が用いる方法は，きわめて精密につくられ，個別の状況にきわめて敏感に用いられている。だから，多くの事例を大まかになぞって共通する特徴を抽出するやり方で一般化を試みることは，方法そのものを十分にとらえないまま，誤った一般化を導くことになりかねない。方法の精密さは，個別の事例の中で，詳細で精確な記述を通してのみ明らかにできるのである。同時に，個別の事例に即しつつ「見通しのよい記述」（西阪，2008）を与えることができたならば，そのこと自体，それがたしかに人々に用いられている一つの方法であることを示している（だからこそ，記述可能なのだ）し，方法であるからには，状況に応じて誰にでも繰り返し用いることができるはずであるという意味において，（個別の事例についての見通しのよい記述は）すでに「一般的」であり，一つの成果なのだ。

では，会話分析の道具立てを用いることによって，子どもの発達や社会化の現場（すなわち，実際の具体的相互行為場面）の風景がどのように見えてくるか，次節で，実例の分析を通して示していきたい。少し，先取りしておこう。登場する

幼児Y（2歳4カ月児）は，「これ」という代名詞を用いる。当の状況においては，大人ならば「あれ」もしくは「それ」を用いるであろう。この点で，子どもは，（多くの場合，「誤用」という言い方で片づけられるであろう）大人とは異なる独自の代名詞の用い方をしている。しかし，「これ」を用いた発話や身体を精密に組織することを通して，受け手である母親の注意を「これ」によって指示されている対象物に的確に誘導し，適切な反応を引き出すことができている。母親も，子どもの精密な発話や身体の組織に敏感に反応し，「誤用」によって混乱させられることなく，適切に子どもの発話に応じている。大人と子どもの相互理解は，（大人同士のやりとりと同様に）具体的場面で用いられる相互行為組織の方法の緻密さと合理性によって支えられているのだ。このことを，以下で見ていこう。

第2節　会話分析を通して見えるもの

　これから見る例は，ある家族の昼食の場面のやりとりである。まずは，この昼食場面の参加者の配置をおおまかに把握するために，303ページの図24-1を先に一瞥しておいていただきたい。
　調査者（筆者）は，カメラを設置したあと，しばらく戸外に出ることを両親に告げて，このアパートの部屋を出る。このやりとりは，その直後に生じたものである。幼児Yが「これ」によって指示しているのは，Yからやや離れた位置，母親の右斜め後ろに置かれている，調査者が持参したカメラバッグである。

((Yは2歳4カ月の女児，Mは母親。父親と兄も同席している。))[2]
1　Y：これは:::?
2　　　（1.0）
3　M：ん:::?（（後ろを振り返る））
4　Y：これ:::
5　　　（2.0）（（Mは，Yを見た後，再び後ろを振り返る））
6　Y：［これ::
7　M：［ん，ん，あれね（0.5）まだね，(.)あの戻ってきなはるてお-姉ちゃん．

---

[2] コロン (:) は音が引き延ばされていること，下線は音が高く（もしくは，強く）なっていること，数字はその秒数の間合いがあること，角括弧（［）はその位置から発話が重なっていること，をそれぞれ表す。

さて、まずは、Yの最初の発話（1行目）に注目しよう。指示代名詞「これ」に、一般には主題のマーカーとみなされている「は」が付加されている。この発話は、言語的構造としては単純であるが、相互行為を達成するためのきわめて強力な手立てとして産出されている。以下で詳しく見ていこう。

1 「名詞＋は？」形式の質問

1行目の発話は、まず、それが一つの標準的な「文」として完結していなくても、「質問」（あるいは、後述するように、「説明要請」）という一つの行為として完結していることがわかるように産出されている。最後の「は」の音は十分に引き延ばされ、発話末尾にかけて音調が上昇することがはっきりとわかる。また、Yは、「は」の産出を開始すると同時に左手を伸ばして指差しをしながら母親のほうを向き、その発話を母親に向けていることを明らかにしている。つまり、「これ」という指示代名詞と指差しによって焦点化されている対象物について母親の反応を要請していることがわかるように産出されているのである。さらに、いわゆる「トピックマーカー」の「は」は、要請されている反応のタイプを明確化する。単に指示対象の存在を認めたり、それを探し当てたりするだけでなく、その指示対象について何らかの説明を与えることが要請されているのである。また、「は」で発話を完結してそれ以上明示しないという、切り詰めた発話の仕方は、暗黙裡に了解され、共有されているはずのこと、すなわち、その時のその場の状況（先行するやりとりを含めた文脈）を参照することによって、どのような「説明」が適切かわかるはずであるという主張として聞かれる。このように、Yの1行目の発話は、「は」が付加されている名詞の指示対象について特定の説明を引き出す質問として理解可能であり、あとに続く母親の反応からわかるように、受け手にも確かにそのように理解されているのである。

ところで、このような形式の発話は、大人もしばしば用いる。大人については、次のように言えるかもしれない。「は」によってマークされた主題のあとに、その主題についてのコメントが配置されるという日本語文法の知識、および、「質問」に対してはそれに適切に応接する「応答」が規範的に期待されるという相互行為の知識を参照することによって、一つの文の主題部分を質問として提示し、コメント部分を応答として要請することが可能となっている、と。だが、この子どもについて、どこまでそのような定式化が可能であろうか。2歳児について、そうした知識がすでに獲得されていると言えるのであろうか。発達論的視点からこのような疑問が生じるのは当然であろう。

しかし，現に，この子どもが「名詞＋は？」形式の質問を用いて母親と相互行為を組織しているというその事実は，少なくとも，そのように相互行為を組織する方法を「知っている」ことを示している。であるのならば，まずは，その知られている方法の具体的実践をできるだけ精確にとらえる試みもあってよい。いずれにしても，子どもが「知っている」ことのすべては，具体的実践においてのみ可視化されるのだ。これが，会話分析の視点である。

2　相互行為の資源としての身体

さて，この子どもが「知っていること」は，単に「は」という言語形式の使い方を知っているということに限定されない。Yは，発話と同時に身体を適切に用いて相互行為を組織する仕方も知っている。詳しく見てみよう。

先に述べたように，Yは，1行目の「は」の産出を開始すると同時に，自分の左手を差し出している方向から母親の顔に視線を動かし，この発話を母親に向けていること，そして，母親の反応を要請していることを明らかにする。前方を向き，食器を左手に持って食器の中のものを口に運んでいた母親は，食べ物を口に入れた直後，Yが視線を動かすとほぼ同時に顔を上げて，Yのほうを見る。ここで，Yと母親の視線が合う（2行目，図24-1）。

その直後，母親は，「ん::?」と発話のやり直しを要請しながらYが指差す方向を見ることによって（3行目），Yの最初の発話のタイミングに遅れはしたものの，今や確かに受け手としてふるまっていることを示すのである。（受け手としてYの質問に答えるには，まずは「これ」が何を指すか特定しなければならない。その特定化の作業を始めたことがここで明らかになる。）この母親の発話に対して，Yは，「これ::」と言いながら，母親が後ろを振り向き始めると同時にいったん胸元にひっこめた左手を，再び同じ方向に差し出して，人差し指と親指を伸ばし，その姿勢を維持する。後ろを振り返っていた母親は，再びYの方を向いて（4行目，図24-

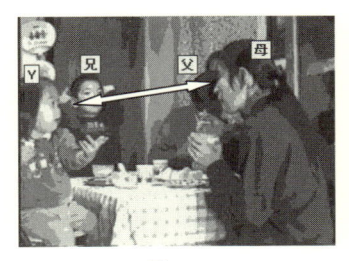

図24-1　　　　　　　　　図24-2

2),Yが指差す方向を今一度確認する(5行目)。このとき,Yは,視線を自分が指差す方向に固定し,母親の方を見ていない。つまり,母親が受け手としてふるまっていることが明らかとなったこの時点では,Yは,自分の視線を,受け手が見るべき方向を誘導するために用いているのである[3]。この直後,母親は,もう一度Yが指差す方向に顔を向け,今度は,より大きく首を後ろにひねり,ひねりきったところでわずかに頷きながら「ん,ん」と発する。これとほぼ同時に,Yは指差しのポーズを維持したまま,再び「これ::」と発話する(6行目)。この時点で母親はYの身振りを見ることはできないが,首を十分にねじってある特定の物を視認した(とみなしうる)瞬間に「これ::」というYの発話が産出されることにより,たしかにそれが,Yが指差していた物であることを確認できるであろう[4]。

　このようなYの身体的ふるまいを確認したうえで,今一度,発話そのものの組み立てにも注目して,Yの1・4・6行目の発話を比べてみよう。上述のような仕方で産出されていた1行目の発話に対し,4行目と6行目の発話においては,「は」は用いられず,また,発話末尾のイントネーションも上昇しない。Yの1行目の発話は,「これ」についての母親の説明を要請する行為であることを明らかにするべく発話が組み立てられ,視線が用いられている。母親は,Yと視線が合ったあと,「ん::?」と聞き返すことによって,自らをそのYの発話の受け手としてより明確に位置づけつつ,Yが「これ」によって指している対象を探索する。ならば,母親のこの発話(3行目)に対する反応として先の自分の発話をやり直す際に,それが母親に向けた説明要請の行為であったことよりも,むしろ,「これ」が何を指しているかということを焦点化し,母親が今「見ることをしている」中で,指示を先鋭的にやり直すほうが,合理的であろう。4・6行目におけるYの発話や視線・身体の組織は,この合理性に基づくものである。このように,この2歳児は,すでに,相手と協同的に,また,マルチモーダルに相互行為の秩序を生み出しているのである。

3　社会文化的規範の知識の実践

　「名詞＋は?」形式の発話を適切に用いることは,具体的状況に即した社会文

---

[3] このような相互行為における視線や指差しなどの身体の組織についてはグッドウィンによる一連の優れた研究(Goodwin, 2003など)を参照のこと。
[4] 二人が座っている位置関係から,Yは,自分が指差す方向を見る視野の中で,母親の身体的ふるまいを確認できる。

化的規範にかかわる知識の実践でもある。Yの1行目の発話は，調査者が，カメラバッグに入れて持参したカメラを設置して戸外に出た直後に発せられたものだった。先に述べたように，「名詞＋は？」形式の質問は，その切り詰めた言い方を通して，受け手に，文脈からわかるはずのことを参照して，適切な説明を提供するように導く。それは，すなわち，「は」が付加されている名詞の指示対象と「今，ここ」で受け手と共有できているはずのさまざまなこととの間に，特定の結びつきがあり，その指示対象に言及するだけでその指示対象について適切な説明を引き出すことを正当に期待できる，という理解を前提としている。つまり，Yの1行目の発話は，（Yにしてみれば，突然の，見知らぬ）訪問者がその場を去ったにもかかわらず，その者に所有されていると認識されている物がそこにあることについて，正当に説明を要請することができるという理解を示しているのである。この発話は，「所有」の概念が具体的な社会文化的規範の知識として実践されたものとして見ることができよう。また，この場面は，同時に，「家族」と「家族以外の者」という，原初的な社会的カテゴリーの実践でもある。母親の7行目の「説明」はそのことを如実に示している。つまり，家族の一員ではない調査者について，「訪問者」「一時的に居合わせる者」という記述が可能であるからこそ，Yが指差す方向に置いてあるさまざまな物の中から調査者が置いていったカメラバッグを「これ」の指示対象として拾い出し，「戻ってくる」から「大丈夫」という説明を与えることが可能になるのである[5]。母親のこの発話は，Yの1行目の発話が，このような理解を前提としているという認識を示しているのである。

第3節　発達心理学への提言

わずか10秒程度のやりとりの中でどれだけ多くのことが生じているか，実感していただけただろうか（紙幅の都合で言及できなかったことが，まだたくさんある）。子どもが住む生活世界は，今見たような，大人や他の子どもとともに参加するさまざまな実際的活動の連続が織り成す世界に他ならない。エスノメソドロジー・会話分析の視点は，その実際的活動がきわめて複雑であること，そして，その複雑さは，参加者が用いる精密な方法が幾重にも折重なって組織されている姿に他ならないことを明らかにしてくれる。「発達」や「社会化」が，そうした

---

[5] 上掲のやりとりのすぐあとに，母親が「だけん，大丈夫よ」と発話する。

実際的活動への参加の繰り返しの中で生じているとすれば，人間の「発達」を理解するうえで，実際的活動の組織を解明する試みは，決して，無駄ではない。

引用文献

Gardner, H., & Forrester, M.（2010）. *Analysing interactions in childhood: Insights from conversation analysis*. Chichester, UK: Wiley-Blackwell.

Goodwin, C.（2003）. Pointing as situated practice. In S. Kita（Ed.）, *Pointing: Where language, culture and cognition meet*（pp.217-241）. Mahwah, NJ: Lawrence Erlbaum Associates.

Hutchby, I., & Moran-Ellis, J.（1998）. *Children and social competence: Arenas of action*. Routledge.

南　博文．（1996）．エスノメソドロジー：自明な世界の解剖学．浜田寿美男（編），*別冊発達20　発達の理論：明日への系譜*（pp.135-154）．京都：ミネルヴァ書房．

西阪　仰．（2008）．*分散する身体：エスノメソドロジー的相互行為分析の展開*．東京：勁草書房．

Sacks, H.（1987）．ホットロッダー：革命的カテゴリー．山田富秋・好井裕明・山崎敬一（編訳），エスノメソドロジー（pp.19-37）．東京：せりか書房．（Sacks, H.（1979）. Hotrodder: A revolutionary category. In G. Psathas（Ed.）, *Everyday language: Studies in ethnomethodology*（pp.23-53）. New York: Irvington Publishers.）

参考文献

Goodwin, M. H.（1990）. *He-said-she-said: Talk as social organization among Black children*. Bloomington, IN: Indiana University Press.

串田秀也・好井裕明（編）．（2010）．*エスノメソドロジーを学ぶ人のために*．東京：世界思想社．

前田泰樹・水川喜文・岡田光弘（編）．（2007）．*ワードマップ　エスノメソドロジー*．東京：新曜社．

高木智世．（2008）．相互行為の中の子どもの発話．串田秀也・定延利之・伝　康晴（編），*「単位」としての文と発話*（pp.133-167）．東京：ひつじ書房．

Wootton, A. J.（1997）. *Interaction and the development of mind*. Cambridge: Cambridge University Press.

第25章
エスノグラフィの考え方

柴山真琴

　心理学におけるエスノグラフィへの関心の高まりは，心理学において忘れられたヴント（Wundt, W.）の伝統（民族・文化心理学の構想）を，学際的な交流の中で回復しようとする動きとして理解されている（茂呂，2001）。本章では，まず発達心理学におけるエスノグラフィ導入の経緯を概観し，次にエスノグラフィの方法論的特徴を整理し，最後にエスノグラフィ研究が発達心理学にどのような貢献をしたのかを探る。

第1節　エスノグラフィの概念

　ここでは，エスノグラフィという用語の意味を確認したうえで，発達心理学を含む複数の学問分野で，エスノグラフィが導入された経緯について述べる。

1　エスノグラフィの2つの意味

　「エスノグラフィ（ethnography）」という用語は，他者を意味する"ethnoi"というギリシャ語に由来するが（Erickson, 1986），今日では2つの意味で使われている。第1の意味は，「データ収集のさいに用いられる一連の方法」（Merriam, 1998/2004, 訳書，p.19）である。具体的な技法としては，参与観察・インタビューに加えて，文献収集・生活史の検証・調査日誌の作成などが含まれる。第2の意味は，「エスノグラフィの技法を用いた調査の記述記録」（Merriam, 1998/2004，訳書，p.19）で，「民族誌」とも呼ばれる。ただし，単にエスノグラフィの方法を使いさえすれば民族誌になるわけではなく，データの文化的解釈を経てはじめて産物としてのエスノグラフィとなる（この点については第2節2で詳述する）。

2 複数の学問分野におけるエスノグラフィの導入

　エスノグラフィという研究方法は，19世紀末に，文化人類学者のマリノフスキー（Malinowski, B.）によって確立された。マリノフスキーは，ライプチヒ大学留学時代に，ヴントやビュッヘル（Bücher, K.）のもとで民族心理学，民族学を学んだ経験をもつ（泉，1980）。その後，彼は，ニューギニア東端のトロブリアンド諸島に住み，現地語を駆使して現地の人々と直接交流しながら社会生活に関するデータを収集し，人々の視点から生活世界を理解することを通して，文化を描き出すことを試みた（Spradley, 1980）。それまでの文化人類学では，他者が書いた旅行記や記録の再分析が中心で，現地をまったく知らずに書斎で民族誌が書かれていたことを考えると，マリノフスキーが開発した参与観察を主眼とするエスノグラフィという方法は，画期的なものであった。以来，文化人類学では，1980年代に生じた「オリエンタリズム」批判（Said, 1978/1993）に代表される「文化を書く」行為をめぐる議論を経つつも，今日に至るまで，エスノグラフィが中核的な研究方法となっている。

　具体的な記述データに基づいて，人々の日常世界を当事者の視点から理解することを目指すエスノグラフィは，貧困・犯罪・離婚・人種間葛藤や階級間の教育機会の不平等といった社会問題を解明する研究方法としても有効であった。1920年代と60年代にアメリカやイギリスで，都市研究の方法としてエスノグラフィが注目されたのも，こうした理由からであった。とくに1960年代のイギリスでは，学業成績の階層差発生のメカニズムを解明することが焦眉の課題となっていた。1970年代半ばに登場した「『新しい』教育社会学」の旗手であるヤング（Young, M. F. D.）は，教育環境の諸要素を教育の機能という側面から分析する従来の機能主義の限界を指摘し，ブラックボックスのままになっていた学校や教室の内部過程こそを明らかにすべきだと主張した。現象学的社会学・エスノメソドロジー・象徴的相互作用論の総称である「解釈的アプローチ」は，この「『新しい』教育社会学」の中核をなす研究パラダイムであり，その研究方法として採用されたのがエスノグラフィであった（Karabel & Halsey, 1977/1980）。1980年代には，教育学でもエスノグラフィが導入された（たとえば，Erickson, 1986）。

　一方，発達心理学においても，1970年代から80年代にかけて，パラダイム展開とでも呼べるような動きが生じた。社会文化的環境と人間発達過程との相互構成性に早い時期から気づいていたコール（Cole, M.）やロゴフ（Rogoff, B.）は，ヴィゴツキー（Vygotsky, L. S.）の理論的伝統（人間の高次精神機能は歴史・社会的起源をもつという考え）を継承しつつ，文化人類学由来のエスノグラフィを取り入

れることで，社会的実践を中核に据えた人間発達研究の方法論を提案した（Cole, 1996/2002 ; Rogoff, 2003/2006）。ほぼ同時期に，ガスキンス（Gaskins, S.）らは，個人的・集合的な意味づけの過程に焦点を当てる「解釈的アプローチ」を提唱した。彼女らは，子どもは普遍的な文化を学ぶのではなく，特定の信念・実践・解釈枠組みの中で特定の文化を学ぶという前提に立ち，人間発達の過程を「文化の意味体系の中に自分を方向づける過程」ととらえ，子どもの意味創出過程を解明する手法として，エスノグラフィを採用した（Gaskins et al., 1992）。

このように複数の学問分野でほぼ同時期にエスノグラフィが導入された背後に，人間営為や人間発達に関する学問知の構成原理の組み替えを志向する学横断的な動きを見ることができる。すなわち「普遍主義（事物や自然の等質視）」「論理主義（一義的な因果律による事物や出来事の説明）」「客観主義（対象の客体化）」を基本とする近代科学の構成原理から，「固有世界（有機的な秩序と意味をもつ領界としての個別の空間・場所・時間の重視）」「事物の多義性（物事の多様な側面と多義的な意味の重視）」「身体性をそなえた行為（身体と諸感覚を共働させつつ他者と相互作用する存在としての人間観）」を基本とするフィールドワークの知の構成原理への組み替えである（中村，1992 ; 柴山，2006）。簡潔に言えば，人間は，能動的な行為者・解釈者として自らの発達に関与しながら，歴史的・文化的に組織化された社会的実践に他者とともに参加することを通して変容していくこと，それゆえに社会的実践を探求の中核に置かずして人間発達の過程を理解することはできないことが共同で認識されたと言える。

第2節　方法論の特徴

エスノグラフィでは複数の技法が併用されるが，以下では，参与観察を主要技法とする場合を想定して，エスノグラフィの方法論的特徴を整理する。

1　3つの認識論とエスノグラフィ

どのような研究方法を採用するにせよ，研究方法は認識論（epistemology）と組み合わさることによって研究方法論（methodology）となる（箕浦，1999）。社会科学における代表的な認識論は，「実証主義的アプローチ（positivistic approaches）」「解釈的アプローチ（interpretive approaches）」「批判的アプローチ（critical approaches）」の3つに分類される（Carr & Kemmis, 1986 ; LeCompte & Preissle, 1993）。実証主義的アプローチとは，デュルケム（Durkheim, E.）に基礎を置く立場で，社

会現象を自然現象とほぼ同じものと見なし，古典力学に代表される自然科学の手続きをモデルにして，人間行動の普遍的な法則の定立を目指す立場である。解釈的アプローチとは，ウェーバー (Weber, M.) の理解社会学に源流をもち，社会現象は自然現象とは異なるものと見なし，特定の状況下での人間行動の規則性の理解を目指す立場である。「批判的アプローチ」とは，1980年代半ば以降に登場した批判理論（フェミニズム・ネオマルクス主義・ポストモダン主義・ポスト構造主義など）を指し，批判的省察により人間行動の決定因の解体を目指す立場である。

これらの3つの認識論の特徴を簡潔に整理したのが表25-1である。どの認識論に依拠するかによって，研究のデザイン（研究の目標・過程・焦点など）が大きく違ってくることが理解できるであろう。ただし，研究者が自分の依拠する認識論を常に意識しているとは限らない。というのは，研究学徒として特定の研究方法の訓練を受ける過程で，無意識のうちに認識論が刷り込まれているからである（箕浦, 2009）。これらの認識論のうちどれを主軸としてきたかは，学問領域によって異なる。エスノグラフィが開発された文化人類学では，解釈的アプローチが特権的な地位を獲得してきた。教育社会学では，実証主義的アプローチに依拠する質問紙調査が主流ななか，1970年代に解釈的アプローチが導入された。発達心理学では，1970-80年代に，実証主義的アプローチへの懐疑や解釈的アプローチへの志向が出現した。

これまでのエスノグラフィックな発達研究では，「解釈的アプローチ」が認識論として採用される傾向があったが，他の認識論に依拠することももちろん可能である。教育や国際開発の分野では，「批判的アプローチ＋エスノグラフィ」を研究方法論としたアクション・リサーチが行われている（箕浦, 2009）。

2 研究の鍵概念としての文化

1990年代までに書かれた教育実践のエスノグラフィ研究を概観すると，研究の単位が何であれ（生徒・学校・学習・カリキュラム・インフォーマルな教育など），「文化」が研究をまとめ上げる概念であった（LeCompte & Preissle, 1993）。エスノグラフィ研究における「文化」とは，ある集団の人々に共有された行動パターンを構造化する信念・価値観・態度，ないしは共有された信念と社会的相互作用のパターンとの連関という意味で使用されることが多い（Merriam, 1998/2004）。つまりエスノグラフィという方法は，質的調査法の中でも，人々の日常活動や相互交渉・相互解釈の過程を当事者の視点から記述することを通して，そこに脈打つ文化的規則性を解明することを志向する点に特徴がある。別言すれば，特定の集団

表25-1 3つの認識論の特徴と「高校中退」研究例

特徴＼認識論	実証主義的アプローチ	解釈的アプローチ	批判的アプローチ
研究の論理の基盤	道具的行為の作用圏において、操作可能な一般化された経験をとらえるために構想。測定可能性の基準のもとで、行為の客観的な原因の説明を志向。	コミュニケーション的行為の作用圏において、伝達可能な個別化された経験をとらえるために構想。解釈可能性の基準のもとで、行為の主観的理由の理解を志向。	社会との境界領域で生じる、表象的な個別化された経験をとらえるために構想。解放的認識を導く関心のもとで、自己の表象を社会過程や社会関係の中に解体することを志向。
社会的事象についての前提	中立的な事実が実体として存在すると仮定。厳密な観察により、事実を歪めずに記述することが可能。	生の事実や堅固な事実は存在しないと仮定。先行知識や理論の介在によって、社会現象の把握が可能。	社会的事象の客体性・外在性・モノ性を否定。社会的現実は常に構築・再構築の過程の中に存在すると仮定。
研究の目標	すべての状況下における人間行動を支配する普遍的な法則を定立すること。	特定の状況下における人間行動に見られる規則性について、他者と共有可能な理解を得ること。	批判的省察により、人間行動を規定する要因を解体すること。
研究の過程	自然科学の研究をモデルにして、人間行動を測定し、因果律によって説明すること。	社会的相互作用・意味づけ・コミュニケーションの分析を通して、人間行動を理解すること。	意味・コミュニケーション・支配に仕組まれた隠れたパターンを暴くことにより、構造や行動を変革すること。
研究の焦点	観察可能な行動、対象の測定とデータの定量化、変数の統制	観察された行動の意味、間主観的な理解、変数の説明	隠れた意味や前提、抑圧のパターン、変数の顕示
研究者の位置	研究対象とする事態や人々には関与せず、客観的な測定を志向。	研究対象とする事態や人々とかかわりながら、自分自身をツールにした事態の把握を志向。	社会的・政治的に積極的な役割を担いながら、事態の変革を志向。
対象者の位置	受身的な情報提供者	積極的な協働者	協働的で積極的な認識主体
知識の妥当性	対象者とは独立に、研究者の水準においてモノローグ的に問われる。	研究者と対象者との間で、ダイアローグ的に問われる。	対象者の自己省察と自由の実現によって検証される。
高校中退の研究例 — 現象認識	教育：静的で観察・測定可能なもの 学校：知識伝達システム	教育：1つのプロセス 学校：生徒に生きられた経験の場	教育：社会的・文化的な再生産と変革のための社会制度 学校：不平等が再生産される場
高校中退の研究例 — 研究計画	・「生徒は自尊心の低さゆえに高校を中退する」という仮説から出発。生徒の自尊心を高めるための介入プログラムを計画。 ・科学的で実験的な調査。可能な限り多くの変数を統制した実験の場を設定し、その結果を測定。	・未修了者自身の視点から見た中退の経験の理解。あるいは、苦しい状況にあっても高校を修了した者と未修了者を分ける要因の発見。 ・生徒へのインタビュー、観察、カウンセラーの報告書や個人の日記の収集など。	・社会のある階層の利害を他の階層の犠牲のもとに温存させるよう、学校がいかに構造化されているかを分析。 ・学校が構造化されるやり方やある種の反応パターンを再生産するメカニズム（出席・テスト・成績のレベルなど）を調査。
高校中退の研究例 — 研究成果	客観的で定量的な知識	教育の過程や人々の経験の意味の理解	教育の領域における権力や特権、抑圧へのイデオロギー的批判

LeCompte & Preissle（1993）のTable1.1 [1]（pp.24-25）をもとにCarr & Kemmis（1986）, Merriam（1998/2004）, 野宮（2005）, 土場（2005）を加えて柴山が作成。

に共有された文化を鍵概念にして社会的現実を再構成したものが，第2の意味でのエスノグラフィである（LeCompte & Preissle, 1993）。

3　参与観察における3つの段階

エスノグラフィにおける参与観察では，「全体的観察（holistic observation）」→「焦点的観察（focused observation）」→「選択的観察（selective observation）」という3つの段階を踏んで観察を進めることにより，研究設問の本質的側面に観察の焦点を徐々に絞っていく（Spradley, 1980）。まず「全体的観察」では，フィールド調査の方向づけを得るための非特定的な叙述を行うことにより，フィールドの複雑性を把握し，具体的な設問と視点を見出すために観察を行う。次の「焦点的観察」では，研究設問にとくに関連のある事象やプロセスに焦点を絞って観察を行う。最終段階である「選択的観察」では，焦点的観察で見つけた典型的な行為やプロセスの証拠や実例を中心にデータを蓄積するための観察を行う。

これらの3段階における観察の本質的な違いは，フィールドで生起する事象を幅広く見るか，特定の焦点に絞って限定的な観察をするかという見るべき事象の広狭にあるのではなく，フィールドで生起している事象への洞察と研究設問の吟味の深浅にあると言える。全体的観察よりも焦点的観察の方が，焦点的観察よりも選択的観察の方が，フィールドの実践を特徴づける事象をより深くとらえ，その事象を記述するための理論的な視点がより深まっていることになる。

4　研究過程における4つの対話

観察の各段階にどの程度の時間を充てるかは，研究設問の内容や参与観察の熟練度によっても違ってくるが，エスノグラフィの研究過程は，次のような4つの対話を含みながら進んでいく（柴山, 2009）。第1の対話は，「フィールドの人々との対話」で，フィールドで感受してきた事柄を詳細に記述することを通して，フィールドの人々の解釈過程を当事者の視点から記述する過程である。当事者の視点を得ることは，「内側の視点」一辺倒になることではなく，「プロのよそ者」としての距離を保ちながら，「内側の視点」を学ぶことである（Agar, 1980）。内部者の日常的理解を超えたレベルで，フィールドにおける事象や意味の関連についての知見を得たいのであれば，外部者の視点と内部者の視点を併せもった「第三

---

[1]　ルコンプトとプライスル（LeCompt & Preissle, 1993）のTable1.1は，箕浦（2009）でも紹介されている。

の視点」から事態を深く見ることが欠かせない（Flick, 1995/2002）。

　第2の対話は，「集まりつつあるデータとの対話」で，作成し終えた何回分かの観察記録（フィールドノーツ）を見ながら，研究設問とそれに応じた観察の焦点を模索・精緻化する過程である。「創出していく洞察や直感，暫定的仮説によって次のデータ収集の方向づけがなされ，結局それが調査の質問の精錬と練り直しなどにつながっていく」（Merriam, 1998/2004, 訳書, p.222）。エスノグラフィ研究では，データ収集とデータの暫定的分析は，同時進行的かつ相互依存的な作業となる。

　第3の対話は，「先行研究・関連研究との対話」で，フィールドで探求している事柄を，これまでに蓄積されてきた研究知見や理論と交絡させる過程である。研究の進み具合に応じて，参照すべき内容を変えながら，研究の全過程で先行研究や関連研究とデータを突き合わせる作業を行う。研究の初期段階では，自分が関心をもっている事象がこれまでどのように研究されてきたかを調べ，参与観察の序盤では，フィールドで生起している事象を見るための「感受概念」（問題を検討するうえでの手がかりとなる『感受』の方向を示す概念）（佐藤, 2006, p.98）を探し，観察の終盤やデータの本格的分析の段階では，分析概念の析出に役立つ文献を読むことが多い。

　第4の対話は，「自分自身との対話」で，自分の観察の視点や方法論について省察する過程である。エスノグラファーは，フィールドワークのたびに観察記録を詳細に書き上げるだけでなく，手持ちのデータの暫定的な分析から立ち現れてきた洞察や示唆，研究の理論的・方法論的考察，研究設問の精緻化，研究の進み具合や自己省察など，自分自身のためにも記録する。この点にエスノグラフィにおける記録の特徴がある（Merriam, 1998/2004）。

　こうした4つの対話過程を繰り返す中で，実践に脈打つ文化的規則性への感受性が鍛えられるように思われる。「見て書く→書きながら考える→考えながら見る」という円環的な過程は，見えない文化的規則性の感受とその可視化という目標を実現するための必須過程である（Flick, 1995/2002）。

第3節　発達心理学への貢献

　以上に述べたことを踏まえて，エスノグラフィ研究が発達心理学にもたらした貢献を探ると，主要な貢献として次の3点をあげることができよう。第1の貢献は，「解釈的アプローチ＋エスノグラフィ」という研究方法論をもち込むことに

より，もう一つの人間発達の探究方法を提起したことである。研究の鍵概念の全体を道具箱にたとえれば，「〈孤立した個人〉から〈関係的な個人〉へ」「〈作用や影響を被る対象者〉から〈意味づける行為者〉へ」「〈抽象的な空間・場所・時間〉から〈固有の空間・場所・時間〉へ」「〈発達の結果の測定〉から〈発達の過程の理解〉へ」「〈因果律〉から〈解釈〉へ」と（Miller & Goodnow, 1995），道具箱の中身を入れ替えることで，実証主義的アプローチに依拠した人間発達研究の方法とは別の探究方法に必要な道具立てを準備した。

第2の貢献は，人間発達研究における文化の位置づけを，周辺的な位置から中心的な位置へと引き上げたことである（Weisner, 1996）。子どもは，文化的道具に媒介された社会的実践に他者とともに参加する過程で，ものの考え方・感じ方，他者との関係のもち方や調整のしかた，文化的道具の使い方などを体得することによって文化的存在になっていくとすれば，文化は単に発達環境の一要素ではなく，発達過程と相互に構成し合う中核的な実践に他ならない。文化が実際に機能する社会的実践の記述とその理解を目指すエスノグラフィの方法は，子どもの相互行為や共同行為を実践から切り離さずに記述する方法や実践への参加に不可欠な文化的道具に着目して発達過程の多様性を理解する視座をもたらした（たとえば，Cole, 1996/2002；Rogoff, 2003/2006）。

第3の貢献は，当事者の視点から人間発達の過程を理解する視座を提供したことである。幼児の仲間文化研究（Corsaro, 1985）に見るように，子どもの視点から日常世界を理解する視座（emic perspective）は，大人の視点から子どもの言動を分析してきた伝統的な視座（etic perspective）に大きな衝撃を与え，教育実践への参加経験を子ども自身の視点から解明する発達研究を誘発した（Fernie et al., 1995）。フィールドの人々の視点から人々の日常世界を理解するエスノグラフィの方法は，子どもを自らの発達に積極的に関与する能動的な行為者としてとらえ直し，子どもの解釈過程の個別性と共同性に目を向ける研究姿勢を促した。

発達研究法としてのエスノグラフィの真価は，実際に起こった出来事を忠実に再現し，子ども自身の視点を写し取ることにあるのではなく，特定の理論的視座から複雑な現実を眺めて，子どもの経験や変容過程についての一つの解釈の形を提出することにある。解釈が質的にも量的にも豊かであるほど，子どもの経験を立体的に理解でき，発達支援への手がかりを得ることもできる。この点で，エスノグラフィは，人間発達過程の有効な探究方法になりうると思われる。

引用文献

Agar, M. H. (1980). *The professional stranger.* New York: Academic Press.
Carr, W., & Kemmis, S. (1986). *Becoming critical.* London: Falmer Press.
Cole, M. (2002). 文化心理学（天野　清，訳）．東京：新曜社．(Cole, M. (1996). *Cultural psychology.* Cambridge, MA: Belknap Press of Harvard University Press.)
Corsaro, W. A. (1985). *Friendship and peer culture in the early years.* Norwood, NJ: Ablex.
土場　学．(2005)．ポスト・ハバーマスの批判社会学．盛山和夫ほか（編），〈社会〉への知（上巻，pp.175-195）．東京：勁草書房．
Erickson, F. (1986). Qualitative methods in research on teaching. In M. C. Wittrock (Ed.), *Handbook of research on teaching* (3rd ed., pp.119-161). New York: Macmillan.
Fernie, D. E., Kantor, R., & Whaley, K. L. (1995). Learning from classroom ethnography. In J. A. Hatch (Ed.), *Qualitative research in early childhood settings* (pp.155-172). Westport, CT: Praeger.
Flick, U. (2002). 質的研究入門（小田博志ほか，訳）．東京：春秋社．(Flick, U. (1995). *Qualitative forschung.* Reinbek bei Hamburg: Rowohlt Taschenbuch Verlag.)
Gaskins, S., Miller, P., & Corsaro, W. A. (1992). Theoretical and methodological perspective in the interpretive study of children. *New Direction for Child Development,* **58**, 5-23.
泉　靖一（編）．(1980)．マリノフスキー／レヴィ＝ストロース．東京：中央公論社．
Karabel, J., & Halsey, A. H. (1980). 教育社会学のパラダイム展開．*教育と社会変動*（潮木守一ほか，編訳）（上巻，pp.1-95）．東京：東京大学出版会．(Karabel, J., & Halsey, A. H. (1977). Educational research: A review and a interpretation. In J. Karabel & A. H. Halsey (Eds.), *Power and ideology in education* (pp.1-86). New York: Oxford University Press.)
LeCompte, M. D., & Preissle, J. (1993). *Ethnography and qualitative design in educational research* (2nd ed.). San Diego, CA: Academic Press.
Merriam, S. B. (2004). 質的調査法入門（堀　薫夫ほか，訳）．京都：ミネルヴァ書房．(Merriam, S. B. (1998). *Qualitative research and case study applications in education.* San Francisco, CA: Jossey-Bass Publishers.)
Miller, P. J., & Goodnow, J. J. (1995). Cultural practice. *New Directions for Child Development,* **67**, 5-16.
箕浦康子（編）．(1999)．フィールドワークの技法と実際．京都：ミネルヴァ書房．
箕浦康子（編）．(2009)．フィールドワークの技法と実際Ⅱ．京都：ミネルヴァ書房．
茂呂雄二（編）．(2001)．実践のエスノグラフィ．東京：金子書房．
中村雄二郎．(1992)．臨床の知とは何か．東京：岩波書店（岩波新書）．
野宮大志郎．(2005)．新しい〈社会〉への知を求めて．盛山和夫ほか（編），〈社会〉への知（下巻，pp.12-25）．東京：勁草書房．
Rogoff, B. (2006). 文化的営みとしての発達（當眞千賀子，訳）．東京：新曜社．(Rogoff, B. (2003). *The cultural nature of human development.* Oxford: Oxford University Press.)
Said, E. W. (1993). オリエンタリズム（上・下）（板垣雄三ほか，監修／今沢紀子，訳）．東京：平凡社．(Said, E. W. (1978). *Orientalism.* New York: Pantheon Books.)
佐藤郁哉．(2006)．フィールドワーク（増訂版）．東京：新曜社．
柴山真琴．(2006)．子どもエスノグラフィー入門．東京：新曜社．
柴山真琴．(2009)．エスノグラフィーにおける保育実践の記録．*保育学研究,* **47**, 238-242.
Spradley, J. P. (1980). *Participant observation.* Fort Worth, TX: Harcourt Brace Jovanovich.
Weisner, T. S. (1996). Why ethnography should be the most important method in the study of human development. In R. Jessor, A. Colby, & R. A. Shweder (Eds.), *Ethnography and human development* (pp.305-324). Chicago: University of Chicago Press.

第26章
現象学の考え方：
「他者と時間」の現象学を中心にして

増山真緒子

第1節　はじめに——「老いること」「死にゆくこと」

　発達心理学は，生涯発達心理学として「復活」可能なのだろうか。可能だとすれば，「生涯」「人生行路」の意味を再考するためにも，「老い」と「死」を発達の終焉に位置づける事実学を超えて，人の「形而上学的渇望」（Lévinas, 1961/2005, 訳書，p.39），それも死にゆく者としての「絶対的渇望」を手がかりとして考えてみたい。

　人は死に赴くときなじみ深い世界を離れて，未知らぬ自己の"外部"，"向こう側"へと赴く。この"外部"を目指す運動は，自己の自己に対する還元を目指すのでもなく，生まれたわけでもないところに対する渇望であって，帰郷願望でもない。この「世界の内」にありながら，「本当の生活が欠けている」と思う意識が，「世界の外部」への渇望となるように，「死」が日ごとに「人ごと」ではなくなってくる意識において，「時間」は「わたし」そのものへとなってくる。現在における能動的な総合が不可能になるにつれ，わたしがわたしであることへの意識は希薄となっていく。「主体性は，生起するとともに過ぎ去る……引き受けることのできない自己の受動性……自己を超えて過ぎ去った過去のごときものとして，自己の生起をとらえる」（Lévinas, 1978/1990, 訳書，p.41）。「時間」が「わたし」へとなってくるにしたがい，むしろ「わたし」は"受肉"した身体における「世界の臨在」「世界への自己拘束」（Merleau-Ponty, 1945/1982）を離れ，「形而上学的」な「渇望」において「他者」との新たな出会いを渇望する。

　「時間」における「他者」との出会いの特異性は，ホスピスケアにおいてかなり明瞭に確認できる。その出会いについて牧師，J. A. ベーカーは次のように言う。「来世の見通しが開けているときにはケアをしている人間とケアをされている人

間との関係に違った意味が付け加わる。……来世における生存の原理が患者と患者をケアしている人々の間で共有されている時，患者から見る双方の関係はいつでも次のようになる。あなたがわたしのためにしていることは，あなたの経験を広げることであって，たんなる仮の，あるいは一時的なことではない。この時点で私を支える人は，わたしの生涯の友になろうとしているのだと」（Baker, 1981/2006，訳書，p.152）。

　ホスピスケアにおける「生涯の友」は，物理的客観的時間に生きる友ではない。日常的な意味での友は，わたしの死後は，「わたしはココにはいない」こと，「わたしの不在を証明する」ための友にすぎない。しかし，ホスピスケアでは「生涯」は別の時間に属し，たとえて言えば，時空を超えて他者における受肉でもあるかのように，「生涯の友」は生まれる。死にゆくものは，「（あなたから見た）わたしという他者に対する責任を負うことにおいて，あなたが人格的な自己統一感（倫理的統一感）を得られる」ことを感知している。「来世」への道を通じて，互いが，あなたへの渇望，あなたへの義務を感じ取るというこの倫理的なあり方こそ，「形而上学的渇望」の現象ではないだろうか。「神への祈りにも似た」人の形而上学的な渇望をまずは承認することによって，逆に「老い，死に行く者としての存在者」へと接近する心理学が拓かれるだろう。

第2節　老いの現象学

　老いることは，身体諸器官の劣化を間違いなく被ることで，移動をし，食事をし，排せつをするそれらの基本的な日常の行為に必ず他者の援助を必要とする。現象学的還元によって知られることとなる，「受肉された身体」の他者性とは，私の所作やふるまいが（社会的）意味を帯びているからこそ，他者に了解され，他者と同じ空間に住まうことができることを意味する。わたしがソコへ移動するということは，「他者」へ，そして「他者によって意味されたもの」を目指す志向的能動性のあり方を示す。「わたし」の「身体」にはすでに他者が"住みついて"いるからこそ，こうした志向性が発揮されるのだが，ソコを目指すことが阻まれた身体にとっては，「ソコ」「ココ」の空間性は平板さを脱し，時間の厚みを帯び，時間として現象してくることとなる。

　周知のように，メルロ＝ポンティは身体・知覚の現象学において身体の可動性におけるコギトの統合について，「〈我思う〉が〈我あり〉を優越的に含んでいるのではない。むしろ逆に〈我思う〉こそが〈我あり〉の超越性の運動に再統合さ

れ，意識が実存に再統合される」(Merleau-Ponty, 1945/1982, 訳書, p.628) と解き明かす。メルロ゠ポンティがここで想定している身体とは受動的総合（多様なる総合）を含んだ自・他の身体的統合を前提に開けるコギトにほかならない。が，しかし，この身体の現象学においては介護される人の身体は，自・他の身体所作の有機的統合の欠損状態としてあるということになり，学的構成の外部におかれてしまう。たしかに『知覚の現象学』においては，シュナイダー症候群の患者による奇妙な行動が記述され，空間の象徴的意味的崩壊が指摘されてはいる。しかし，こうした「身体図式」の崩壊からは見逃されていたもの，それは，「他者の援助において，しかし他者の援助が前面には出ない援助における，〈わたしの身体〉」のあり方である。可動空間の崩壊は，ただちにコギトの崩壊にはつながらない。他者の援助こそが「生きる糧」となっている者にとって，「他性を待ちうける」という時間の生成があり，「わたしはできる」「わたし性」にとってかわられることとなる。他者の到来を待ちうけること，そしてこれが単なる受動ではなく「このわたし」以外の誰でもない「わたし」がかけがえのない「あなた」を待っているのだ，という他者と"なじみこむ"あり方としての「受動的融合」なのだ。「わたし性」は老いの中で，時間の質を変え（待つことの内で他者が到来する），倫理的関係をも変えていく。

認知症の高齢者は鏡の中に一緒に映る介護者の顔を同定できても，そこに映る自分を同定できなくなるという (室伏, 1998, p.84)。幼いころ獲得するのにも困難を要した「わたし」，わたしにとって最も自明とされた「わたし」が，もっとも早く崩壊していくのである。「わたし」の崩壊は，やがて訪れる時間，すでに過ぎ去った時間という時間性の意味を崩壊させ，住んでいた空間，今いる空間の見当識もまた崩壊させる。とはいえそれは，「わたし」という絶対的中心点が失われたことであって，それがただちに「わたし性」の崩壊を意味するものではない。

現象学からの知見に基づく「了解」観念は，介護者側における「わたし性」をずらすことを要請する。「わたし性」をずらして接することは，認知症を生きる人が自己の鏡像を即自として回収できないことをまずは承認し，鏡の中に映る認知症者自身の「他性」を肯定することに始まる。ベテランの介護士は鏡像錯認を起こす認知症高齢者に対し，うまく誘導する。たとえば，鏡の前で混乱している人に対し，「この人は○○さん（本人）に似てますねー」と声をかけ，「○○さんがこんにちはと言っていますよ」と言いながら，当の認知症者の応答を待つ，この鏡を介した往還過程は，自己同一視には失敗しながらも，当の本人に精神的安

定というプラスの効果をもたらす。それは鏡という隔たりが内在的な時間の隔たりを再起させ，自己の内なる他性からの肯定を得る感覚を呼び戻すからではないか。こうした鏡像体験を経ることによって，他性からも「待ち受けられる」自己の確認が可能になり，異物のように侵入してくると思われた「他性」にたいする受容感が戻ってくる。

「待つ」「待たれる」ことから始まる往還の運動の延長に「形而上学的渇望」，「絶対的な他者」への渇望が生み出されていく。とはいえ，この絶対的に見えないものへの渇望，「形而上学的渇望」は，老いる本人も，そして老いを看とる配偶者や家族にとっても，必ずしも自覚されるわけではない。

精神科医小澤勲（2003）は，認知症を抱える家族たちが「家族会」で旅行したときなどなぜか明るいのに驚いて，認知症を生きる人を介護する中で見出される光明についてつぎのように推測する。「身体的悲惨さも，見る者によっては人間を限界づける身体性からの超越と映る。そして，何よりも，ともに過ごした時間が，悲惨を〈この世ならぬもの〉〈聖なるもの〉に変化させ，いとおしさを生む」（p.56）。病によって肉がそぎ落とされた身体の超越性こそ，「聖性」であり，「いとおしさ」という愛情の中に生まれる相手に対する「至高性」の感知である。小澤は，認知症の妻を描いた耕治人の文章の中に，「（デイ・ホームの浴槽に入った）目の前の家内はいっそうやせ細り，骸骨のようだ。それでもその体から後光が射すように感じられた」と述べるくだりを発見する。妻が認知症になっていく過程で，夫もまたそれまで得た平穏な日常生活を失っていくのだが，そうだからこそ，逆に「50年も私のため自分を棄てて，尽くしてくれた妻」の本当の姿を，骨だけになってしまった悲惨な体に見出すのである。「規範」「常識」「役割」などからの逸脱が「この世ならぬ」こととして感知されていくと思われるが，時間もまた客観的な共同性の時間から逸脱することによって，「世界」は，介護する「わたし」という者の自由にならない，しかし時間という次元に焦点化すれば常識的規範から超越した絶対的自由な時間が生まれてくる。

「死」が迫り，展望の何もない「老い」の時間は反転し，超越的な現象を可能にする（かのように）感じられる。認知症を生きる人たちの「世界」は，介護者の身体が相手に巻き込まれる事態抜きには，介護がありえないだけに，「人ごと」であることを脱しなければ，なにも「わたし」には見えてこない。無関心さが「認知症」の空虚を浮き彫りにはする。が，しかし，認知症者に「巻き込まれる」という過程を経ることによって，介護する身にも「待たれるわたし」の到来が真に訪れ，そのことによって，「わたし」も"解放"される。

第3節　レヴィナスと現象学

　思えば現象学はヨーロッパ崩壊の危機にあった20世紀初頭に生まれ，そのことは厳密な学的方法論として現象学が成立する動機でもあった。すなわち，世界の成立そのものに疑いの眼差しが注がれ，科学的対象といえども，その構築が感性的知覚にむすびつけられていること，それゆえパラドックスや，ナンセンス，科学そのものの危機に直面していることが主張される（鯨岡，2002）。しかし世界の統覚を可能にするとされる認識的理性と感覚的知覚のせめぎ合いの時代にあって，「時間」と「言葉」は倫理（人間学）を超えて全体主義的歴史観のなかに一切を集約していってしまう。現代の後期資本主義発展の予兆ともなっている（ファシズム型）全体主義は人種差別を忘却しさるためにこそ，ホロコーストを断行するのだが，それはユダヤ人から時間（歴史）と空間（居住場所），そして，「私は誰であるかを言うことができない」という意味での「言葉」（哲学）全てを奪うことを意味した。「資本としての精神」のある意味では最も残虐で，高揚したかたちがキリスト教的全体主義となって現れたとも言える（大澤，2007）。

　アウシュビッツにおいて血縁者のほとんどが死ぬという悲劇を体験した現象学者レヴィナスにとって，師にも匹敵するフッサールの「現象学的還元」もまたそのままのかたちでは受け入れ難いものであった。「現象学」は，「現象学的還元」という自然的態度の素朴さを取り除き対象を「構成した」知的操作〈常識や，科学など〉へと迫り，さらには諸科学の対象が存在するという事実そのものの不合理性に光を当てようとした哲学であった。フッサールが晩年『ヨーロッパ諸学の危機と超越論的現象学』において「個別的還元における普遍的還元」（Husserl, 1954/1995, 訳書, p.441）ということばで示唆したように，科学する精神，「現象学的還元」によって発見したとされる「超越論的意識」は決して意識一般ではない（それゆえにこそフッサールは超越論的心理学を渇望するのだが）。哲学するものを含め，各自の具体的可能性として想定される意識である。この点においてレヴィナスはフッサールの功績を認める。だがしかし，「意識一般の個別性」において，フッサールが立てていない問題，それは「誕生と死の事実性をすべて取り除かれてしまっているこの個別性は，いかにして可能であるのか」という一点であった（Lévinas, 1967/1996, 訳書, p.97）。このことは自我の分析と内在的時間構成の分析が，自己の過去に対する主観の能力の分析にフッサールが終始したことにつながっていく。これに反してハイデッガーが「投企」（Entwurf）という概念によっ

て，「現存在」としての人間をとらえた点が革命的であるとレヴィナスは評価する。

　個別的主観でありながら，他の主観を知るという手立てをいかにして確保するのか，それが超越論的還元の問題とされ，「志向性」「意味を持つ思惟」とされる「思惟」が根源的活動であるとされる。「モナド」（単一体）は「わたしの思惟の内にひきこもった外部」というかたちで他者と関係する。しかし，時間と歴史を消された「アウシュビッツ以降に生きるユダヤ人哲学者」としてのレヴィナスにとって，このフッサールの「現象学的還元」後の「わたし」を受容することは苦痛にも等しかったと思われる。むろん後述するようにハイデッガーの「人間の存在の各状況は一つの了解する仕方を構成する」という「存在了解」の哲学，「存在了解」を可能にする存在論もまた，その学説史的意義は十分認めたとしても，時代に生き，哲学するレヴィナス個人としては甘受できるものではなかったであろう。

　最後の主著となった『存在するとは別の仕方であるいは存在することの彼方へ』において，レヴィナスは，その諸著の多くから影響を受けたローゼンツヴァイク（Rosenzweig, F.）の「共苦の思想」「対話の哲学」をさらに発展させ次のように言う。「世界の苦しみと過ちの全重量が自我にのしかかってくるのは……この自我が共感や同情心を抱きうる自由な自我だからではない。自我の基底に自己として潜む絶対的受動性は，可能性に先立つ不可能性，逃れることの不可能性である。……絶対的受動性，それは絶対的な感応性……意味の誕生，犠牲に従属せる〈死にうること〉の誕生なのである」（Lévinas, 1978/1990, 訳書，p.236）。この血を吐くような思いがこもった文章は『時間と他者』のなかではすでに次のように述べられている。「苦痛によって自らの孤独の痙攣に，そして，死との関係に到達した存在だけが，他者との関係が可能になるような場に身を置くことができる」（Lévinas, 1948/1986, 訳書，p.66）。

　死に至る者が，なぜ他者との関係を結ぶことができるのか。生の哲学から，「わたし」の身から出発する者には，ほとんど矛盾しているとしか思えないこの言葉の前にレヴィナスは「それゆえ」と言う。「なぜそれゆえなのか」。レヴィナスの思考の向きが逆向きであり，「見えないものを信じる」者のように，わたしの「顔」は「あなたに向けられ」ていることによって，「他者」から，「未来」からこの有限な「わたし」は照らされる（見えるものとなる）。「死」はできることができなくなるという「支配の終焉」を意味し，投企を持つことの不可能性であり，その実存そのものが他性から成り立っているようなものとの関係を明らかに

する。他性に持たれることによって「わたし」が存在〈誕生〉、するようになった、その経緯をいわば逆向きにし、「所有」を戻す。それが死である。死の哲学は支配と所有の哲学、資本主義の哲学の彼方にある（熊野, 2003, 第1部 - 3章）。

　死にゆくものは何もその体験については語らない。それゆえ「わたし」というこの有限な存在性をもっともよく「わたし」に知らしめるもの、それは「苦悩」だという（痛みをもつのではなく、端的にわたしの身体が痛い）。肉体的な苦痛の容赦のなさは実存の瞬間から離脱できず、主体は可能性の限界において、無の不可能性に肉薄し、存在にさらされてしまっている（有用性において連関しあう存在性そのものが奪われてしまっている）。この存在にさらされているあり様は、「嗚咽」によって、無情にも露わにされる。嗚咽する者の声が獣の叫びにも似て、「はらわた」から絞り出されるように、身体ごと震え存在性（道具的・意味的連関性、所有する身体性）をうち砕く。「嗚咽」においては苦痛と「われ」を隔てるものはなく、最高度の受諾としては、この上もない責任が極度の免責性、赦しの願いへと転じる。それはまた「罪のなさ」「無垢」「幼さ」を魂にもたらす。

　死という未知なるもの、死との関係が光の中では成立せず、主体は主体の中から出てくるものではない。死は主体がその主人ではないような出来事、主体がそれとの関係ではもはや主体とはならないような出来事を告知する。

第4節　ハイデッガーと「死に臨むこと」

　死はハイデッガーにあっては"自由"な出来事であり、「不可能性の可能」とも呼ばれる。こうしたハイデッガーの「死」は、世界への最終的「投企」であり、「先駆的覚悟性」（将来）によって可能になる自己の可能性としての「勝利」であるように思われる。通俗的な意味での死について、ハイデッガーは「世間は決して死ぬことがない」のだと言う（Heidegger, 1927/1994, 訳書下巻, p.402）。「人は死ぬものである」という死についての覚悟は、結局のところ、死に臨んでさえ、「まだまだ死なないのだ」という言い方にとって変えられていく。こうした言い方の中に込められた思いは、「もっと先に行って時間から多くのものを取りに行く」、というこれまでの日常生活の中で培われた「消費する時間」意識となんらかわることがない。ただ消費できる時間がもうあまりないのだという思いに強くとらわれているのであり、強度の違いがあるにすぎない。「臨終」を迎える直前まで、世間は死にゆく人にふさわしい時間を用意せず、「もっと頑張れ」と励まし、そうすることによって時間は、ますます平板化され万人に属しはするが、何

人にも属さない「公開された時間」となっていく。この急き立てられるような時間の中であわただしく，時間はとりこぼされていく（ホスピスケアにおける時間とは正反対の立場）。

　「死」が上述したように日常性の中では，「死」と「実存」との関係から目をそらし，日常のおしゃべりに近い次元に「死にゆく人」をとどめ置くことによって，死にゆく人にはうわべだけの慰めを，送る人には誤った安堵感を与えてしまう。とはいえ，世間的な死に臨む時間が，日常的な存在了解として先駆性を含み，究極の「可能性」であるがゆえに，死にゆく者と過ごす時間は，「存在」について何かしらのことを私たちに表わす。現存在（人間）が「できる」というあり方を可能にしつつ，存在者として他の存在者の現象を了解（存在了解）しえる世界の本来的なあり方は，まずは不安によって，知らされるのだとハイデッガーは言う。「不安はじぶんが何に臨んで不安を覚えているのかを知りはしない。……不安が臨んでいるところの者の内に，〈それは無であり，どこにもない〉ということがあらわになる。不安が臨んでいるものは世界そのものである」（Heidegger, 1927/1994, 訳書上巻, pp.393-394）。重苦しく胸を締め付けるように迫ってくるのが，具体的なあれやこれという客体的対象物ではなく，それらモノの集まり全体ではなく，「用具的存在者全般の可能性，世界そのもの，用具性の見地から見た無」だということになる。世界が無であるというあり方が，自己に現象してくる情態性こそが「不安」にほかならないということになる。

　不安の現象学を通してハイデッガーの哲学は「実存主義哲学」として人間の存在論的主題，すなわち死や孤独や不安を，存在論の範疇でとらえることになる。「～がある」という表現はほとんど，「～を存在（所有）する」という表現と同等となるのだが，レヴィナスに言わせれば，それは，ハイデッガーが「高所から実存哲学を支配しているように思われる」所以となる（Lévinas, 1967/1996, 訳書, p.168）。そしてまた，それは「完全者の観念への関係」を欠いた哲学であるという指摘につながり，「死ぬことができる」という存在者の優位を強調する哲学への批判となっていると思われる。

第5節　生きること，死ぬこと

　『存在するとは別の仕方で……』のなかで，レヴィナスは「不安という語は語源的には狭窄を意味する」（Lévinas, 1978/1990, 訳書, p.201）と言い，自己自身の内（即自）の不安は「死に臨む存在」ではなく，むしろ生きていることそのもの

の内にあって，即自であるという状態の中で生じてくる不安であるという。心臓の鼓動の間，吸気と呼気との間に再帰する「自己性の凝縮」が「炸裂」してしまうのではないかという不安である。ハイデッガーにおける不安が「世界」そのものであるのに対して，レヴィナスにおいては，生きているということそれ自体が，不安である。「生きる」という意味，「生き方」という点において異なる二人の哲学者の姿がある。

「自らの皮膚の内なる痛み，それが主体である」（Lévinas, 1978/1990，訳書，p.205）という言い方によって示唆されるように，レヴィナスにおいて，「生きること」がそもそものはじめから，他者の「犠牲」「身代り」としてある。「他者」への応答によって存在の始まりを可能にする人間にとって，避けられない「有責性」であり，この有責性は「誰もわたしの代わりには死んでくれはしない」のと同じように，わたしがわたしであるための心理的感覚であるばかりでなく，倫理感なのである。

『時間と他者』において，苦痛は可能性の限界としてあり，その頂点としての死も観念論の限界であり，死においては実存者の実存が疎外される。私の実存の疎外として訪れた死は，他者が私には到達しえない外部にあるように，また不意打ちのように死は訪れ，時間の外在性としての未来である。一つの可能性として…を引き受けるというかたちで，死を引き受けるわけにはいかない。パスカルの言う永遠への欲望を人は抱く。「死ぬことと存在することを同時に望む」（パスカル）矛盾の極致に至る。死に臨むことは「無いことと在ること」「わたしという実存の喪失と何ものも介在することのない他者の存在との接遇」という矛盾を「生きる」。

「形而上学的渇望」としての「死」「彼岸」が「わたし」の崩壊の後に訪れるのか？　超越的認識論が理性の彼方，言語意識の彼方，存在の彼方に開かれるのだろうか？　伝統的な形而上学（存在論）は理性・知性における世界の俯瞰を目指す。しかし，現象学の内在的超克として，他者を時間の現れのうちで徹底してとらえようとするレヴィナスの哲学は，「永遠の遅れ」「不在の中での存在することへの渇望」であり，「完全者」の観念に関係することであるように思われる。ローゼンツヴァイクは，他者（神）からの「わたしを愛しなさい」という命令に対し，初めて「わたし」が主語となることが可能な文「わたしはあなたのものです」が得られるのだと言い，信仰告白における臣従の形式こそが自己の現れをかたどると言う（Rosenzweig, 1921/2009，訳書，pp.268-270）。

哲学者熊野純彦は『存在するとは別の仕方で……』での中で，レヴィナスが，

大きく転回した点についてそれは「感受性」を前面に取りだしたことであるという。「他者が他者であることがわたしの志向性から逃れ，にもかかわらず他者がわたしに関わってくる」この次元を，感受性の中に認めることになる（熊野，1999b, pp.162-170）。感受性における「近さ」は近さがすでにわたしとの差異の現象でしかなく，この感受性における近さ＝遠さが他性の現れを物語る。わたしの現在へと回収しえない〈隣人の他性〉そのもの，差異が形づくる時間（ディアクロニー，断絶的時間），時間への関係が他者との関係になっている。ディアクロニー（diachronie）とは，わたしの中の他性と私とが分裂を起こし，永久にとらえられない他性を形作ることである。

有用性という配慮への時間性において他者と結びつくのではなく，他者からの呼びかけへ答えること，しかし呼びかけに答えたその時点でわたしは常に他者に後れを取ってしまう，そのような時間の差異において，他者と結びついている。他者からの呼びかけは，具体的には固有名詞による呼びかけであり，「糧」という概念のもとでは，命の糧を差し出すものが呼びかけるかけがえのない贈与・意味を表わす。たとえば親子の間に見られるような，糧を与えるものと，与えられる者との間の圧倒的な非対称性を思い描き，そこに「無限の愛への負い目」「責任」が芽生えるのをみる。倫理の始原は此の世における人の仲のなりたちにある。まぎれもない親と子でありながら，親と子ではなく，親と子に成る。まさに存在が「存在者」となるのに自己同一性作用を必要とする以前に，主体の唯一性が他者の用意するその場所にあることによって「外部」から訪れる。（ここにおいてレヴィナスの思想はラカンと交差するようにも思われる）。

「先に生まれ」，「先に死にゆく者」への「負い目」はディアクロニカルな時間に織り込まれ，「倫理」となり，逃れようもない「他者との関係」を動機づける。再び熊野の言葉を借りれば「〈自己に反して〉ということが，生きることそのものにおける生をしるしづけている。……私とは時間である。ただし……絶えず自己を喪失してゆくこととしての時間の時間化である。……時間はたんなる悲劇ではない。レヴィナスが見つめようとするものは，時間の〈倫理〉的な側面である。……『隣人の他性』そのもの，差異がかたちづくる時間でもある」（熊野，1999a, p.129-130）。個々の時間性において開ける倫理性は，歴史的政治性において成立する共同体という一者に回収しえないものであることが強調されなければならない。

他者との邂逅の始原は，ノスタルジックな子ども時代への回顧的心情を含むが，共同主観性の発生をこうしたごく幼いころの母子の心情的紐帯に求めるのならば，

その発生の現象学的解釈は,「母子を人質に取った日常性への改悛」であり,「日常性のイデオロギー」そのものによって日常性が汚染されていることに気がつかないということになってしまうだろう（新宮, 1989, p.119）。高齢者社会, 後期資本主義社会の行き詰まりを迎えた社会にあっては,「発達」「発展」言説に満ちた心理学は, あちこちでほころびを来す。「老い」と「死」が主題となる時代にふさわしい哲学は, 他者を言葉によって,「分かち」「同一化」することが可能であると信じることができる人のための哲学とは出発点を異にする。誕生も死も知らない,「わたし」の存在の彼方において思惟を巡らせることが必要だろう。

引用文献

Baker, J. A. (2006). 死期を迎えるための哲学. ソンダースほか（編）, ホスピス：その理念と運動（岡村昭彦, 監訳）. 東京：雲母書房. (Baker, J. A. (1981). In C. Saunders et al. (Eds.), *Hospice: The living idea*. London: Edward Arnold.)

Heidegger, M. (1994). *存在と時間（上・下）*（細谷貞雄, 訳）. 東京：筑摩書房（ちくま学芸文庫）. (Heidegger, M. (1927). *Sein und Zeit*. Halle a.d.S.: M. Niemeyer.)

Husserl, E. (1995). *ヨーロッパ諸学の危機と超越論的現象学*（細谷恒夫・木田 元, 訳）. 東京：中央公論社（中公文庫）. (Husserl, E. (1954). *Die Krisis der europäischen Wissenschaften und die transzendentale Phänomenologie, Husserliana Bd. VI*. Den Haag: Martinus Nijhoff.)

鯨岡 峻. (2002). ゲシュタルト心理学：現象学と人間科学としての心理学. 渡辺恒夫ほか（編）, *心理学の哲学*. 京都：北大路書房.

熊野純彦. (1999a). *レヴィナス*. 東京：岩波書店.

熊野純彦. (1999b). *レヴィナス入門*. 東京：筑摩書房（ちくま新書）.

熊野純彦. (2003). *差異と隔たり*. 東京：岩波書店.

Lévinas, E. (1986). *時間と他者*（原田佳彦, 訳）. 東京：法政大学出版局. (Lévinas, E. (1948). *Le temps et l'autre*. Fata Morgana.)

Lévinas, E. (2005). *全体性と無限（上巻）*（熊野純彦, 訳）. 東京：岩波書店（岩波文庫）. (Lévinas, E. (1961). *Totalité et infini*. La Haye: Nijhoff.)

Lévinas, E. (1996). *実存の発見*（佐藤真理人・小川昌宏ほか, 訳）. 東京：法政大学出版局. (Lévinas, E. (1967). *En découvrant l'existence avec Husserl et Heidegger* (2e éd.). Paris: Vrin.)

Lévinas, E. (1990). *存在するとは別の仕方であるいは存在することの彼方へ*（合田正人, 訳）. 東京：朝日出版社. (Lévinas, E. (1978). *Autrement qu'être ou au-delà de l'essence* (2e éd.). La Haye: Martinus Nijhoff.)

Merleau-Ponty, M. (1982). *知覚の現象学*（中島盛夫, 訳）. 東京：法政大学出版局. (Merleau-Ponty, M. (1945). *Phénoménologie de la perception*. Paris: Gallimard.)

室伏君士. (1998). *痴呆老人への対応と介護*. 東京：金剛出版.

大澤真幸. (2007). *ナショナリズムの由来*. 東京：講談社.

小澤 勲. (2003). *痴呆を生きるということ*. 東京：岩波書店（岩波新書）.

Rosenzweig, F. (2009). *救済の星*（村岡晋一ほか, 訳）. 東京：みすず書房. (Rosenzweig, F. (1921). *Der Stern der Erlösung*. Kauffmann Verlag.)

新宮一成. (1989). *無意識の病理学*. 東京：金剛出版.

第27章
小児科学の考え方

小西行郎

　20世紀，それはスウェーデンの教育者エレン・ケイ（Key, E.）によって「子どもの世紀」と呼ばれた世紀であったが，とりわけ「児童研究」が活発に行われたことは事実である。本田（2000）によれば，わが国においても1989年，雑誌『児童研究』が発刊され，児童心理学に「科学的方法」が導入された。そして『児童研究』の第12, 13巻には「生理学」や「小児科学」というジャンルが加えられ，児童研究の重要な分野として医学が認められるようになってゆく。その出発時点から心理学との関係が密接であった歴史を踏まえつつ，心理学の関連領域としての小児科学について述べてみたい。

　小児科学には2つの分野がある。子どもの疾病にたいする医療を中心とした小児疾病学と，子どもの成長・発達に関する研究や医療を行う，いわば成育小児科学（前川，1997）である。発達心理学と密接な関係があるのは成育小児科学であるが，その中で，ここでは中枢神経系の成長発達とそれにともなう行動発達を扱う発達神経学を中心に述べる。

　発達神経学という名称はオランダ・フローニンゲン大学にハインツ・プレヒテル（Prechtl, H. F. R.）が創設した教室から始まったといわれる。プレヒテルは著名な動物行動学者ローレンツ（Lorenz, K.）の弟子であったが，動物の行動研究に飽き足らずヒトの行動研究に取り組むようになり，教室の創設にあたって彼の専門部門以外に神経生理学と小児神経学の基礎研究と臨床部門を組み込んでいた。基礎研究と臨床研究の融合を目指した体制のもと，彼は胎児からの行動発達を出発点として学童期までの系統的な発達研究を行った。それは現在各国で行われているコーホート研究の先駆け的なものといえるだけでなく，追跡調査の横軸として対象者全員に胎児期の超音波検査や新生児期の自発運動の観察と乳児期のポリグラフ，さらには定期的な小児神経科医による神経学的診察を行うという画期的な研究であった。

1960年代に始まった発達神経学は，その後新たな展開を見せている。胎児期から続く自発運動の中で最も重要な動きであるジェネラルムーブメント（general movement：以下 GM）の評価による新生児や乳児の脳障害の判定は，世界各国で臨床応用が進み，最近では発達障害の早期診断に有用であることが明らかになりつつある（Prechtl et al., 1997）。

　ここでは神経科学や発達行動学あるいは脳機能画像などの研究成果も加えて，発達神経学の現在の到達点を示してみたい。

第1節　神経科学から

1　発達神経学の新たな展開

　いままで発達神経学では，神経系の成熟と子どもの行動は一対一で対応しており，新生児は脊髄や延髄レベルの原始反射によって行動している，いわば脊髄動物であるとされてきた。その原始反射が大脳皮質の機能によって抑制されて消失すると，中脳の成熟と関係している立ち直り反射といわれる運動が出始め，さらには成熟が大脳までに及ぶと，つかまり立ちや独り歩きなどの行動ができるようになるというのである。こうした神経成熟の背景にあるのが髄鞘化といって，神経線維の周りに鞘ができることによって情報の伝わる速度が飛躍的に早くなることだといわれていた（図27-1）。しかしながら長い間信じられてきたこうした神

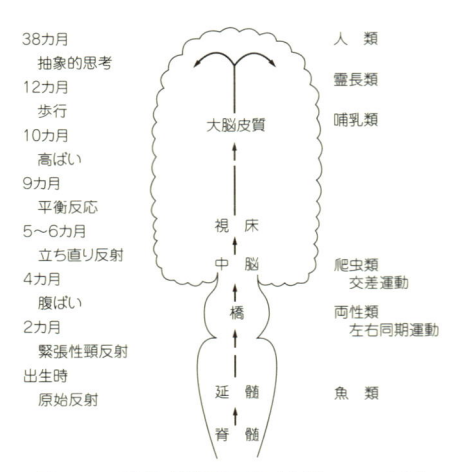

図27-1　神経成熟説理論（前川，1997 より）
神経の成熟とともに行動が変化する。下位レベルの神経機能の発現によって運動が出現するが，上位レベルの中枢の発達に従い，下位の中枢は抑制をうけ，統合される。

経成熟説は，いくつかの新たな研究によって否定されるようになった。

シーレン（Thelen, 1995）らは原始歩行が消失した乳児をベルトコンベアーに乗せたり，プールにいれたりすると消失した原始歩行が再び出現することを発見し，行動パターンの変化と神経系の成熟過程が一対一で対応しないことを明らかにした。既存の神経学にかわるものとして，シーレンは脳，身体，環境などとの相互作用を包括的に扱う枠組みを系全体の自己組織性という観点から考えるダイナミック・システムズ・アプローチを提唱した。環境が行動を変え，それによって脳そのものも変化し，それによってまた行動が変わり，環境もまた変わるという相互的な自己組織化のシステムが発達のメカニズムであるというのだ。

エーデルマン（Edelman, 1989）らは神経細胞の自然な細胞死とシナプスの過形成と刈り込みという20世紀後半に発見された神経科学の2つの所見をもとに，神経ダーウィニズムを提唱した。それによると遺伝子によって作られた粗い神経組織が，2つの段階を経て無駄を削りつつ成長するのだが，最初段階である神経細胞の細胞死は遺伝子によってきまっており，2つ目の段階であるシナプスの刈り込みは学習によって起こる（図27-2）。つまり，学習という過程によって回路が淘汰されるということである。これは使わないと回路が消失するということとは決定的に違い，つねに選択という過程があり，どちらかを選んで消したり，逆にさらに強化したりする過程が発達そのものという考え方である。

鍋倉（2008）によると，神経系の形成と発達変化は胎生3週頃，つまり脳機能の発現前から始まる。まず，脳室周囲に存在する神経幹細胞から未成熟な神経細

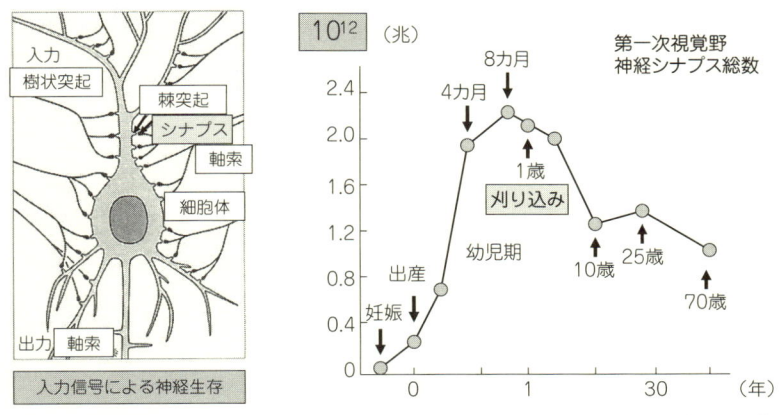

図27-2　神経接続部（シナプス）の増減 (Huttenlocher, 1979；久保田，2001 より．左の図は御子柴，2001 をもとに作成)

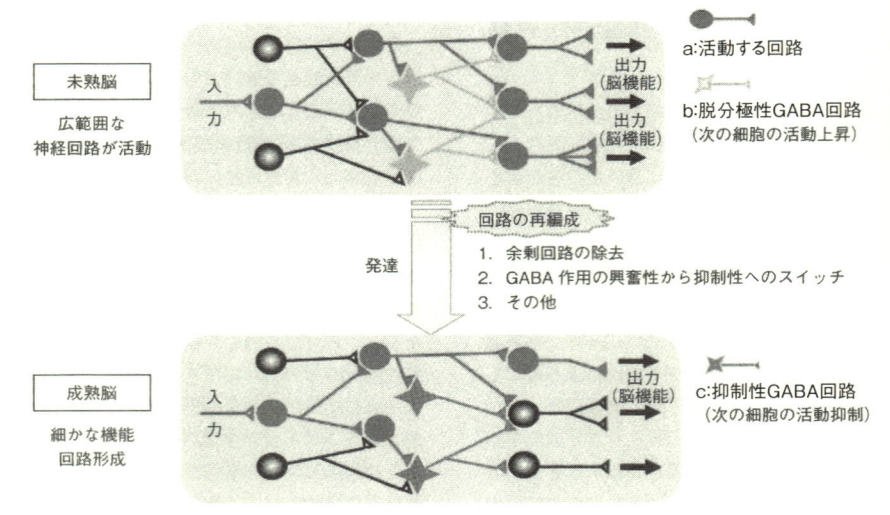

```
┌─────────┐
│  未熟脳  │     [神経回路図]        a: 活動する回路
└─────────┘                          b: 脱分極性GABA回路
 広範囲な                              （次の細胞の活動上昇）
 神経回路が活動

         発達 ↓   回路の再編成
              1. 余剰回路の除去
              2. GABA作用の興奮性から抑制性へのスイッチ
              3. その他

┌─────────┐
│  成熟脳  │     [神経回路図]        c: 抑制性GABA回路
└─────────┘                          （次の細胞の活動抑制）
 細かな機能
 回路形成
```

図27-3　神経回路の再編成

いったん形成された未熟回路において，余剰シナプスの除去と個々の細胞間における情報の受け渡し，とくにGABA機能の興奮性（または，脆弱な抑制作用）から，成熟期には強力な抑制性へのスイッチが起こる。そのため，ある入力（左矢印）によって活動する回路（a）の範囲は発達とともに小さくなる。つまり発達によって，より細かな神経機能回路が完成する。

胞が造られ，これらの細胞はクライミングファイバーを伝って目的の場所まで移動する。大脳皮質や視床下部などにたどり着いて，分化を始めやがて各神経細胞が伸ばした突起によって，互いの間に連絡ができ，いわゆる神経回路網ができる。この段階まではおそらく遺伝子情報によって組み込まれたプログラムと細胞周囲の環境によって進んでいくと考えられる。最終段階において，広汎な回路網の再構成が行われる。図27-3のようにまず形成された神経回路網では，一般的に広く活性化される（電気情報が広がる）から，その後より細かな機能回路単位の絞り込みが行われ，成熟した回路が完成すると言われる。この過程はすでに機能している回路の変化であるから，個体の行動の変化として表現されるようである。この刈り込みにおいてはしばしば臨界期（感受性期）が観察される。そしてこの過程は脳の部位によって異なるといわれている。

　オランダの発達神経学者であるハダース＝アルグラ（Hadders-Algra, 2000）は，このエーデルマンの説を小児神経の臨床にあてはめようとして，神経細胞群選択説（neuronal group selection theory：NGST）を提唱している。

　彼女によると，遺伝子によって作られる第1段階の神経組織（1次ニューロング

ループ）によって出現する運動（胎動など）が自らの動きで周囲の環境との相互作用や触覚などの求心性情報によって選択され，その組織の無駄を省く。その後残された組織（2次ニューロングループ）は環境との相互作用を経ながら無駄を切りつつ成長し，運動もそれにつれて複雑性を増してゆく。重度から中等度の脳性まひなどでは出産前後の障害であるから1次ニューロングループが障害されていることが多く，運動パターンは少ないか重度の場合は動くことさえできない。軽度の脳性まひや発達障害では1次ニューロングループが障害を受けて運動パターンの数が少なくなり，環境との相互作用が十分できないことになる。もちろんこうした障害には求心性の情報の獲得にも障害があることが多いので，1次ニューロングループから2次ニューロングループへの移行がうまくいかない場合がある。生後4,5カ月の子どものリーチング（対象に向かって手を伸ばす行動）のパターンを解析した結果，のちにADHDになった子どものパターンは正常発達した子どもよりも数が少なく，そのためにうまく環境との相互作用ができなくて，正常児では運動パターンが最も効果的なパターンになる時期にもむしろそのパターン数が減少しないという現象が見られた。

　GMの定性的な評価は近年脳性まひだけでなく，ADHDなどの発達障害の診断にも有効であるという報告が出始めている。新生児のGMの異常はまずそのレパートリーが減りステレオタイプな運動になることである。乳児期にはGMが質的に変化するときに新しいパターンが出現しないことが異常になる。このことは先のハダース＝アルグラの説を支持している。自閉症やADHDなどの発達障害が社会問題化し始めた頃，これは「心の問題」といわれ，厚生労働省でも児童精神科医の養成が重要であるとされた。現在では脳の障害であることが明らかになってきているが，いまだにDSM-Ⅳなどの診断基準を中心とした質問表による診断が行われており，さまざまな問題を起こしている。運動などを直接観察し客観的な評価をすることが求められている。GMの評価による超早期診断が望まれるゆえんである。

第2節　胎児の行動観察から

1　胎動の分類

　胎動と生後の行動についての研究が進むにつれて，その一部が生後も続き，やがては随意運動へと移行するのではないかと考えられるようになった。プレヒテル（Prechtl, 1984）は初めて胎動と新生児の行動の連続性を検討し，胎動から新生

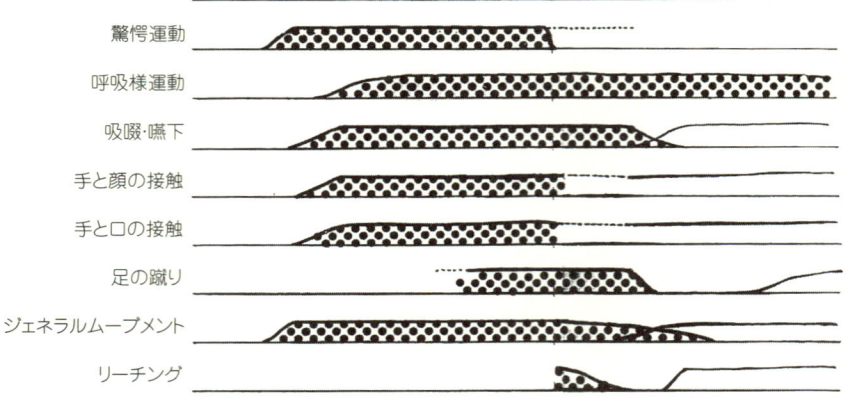

図27-4 胎児・未熟児の自発運動

児乳児の行動への移行が以下の3つのパターンに分類できることを報告した。
①胎児期にのみ存在する運動
②胎児期から生後も一貫して継続する運動
③胎児期に存在し，いったん消失し再び出現する運動

①の中には驚愕運動などがあり，この運動は生後1,2カ月で消失する。②は眼球運動や呼吸様運動などで一生続くもの。③は指しゃぶりやハイハイなどで，生後1,2カ月でいったん消失し，数カ月後再び出現するもの。③のタイプの運動に見られる行動変化はU字現象といわれ，発達心理学などの研究対象として注目されているものである（図27-4）。

胎動が出生とともに変化し，自然消滅したりいったん消えて再度出現したりする現象は，子どもの運動発達のメカニズムを考えるうえで注目に値する。おそらくこの過程はエーデルマンらの唱える神経ダーウィニズムと関係が深いと思われる。小西・高谷（1997）は未熟児の自発運動の変化を観察し，指しゃぶりは生後1カ月頃いったん消えて2カ月頃に再び出現するが，顔を触るような運動は胎児期には見られるものの出産予定日以降は消失して再び出現することが少ないことを報告している。発達心理学では，胎児期に見られた多くの運動が消えたり変化したりする重要な時期を指して「生後2カ月の革命」と言っている。

2 胎児の接触運動

新生児が自己の身体を認知しているかどうかについて，認知発達心理学では最

近新たな発見が報告されていて，新生児が自らの手を意識的に動かしているということについてはほぼ意見がまとまりつつあるように思える．また，新生児の探索反射（rooting reflex：口の周囲を刺激するとそちらに顔を向けて口を開ける反射）に2種類あり，新生児は自らの指には反応しないが，他人の指では探索反射が出現することが明らかになり，これは新生児が自分と他者の指の違いを区別している証拠と思われる．また，生後5カ月の乳児に直接見ていない自分の足の運動のビデオ映像を見せると，同時記録のビデオと5秒前のビデオ画像では，同時記録の画像を見るという報告もある．つまり，生後5カ月児は自分の手足を認知するということが考えられる．しかし，新生児が急に身体認知ができるようになるとは思えないので，それより前，つまり胎児が自己の身体をどのように認知してゆくのかという疑問は当然起きてくるが，最近までその過程は明らかにされてはいなかった．

ロシャほか（Rochat & Hespos, 1997）は接触行動の一つである指しゃぶりと胎児期の触覚との関係を強調しており，受精後7週頃に最も早く触覚が出現する口周囲と10週前後に出現する指先同士，つまり最も触覚に敏感な部位同士を合わせる指しゃぶりは，ダブルタッチを利用した自己の身体認知の始まりであると主張している．

われわれは未熟児の接触行動を2時間のビデオ記録を再生しつつ検討した（図27-5）．同側とは顔の向いた側，対側はその反対側で，ふたつの点はそれぞれ左側が修正週齢（在胎〔子宮にいた期間〕週数＋出生後週数を合わせた週齢）30週頃，右は修正週齢38週頃の観察結果である．それによると胎児の手の動きは顔の向きに大きく左右され，顔の向いたほうの手で顔や口を触り，反対の手では頭を触っている．修正30週頃には頭や顔，あるいは肩などを主に触っているが，これらの運動は徐々に減り，生まれる直前には足のほうをよく触る傾向が見られた．つまり出産前に赤ちゃんは手を使って自らの体を触り，自己の身体を認知していると思われる．明和（2008）らは超音波による胎児の観察で，同じように接触行動が身体認知のもとになるであろうと主張している．

3 胎動をシミュレーションする

東京大学情報工学の國吉教授らのグループは，胎動の記録をもとに簡単な神経回路網と触覚センサーを組み合わせることによって，胎動のシミュレーションを試みた（私信）．彼らによると胎動にとって重要な因子は胎児のいる環境，つまり子宮と羊水である．國吉らは羊水の中で運動したときの抵抗感が手先と手元で

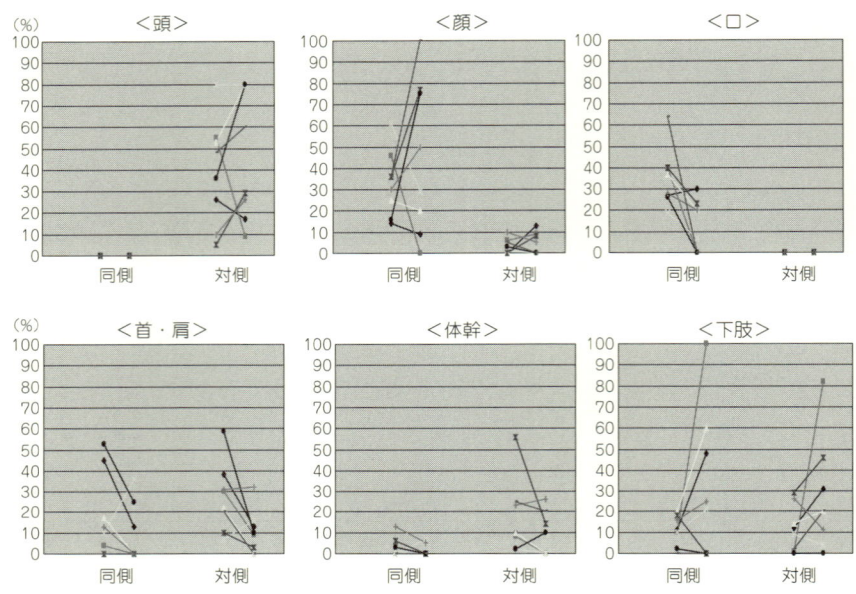

図27-5　Preterm（出生予定日前）期から Fullterm（出生予定日）期への接触頻度の割合の変化

は違うことから、胎児は四肢を感じることができるという。もちろん子宮を触ることで、自らの体と違うものの存在を知ることもある。このように触覚によって、胎児は四肢の動きを制限し、自らの身体の運動を再確認するというのだ。プレヒテル（Prechtl, 1984）らの研究では、胎児の運動が滑らかで流暢と表現されるのに比べて、未熟児の動きはバタン、バタンという大きな雑な運動になり、触覚によるフィードバックなどはかかりにくいことがわかっている。

そうした理由から子宮内生活の少ない未熟児は運動障害を起こしやすく、自己の身体認知や他者認知が胎児期にうまくできないために出生後に発達障害などをきたすのではないかと彼らは強調している。ADHD などの発達障害が、超低出生体重児では正常出産児に比べて 5〜8 倍も多いことが明らかになっている（木原・中野, 2009）が、その原因の一端に子宮外生活によって身体認知がうまくいかないということが示唆されるであろう。

4　胎児の眼球運動とサーカディアンリズム

ヒトの行動を規定するものとして、生理的状態（state）は重要な役割を果たしている。しかしながら、胎児が覚醒しているか、あるいは睡眠中であるかを規定

することは比較的難しく，超音波を用いて state を判定するには，眼球運動や口唇運動や GM が重要な指標となる．堀本ほか（Horimoto et al., 1989）によると眼球運動は受精後 16 週頃から観察できるようになるが，その頻度は低く，28 週頃には群れをなして見られ始め，32～33 週になると明らかな眼球運動期として認定できるようになる．この頃には眼球運動の速度も速くなり，1 分間に 6 回以上眼球運動が見られるいわゆる急速眼球運動（rapid eye movement：REM）とみなせる状態が現れる．さらに 36 週を過ぎれば，眼球運動が持続する時期（レム期）と休止する時期（ノンレム期）が交代性に認められるようになる．一方口唇運動は 13～14 週頃から認められるようになり，28～34 週にはランダムに出現するが，35 週以降では，0.3～0.6 秒ごとの規則的な口唇運動がノンレム期に同期して出現することも明らかになった．

以上から，胎児ではレム期は受精後 33 週頃，ノンレム期は 35～36 週頃に完成し，口唇運動はノンレム期に同期して見られるようになるといえる．この時期にサーカディアンリズムとよばれる体内のリズムができたといえるようである．レム睡眠の中枢は橋に存在し，ノンレム睡眠は橋よりさらに上位の中枢に存在するといわれるので，35 週頃には橋のみならずさらに上位も含めた広い範囲の中枢神経の機能が発動してくると考えられる．

5　胎児は笑う

3D の超音波画像の出現は胎児の行動だけでなく，いくつかの興味深い発見をわれわれに知らせてくれる．胎児がレム期に笑う画像は生理的微笑といわれ，出生後に親の愛情を呼び起こすための手段を練習しているのではないかといわれている．最近では超音波画像による観察から，胎児が泣きや笑いだけでなく百面相ともいえるいろいろな表情をすることが明らかになった（明和，2006）．こうした表情をもって生まれてくるからこそ，メルツォフほか（Meltzoff & Moore, 1977）の言うように，新生児でも他者の表情をまねできるのであろう．

6　脳機能画像，視線計測そして脳波など

最近の脳科学の発展の一因は，脳機能画像の進歩にあると言っても過言ではなかろう．脳の一部が刺激を受けたり行動を起こしたりするとき，その活動に関連する部位ではブドウ糖と酸素が消費されるので，一時的に酸化ヘモグロビンが減少し，還元型ヘモグロビンが増加し，その後その部位に酸素が豊富な動脈血を供給しようとして，血流量が増加し，今度は相対的に酸化ヘモグロビンが増加し，

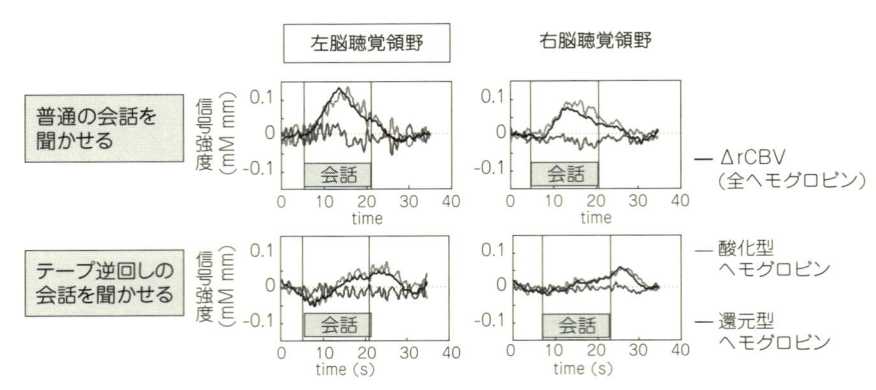

図27-6 生後5日以内の新生児も母国語を識別
光トポグラフィーにて計測：Mehler, J.（フランス国立神経言語学研究所）との共同研究

還元型ヘモグロビンが減少する。この現象を指標にして脳活動を可視化したものには fMRI や光トポグラフィーなどがある。また，神経細胞の活動そのものを直接的に見ようとするものには脳磁図や脳波などがある。

　フランス人の新生児に，フランス語が使われているテープと，そのテープの逆回しを聞かせたところ，光トポグラフィーによる計測により，逆回しのテープに比べて通常のテープを聞いているときの方が児の聴覚野が活性化されることがわかった。つまり，新生児が母語を聞きわけているという結果が得られたのだ（図27-6, Pena et al., 2003）。

　さらには最近，眼球運動を測定する機械も登場し，新生児や乳幼児期の子どもの視線を追跡することができるようになった。筆者らの実験で，生後4カ月の赤ちゃんの目の前のモニター上にヒトの顔に似た絵と，まったくヒトとは思えないような絵を提示すると，ヒトに近い絵を選好するという現象が認められた。

　こうしてヒトの脳の機能は可視化され始め，言うことを聞かない，会話ができにくいために科学的なアプローチが困難であった赤ちゃんの脳機能についても少しずつ謎が解けていくようである。一方，まだ多くの制約があり赤ちゃんの脳機能計測は困難なことが多い。

7 心理学と発達神経学

　最初に述べたように，心理学とりわけ発達心理学と小児科学は明治時代から密接な関係を保ちながら子どもの健康や発達を守り続けてきた。その関係はこれからもむしろ強くならなければならないであろう。とくに現在社会問題化している

発達障害や虐待などのいわゆる「子どもの問題」は，科学的に子どもの発達を見てきた発達神経学や認知発達神経学の分野の協力なしには解決しないであろう。この2つの領域をコアにして複雑系，情報工学あるいはロボティックスなどなど，文理融合の新しい学問領域が生まれてゆくのではないかと期待している。実際には発達障害の診断バッテリーや治療法などの開発に向けて新しい研究会を立ち上げたところである。心ある方々の参加を待っている。

引用文献

Edelman, G. M. (1989). *Neural Darwinism: The theory of neuronal group selection*. Oxford: Oxford University Press.
Hadders-Algra, M. (2000). The neuronal group selection theory: A framework to explain variation in normal motor development. *Developmental Medicine and Child Neurology*, 42, 566-572.
本田和子．(2000)．子ども一〇〇年のエポック．東京：フレーベル館．
Horimoto, N., Koyanagi, T., Nagata, S., Nakahara, H., & Nakano, H. (1989). Concurrence of mouthing movement and rapid eye movement/non-rapid eye movement phases with advance in gestation of the human fetus. *American Journal of Obstetrics and Gynecolory*, 161, 344-351.
Huttenlocher, P. R. (1979). Synaptic density in human frontal cortex: Developmental changes and effects of aging. *Brain Research*, 163, 195-205.
木原秀樹・中野尚子．(2009)．早産・低出生体重児のより良い発達を支援するために．ベビーサイエンス，9，2-14．
小西行郎・高谷理恵子．(1997)．乳児の自発運動の発達．小児科診療，60，727-733．
久保田競．(2001)．脳はどこから，どこへ．小泉英明（編），脳図鑑21：育つ・学ぶ・癒す（pp.29-46）．東京：工作舎．
前川喜平．(1997)．成育小児科学．東京：診断と治療社．
Meltzoff, A. N., & Moore, M. K. (1977). Imitation of facial and manual gestures by human neonates. *Science*, 198, 75-78.
御子柴克彦．(2001)．氏か育ちか．小泉英明（編），脳図鑑21：育つ・学ぶ・癒す（pp.47-56）．東京：工作舎．
明和政子．(2006)．心が芽ばえるとき：コミュニケーションの誕生と進化．東京：NTT出版．
明和政子．(2008)．身体マッピング能力の起源を探る．ベビーサイエンス，8，2-13．
鍋倉淳一．(2008)．発達期における脳機能回路の再編成．ベビーサイエンス，8，26-36．
Pena, M., Maki, A., et al. (2003). Sounds and silence: An optical topography study of language recognition at birth. *Proceedings of the National Academy of Science*, 100, 11702-11705.
Prechtl, H. F. R. (Ed.). (1984). *Continuity of neural functions from prenatal to postnatal life* (pp.1-16) (Clinics in developmental medicine: no. 94). London: Spastics International Medical Publications.
Prechtl, H. F. R., Einspieler, C., Cioni, G., Bos, A. F., Ferrari, F., & Sontheimer, D. (1997). An early marker for neurological deficits after perinatal brain lesions. *Lancet*, 349, 1361-1363.
Rochat, P., & Hespos, S. J. (1997). Differential rooting response by neonates: Evidence for an early sense of self. *Early Development and Parenting*, 6, 105-112.
Thelen, E. (1995). Motor development. A new synthesis. *American Psychologist*, 50, 79-95.

第28章
精神医学の考え方

本城秀次

　発達心理学の学問領域に精神医学の思考法・方法論がどのような貢献をなしうるかということを論ずるのが本章の目的であろうが，それは筆者の力の及ぶところではない。ここでは，精神医学の領域において，発達ということがどのようにとらえられているかをいくつか例を挙げて述べることによって，精神医学領域における発達概念がどのようなものであるかを明らかにすることを試みる。

第1節　了解概念と発達概念

　精神医学の歴史を見てみると，より病態が重い精神病を対象とするものと，より病態が軽い神経症を対象とするものと2つの大きな流れがあるように思われる。そして，これら2つの流れはそれぞれの対象に対するアプローチが異なっているように見える。
　精神病を対象とする研究者たちは，精神病者の体験を基本的には了解不能と考え，その了解不能という事実をもって，精神病の特徴とした。また，そういった中で，精神病者の体験についての了解の幅を広げ，精神病者の存在様式を理解可能なものにしようとする試みもなされてきたが，その了解の仕方は静的なもので，発達的視点といったダイナミックな視点はそこには存在しなかった。
　それに対し，神経症では，その心理的な了解は比較的容易であり，その発生メカニズムを幼児期の体験に遡って明らかにしようと試みてきた。この学派の代表はフロイト（Freud, S.）を始祖とする精神分析学派である。この精神分析学派に属する研究者によって，精神発達に関する多様な研究成果が発表されてきたのである。そのため，発達心理学と最も密接な関係をもっている精神医学領域の学問分野としては，精神分析学が真っ先に挙げられるであろうが，精神医学の学問領域においては，それらの領域はむしろ正統的な学問領域とは位置づけられてこな

かったのである。

第2節　精神分析における発達概念

1　フロイトのリビドー発達理論

　精神分析学は衆知のようにフロイトによって，学問的に体系づけられたものである。フロイトはヒステリーなどの神経症患者に対し，自由連想法を用いることによって，過去の無意識的な外傷体験が想起され，その心的外傷体験を意識化することによって，その神経症症状が治癒することを見出した。そのような，神経症患者の子ども時代の体験を再構成することによって，逆に人間の発達過程について精神分析学の視点から大胆な構想を提唱したのである。すなわち，フロイトは幼児性欲論を唱え，リビドー発達理論を発展させたのである（表28-1）。

　フロイトのリビドー発達理論の特徴は主として大人の神経症患者の精神分析から子ども時代の発達を再構成して形成されたものであるという点にある。発達理論の概要は表28-1に示されているが，簡単に説明すると，子どもの発達段階により，リビドーが備給される身体部位（性感帯）が異なり，出生後1年ぐらいまでは，口唇にリビドーが備給され，口唇領域が性感帯として機能する。この時期が口唇期と呼ばれる。次に，トイレットトレーニングがかかわりの重要な時期になると，発達的には肛門期と呼ばれる時期になり，排便のコントロールが重要な

表28-1　S.フロイトのリビドー発達段階

年齢	一般的な発達区分	S.フロイトのリビドー発達段階
	乳児期	口唇期
1歳		
2		肛門期
3	幼児期	
4		男根期
5		
6		
7		
8		
9	児童期	潜伏期
10		
11		
12		
13		
14	青年期	性器期
15		
16		

課題となる。その後男根期となり，この時期は同性の親との心理的葛藤が激しくなり，エディプス期ともいわれる。エディプス葛藤により子どもは去勢不安を感じることになるが，男児は父親と同一化することにより，潜伏期にはいる。潜伏期は学童期にあたっており，精神的には比較的安定した時期といわれている。性的にはリビドー欲動は目立たない時期である。そして，二次性徴の開始とともに，成人の性欲動の体勢である性器期が始まるのである。

　これがフロイトの発達論の概略である。その後精神医学の領域からいくつかの発達論が生まれ，発達心理学の領域にも学問的影響を与えたが，そのほとんどが精神分析学者によるものであり，発達理論における精神分析学の貢献は大であると言わざるをえない。次に精神分析学を基礎とするいくつかの発達理論を紹介することにする。

2　エリクソン（Erikson, 1963）の漸成的発達理論

　エリクソンは，ドイツに生まれたが，両親はデンマーク人であった。両親は離婚し，母親はドイツでユダヤ人の小児科医と再婚した。エリクソンは大学に入る前，いわゆる自我同一性の問題に悩み，ヨーロッパを漂泊して回った。その後アンナ・フロイト（Freud, A.）の精神分析を受け，精神分析家としての道に入った（Coles, 1970/1980）。エリクソンの発達理論は漸成的発達理論といわれ，8つの発達段階からなっている。基本的には，フロイトのリビドー発達理論に基づきながらも，そのような生物的背景だけではなく，心理社会的な要因が個人の発達に与える影響の大きさを考慮した発達論を提唱している。

　エリクソンの発達理論は，表28-2のように，達成されるべき課題とその達成が失敗した場合の状態が記載されている。すなわちⅠ-1を例にとると，フロイトの口唇－感覚的時期に達成されるべき課題としては，養育者との基本的信頼感の確立であり，その課題を達成できない状態が不信といわれる状態である。発達の第2段階では，自律性　対　恥・疑惑が問題とされ，ここで達成すべき課題としては，トイレットトレーニング等の確立による自律性の確立と，それの未確立としての，恥・疑惑である。エリクソンの発達段階の中で最も有名なのは，第5段階「同一性　対　同一性拡散」である。エリクソンのいう同一性とは，自分はほかの誰とも違う自分自身であり，自分はこの世の中にひとりしかいないという不変性の感覚，これまでの私はずっと変わらない私であり，今の私も，これからの私もずっと変わらない私であり続けるという連続性の感覚からなるものと言われている（大野，2000）。青年は，自我同一性を確立することによって，社会の中で安

表28-2　エリクソンの漸成的発達理論 (Erikson, 1963)

	1	2	3	4	5	6	7	8
Ⅷ 円熟期								統合性 対 絶望
Ⅶ 成年期							生殖性 対 停滞性	
Ⅵ 若い成年期						親密性 対 孤立		
Ⅴ 思春期と青年期					同一性 対 同一性拡散			
Ⅳ 潜在期				勤勉 対 劣等感				
Ⅲ 移動性器期			自発性 対 罪悪感					
Ⅱ 筋肉肛門期		自律性 対 恥・疑惑						
Ⅰ 口唇感覚期	基本的信頼 対 不信							

定した役割を取ることができるのである。このような安定した自我同一性を確立することができず，社会の中で安定した役割を取ることができないとき，また，自分が本当に何がしたいのかわからない，自分が何のために生きているかわからないといった訴えをするとき，自我同一性の確立の失敗である自我同一性拡散という状態となる。さらに，エリクソンの発達論の特徴は，成人期以降の発達について論じている点であり，親密性 対 孤立，生殖性 対 停滞性，統合性 対 絶望，といった発達課題とその失敗を挙げている。

3　マーラー (Mahler et al., 1975/1981) の分離個体化過程

次にフロイトがリビドー発達の口唇期，肛門期として記述した前エディプス期における子どもの二者関係の発達についてマーラーほか (Mahler et al., 1975/1981) の分離個体化理論を紹介する。

マーラーらの理論は精神分析に基礎づけられているが，フロイトのようにリビドー備給といった生物学的概念は用いず，愛着対象から分離していく過程を客観的に記述したものである。マーラーの貢献は乳幼児期の母子関係の発達を理解す

るのに有用であるのみならず，思春期の第二の分離個体化過程を理解するにも役立つとされている。

マーラーらは乳幼児の心理的発達を自閉期（0～1カ月），共生期（2～6カ月），分離・個体化期（5～36カ月）の3期に分けている。そして，分離・個体化期を4つの下位段階に区別している（図28-1）。

(1) 自閉期（0～1カ月）

この時期，赤ん坊は半睡眠，半覚醒の状態で過ごしており，空腹その他の欲求で緊張が高まると泣いて反応し，欲求が満たされ，緊張が低下すると再び眠りに就く。この時期子どもは心理的過程よりも生理的過程が優勢である。赤ん坊は生理的成長を促すため，胎児期に近い状態で過度な刺激から保護されている。

この時期まだ赤ん坊には自他の区別は存在せず，あたかも赤ん坊は世界と融合したかの状態で，自分が世界の中心にいるかのような全能感に浸っている（精神分析学で言うところの一次ナルシシズム）。そして，あらゆる欲求満足は赤ん坊のこの万能的な殻の中からもたらされていると感じている。

(2) 共生期（2～6カ月）

赤ん坊が欲求を充足してくれる対象をぼんやりと認識し始めるとともに共生期が始まる。しかしこの段階では，赤ん坊はあたかも母親と自分が1つの共通した境界をもつ単一体であるかのように行動し機能する。あたかも母子は一体となって共生球を形成しているかのようである。赤ん坊は母親を対象としてぼんやりと知覚するようになるが，まだ自分と区別されたものとしては，認識していない。この時期，母親は赤ん坊の補助自我として機能するのであり，子どもの遂行できない機能，たとえば，欲求を充足したり，緊張を解消したり，現実を知覚して適切に対応したりという機能を子どもと一体となって遂行するのである。

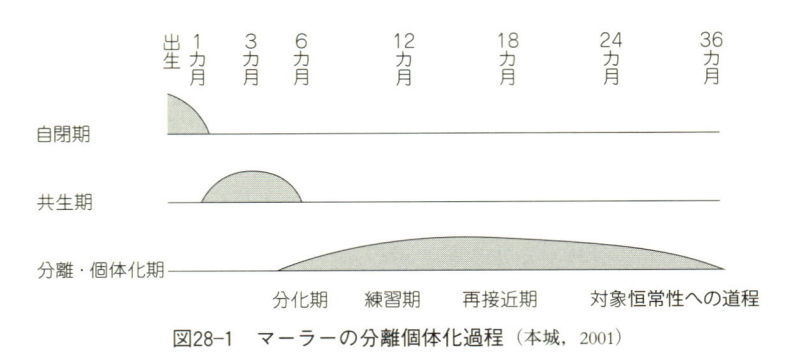

図28-1　マーラーの分離個体化過程（本城，2001）

このように，子どもが母親と適切な共生関係を体験することは，これ以後の分離・個体化過程が適切に遂行されるための重要な基礎となる．

(3) 分離・個体化期（5～36カ月）

　マーラーは分離・個体化過程をさらに4つの下位段階に区分している．
　①分化期（differentiation）（5～9カ月）
　②練習期（practicing）（9～15カ月）
　③再接近期（rapprochement）（15～22カ月）
　④対象恒常性（object constancy）への道程（22～36カ月）
　次に各下位段階の特徴を具体的に述べる．

　①分化期（5～9カ月）：この時期になると，子どもは，これまでの母子一体的な関係から，しだいに自己を母親とは分離したものとして認識し始める．6カ月頃になると，子どもは母親の身体をしきりに探索するようになり，母親の髪の毛，耳，鼻をいじったり，引っ張ったりする．また，抱かれた姿勢で母親からからだを離し，身をそらすようにして，母親や周囲をしげしげ眺めたりする．このように，子どもは母親に強い興味を示し，母親と見知らぬ他人との違いに敏感となり，7,8カ月頃になると，「人見知り」という現象が見られるようになる．

　②練習期（9～15カ月）：練習期はさらに，a）初期練習期：はう，よじ登る，つかまって立つ等の母親から身体的に離れようとする能力の発達とともに始まる時期，b）本来の練習期：自由な直立歩行によって特徴づけられる時期，の2つからなる．

　この時期になると，運動能力の増大とともに，子どもの世界は飛躍的に拡大する．子どもは新たに獲得した身体的技能の練習，習得に熱中し，また，新たに広がりつつある世界の探索に夢中になり，母親から遠く離れ，母親の存在をしばしば忘れているように見える．しかし，子どもはしばらくすると，母親との身体的接触によりエネルギーを補給するために，母親のもとに戻ってくる．母親は，子どもが周囲の世界へと探索に乗り出していくためのエネルギー補給の「基地」としての機能を果たしている．

　③再接近期（15～22カ月）：この時期は，さらにa）初期再接近期，b）再接近危機期，c）この危機を個人的に解決する時期，に細分される．

　練習期の間中，子どもは母親を世界探求のための基地として利用して，エネルギーを補給するためにしばしば母親のもとに戻ってきた．しかし，この時期にはまだ，母親を自己とは独立した人格とは認識しておらず，母親が自分とは異なる意志をもっているとは認識していない．

再接近期の始まりとともに，母親は子どもにとって，絶えず広がる新しい発見をともに分かち合いたい「人間」になる。このような兆候は，子どもが母親のもとに世界で発見したものを次々ともたらし，母親の膝をそれらのものでいっぱいにする行動に認められる。しかし，母親を一個の独立した人間と認識するようになると，子どもは，母親の意志と自分の意志が必ずしも一致しないことに気づき始める。そのため，子どもは母親の存在を逆に強く意識するようになり，一時的に分離不安が強くなる。

このような状況で，子どもは母親を押しのけて分離の道に進みたいという欲求と，母親にしがみついて，共生的な関係を維持したいという欲求に引き裂かれることになる。そのため，この時期の母子関係は葛藤に満ちたものになる。すなわち，子どもは，母親が後を追ってくれることを期待して母親のもとから飛び出したり，また逆に，母親が立ち去ろうとすると執拗に後追いをしようとしたり，矛盾に満ちた行動をする。

このように，分離への動きと，母親を喪失する不安の間で混乱している子どもに対して母親が安定し，一貫した態度で子どもの自立への動きを支えることによって，子どもはこの混乱を乗り越え，良い母親と悪い母親に分裂していた母親イメージを次第に統合し，内在化していくのである。

④対象恒常性への道程（22〜36カ月）：この過程において達成される重要な課題としては，a）明確な，ある面では一生涯にわたる個体性の確立，b）対象恒常性のある程度の確立，が挙げられる。

この時期になると，子どもは自己を，他とは異なった，はっきりとした自我境界をもつ個人として，認識するようになる。また，統合された母親イメージを内在化し，対象恒常性を確立することによって，母親からの分離にある程度耐えられるようになる。

このように，子どもは生後36カ月頃までにある程度の自立性を確立する。しかし，この過程は36カ月の時点で終了するものではなく，その後長い時間をかけて徐々に達成されていくものであり，いわば，一生終わりのない過程であると考えられる。

4　スターンの自己感の発達（Stern, 1985/1989）

マーラーの分離個体化過程の理論は自我心理学的な伝統の中で形成されてきたものであり，スターンの自己感の発達理論も精神分析理論および愛着理論の両方と特徴を共有している。スターンの発達理論では，新生自己感，中核自己感，主

観的自己感，言語自己感が形成されるが，他の精神分析の発達理論のように，新しい発達段階の出現によって，それまでの発達段階が覆い隠され，発達段階が次々と盛衰するとは考えない。すなわちスターンの各発達段階は，新しい発達段階が形成されてもなお活動し続け，各発達段階は重層的な働きをするのである。

　スターンの自己感の発達は次のようなものからなっている（図28-2）。

　①**新生自己感**：生後2カ月を過ぎると，乳児は質的変化を起こしてくる。直接的な目と目のふれ合いをはじめ，頻回に笑うようになる。この発達的変化が起こる前，すなわち，誕生から生後2カ月まで，乳児は，何か前社会的で，前認知的ないまだ組織化されないままの人生を生きていると考えられる。この新生されつつある組織化の体験，それが新生自己感と呼ばれるものである。

　②**中核自己感**：生後2～3カ月，乳児が与える印象がかなり違ってくる。社交的交流をしているときの乳児は，一個の人間としてよりまとまっているように見える。それは乳児の動作，計画，情動，知覚，認知が今まさに一斉にその活動を開始し，しばし，対人関係に全精力を注ぐかのようである。最近の知見によれば，対人的世界を作り出すのに乳児がまず取り組む作業は，中核自己感，中核他者感の形成である。この作業はだいたい生後2～7カ月に達成されると考えられる。また，精神分析でいう融合様，融和様体験をもてる能力が，すでに存在する自己感，他者感から生まれる二次的派生物であることもこの所見は示唆している。

　③**主観的自己感**：次に，量的に一足飛び的な成長が自己感に起こるのは，自分にも他者にも心があることを乳児が発見するときである。生後7～9カ月，乳児は徐々に内的主観的体験，つまり心の主題が，自分以外の誰かと共有可能である

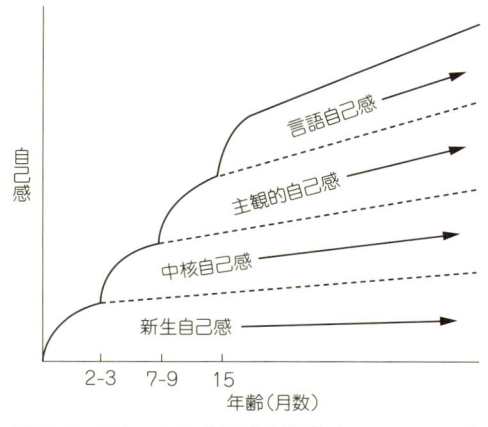

図28-2　スターンの自己感の発達（Stern, 1985/1989）

という重大な認識に至る。自分とは，別の他者も自分と似たような精神状態をもつものだという感じを乳児がもてて初めて，主観的体験，あるいは間主観性の共有が可能となる。それが起こると，対人間の活動は一部，目に見える活動や反応から，そうした行動の背後にある内的主観的状態へと移っていく。この移動を通して乳児は，今までと違った存在と社会（社交）感覚を体験するようになる。

④言語自己感：生後2年目に入り，言葉が話せるようになると，自己感と他者感は新しい属性を獲得する。今や自己と他者は，言葉という新しい交流手段によって，互いに意味を共有するとともに，それぞれ別個で個人的な世界認識をもつようになる。こうして新しい組織化を促す主観的見通しが生まれ，新しいかかわり合いの領域への道が開かれる。しかし，実際言語は両刃の剣であり，言語は私たちの体験を自分自身の中であるいは他者との間で共有しにくいものにしてしまうこともありうる。

　これまでフロイトを始祖とする精神性的発達理論に基礎をおいた精神分析的発達理論のいくつかを概説し，その理論的展開などを見てきた。
　分析的発達理論は，近年になり，現実場面における母子の相互作用について実際の観察データを理論に取り込むなど，より科学的な方法論を取り込んでいるが，その方法論の基礎は患者の精神分析治療から得られた資料である。成人が過去を想起することによって得られた過去の再構成から子どもの発達を理解していくのである。それゆえ，このような発達理論には実証性に乏しいといった批判が常につきまとってきた。しかし，これまで，研究を見てくると，発達心理学的な研究方法は実証性が高いといったことは事実であろうが，発達理論を構築することはなかなか困難であったのではないだろうか。これまでの過程を見てくると，発達心理学は，精神分析学が呈示した発達理論を実証的な手法で検討するといった働きが多かったように思われる。今後は，発達心理学独自の発達理論を呈示していくことが期待される。

第3節　診断としての発達障害

　ここでは，診断概念としての発達，すなわち発達障害について述べることにする。
　精神医学で，発達ということが問題になることは意外と少ないように思われる。臨床では，ある障害の好発年齢とかの形で，年齢が問題になることはもちろんあ

る。しかし，発達そのものの障害として問題になるものは，子どもの障害としては，知的発達の障害である精神遅滞や精神発達の全般的な歪みとされる広汎性発達障害が代表的なものである。老年期では，認知症などが発達概念との関連で問題になると思われる。

以下，最近大きな問題となっている広汎性発達障害について触れることにする。

1 広汎性発達障害概念の展開について

広汎性発達障害概念が提唱されたのは，カナー（Kanner, 1943）によって'Autistic disturbances of affective contact'という論文が発表されたのを嚆矢とする。その翌年にはearly infantile autismと命名された。同じく1944年にはオーストリアのアスペルガー（Asperger, 1944）が'Die autistischen Psychopaten im Kindesalter（子どもの自閉性精神病質）'という論文を独自に発表した。しかし，ドイツ語で発表されたせいか，あまり注目されなかった。

カナーは自閉症の病因論として，いくつかの説を挙げている。一時期，カナーは家族因（母親因）論を唱え，両親の性格は冷たく，厳格で，完全主義者であり，強迫的な傾向の持ち主であることを強調した。さらにカナーは自閉症を統合失調症の早期発症型と考えられるとも述べており，彼の説は必ずしも一定していない。このことが自閉症の病因論を混乱させる一つの要因となった。一方，アスペルガーは自閉性精神病質を性格の偏奇と考えていた。

このような自閉症の病因論に一大変革を生じさせたのは，ラター（Rutter, 1968）による言語認知障害説の提唱である。ラターは自閉症の病因を従来の児童期統合失調症と考える説から大きく変わって，言語認知の障害を一次的なものと考えた。この言語認知障害説は広く受け入れられ，自閉症はDSM-Ⅲ（American Psychiatric Association, 1980）において発達障害としての位置づけが確立されることになった。

その後も自閉症の病因論については，諸説が提唱され，言語認知障害説も批判にさらされることになった。

1980年代後半には感情認知の障害説や心の理論（theory of mind）の障害説などが提唱され，研究が進められている。心の理論とは，他者の行動の背後に存在する他者の信念，願望，意図などの思考内容を表象する能力を言う。バロン＝コーエンほか（Baron-Cohen et al., 1985）は，他者の誤った信念を表象する能力を調べる心の理論課題を作成した。その結果，ダウン症候群の86％が心の理論課題を通過したのに，自閉症では20％が通過したに過ぎなかった。こうした結果から，自閉症では，心の理論を経過するのに困難が認められるとしている。

広汎性発達障害をめぐっては，今後，さまざまな認知機能の障害の検討などをめぐり，精神医学と発達心理学の協力が期待されている。

第4節　神経発達仮説

発達に関連する精神医学の概念の第3のものとして，統合失調症の病因論として最近注目を集めている神経発達仮説について簡単に述べることにする。神経発達仮説にも種々のものが存在しているが，ここでは，バルモアほか (Bullmore et al., 1997) の概説を参考にしてその概略を述べることにする。統合失調症の神経発達理論は昔から存在したが，近年神経発達理論が再評価されるようになってきたのは，疫学的研究の成果によっている。疫学的研究によると，統合失調症においては発症前に早期から前駆的行動が存在することが明らかとなっている。思春期になって精神病症状が初めて顕在化したときに統合失調症が始まるのでなければ，統合失調症はいつ始まるのかということが問題になる。

統合失調症には脳の微細な構造的異常がしばしば見られる。側脳室，第三脳室，第四脳室に病初期から拡大が見られる。また，統合失調症患者の死後脳は感情障害患者のそれに比べて，有意に軽かった。これらの脳の所見は起源的には，変質的なものではなく，むしろ発達的な問題であると，今日解釈されている。ところで，早期の脳発達のどの時点で，成人の統合失調症患者の脳で見られるような解剖学的異常が見られるのであろうか。妊娠の前半期に不利な出来事が起これば，大脳皮質の粗大な形成不全やその結果としての知的ハンディキャップが生じる。これらの障害は，統合失調症で見られる比較的微細な脳や行動上の変化とは異なっている。統合失調症に至る障害は，正常な脳発達の過程を経過したあと，妊娠後期に起こると一般には考えられている。正常妊娠の後半には，神経細胞の増加はほとんどみられないが，神経組織の構成に大きな変化が生じる。顕微鏡的には，軸索走行や神経細胞間の一次的結合の確立がこの時期に見られる。2つの神経細胞間の一次的結合はそれらの成長にとって，相互に栄養的効果をもっている。神経細胞間の一次的結合は，その後の細胞死といった退行的過程に対して，神経細胞を保護する役割を果たす。

このような妊娠後半期の神経細胞の形成過程の中で，統合失調症の病因論が展開されている。そうした中で，精神病と脳梁形成不全との関連などが調べられている。

以上，近年精神医学の領域で関心をもたれている統合失調症の神経発達障害説

について触れ，統合失調症の病因論として，遺伝的要因とともに，胎児期からの脳の発達過程が注目されていることを述べた。

まとめ

本章では，精神医学において，発達概念が用いられている3つの領域を取り上げ，精神医学における発達概念がどのようなものであるかを具体的に明らかにした。今後，精神医学の領域と，発達心理学の領域の関連がますます深まってくると想像されるので，相互の交流が活発になることを期待したい。

引用文献

American Psychiatric Association. (1980). *Diagnostic and statistical manual of mental disorders* (3rd ed.). Washington, D. C.: APA.
Asperger, H. (1944). Die autistischen Psychopathen im Kindesalter. *Archiv fur Psychiatrie und Nervenkrankheiten*, **117**, 76–136.
Baron-Cohen, S., Leslie, A. M., & Frith, U. (1985). Does the autistic child have a "theory of mind"? *Cognition*, **21**, 37–46.
Bullmore, E. T., Frangou, S., & Murry, R. M. (1997). The dysplastic net hypothesis: An integration of developmental and dysconnectivity theories of schizophrenia. *Schizophrenia Research*, **28**, 143–156.
Coles, R. (1980)．エリク・H・エリクソンの研究（上・下）（鑪幹八郎，監訳）．東京：ぺりかん社．(Coles, R. (1970). *Erik H. Erikson: The growth of his work*. Boston: Little, Brown.)
Erikson, E. H. (1963). *Childhood and society* (2nd ed.). New York: W. W. Norton.
本城秀次．(2001)．小児の成長・発達．若林慎一郎・本城秀次（編），保育・看護・福祉プリマーズ：9 精神保健（pp.21-55）．京都：ミネルヴァ書房．
Kanner, L. (1943). Autistic disturbances of affective contact. *Nervous Child*, **2**, 217–250.
Mahler, M. S., Pine, F., & Bergman, A. (1981)．乳幼児の心理的誕生（高橋雅士・織田正美・浜畑 紀，訳）．名古屋：黎明書房．(Mahler, M. S., Pine, F., & Bergman, A. (1975). *The psychological birth of the human infant*. New York: Basic Books.)
大野 久．(2000)．自我同一性（アイデンティティ）．久世敏雄・齋藤耕二（監修），青年心理学事典（p.151）．東京：福村出版．
Rutter, M. (1968). Concept of autism: A review of research. *Journal of Child Psychology and Psychiatry*, **9**, 1–25.
Stern, D. N. (1989)．乳児の対人世界：理論編（小此木啓吾・丸田俊彦，監訳）．東京：岩崎学術出版．(Stern, D. N. (1985). *The interpersonal world of the infant: A View from psychoanalysis and developmental psychology*. New York: Basic Books.)

第29章
脳科学の考え方

皆川泰代

　近年，良くも悪くも脳科学が身近になってきた。脳科学は学術的にも工学，物理学，経済学，心理学などさまざまな研究分野にもその裾野を広げ，とりわけヒトの心を研究する心理学には切り離せない学問となった。疑似脳科学もますます氾濫する中，心理学の徒として正確な知識を身につけることは重要であろう。本章ではまず脳科学全般の基礎的な研究内容や方法論をまとめ，第2節では発達認知脳科学へ焦点を絞る。第2節にて脳科学が発達心理学へ貢献できる点を大きく3つ述べたうえで，第3節ではシナプスの刈り込みに関与する脳科学研究と発達心理学的事象を説明しつつ，異なるレベルの発達科学のつながりを示す。ヒトの生後2年間は神経の再編成期であり，脳の発達過程で最も急速な変化がみられる重要な時期である。したがって，本章でもとくに生後2歳までの乳幼児期の研究に主として注目した。

第1節　脳科学の概念

　大脳は140億ともいわれる神経細胞，さらに多いグリア細胞，それを生理学的に支える血液循環システム等から構成される情報処理体である。これら神経細胞同士がつながった回路（ネットワーク）に神経発火による興奮が駆け巡ることによって，感覚，知覚をはじめ学習，記憶，思考，言語などの高次の心的活動が遂行される。どの脳部位の神経回路がどの心理・認知活動を担い，さらには神経細胞あるいは神経回路がお互いにどのように結合し，情報を伝達して感覚といった低次処理から高次の認知処理までにいたる脳のシステムを構成しているかを明らかにするのが脳科学である。

　脳科学（brain science）は神経科学（neuroscience）の一般名称である。神経科学は個々の神経細胞や神経回路の働きについてさまざまなレベルでその機構を明らか

にするものであり，そのレベルに応じて分子神経科学，細胞神経科学，認知神経科学と呼ばれる領域が存在する。分子，細胞レベルの神経科学は神経細胞がどのように分子信号を発現，反応し，さらに神経細胞同士がどのように信号処理を行っているのかといったメカニズムを探るという生物学的特色が強い。それに対して認知神経科学は脳活動とヒトの心理，行動を直接的に結びつけようとするため学際性がより強くなる。本論では心理学に関係深い認知神経科学という脳科学について述べることにし，次に認知神経科学における方法論と測定信号について概説する。

　脳活動とは神経細胞が発火し細胞同士が信号をやりとりする過程である。その際に信号は細胞内で電気信号として伝わるが，この電気信号は神経活動を直接的に示すため，一次信号と呼ばれる。次にこのような電気活動が起こると，細胞はエネルギーの補完が必要になる。このために脳血流，酸素代謝が増加してくるが，これらの血流代謝の変化が脳賦活信号としてとらえられる。この間接的な信号を二次信号と呼ぶ。脳波計（electroencephalography：EEG）や脳磁図（magnetoencephalography：MEG）は電位変化やそれにともなう磁場変化という一次信号をとらえ，機能的磁気共鳴画像法（functional magnetic resonance imaging：fMRI）や近赤外分光法（near-infrared spectroscopy：NIRS）は血流変化という二次信号をとらえて脳活動を画像化する。これら異なる信号をとらえる異なる計測手法はそれぞれ短所，長所がある。たとえば一次信号は数十ミリ秒の現象であるのに対し，二次信号は数秒という時間的に遅い信号であるが，後者は時間的に積分された情報で変化量も大きいため比較的明確な信号として計測できる。EEG や MEG は時間分解能が優れているため一次信号をとらえるのに適しているが，電気信号はその信号源や分布を特定しにくいため EEG で脳活動部位を特定することは比較的困難となる（空間分解能が悪い）。逆に，fMRI や NIRS は，時間分解能は悪いが，空間分解能が高く脳の活動部位を容易に特定できる。実験の目的によってこれらの手法は使い分けられ，場合によっては fMRI-EEG などの同時計測によってお互いの利点を活かす手法も用いられる。これらの手法については次節でも補足するが，紙幅の関係上，詳細な説明は他著（大山ほか，2007）に譲る。この他の脳科学手法として二次信号をとらえる陽電子断層法（positron emission tomography：PET）や磁気刺激を脳に与えて一次的に神経活動を抑制させ当該部位の脳機能を調べる経頭蓋磁気刺激法（transcranial magnetic stimulation：TMS）があげられる。ヒト成人を対象とする脳科学は以上の方法によって心理，認知活動を担う脳内基盤を解明してきた，実際1991年以降 fMRI による脳科学研究が爆発的に増加し乳

幼児の脳科学研究を行うための方法論や背景知識としての基盤が形成されてきた。

第2節　方法論の特徴と発達心理学への貢献

1　EEGとNIRSの手法

　前節で述べた脳科学の計測手法はそのまま乳幼児へ適用することは難しい。たとえば低侵襲であってもTMSや放射性薬剤を注入するようなPET検査は基本的には乳幼児には用いない。fMRIやMEGは，成人には非侵襲的で使いやすく，学童期，思春期の研究には海外では多く用いられているが，乳幼児にとっては装置内の狭い空間や騒音が恐怖を引き起こし，しかも体動の多い乳幼児には覚醒状態では容易には使えない。乳幼児の脳活動を安全で的確にとらえ，現在一般的に用いられている計測方法はEEGとNIRS（図29-1）である。これらの装置はそれぞれ時間分解能と空間分解能という点で相反した特性をもつが，両者ともに体動に比較的強く，頭の固定が必要でないため自然な環境下で実験を行うことが可能である。また，スキャナーノイズ等の騒音もないために聴覚実験にも適している。発達研究に頻繁に用いられるこの2種の方法について補足する。

　EEGは比較的古くから乳幼児の認知機能計測にも用いられており20～30年の研究の蓄積がある。EEGで計測する脳波は持続的な周期変動（背景脳波）であり，安静時に出現するアルファ波や精神活動時に出現するベータ波などがある。これとは別に何らかの事象（刺激など）に対して変化する一過性の微小な電気活動がある。これが事象関連電位（event related potential：ERP）で，機能的脳活動を検討する脳科学ではERP指標がよりよく用いられる（ERPは装置の名称として使われることもある）。

　NIRSは今世紀に入って計測センサー数が増え，チャンネルと呼ばれる計測箇所が多くなり（Villringer et al., 1993），乳幼児研究に幅広く応用されるようになった。

図29-1　左がEEG計測、中央・右がNIRSの側頭計測，前頭葉計測
EEGにはさまざまな仕様があるが，写真はスポンジ状のセンサーをもつ高密度タイプのものである。

数波長の近赤外光を脳に照射し，光が脳の中で散乱，吸収されたあとに検出器で光の減衰量が計測される。NIRS は近赤外光が血液に吸収される仕組みを利用しているため，脳活動が起こった（血液量の多い）部位のチャンネルは光量減衰というシグナルとして得られる。NIRS は通常頭皮から約 3 センチの深さまでしか計測できず空間分解能も fMRI には及ばないが，時間分解能は fMRI よりもやや優れているため後に詳述する脳領野の結合性を評価することにも適している。

2 脳科学の発達心理学への貢献

　これら乳幼児を対象にした脳科学は発達心理学へ何をもたらしてきたのか，あるいは，これからどのような貢献があるのか。ここでは大きく 3 つの点に絞って述べる。

　第 1 に弁別や選好などの行動指標の代わりとして，脳科学的手法によって間接的であるが信頼（性）高い指標が得られる。とくに乳幼児を対象とした心理・行動実験は言語応答をはじめ，得られる応答の種類が限定されるため，目的とする機能を容易に単離できない。たとえば新生児の音声実験で用いられる吸啜法での吸啜頻度は，実験条件によって亢進したり減少したりする（Mehler et al., 1978）。注視が安定するようになると新奇刺激の方を長く見るという傾向を利用する選好振り向き法（梶川，2003）は，月齢や個人差により新奇でなく親密刺激をより長く見ることもあるため注意が必要となる。ある刺激 A と刺激 B を聴覚的あるいは視覚的に弁別しているかということを調べるためには，たとえば刺激 A で馴化させておいて刺激 B を呈示し，その変化検出についての脳反応（ミスマッチ反応と呼ばれる）を計測すれば，その弁別の度合いまでも脳反応振幅や反応潜時の違いとして示される。大脳左右優位側を決定する両耳分離聴検査（dichotic listening）のような行動実験より NIRS による脳科学手法を用いればより確実な優位性指標が得られる。ただし，ここで注意すべきは行動指標と脳指標とは必ずしも一致しない点である。多くの場合，脳指標がより敏感であり，行動上の弁別ができなくても意識下で何らかの弁別をしている場合は脳指標として現れる（ただしその逆もある）。したがって，脳科学実験においても目的によっては行動レベルの実験をあわせて行うことがきわめて重要になり，行動データが脳科学データの解釈に欠かせない場合も多い。

　2 番目に脳科学は心理・行動過程を支える生理的メカニズムおよび動作原理の解明に貢献する。発達脳科学はかつてブラック・ボックスと呼ばれていた認知プロセスの基盤をその発達過程あるいはシステムの形成過程として明確にする。実

際には，現在この域に達している発達脳科学研究は充分にはなく，その黎明期にある。過去 20 年の脳波計を用いた脳科学は主に，第 1 に挙げた貢献をしてきた。過去 10 年の NIRS 研究で活動脳部位をより正確に特定できるようになって，その活動脳部位からその認知処理プロセスを「推定」できるようになった。たとえば音声による単語学習をしている際の乳児の脳活動が上側頭回，縁上回，前頭葉背外側部にみられる場合，これは成人の fMRI 研究で観察される音韻短期記憶ループの神経回路を通して音声学習が遂行されている，といった解釈がなされる。その月齢の違いを観察することによって，さらにその回路が形成される発達過程を明らかにできる。しかし，成人 fMRI 研究でも指摘されるように，脳科学はある認知活動の脳領域の特定だけに終わってはいけない。システムとしての働きや原理を明らかにする必要がある。たとえば異なる脳部位にあるチャンネル同士の脳反応時間経過の因果関係ないし相関関係を分析することによって，脳領野の機能的結合（functional connectivity）についての知見が得られる。fMRI による機能的結合の分析により成人の安静状態におけるさまざまな感覚，知覚，認知機能に関与する 10 カ所以上の回路が示されているが（Damoiseaux et al., 2006），乳児では回路は 5 つにとどまり，その機能は主として知覚系であることが報告されている（Fransson et al., 2011）。NIRS を用いて保前ほか（Homae et al., 2010）は睡眠時の乳児の脳結合の発達過程を新生児から 6 カ月児について検討し，脳の領域によって異なる結合の発達変化をとらえている。以上の機能的結合分析と刺激や課題を課す機能実験をあわせることでより詳細な機能別の神経回路の役割が今後明らかになる。その際，実験で用いる刺激や課題を心理学的知見より最適に操作することが必須であることは言うまでもない。

　将来の脳科学は上述したシステムを明らかにする方向へ進むことが望ましいが，幸い近年になってその基礎を支える別の視点からの発達脳科学，すなわち脳の解剖学的研究が乳幼児の神経線維レベルでの脳構造を解明しつつある。脳の構造情報は脳内処理の座や経路を明らかにし，脳機能についても大きな示唆を与える。たとえば乳児の神経細胞は発達とともに髄鞘化（myelination）されて効率よい神経伝達が行われることが知られているが，左右半球をつなぐ脳梁（corpus callosum）は 4 カ月で一部髄鞘化し，8 カ月時点でほぼ成人と同様になる（Barkovich & Kjos, 1988）。このことから効率よい左右半球の神経活動の伝達は 8 カ月からという推測ができる。構造計測の手法としては通常の T2 強調画像による MRI 解剖画像以外にも MRI を用いた拡散テンソル画像法（diffusion tensor imaging：DTI）と DTI データをもとに神経線維束を可視化するトラッキングという手法が用いられてい

る。DTIを用いた神経線維の研究によると，乳幼児では成人と似た神経線維束が観察されるが，その構造は2歳まで発達途上で，たとえば言語処理に重要な弓状束は発達初期には未完成である。このことから音声受容から側頭葉への語彙アクセス過程に関与する回路は2歳以下では充分機能してないことが示唆される。これら脳構造の研究と機能の発達については（Dehaene-Lambertz et al., 2006；保前, 2009）を参照されたい。

　3番目の貢献は実際的な脳科学知見の教育領域への応用である。発達認知脳科学が学習メカニズムの解明や効果的な教育手法開発，早期教育の有効性の確認，さらには発達障害の早期発見・療育へ貢献する可能性は充分にある。実際，「脳科学と教育」という研究開発プログラムが平成13〜21年に実施され，わが国の研究基盤は構築されてきた。しかしながら，脳科学の知見と実際の教育現場とはまだ大きなギャップがあり，これまでの経験則や教育心理学等による蓄積以上に脳科学が子どもの教育へ貢献しているとは言い難い。むしろ似非脳科学が教育方面へも進出し，養育者を誤った方向へ扇動しているネガティブな状況さえある。近年，社会認知機能の発達脳科学研究がさかんになり，視線の認知で前頭葉が活動する，「いない，いない，ばあ」で側頭部が活性化するなどの報告が相次いでいるが，それを受けて義務的に赤ちゃんに「いない，いない，ばあ」を繰り返しても教育的意味はほとんどないのである。現在までの発達社会認知にかかわる脳科学研究はこれまで行動実験で得られた結果を脳レベルで確認しているにすぎない。脳科学が養育や教育現場へ効果をもたらすには，さらなる脳科学の成熟と，教育や心理分野と脳科学，医学との文理融合を促進させる必要がある。

　以上否定的な側面のみを指摘したが，発達障害への応用に関しては実現性がみえている。発達障害は脳の器質的，機能的な問題が関与していることが多いため，脳科学手法による早期の障害発見は充分脳科学の射程範囲である。現在，行動的観察によって自閉症スペクトラム障害（自閉症児と略す）を見出せる最少年齢は1歳半であるが，さらにその年齢を下げるために障害の早期行動指標や脳指標を見出そうという機運が国際的にも高まっている。さらには，脳科学によって障害の介入効果の評価も可能である。たとえば言語訓練を受ける前後で聴覚刺激によるERP反応を検討した結果，訓練後では注意に関与するERPが有意に増加したと報告されている。聴覚刺激に対する左右半球機能分化を縦断的に検討したNIRS研究では，介入グループにのみ韻律対立刺激に対する右半球の側性化が促進された。この他，自閉症者についてはDTIを用いて神経線維束の非典型性や社会的タスク時の非典型的結合性（Müller, 2008）などがすでに指摘されており，MRIや

ERPによる機能的脳画像研究も乳幼児以外には多く行われている。今後は乳児の発達障害リスク児，非リスク児についての機能的結合性を比較検討することで発達障害の早期スクリーニングに役立つ脳指標を見出す必要があるだろう。また，脳指標の発見は発達障害の脳機能メカニズムの解明へつながり，細胞・分子神経科学へも貴重な示唆をあたえるであろう。

第3節　機能一般的な処理から機能特異的処理へ

　本節では，発達におけるシナプスの刈り込み（synaptic pruning）という細胞神経科学レベルの事象について，行動心理学，認知脳科学の先行研究に照らし合わせ包括的な考察を試みる。これによって，異なる領域，レベルでの「発達」について，いかにお互いがつながっているかという例示としたい。

　神経細胞の数は乳児期で一番多いことはよく知られているが，神経細胞同士のつながりであるシナプスも6カ月前後でその量のピークを迎える。その後，必要な回路のシナプスを残しより強固な回路が形成される一方で，不必要なシナプスは減少する（刈り込まれる）。このシナプス数の増減は異なる機能処理を担う脳領域によって，異なる変化過程をみせる。たとえば，高次な処理を扱う連合野や前頭部ではピーク時のシナプス数が一次視覚野などの低次処理領域よりも多く，かつ刈り込みの時期も遅い（Elston et al., 2009；Huttenlocher, 2002）。このような刈り込みによって環境に適応した神経回路が形成される。この刈り込みは行動観察による発達心理学での知覚的狭小化（perceptual narrowing：以下PNと略す）という現象をうまく説明する。PNとは5, 6カ月齢以下の乳児であればあらゆる知覚的能力あるいは異種感覚統合能力をもっており，言語のあらゆる音韻対立[1]，音楽や声帯音源に対する敏感性，種や人種の異なる顔弁別の優れた能力をもつが，8, 9カ月以降では幅広い知覚能力は母国語や文化に必要充分な範囲に狭められるというものである。この現象は古くから音韻知覚については有名であり，日本人は6カ月齢以前であれば /r-l/ の違いを聞き分けるが，1歳になると不可能になることは広く知られている。6カ月児はサルの顔の個体弁別ができるが9カ月児はできないという報告（Pascalis et al., 2002）以来，PNは言語に限らず音楽や顔知覚など領域固有性のない（domain-general）現象であることが指摘され始めた。PNはシナプス刈り込みの結果起こったと解釈される。多くのシナプスによって何でも知覚

---

[1] 言語のすべての音韻種を聞き分けるわけではない（森・皆川，2004参照）。

し弁別するという一般的な処理から，生育環境に特化した刺激の入力を受けてシナプスが再編成され，その結果知覚能力が特化する過程としてとらえられる。

近年の脳科学の知見からも類似した脳の発達過程が見えてくる。音韻処理に関しては第2節でふれたミスマッチERP応答を用いてフィンランド人乳児は1歳を過ぎると6カ月児よりも母語の音韻にのみより強い脳反応がでることが報告されているほか，さまざまな母語音声システムにそった脳反応の発達変化が明らかにされている（森・皆川，2004）。顔の知覚処理を反映するERP成分N170[2]（乳児ではN290）やP400の検討により，ヒト，サルの顔処理における脳波は1歳でヒトの顔処理に特化する成人のパタンに近づくことも報告されている。なお，乳児のN290というERP成分は発達とともにその潜時が早くなり，5歳での270ms程度から12歳では成人の170msに近い200msにまで変化する。この時間変化も脳内のシナプス刈り込みおよび結合により神経回路がより効率化されたことを反映しているものと考えられる。

NIRS研究の結果からも4カ月児の脳反応は基本的に種や環境に依存しない聴覚一般的特性がみられた。たとえばサルのコール刺激[3]に対して両側の上側頭部広域に強い活動を示し（Minagawa-Kawai et al., 2011），成人の狭く弱い反応とは対照的であった。ただしここでは新生児時期には見られなかった母語での非母語より強い脳活動がみられ，母語処理については4カ月で母語特異的回路が形成されていることが示唆された。モノの認知に関するNIRS研究（Watanabe et al., 2010）でも一般的処理から特異的処理への発達変化が明確にとらえられている。3カ月児がモービル（object）と単純なチェッカーボード刺激（non-object）を注視しているときの前頭部と後頭部の広範囲を計測したところ，一次視覚野は両条件で同様な活動がみられたものの，外側の視覚連合野はモービルにのみ反応があった。この機能分化の発達過程をさらに検討したところ，2カ月児では両条件ともに一次視覚野，連合野，前頭葉の広範囲に脳活動がみられた。モノの認知処理に特化した回路は2～3カ月の間に形成されるということが考えられる。

以上の報告を統括すると，脳内回路が一般・普遍的処理から機能特異的に変化するタイミングは，視覚，聴覚といったモダリティばかりでなく，刺激，タスクの種類によっても異なるといえる。このことは，シナプスの刈り込みのタイミン

---

[2] Nは陰性成分，170という数字は170msという潜時を示す。ある知覚，認知事象に関する典型的な脳波成分をこのような極性と潜時で示す。
[3] ここではマカクザルの数種のコミュニケーションコール（例：仲間を呼ぶクーコール）を用いている。

グが視覚野，聴覚野あるいは感覚野，連合野で異なるという結果とも一致する。このように脳はどのような環境にも適合できる充分すぎる神経細胞とシナプスをもち，環境や経験にそってしなやかにその回路を編成する。これがまさに脳の発達である。急激な神経再編成は生後2年ほどに起こるが，その後も脳は可塑性をもち思春期まで発達し続ける。

かつて発達神経科学といえば細胞，分子，遺伝レベルの脳科学を指していた。2010年の *Developmental Cognitive Neuroscience* 誌の創刊が象徴するように，近年，急速に認知科学としての発達脳科学が進展しているが，さらに10年，20年後にこの領域は発達心理学の一分野を占めるようになると思われる。現在NIRSによる発達脳科学は日本が先導しているといっても過言ではない。今後の国内そして国外の発達脳科学研究の進展を期待したい。

引用文献

Barkovich, A. J., & Kjos, B. O. (1988). Normal postnatal development of the corpus callosum as demonstrated by MR imaging. *American Journal of Neuroradiology*, 9, 487-491.

Damoiseaux, J. S., Rombouts, S. A. R. B., Barkhof, F., Scheltens, P., Stam, C. J., Smith, S. M., & Beckmann, C. F. (2006). Consistent resting-state networks across healthy subjects. *Proceedings of the National Academy of Sciences of the United States of America*, 103, 13848-13853.

Dehaene-Lambertz, G., Hertz-Pannier, L., & Dubois, J. (2006). Nature and nurture in language acquisition: Anatomical and functional brain-imaging studies in infants. *Trends in Neurosciences*, 29, 367-373.

Elston, G. N., Oga, T., & Fujita, I. (2009). Spinogenesis and pruning scales across functional hierarchies. *The Journal of Neuroscience*, 29, 3271-3275.

Fransson, P., Åden, U., Blennow, M., & Lagercrantz, H. (2011). The functional architecture of the infant brain as revealed by resting-state fMRI. *Cerebral Cortex*, 21, 145-154.

保前文高．(2009)．言語発達脳科学の基盤構築と展開．*Japanese Psychological Review*, 50, 75-87.

Homae, F., Watanabe, H., Otobe, T., Nakano, T., Go, T., Konishi, Y., & Taga, G. (2010). Development of global cortical networks in early infancy. *The Journal of Neuroscience*, 30, 4877-4882.

Huttenlocher, P. R. (2002). *Neural plasticity: The effects of environment on the development of the cerebral cortex*. Cambridge, MA: Harvard University Press.

梶川祥世．(2003)．乳児の言語音声獲得．日本音響学会誌，59, 230-235.

Mehler, J., Bertoncini, J., Barrière, M., & Jassik-Gerschenfeld, D. (1978). Infant recognition of mother's voice. *Perception*, 7, 491-497.

Minagawa-Kawai, Y., van der Lely, H., Ramus, F., Sato, Y., Mazuka, R., & Dupoux, E. (2011). Optical brain imaging reveals general auditory and language-specific processing in early infant development. *Cerebral Cortex*, 21, 254-261.

森　浩一・皆川泰代．(2004)．乳幼児の音声知覚と脳活動．日本音響学会誌，60, 85-90.

Müller, R. A. (2008). From loci to networks and back again: Anomalies in the study of autism. *Annals of the New York Academy of Sciences*, 1145, 300-315.

大山　正・今井省吾・和氣典二・菊池　正（編）．(2007)．新編 感覚・知覚心理学ハンド

ブック Part2. 東京：誠信書房.

Pascalis, O., Haan, M., & Nelson, C. H.（2002）. Is face processing species-specific during the first year of life? *Science*, **296**, 1321–1323.

Villringer, A., Planck, J., Hock, C., Schleinkofer, L., & Dirnagl, U.（1993）. Near infrared spectroscopy（NIRS）: A new tool to study hemodynamic changes during activation of brain function in human adults. *Neuroscience Letters*, **154**, 101–104.

Watanabe, H., Homae, F., & Taga, G.（2010）. General to specific development of functional activation in the cerebral cortexes of 2- to 3-month-old infants. *Neuroimage*, **50**, 1536–1544.

人名索引

【A】

阿部彩　293
Adolph, K. E.（アドルフ）　91
Agar, M. H.　312
Ainsworth, M. D. S.（エインズワース）　44, 45, 49, 212
秋山道彦　178
Alloway, T. P.　275
Altman, P. L.　224
Altmann, J.（アルトマン）　197
Ambrose, J. A.（アンブローズ）　168
安藤智子　51
Angold, A.　7
Archer, J.　192
Ariès, Ph.（アリエス）　278, 289
浅田稔　275
浅野俊夫（Asano, T.）　208
Asperger, H.（アスペルガー）　347
東洋（Azuma, H.）　159, 160
東照二　262

【B】

Badinter, E.　292
Baker, J. A.（ベーカー）　316, 317
Bakhtin, M. M.（バフチン）　34-36, 267
Baldwin, J. M.（ボールドウィン）　5, 9, 10, 12
Baldwin, M. W.　51
Baltes, M. M.　185
Baltes, P. B.（バルテス）　177, 178, 182, 185, 186, 188
Bandura, A.（バンデューラ）　97-104, 106-108
Bard, K. A.（バード）　172
Barkovich, A. J.　354
Barkow, J. H.　71
Baron-Cohen, S.（バロン=コーエン）　4, 74, 347
Bartholomew, K.（バーソロミュー）　49
Bates, E.（ベイツ）　5, 76, 77, 255
Bateson, P. P. G.　10
Bauman, Z.（バウマン）　285
Beck, U.　278
Bell, S. M.　212
Belsky, J.　47
Beltalanffy, L. von（ベルタランフィー）　10
Bendersky, M.（ベンデルスキー）　166
Bergman, L. R.　11
Bergson, H.-L.（ベルクソン）　20

Bernstein, B.（バーンステイン）　148-150, 282
Bernstein, N. A.（ベルンシュタイン）　91
Bertenthal, B. I.　254
Bidell, T.（ビデル）　2, 41
Binet, A.（ビネー）　20, 21
Bjorklund, D. F.（ビョークランド）　72, 75, 231, 235
Bloch, M.　246
Bloomfield, L.（ブルームフィールド）　260
Blurton Jones, N.　234
Bly, L.　243
Boring, E. G.　7
Bourdieu, P.（ブルデュー）　282
Bovet, P.（ボヴェ）　22
Bower, T. G. R.（バウアー）　165
Bowlby, J.（ボウルビィ）　7, 43, 44, 47, 49, 51, 164, 193, 198, 212, 234
Brassard, J. A.　294
Brazelton, T. B.（ブラゼルトン）　166
Brennan, K. A.（ブレナン）　50
Breuer, J.（ブロイエル）　19
Bringuier, J.-C.（ブランギエ）　18
Bronfenbrenner, U.（ブロンフェンブレンナー）　9, 10, 12, 154-158, 160
Broström, S.　120
Brown, A. L.（ブラウン）　117
Bruner, J. S.（ブルーナー）　110, 116, 117, 150, 279
Brunner, D.　225
Bugental, D. B.（ブゲンタル）　74
Buller, D. J.（ブラー）　235, 236
Bullmore, E. T.（バルモア）　348
Burt, C.（バート）　20, 21, 25
Buss, D. M.　71, 231
Bücher, K.（ビュッヘル）　308

【C】

Cairns, B. D.　10
Cairns, R. B.（ケアンズ）　6-10, 13, 31, 41, 81
Callon, M.（カロン）　138
Canale, M.（カナル）　264
Carey, S.　4
Carlson, V.　46
Carr, W.　309, 311
Carstensen, L. L.　188
Carter-Saltzman, L.　224, 226
Case, R.（ロビー・ケイス）　4, 59, 61-64, 66, 67, 69

361

Cattell, R. B.（キャッテル）　178
Ceci, S. J.　155-157
Chomsky, A. N.（チョムスキー）　5, 6, 70, 71, 80, 255, 260, 263, 264, 270
Claparède, E.（クラパレード）　20
Cochran, M. M.　294
Cocking, R. R.　151
Cohen, R.　148
Cole, M.（コール）　6, 31, 37, 38, 71, 111-113, 116, 150, 308, 309, 314
Coles, R.　340
Collins, N. L.　49
Cooper, R. M.　224
Corsaro, W. A.　314
Cosmides, L.（コスミデス）　73, 231, 234
Costello, E. J.　6-10, 13
Cottrell, L. S.　10
Craig, W.（クレイグ）　194
Crowell, J. A.　51
Crowley, K.　40
Cummins, D. D.　4, 74

【D】

Daly, M.　71
Damoiseaux, J. S.　354
Daniels, H.（ダニエルズ）　118, 131
Darwin, C.（ダーウィン）　70, 192, 198, 228, 230, 232
Davenport, R. K.　207
Davis, K. E.　51
DeFries, J. C.　224, 226
de Haan, M.　75
Dehaene-Lambertz, G.　355
Demetriou, A.（アンドレア・デメトリュ）　58, 60
伝康晴　262
Dewey, J.（デューイ）　110
Diamond, D.　144, 145
DiLalla, D. L.　226
土場学　311
Dobzhansky, T.（ドブジャンスキー）　234
土井捷三　120
土井隆義　286
Dollard, J.（ダラード）　98, 99
Dondi, M.（ドンディ）　168
Döhl, J.　207
Draper, P.（ドレイパー）　244
Dunbar, R. I. M.　171
Durkheim, E.（デュルケム）　309

【E】

Ebbinghaus, H.（エビングハウス）　273
Eckensberger, L. H.　31, 37
Eckerman, C. O.　10
Edelman, G. M.（エーデルマン）　329, 330, 332
Edelstein, R. S.　51
Efklides, A.　60
Eibl-Eibesfeldt, I.（アイブル＝アイベスフェルト）　193, 195
Ekman, P.（エクマン）　165, 167, 169, 170
Elder, G. H., Jr.　6, 8-10, 13, 155, 289
Elman, J. L.（エルマン）　75, 76, 255
Elston, G. N.　356
Emde, R. N.（エムデ）　168
遠藤利彦　43, 47, 51-53, 234
Engeström, Y.（エンゲストローム）　128, 130-134, 137
Erickson, F.　307
Erikson, E. H.（エリクソン）　286, 288, 290, 340, 341

【F】

Falconer, D. S.　224, 226
Fantz, R. L.（ファンツ）　165
Farrar, M. J.　4, 6, 60
Fearon, R. M. P.　47
Feeney, J. A.　49
Fernie, D. E.　314
Field, T.（フィールド）　164, 166-168
Fiese, B. H.　10
Fischer, K. W.（クルト・フィッシャー）　4, 6, 60
Fishbein, H. D.　234, 235
Flick, U.　313
Flynn, J. R.（フリン）　182
Fodor, J. A.（ジェリー・フォーダー）　5, 70, 73, 74
Fogel, A.（フォーゲル）　248, 257
Forrester, M.（フォレスター）　300
Foss, B. M.（フォス）　168
Fox, N. A.（フォックス）　168, 170
Fransson, P.　354
Freedman, D. G.（フリードマン）　168
Freud, A.（アンナ・フロイト）　340
Freud, S.（フロイト）　19, 24, 25, 98, 338-341, 346
Friesen, W.　169
Frisch, K. v.（フリッシュ）　193, 194
Frye, D.（フライ）　142
藤原和博　283
藤田統（Fujita, O.）　224

舩橋惠子　294, 296
古畑和孝　147
古瀬民生（Furuse, T.）224

【G】

Gagné, E. D.　274
Gajdamaschko, N.　116
Gallup, G. G., Jr.（ギャラップ）207
Gardner, B. T.（ガードナー）208
Gardner, H.（ガードナー）270, 300
Gardner, R. A.（ガードナー）208
Garfinkel, H.（ガーフィンケル）298
Gaskins, S.（ガスキンス）309
Gathercole, S. E.　275
Gauvain, M.　148
Geary, D. C.（ギアリー）4, 6, 75, 76
Gelman, R.　73
玄田有史　291, 292
George, C.　47
Gervais, M.（ジャーベイス）169-171, 173
Gesell, A.（ゲゼル）252
Gewirtz, J. L.（ゲヴィルツ）168
Gibson, E. J.（エレノア・ギブソン）89, 91, 92, 255
Gibson, J. J.（ジェームズ・J・ギブソン）84-87, 89, 90, 92-95
Gillath, O.　51
Ginsburg, H.　150
Goldfield, E. C.　252
Goldsmith, H. H.　224
Goodman, J. C.　76
Goodnow, J. J.　314
Goodwin, C.（グッドウィン）304
後藤宗理　291
Gottlieb, G.　5, 10, 72, 73
Goubet, N.　190
Gould, S. J.（グールド）80, 236
Greenfield, P. M.　153
Grice, P.（グライス）48
Guerra, M. R.　117

【H】

Hadders-Algra, M.（ハダース＝アルグラ）330, 331
芳賀信太朗　52
Hakkarainen, P.（ハッカライネン）120
Halford, G. S.（グラーム・ハルフォード）4, 60
Hall, S.（ホール）1
Halsey, A. H.　308

Hamilton, W. D.（ハミルトン）230
Harlow, H. F.（ハーロウ）164, 193, 211, 212
Harlow, M. K.　164
長谷川香奈　52
Havighurst, R. J.（ハヴィガースト）279
Hayes, C.（ヘイズ）208
Hayes, K.（ヘイズ）208
Hazan, C.（ハザン）47, 49
Heidegger, M.（ハイデッガー）320-324
Heimann, M.　78
Heinroth, O.（ハインロート）194
Hembrooke, H. A.　155, 156, 158
Hen, R.　225
Herbart, J. F.（ヘルバルト）279
Herrenkohl, L. R.（ヘレンコール）117
Herrnstein, R. J.（ヘアンスタイン）157
Hespos, S. J.　333
Hess, R. D.（ヘス）150, 160
Hesse, E.　48, 52
日高敏隆　193
Hinde, R. A.　10
Hjelmslev, L.（イェルムスウ）260
Ho, D. Y. F.　159
Holzman, L.（ホルツマン）121, 122
保前文高（Homae, F.）354, 355
本田和子　327
本城秀次　342
Hopkins, B.　252
堀本直幹（Horimoto, N.）335
堀尾輝久　280
Horn, J. L.（ホーン）179
Horowitz, L. M.（ホロヴィッツ）49
細川亮一　121
Hull, C. L.（ハル）98
Husserl, E.（フッサール）124, 320, 321
Hutchby, I.（ハッチビー）299
Huttenlocher, P. R.　329, 356
Hymes, D.（ハイムズ）264

【I】

Il'enkov, E. V.（イリエンコフ）131
Inhelder, B.（イネルデ）18, 25, 27, 31
井上徳子（Inoue-Nakamura, N.）212-214
井上紗奈（Inoue, S.）207
乾彰夫　286, 290
石原邦雄　289
Ishii-Kuntz, M.　296
糸魚川直祐　193, 200

岩井八郎　282
岩上真珠　289
Izard, C.（イザード）　165, 167
泉靖一　308

【J】
Jacobsen, S. W.（ヤコブセン）　5, 78
Jacobvitz, D.　46
James, W.（ジェームズ）　110
Jansen, B. R. J.　58
Jefferson, G.（ジェファーソン）　300
Johnson, M. H.　4, 72, 75
Jones, R.　84, 90
Jung, C. G.（ユング）　19

【K】
Kagan, J.（ケイガン）　45, 77, 165, 170
Kahn, R. L.　184
梶川祥世　353
神谷栄司　124
金沢創　170, 199
金政祐司　52
Kanner, L.（カナー）　347
Kant, I.（カント）　116
Karabel, J.　308
苅谷剛彦　280, 282, 283
片田珠美　277
加藤和生　50
Katz, D. D.　224
Kauffman, M. B.　177
川合伸幸（Kawai, N.）　207
川上文人（Kawakami, F.）　169-173
川上郁雄　268
川上清文（Kawakami, K.）　165, 167, 169-173, 198
Kaye, K.（ケイ）　241, 242
数井みゆき　52
Kellogg, L. A.（ケロッグ）　207
Kellogg, W. N.（ケロッグ）　207
Kemmis, S.　309, 311
Kempermann, G.　185
Key, E.（エレン・ケイ）　327
城戸幡太郎　112
貴戸理恵　283
Kieren, T. E.　67
木原秀樹　334
菊澤季生　260
Kipp, K.　75, 160
Kirkpatrick, L. A.　51

北山忍　112
Kjos, B. O.　354
Kliegl, R.　186
児玉典子　221, 223, 224
Koffka, K.（コフカ）　89
古賀正義　281, 283, 285, 286
Kohlberg, L.（コールバーグ）　107
Kohts, N.（コーツ）　207
小嶋秀夫　160
近藤博之　282
小西行郎　332
Konner, M. J.（コナー）　241-244
Köhler, W.（ケーラー）　92, 207
耕治人　319
甲田菜穂子　197
久保田競　329
工藤晋平　50
鯨岡峻　320
熊野純彦　322, 324, 325
國吉康夫　333
Kupers, C.（クーパー）　99, 103

【L】
Labov, W.（ラボフ）　267
Lacan, J.（ラカン）　325
Lambercier, M.（ランベルシエ）　27
Lave, J.（レイヴ）　121
LeCompte, M. D.（ルコンプト）　309-312
Legerstee, M.　5, 78
Leont'ev, A. N.（レオンチェフ）　121, 129, 130
Lerner, R. M.　177
Lévinas, E.（レヴィナス）　316, 320, 321, 323-325
LeVine, R. A.　241
Lewin, K.（レヴィン）　10, 92, 132
Lewis, M.（ルイス）　164, 165, 168
Lewontin, R. C.　236
Liben, L. S.　61
Lieberman, P.　208
Lindqvist, G.　120
Loehlin, J. C.　226
Lorenz, K.（ローレンツ）　193-195, 234, 327
Luria, A.（ルリア）　110
Lyons-Ruth, K.　46

【M】
MacDonald, K.　43, 75
MacIntyre, A. C.（マッキンタイア）　116
前田嘉明　194

前川喜平　327, 328
Magnusson, D.（マグナッソン）　10, 11
Mahler, M. S.（マーラー）　341, 342, 344
Maier, A.　169
Main, M.（メイン）　46, 52
牧野カツコ　292, 294
牧野暢男　295
Malinowski, B.（マリノフスキー）　308
Mareschal, D.　165
Marx, K.（マルクス）　111, 121
増井誠一郎　224
松田茂樹　294-296
松阪崇久　166, 170, 172
松沢哲郎（Matsuzawa, T.）　173, 207, 214
Maynard Smith, J.（メイナード・スミス）　231
McGraw, M.（マグロー）　252
McKinney, M. L.（マッキニー）　80
McLoyd, V. C.　150, 151
Mehler, J.　336, 353
Meltzoff, A. N.（メルツォフ）　78, 335
Menzel, E. W., Jr.　208
Mercer, N.（マーサー）　118
Merleau-Ponty, M.（メルロ＝ポンティ）　316-318
Merriam, S. B.　307, 310, 311, 313
Messinger, D.（メッシンジャー）　168
Michotte, A.（ミショット）　88
御子柴克彦　329
Mikulincer, M.　51
Miller, A.　245
Miller, G. A.（ミラー）　270
Miller, J. B.　51
Miller, N. E.（ミラー）　98, 99
Miller, P. J.　314
皆川泰代（Minagawa-Kawai, Y.）　356, 357
南博文　299
南徹弘　3, 164, 170, 193, 197, 199, 200
箕浦康子　309, 310, 312
Mischel, W.（ミッシェル）　99, 106
三嶋博之　252
Mithen, S.　75
三宅なほみ　270
宮本みち子　291
水野友有（Mizuno, Y.）　172, 213
望月嵩　288
Monod, J.（ジャック・モノー）　70
Moore, M. K.　78, 335
Moran-Ellis, J.（モラン＝エリス）　299
守一雄　273

森浩一　356, 357
森岡清美　288
茂呂雄二　263, 265, 307
Morra, S.　58
Morris, P. A.　155
Morton, J.　72
Moss, J.（モス）　67
室伏君士　318
Müller, R. A.　355
明和政子　234, 333, 335

【N】
鍋倉淳一　329
永井暁子　296
永瀬伸子　291
中島義明　98
中村徳子　211, 217
中村雄二郎　309
中野尚子　334
中野由美子　295
中尾達馬　50
Neisser, U.（ナイサー）　182
Nesselroade, C. S.　186
Newell, A.（ニューエル）　270
Newman, F.（ニューマン）　121, 122
Newport, E. L.（ニューポート）　75, 76
西阪仰　299, 300
西﨑実穂　93
丹羽淑子　168
野宮大志郎　311
野村昌良（Nomura, M.）　225
野中哲士（Nonaka, T.）　92
Norman, D. A.　275
Nussbaum, R.　225

【O】
落合恵美子　293
Ogbu, J. U.（オグブー）　150
生越昌己　140, 141
岡林春雄　249, 252
岡本能里子　265, 266
岡本ゆかり（Okamoto, Y.）　67
Omenn, G. S.　225
大野久　340
大澤真幸　320
太田素子　293
大山正　351
Oppenheim, R. W.　5, 78

O'Reilly, T.（オライリー） 142
Oster, H.（オスター） 169
小澤勲 319

【P】
Palincsar, A. S. 117
Panksepp, J.（パンクセップ） 171
Parker, S. T.（パーカー） 80
Pascal, B.（パスカル） 324
Pascalis, O. 356
Pascual-Leone, J.（ユアン・パスカルレオン） 4, 58, 59
Passeron, J.-C. 282
Pavlov, I. P.（パブロフ） 98
Pellegrini, A. D.（ペレグリーニ） 72, 231, 235
Pena, M. 336
Perez, S. M. 148
Piaget, J.（ピアジェ） 2, 3, 5, 10, 12, 13, 18–32, 58, 59, 67, 68, 70–72, 80, 105–107, 151, 164, 234, 248, 255, 274
Piattelli-Palmarini, M.（ピアッテリ＝パルマリーニ） 70
Pinker, S. 5, 71, 73, 74
Plomin, R. 219, 224, 226
Portes, P. R. 153
Postman, N.（ポストマン） 277
Potts, R. 75
Prechtl, H. F. R.（ハインツ・プレヒテル） 327, 328, 331, 334
Preissle, J.（プライスル） 309–312
Premack, A. J.（プレマック） 208
Premack, D.（プレマック） 207, 208
Preuschoft, S. 171
Price, G. R. 231

【R】
Raymond, E. R.（レイモンド） 141–143, 146
Read, S. J. 49
Reed, E. S.（エドワード・S・リード） 84, 90, 91
Rensch, B. 207
Resnick, L. B. 67
Rholes, W. S. 44
Ribble, M. A.（リブル） 193
Robinson, W. P. 150
Rochat, P.（ロシャ） 90, 333
Rogers, C. M. 207
Rogoff, B.（ロゴフ） 112–114, 177, 308, 309, 314
Roisman, G. I.（ロイスマン） 50

Rosenzweig, F.（ローゼンツヴァイク） 321, 324
Ross, D.（ドリー・ロス） 98
Ross, S.（シェリア・ロス） 98
Rousseau, J.-J.（ルソー） 20
Rovee-Collier, C.（ロビー・コリアー） 166
Rowe, J. W. 184
Ruch, W. 170
Rumbaugh, D. M.（ランボウ） 208
Rutter, M.（ラター） 347

【S】
Sackett, G. P. 197
Sacks, H.（サックス） 299, 300
佐伯胖 271
Said, E. W. 308
斎藤晃 167, 168
佐倉統 236
Salthouse, T. A. 187
Sameroff, A. J. 10
真田信治 260, 261, 265
Sandel, M.（サンデル） 116
Sannino, A. 133
佐藤郁哉 313
佐藤公治 112, 119
佐藤学 279, 281
佐々木正人（Sasaki, M.） 91, 92
Saussure, F. de（ソシュール） 259
Sawyer, R. K. 275
Scarr, S.（スカー） 160, 224, 226
Scearce-Levie, K. 225
Schaie, K. W.（シャイエ） 178, 179, 182, 183, 186
Schegloff, E.（シェグロフ） 300
Schneider, J. S. 225
Scribner, S.（スクリブナー） 6, 112
関井友子 294, 295
Shaffer, D. R. 160
Shaver, P. R.（シェイバー） 47, 49, 52
Sheikh, J. I. 186
芝山明義 148
柴山真琴 309, 312
島義弘 52
島田照三 168
嶋﨑尚子 291
清水弘司 177
志水宏吉 281, 282, 284, 285
清水睦美 285
新宮一成 326
Shipman, V. C.（シップマン） 150, 160

Shpet, G.（グスタフ・シペート）　123, 124
Shweder, R. A.（シュウェーダー）　6, 36
Siegel, A. W.　148
Siegler, R. S.（ロバート・シーグラー）　4, 40, 60, 63, 69
Sigel, I. E.（シーゲル）　151, 153, 154
Sillamy, N.　19
Simon, H. A.（サイモン）　270
Simon, Th.（シモン）　20, 21
Simpson, J. A.　44
Singer, J. A.　67
Skinner, B. F.（スキナー）　98, 166, 270
Slater, A.　164, 165
Smith, L. B.　10, 18, 252, 255, 256
Solomon, J.（ソロモン）　46
Spelke, E. S.（スペルキー）　71, 75
Spence, K.（スペンス）　98
Spitz, R. A.（スピッツ）　168
Spradley, J. P.　308, 312
Sroufe, L. A.（スルーフ）　169
Stallman, R. M.（ストールマン）　140
Steiner, H.　225
Stern, D. N.（スターン）　344, 345
Stifter, C. A.　168
Stone, C. D.（ストーン）　117
Suchman, L.（サッチマン）　145
Sullivan, M. W.（サリバン）　166
鈴木忠　178, 182
Swain, M.（スウェイン）　264
Szeminska, A.（シェミンスカ）　25

【T】

田島信元　1, 6-8, 12, 34, 41, 147, 160, 263, 267
髙田明（Takada, A.）　242-245
高橋道子　168
高井清子　167, 169, 170, 172, 173
高瀬弘樹　252
高谷理恵子　332
竹下秀子　213
Tam, O. H.　221
田中春美　285
田中幸子　285
田中ゆかり　262
太郎丸博　291
Taylor, C.（テイラー）　116
Terman, L. M.（ターマン）　156
Thelen, E.（エスタ・シーレン）　10, 252, 253, 255, 256, 329

Thinès, G.　88
Thorndike, E. L.（ソーンダイク）　98
Tiemann, M.　142
Tinbergen, N.（ティンバーゲン）　193, 194, 234
戸田弘二　49, 52
Tolman, E. C.（トールマン）　92
冨澤美千子　136
友永雅己（Tomonaga, M.）　207
Tooby, J.（トゥービー）　73, 231
Torvalds, L.（リーナス・トーバルズ）　139-141, 144
築島謙三　112

【U】

Ulrich, B. D.　252, 256
臼井博　147, 160

【V】

Valsiner, J.（ヴァルシナー）　10, 248, 255, 256
van Abeelen, J. H. F.　224
van den Boom, D. C.（ファン・デン・ブーム）　45
van der Maas, H. L. J.　58
van Hooff, J. A. R. A. M.　171
van IJzendoorn, M. H.　46
Villringer, A.　352
Vygotsky, L. S.（ヴィゴツキー）　2, 3, 6, 7, 10, 12, 13, 31, 32, 34-37, 39-41, 110, 112-124, 132, 151, 158, 255, 274, 308

【W】

Wachs, T.（ワックス）　158
Waddington, C. H.（ウォディントン）　5, 79, 80
若井邦夫　149
Walk, R. D.　89
Waller, B. M.　171
Wallon, H.（ワロン）　25
Walters, R.（ウォルターズ）　98, 99
Wang, Q.　148
Ward, M. J.　46
Wason, P. C.（ウェイソン）　234
渡辺はま（Watanabe, H.）　357
渡邊正孝　168
Waters, E.　49, 169
Watson, J. B.（ワトソン）　270
Weber, M.（ウェーバー）　310
Weinfield, N. S.　49
Weisner, T. S.　314
Wellman, H. M.　78

人名索引　367

Wells, G.（ウエルズ）　117
Wenger, E.（ウェンガー）　121
Werner, H.（ウェルナー）　89, 151
Wertsch, J. V.（ワーチ）　32, 35, 40, 71, 115-117
Westermann, G.（ウェスターマン）　165
Whitman, C. O.（ホイットマン）　194
Wild, B.（ウィルド）　170
Williams, E. M.　73
Willis, S. L.　185, 186
Wilson, D. S.　169-171, 173
Wilson, M.　71
Wolf, S.　164
Wolff, H. G.　164
Wolff, P.（ウォルフ）　168, 169
Woodruff, G.（ウッドラフ）　207, 208
Wordsworth, W.（ワーズワース）　30
Worthman, C.（ワースマン）　241
Wundt, W.（ヴント）　9, 41, 112, 272, 307, 308
Wynn, K.　75

【Y】

山田昌弘　291

山田哲也　283
山村賢明　147
山根真理　292
大和礼子　293-296
山﨑寛恵　90, 93
山住勝広（Yamazumi, K.）　128, 133, 134
Yerkes, R. M.　207
依田明　177
吉田甫　61
義永美央子　264
吉岡泰夫　267
Young, M. F. D.（ヤング）　308

【Z】

Zavershneva, E. Iu.（ザヴェルシネヴァ）　124
Zayas, V.　51
Zelazo, P. R.（ゼラゾ）　243
Zinchenko, V. P.（ジンチェンコ）　123, 124
Zubek, J. P.　224

事項索引

【アルファベット】

AAI　48, 49, 50–53
ACT　273
ADHD　331, 334
ASQ　47, 49
Baby FACS　169
CCS　66–68
Chimp FACS　172
DNA 塩基配列　205
DSA　248–253, 255–257
DST　249–252, 254
DTI　354, 355
DWR　131–133
ECR　50, 51
EEG　351, 352
ERP　352, 355–357
FACS　165, 167–169
fMRI　168, 336, 351, 352, 354
FreeBSD　139, 140, 144
GM　328
　　──の評価による超早期診断　331
GNU（グニュー）　140
IBM　139, 142, 143
IDZ　118
IWM　47–49, 51, 52
Linux（リナックス）　138–141, 143, 144
　　──カーネル　139–141, 143
MAX　165, 167
MEG　351, 352
MOD　152
MRI　354, 355
NIRS　168, 351–355, 357, 358
PDA　152
PET　351, 352
PN　356
PPCT モデル　155
Soar　273
SOC 理論　188
S–O–R　98
S–R　98
SSP　44, 46, 48, 50
TMS　351, 352
UNIX　140, 143, 144
　　──カーネル　140
　　──系の OS　139

【あ行】

アーキテクチャ型制約　75, 76
愛情　43
愛着（アタッチメント）　43, 212, 244, 341
　　──システム　44, 52
　　──スタイル　48
　　──スタイル質問紙（ASQ）　47
　　──タイプ　44, 46–48
　　──の個人差　44, 45
　　──の質　50, 51
　　──理論　7, 44, 212, 234
　　成人──面接法　47, 48
　　成人の──　47
アイデンティティ　285
　　──構築　268
　　──の獲得の研究　265
アクション・リサーチ　281, 310
足場づくり　117, 153
アタッチメント研究　193
アド・リブ法　197
アトラクター　250, 252, 253
　　──・ステート　251, 254
アフォーダンス　84, 89, 92–94
育児　292
　　──支援　293
　　──支援政策　296
　　──ネットワーク　293–295
　　──不安　292, 293
　　父親の──　293–295
意識論　123, 124
いじめの予防　108
位相シフト　254
一卵性双生児　225, 226
遺伝　224
　　──か環境か　1, 85, 279
　　──学　219, 226, 228, 235
　　　逆──　223
　　　計量──　219
　　　集団──　230
　　　順──　222
　　　分子──　221
　　　臨床──　225
　　──規定性　156
　　──システム　220
　　──的同化（説）　5, 80

――と環境　105, 160, 219, 222, 224
　　――率　222, 225, 226
　　行動異常の――　224
　　行動――学　156, 160, 219, 220, 222-224
　　行動形質の――　219
　　優性――　78
遺伝子：
　　――型　155, 156, 220, 221, 224
　　――ノックアウト　224, 225
　　――頻度　233
　　単一――　220, 224, 226
　　突然変異――　224, 225
異時性　80
異文化間葛藤　284
意味　120
入れ子（化）　86, 91, 94
インタビュー　307
ヴィゴツキーの三角形　113
ヴィゴツキー理論　2-7, 31, 36, 37, 39, 41
ウェイソンの4枚カード問題　234
運動　90, 91
　　――発達　332
　　――発達研究　252
液量の保存　26
エクソシステム　154
エスニシティ　290
エスノグラフィ　283, 307-310, 312-314
エスノメソドロジー　267, 268, 298-300, 305, 308
似非脳科学　355
老い　316, 319
横断研究法　253
横断的研究　279
横断的方法　179
オープンソース　139, 141-145
　　――・イニシアティブ　142-144
　　――運動　138, 139
音声言語　202

【か行】

絵画・文字言語　202
外言　33
解釈的アプローチ　308-311, 313
外的言語学　259, 260
解発機制　194, 195
解発刺激　194
会話の分析　283
会話分析　267, 268, 298-300, 303, 305
格差社会　281

拡散テンソル画像法（DTI）　354
学習　92, 101, 274, 299, 329
　　――可能性　100
　　――理論　166, 279
拡張的学習　133, 134
学力の格差　281
数の概念　207
数の保存　25
家族社会学　288, 291, 296
可塑性　100, 178, 182, 185-187, 189
学校教育　278
活動　128
　　――システム　128, 131, 133, 134
　　――・発達・学習研究センター　121, 130
　　――理論　6, 121, 128, 129, 131-134
　　――論　137
伽藍方式　142
加齢による知能の低下　182
カロライナ共同研究機構　10
感覚運動段階　62
感覚運動知能　23, 24, 27, 29
環境　86, 87, 90, 95, 105, 177, 178, 189, 223, 224
　　――としての母親　224
　　遺伝か――か　1, 85, 279
　　遺伝と――　105, 160, 219, 222, 224
　　母親――　223
観察　172
　　――学習　98, 99
　　――記録　313
　　――研究法　196
　　――法　20
　　全生起――　197
　　点――　197
　　批判的――　23
　　連続――　197
　　行動――（法）　196, 197
　　参与――　240, 307-309, 312
　　焦点的――　312
　　全体的――　312
　　選択的――　312
感情の体験　120
感情を生きる　120
顔面動作評定法（FACS）　165, 168
記憶の再生課題　51
気質　45
基礎定位システム　91
期待背反法　166
気づき　89

機能的核磁気共鳴画像（fMRI） 168
機能的磁気共鳴画像法（fMRI） 351
機能的脳画像研究 356
基本的信頼対不信 340
肌理 86, 87
逆遺伝学 223
急速眼球運動 335
吸啜 241, 242
　　──法 353
　　高振幅── 166
教育学 278, 280, 281, 283, 308
　　──研究 279, 281, 286
　　近代── 278
教育社会学 148, 310
教育政策 280
教育爆発の時代 279
協応 23
強化 98, 101
教授学 279
共進化 71
共生期 342
鏡像錯認 318
共同体論者 116
共同注意 167
　　視覚的── 234
均衡化理論 29
近交系 222
近赤外光血流計測（NIRS） 168
近赤外分光法（NIRS） 351
近接過程 155-158
近代科学 309
近代教育学 278
具体的操作 26, 27, 29
　　──期 59
形式的操作 27, 29
形而上学的渇望 316, 317, 319, 324
形成的介入 132
経頭蓋磁気刺激法（TMS） 351
系統発生 6, 7, 31, 37-39, 72, 155, 234
系統発達 197, 198
系統分類学 230
軽度発達障害 283
計量遺伝学 219
系列位置効果 272
系列化 25
ゲーム理論 230, 231, 235
ゲシュタルト心理学 89
血縁淘汰 230

結晶性知能 178, 181
ゲノム 220
　　──医学 225
限界テスト 186
研究方法論 309
言語 115
　　──運用 264
　　──学 238, 259-261, 271
　　　外的── 259, 260
　　　社会── 259-263, 265, 267, 268, 282
　　　内的── 259, 260
　　──自己感 346
　　──習得研究 208, 264, 265
　　──能力 264
　　──媒介理論 32
原始反射 243, 328
原始歩行 329
現象学 124, 318, 320, 323
　　──的還元 320, 321
　　──的社会学 308
現象型 155, 156
現代進化学 228
語彙判断課題 51, 52
攻撃行動 106
攻撃性 98, 99, 106, 108
考古学 238
高次精神機能 40
向社会性 106, 107
口唇期 339
高振幅吸啜法 166
後成説 3, 5, 70
構造転写 60
構築説 28, 29
行動 196
　　──異常の遺伝 224
　　──遺伝学 157, 160, 219, 220, 222-224
　　──観察（法） 196, 197
　　──形質の遺伝 219
　　──研究 192, 194-196
　　──指標 353
　　──主義 98, 270, 272
　　　新── 98
　　──心理学 356
　　──生物学 10, 72
　　──発達研究 196, 198
　　──比較研究 192, 193
　　──療法 105
　　──理論 101

広汎性発達障害　347, 348
肛門期　339
コーホート　290
　　——研究　327
　　——効果　181, 182
　　出生——　290
語義　120
コギト　318
互恵的利他性　234
心の理論　74, 208, 216, 234, 347
個人差　184
古生物学　230
個体発生（発達）　5-7, 31, 37, 38, 72, 78, 79, 155, 209, 234
　　——的適応　78
個体発達　89, 197, 198
固定的行動型　194
古典的加齢パターン　178, 179, 182, 184-186
古典物理学　249
ことば　115
　　——のジャンル　36
子ども　292, 298, 299
　　——期　200, 289
　　——の世紀　327
　　——文化　246
コネクショニスト・モデル　76
コネクショニズム　165
コミュニケーション能力　264
混合 ESS　231
痕跡作り　93
コンピテンス　98
　　——・パラダイム　299
コンピュータ　271, 272, 274

【さ行】

サーカディアンリズム　335
最近接発達領域（発達の最近接領域）　7, 33
再生法　272
最適化　188
再テスト効果　185
再認法　272
細胞神経科学　351
作業記憶（ワーキングメモリ）　60, 63, 64
サクセスフルエイジング　185, 187
サル　205
　　——類　205
三項関係　216
参与観察　240, 307-309, 312

死　316, 319, 321-324
シアトル縦断研究　179, 182
ジーンターゲティング法　223
ジェネラルムーブメント（GM）　328
シェム（シェマ）　23, 58, 59, 66
　　象徴的——　59
　　操作的——　59
ジェンダー　290
視覚システム　88
視覚的共同注意　234
視覚的断崖実験　89
視覚的追跡　166
シカゴ研究　150
自我心理学　344
自我同一性　340, 341
時間　316
　　——型制約　75
　　——制限法　197
　　生物学的——　288, 289
　　歴史的——　288-290
ジグリング　241, 242, 244
次元段階　62, 63, 66
自己：
　　——感の発達理論　344
　　——鏡映像認知　212
　　——効力感　100, 104-106, 108
　　——制御　106
　　——組織化　250-252, 329
　　——中心性　21, 22
　　——中心的言語　21
　　——調整　98, 99
　　——動機づけ　99
　　——認知　207
事象　86
事象関連電位（ERP）　352
姿勢　90, 91, 93
自然人類学　238
自然的発達　115
自然淘汰　73, 78, 79, 229
実験：
　　——研究法　196
　　——心理学　9, 41
　　——的アプローチ　271, 272
　　——法　272
実行制御構造　61-63
実証主義的アプローチ　309-311, 313
実存　323
　　——主義哲学　323

質的研究　263, 283
質的調査法　310
児童研究　327
児童心理学　1
児童中心主義教育　278
シナプスの刈り込み　329, 356, 357
自発的微笑　168-173
自発的笑い　169, 170, 172, 173
自閉期　342
自閉症　347
　　──スペクトラム障害　355
　　──の病因論　347
ジムナスティック　242-246
社会　239
　　──化　299, 300, 305
　　──階層　282, 289, 290
　　──階層差　148, 158
　　──科学　10
　　──学　289, 292
　　　家族──　288, 291, 296
　　　教育　148, 310
　　　現象学的──　308
　　　理解──　310
　　──言語学　259-263, 265, 267, 268, 282
　　──心理学　112
　　──生態学　10
　　──性の発達　74
　　──生物学　231
　　──的学習　98
　　　　──理論　97, 100, 101, 106, 107
　　──的言語　36
　　──的構成理論　2
　　──的行動　10, 106
　　──的参照　167
　　──的推論　74
　　──的認知　234
　　　　──理論　100
　　──的ネットワーク　188
　　　　──理論　165
　　──的発達　10, 164
　　　　──理論　7
　　──的微笑　170, 172, 213, 234
　　──・文化的制約性　6
　　──・文化・歴史的アプローチ　40
　　──・文化・歴史的制約　4, 5, 7, 32
　　──・文化・歴史的理論　274
　　──レベルの要因　296
集合変数　251, 253, 254

自由主義論者　116
集団遺伝学　230
集団的活動システムのモデル　130
縦断研究法　253, 254
縦断的研究　12, 279, 286
　　──計画　11
縦断的方法　179
習得　116, 267, 268
柔軟性　91-93
主観的自己感　345
種間比較　202
受精　220
出生コーホート　290
授乳パターン　242, 244, 246
『種の起原』　192, 228, 232
狩猟採集民の研究　246
順遺伝学　222
馴化パラダイム　165, 166
障害児教育　7
生涯発達　1, 199
　　──心理学　177-179, 182, 186, 189, 269, 316
状況的学習論　137
状況理論　6
状況論　137, 138, 146, 273
　　──的アプローチ　273
条件づけ　99
象徴的シェム　59
象徴的相互作用論　308
象徴的モデリング　99
焦点的観察　312
情動ストループ課題　51
情動と認知　173
情動発達　165
小児科学　327
小児疾病学　327
情報　87
　　──科学　271
　　──処理的アプローチ　51
　　──処理メカニズム　73
　　──処理理論　3
　　──処理論　271, 274
自律性対恥・疑惑　340
進化　4, 72, 76, 85, 173, 192, 235
　　──圧　229
　　──学　228, 230, 233
　　　現代──　228
　　──心理学　3, 4, 5, 71-74, 80, 228, 231-236
　　──生物学　228

事項索引　373

——的に安定な戦略　231
　　——の影響　79
　　——発達心理学　4, 5, 72, 231, 232, 234, 236
　　——論　5, 70, 228, 232
神経回路　350, 356, 357
　　——網　330
神経科学　165, 328, 350
　　認知——　351
　　発達——　358
　　分子——　351
神経学　329
神経細胞　329, 350
　　——群選択説　330
神経成熟（説）　328
神経ダーウィニズム　329, 332
神経発達仮説　348
新行動主義　98
新生児　164, 328
　　——期模倣　78
　　——行動発達検査　166
新生自己感　345
新生児微笑　199, 213
新成熟論　71, 72, 76, 77
　　——派　3, 4, 6
新生得主義　70, 71, 80
新生得論　5, 6
身体　318
　　——的接触　211
心的操作　59
　　——要求（MOD）　152
心的体験　120
親密性対孤立　341
心理学　239, 291
　　第一の——　7
　　第二の——　7
心理システム　122
　　——論　115
心理的な引き離し行為（PDA）　152
心理的（な）引き離しモデル（PDM）　151-153, 158, 159
人類学　238, 239, 246, 271
遂行　94
髄鞘化　354
随伴性　166
ストレンジ・シチュエーション（法）（SSP）　44, 167, 212
スパイラルカリキュラム　279
成育小児科学　327

性器期　340
制御パラメータ　251, 254
制限的なコード　149
生後2カ月の革命　332
静止顔方式　167
成熟拒否　277
生殖性対停滞性　341
精神：
　　——医学　338, 340
　　——間活動　117, 118
　　——間カテゴリー　117
　　——間機能　34, 35
　　——間発達領域（IDZ）　118
　　——内活動　117, 118
　　——内カテゴリー　117
　　——内機能　34, 35
　　——分析学　338-340
　　——分析的発達理論　346
成人愛着面接法（AAI）　47, 48
成人期　290
成人の愛着　47
性成熟　200
生成文法理論　70
生態学　84, 85, 230
　　——的アプローチ　84
　　——的システム理論　154
　　——的（な）妥当性　154, 273
生態光学　84, 85
生態心理学　84, 85, 88-90, 94
性淘汰　229
正統的周辺参加論　121, 148
生得性　72
生得説　71
生得的行動　194, 195
生得的制約　74
生得的知識　75
制度的会話　267
青年期　289, 290
生物科学　10
生物学：
　　——的一次能力　4, 5, 6, 76, 77
　　——的時間　288, 289
　　——的制約（性）　2-7, 31, 32, 115
　　——的二次能力　4-6, 76, 77
　　古——　230
　　行動——　10, 72
　　社会——　231
　　進化——　228

発達的心理——　10
　　分子——　228, 230
　　理論——　10
生物生態学モデル　154, 155, 157, 159
生物地理学　230
精密なコード　149
制約　72-74, 275
　　アーキテクチャ型——　75, 76
　　時間型——　75
　　社会・文化・歴史的——　4, 5, 7, 32
　　生得的——　74
　　生物学的——（性）　2-7, 31, 32, 115
　　表象型——　74, 75
　　文化的——　2
生理学　327
生理的指標　167
生理的微笑　199, 335
世代（コーホート）　179
セルフ・コントロール　103, 104, 106
前エディプス期　341
選好パラダイム　166
選好振り向き法　353
潜在連合テスト　51
染色体　220
全生起観察法　197
前成説　3, 70
漸成的発達理論　340
前操作　27, 29
　　——期　59
全体的観察　312
選択　188
　　——系　222
　　——的観察　312
潜伏期　340
専有　116, 267, 268
相互関係段階　62
相互教授法　117
相互決定主義　98
相互思考　118
操作的シェム　59
相似　232, 233
創造性　29
相同　232

【た行】

ダーウィン的アルゴリズム　73
ダーウィンの進化論　228, 229
ターン・テイキング　241, 242
第一言語習得　268
　　——研究　263, 265
第一の心理学　7
第三の視点　312
胎児の研究　171
対象関係　164
対象行為論　121
ダイナミカルシステムズ　250, 252
ダイナミック・システムズ・アプローチ（DSA）
　　10, 248, 329
ダイナミック・システムズ・セオリー（DST）
　　249, 250
第二言語習得　268
　　——研究　263
第二の心理学　7
大脳　350
台の行動　23, 24
代理母親　211
対話（性原理）　35, 36
巧みさ　91
他者　316, 317
単一遺伝子　220, 224, 226
短期記憶　207, 270, 272
男根期　340
探索　94
　　——反射　333
弾力性　160
知覚：
　　——学習　89
　　——システム　89, 91
　　——的狭小化（PN）　356
　　——の分化　89
父親の育児　293-295
知能　225
　　——テスト　22
　　結晶性——　178, 181
　　流動性——　178, 179, 182, 184, 185
注意と認知の発達　165
中核自己感　345
抽象的な思考　66
抽象的モデリング　98
中心的概念構造（CCS）　62, 66
超音波画像　335
長期記憶　272
調節　23, 105
超低出生体重児　334
チンパンジー　204-208, 212-216
デオキシリボ核酸（DNA）　221

事項索引　375

適応度　230
哲学　271
手伸ばし行動の発達　256
点観察法　197
伝統的な発達心理学　11, 12, 31, 72
点突然変異　224
天びん課題　61, 63, 65, 66
同一性対同一性拡散　340
同化　23, 58, 105
投企　320-322
動機づけ　99, 102
道具主義的方法　111-113
道具使用　213
道具的作用　111
統合失調症　348
　　——の病因論　348
統合性対絶望　341
投足座位　210, 211
道徳性　106
道徳的な行動　106
道徳判断　22
動物行動学　10
動物心理学　207, 208
動力力学系　250, 253, 254
特定性　88
独立サンプル法　180
突然変異　229
　　——遺伝子　224, 225
トラッキング　354
トランジション　285
トランスジェニック・マウス　223

【な行】

内言　34, 36, 117
内的言語学　259, 260
内的作業モデル（IWM）　44, 47
ナックルウォーキング　211
ナラティヴ　115
喃語　213
二項関係　216, 217
二次的動因説　211, 212
二重刺激法　132
二重貯蔵モデル　272
日本語教育　268, 284
乳（幼）児研究　164, 352
　　——法　166
乳児行動質問紙　167
乳幼児期の母子関係　341

ニューラルネットワークモデル　273
ニューロン新生　185
二卵性双生児　226
人間意識の研究　123
人間（比較）行動学　194, 195
人間志向的分析　8, 11
人間動物行動学　246
人間発達研究　309
人間発達に関するカロライナ共同研究機構　8, 12
認識論　309
認知　270
　　——科学　111, 270-275, 358
　　——行動療法　105
　　——症　318, 319
　　——神経科学　351
　　——心理学　10, 111, 271
　　比較文化——　6
　　——的社会化　160
　　——理論　147, 149, 158
　　——的バイアス　231
　　——脳科学　356
　　——の社会化　148
　　——発達　10, 59, 61
　　　　——神経学　337
　　　　——心理学　332
　　　　——段階論　27
　　　　——理論　2, 29, 107, 274
　　　　——ロボティックス　275
　　——モデル　272, 273
　　——理論　3
ネオ・ピアジェ派　3, 4, 6, 58, 59, 61, 274
寝返り　209, 210
ネットワーク分析　294
脳科学　271, 275, 276, 336, 350
　　似非——　355
　　認知——　356
　　発達——　353, 354, 358
脳機能画像　328, 335
脳磁図（MEG）　336, 351
脳指標　353
脳の加齢変化　185
脳の発達　358
脳波　336
　　——計（EEG）　351, 354
ノックアウト・マウス　222, 223, 225
野火的（な）活動　137, 139, 145, 146
ノンレム期　335

【は行】

パーソナリティ 226, 239
媒介された行為 115
媒質 86, 87
配置 86, 87
ハイブリッドな集合体 138, 146
バザール方式 141
場所法 186
ハッカー 139-144
発生（発達）的接近法 1
発生的認識論 2, 3, 18, 27-29, 70
　　——研究紀要（EEG） 27, 28
　　——研究国際センター 27, 28
発達 72, 85, 269, 288, 298-300, 305, 306
　　——科学 2, 3, 7-12, 31, 41, 94, 95
　　　　——的アプローチ 13
　　——学 7
　　——課題 341
　　——可能水準 33
　　——行動学 328
　　——（的）システム 5, 8, 9, 11, 12
　　——障害 346, 355
　　　　——の早期スクリーニング 356
　　——神経科学 358
　　——神経学 327, 328, 337
　　——神経生物学的アプローチ 10
　　——心理学 1, 8, 12, 234, 239, 241, 274, 275, 288, 296, 307, 308, 313, 316, 336, 358
　　　　生涯—— 177-179, 182, 186, 189, 269, 316
　　　　進化—— 4, 5, 72, 231, 232, 234, 236
　　　　伝統的な—— 11, 12, 31, 72
　　　　認知—— 332
　　　　比較—— 208, 209
　　　　臨床—— 7
　　——するシステム 257
　　——精神病理学 7
　　——全盛の時代 280
　　——段階 288
　　——説 3
　　——論 290
　　——的視点 248
　　——的心理生物学 10
　　——的パースペクティブ 9-12
　　——的ワークリサーチ（DWR） 131
　　——認知脳科学 355
　　——脳科学 353, 354, 358
　　——の科学 279
　　——の最近接領域（最近接発達領域） 117, 118, 148, 158
　　——の3要因 32
　　——の自己制御 187, 188
　　——の定義 71, 76
　　脳の—— 358
　　標準的な—— 177-179
発達（個体発生） 4, 208
パネル調査 286
母親環境 223
ハビトゥス 282
パラサイト・シングル 291
反復サンプル法 180
ピアジェ課題 25
ピアジェ理論 2-4, 6, 18, 31, 41, 58, 61, 71, 110
ピアジェ＝ワロン論争 25
比較行動学 192-195, 234
　　——的接近法 2
比較心理学 207, 208, 231
比較心理学（動物行動学） 10
比較認知科学 246
比較認知心理学 207
比較発達 199
　　——研究 234
　　——心理学 208, 209
比較文化的接近法 2
比較文化認知心理学 6
比較法 232
光トポグラフィー 336
微視発生 6, 7, 37, 38, 149, 151
　　——的実験 255
　　——的なアプローチ 160
微笑 169, 198
　　——研究 168
　　自発的—— 168-173
　　社会的—— 170, 172, 213, 234
　　新生児—— 199, 213
　　生理的—— 199, 335
非正規職 291
非線形的変動 252
ヒト 204, 205
　　——・ゲノム 226
非発達の視点 248
批判的アプローチ 309-311
批判的観察法 23
批判法 26
批判理論 310
ヒューマン・エソロジー 231, 234
評価的プライミング法 51, 52

表現型　5, 220-223
標準的な発達　177-179
表象型制約　74, 75
表情の模倣　78
表面　86, 91
不安　323, 324
フィールドワーク　240, 241, 283, 309
複雑系　252
腹話性　35
縁　87
物質　86
　　——量の保存　25
普遍文法　75
フリーソフト運動　139
フリン効果　182
プロダクションシステム　273, 274
プロトコル分析　268
文化　4, 76, 89, 92, 193, 194, 239, 310, 314
　　——資本　282
　　——心理学　6, 7, 12, 13, 31, 36-41
　　——人類学　238-241, 243, 244, 246, 268, 308, 310
　　——的制約　2
　　——的道具　114-117, 121
　　——的剥奪仮説　149-151
　　——的（な）剥奪理論　158, 159
　　——的発達　112, 114, 115, 117
　　　　——の一般的発生原理　32
　　——理論　2, 31, 36
　　——的文脈　243, 244
　　——比較　202
　　——研究　193
　　——-歴史的アプローチ　71
　　——・歴史的活動理論　128
　　——-歴史的過程　111
　　——-歴史理論　6
分化　89
分子遺伝学　221
分子神経科学　351
分子生物学　228, 230
文法習得装置　263
分離個体化過程　342, 344
分離・個体化期　342, 343
分離個体化理論　341
ベクトル段階　62, 63, 66
変数志向的分析　8, 11
包囲光　87, 88
　　——配列　87, 88, 91
包括的適応度　230

ボールドウィン効果　79
母語　268
母子関係　246
　　——研究　193
　　——パースペクティブ　292
　　乳幼児期の——　341
補償　188
ポスト・ピアジェ派　7, 13
ポスト・ピアジェ理論　3
ホスピタリズム　164
保存　24
ホモ・サピエンス　80, 193, 202
ポリジーン　220, 224, 226
　　——システム　220, 221
本能　72
　　——行動　195

【ま行】
マイクロジェネティック・アプローチ　7, 38
マイクロシステム　154
マウス　222
マクロシステム　154
マザー・ラブ実験　193
マザリング　211
マジカルナンバー7　270
三山問題　25
ミュータント系　222
民族学　238, 308
民族誌　307, 308
民族心理学　9, 41, 308
民族・文化心理学　307
矛盾　130, 131, 133
メゾシステム　154
メタ認知能力　78
メタ理論　2, 13, 31, 235, 248
目的的行動　92
目標個体追跡法　197
モジュール　73
　　——性　74
モデリング　98, 99, 101-103, 106, 108
　　象徴的——　99
モデル論的アプローチ　272, 273
ものの永続性　24, 29
模倣　216
モラトリアム（期）　285, 290

【や行】
ヤシの種子割り行動　214, 215

U字現象　332
優性遺伝　78
指さし　216
指しゃぶり　333
養育者－子ども間相互行為　243, 246
幼形成熟　80
幼児図式　194
幼児性欲論　339
陽電子断層法（PET）　351
4次元超音波　171

【ら行】

ライフコース　280, 286, 289
　　──・アプローチ　289, 290
　　──研究　286
　　──分析　10
ライフサイクル　288
ラット　222
ランダム交雑集団　222
理解社会学　310
利他行動　230
リナックス　138-141, 143, 144
リビドー　25, 339
　　──発達理論　339, 340
流動性知能　178, 179, 182, 184, 185
領域一般性　71
領域一般メカニズム　74, 75
領域固有（性）　71, 73, 74

──のメカニズム　75
量的研究　262
両耳分離聴検査　353
理論生物学　10
臨界期　330
臨床遺伝学　225
臨床発達心理学　7
臨床法　18-22, 26
類人猿　205
霊長類　198, 199, 204
　　──学　204, 231, 246
　　──行動研究　195
　　──の系統発生　204
歴史的時間　288-290
歴史的発生　6, 7, 31, 37-39
歴史的・発生論的方法　111
レム期　335
連続観察法　197
老後　201
労働経済学　291
老年期　200
ロシア文化－歴史学派　41

【わ行】

ワーキングメモリ　76, 275
「わたし」の崩壊　318, 324
笑い　169
　　自発的──　169, 170, 172, 173

●シリーズ編者
日本発達心理学会
出版企画委員会（2010年12月まで）
委員長　田島信元
委　員　岩立志津夫・子安増生・無藤　隆

●編著者紹介
田島信元（たじま　のぶもと）【序章・第2章担当】
東京大学大学院修士課程修了。博士（人間科学）。現在，白百合女子大学文学部教授。東京外国語大学名誉教授。主要著書『共同行為としての学習・発達――社会文化的アプローチの視座』金子書房，2003年　他。

南　徹弘（みなみ　てつひろ）【序章・第14章担当】
大阪大学大学院博士課程中退。博士（人間科学）。現在，甲子園大学心理学部教授。大阪大学名誉教授。主要著書『朝倉心理学講座第3巻　発達心理学』（編者）朝倉書店，2007年　他。

●執筆者紹介（執筆順，【　】内は担当章）
大浜幾久子（おおはま　きくこ）【第1章】
東京大学大学院博士課程単位取得退学。現在，駒澤大学総合教育研究部教授。主要著書『ピアジェの発生的心理学』（編者）国土社，1982年　他。

戸田　弘二（とだ　こうじ）【第3章】
東京都立大学大学院博士課程単位取得退学。現在，北海道教育大学教育学部教授。主要著書『「わたし」をみる・「わたし」をつくる――自己理解の心理学』（共著）川島書店，1997年　他。

吉田　甫（よしだ　はじめ）【第4章】
九州大学大学院博士課程単位取得退学。教育学博士。現在，立命館大学文学部特任教授。主要著書『学力低下をどう克服するか――子どもの目線から考える』新曜社，2003年　他。

小島康次（こじま　やすじ）【第5章】
北海道大学大学院博士課程単位取得退学。修士（教育学）。現在，北海学園大学経営学部教授。主要著書『社会でいきる心理学』（共著）ミネルヴァ書房，2011年　他。

山﨑寛恵（やまざき　ひろえ）【第6章】
東京大学大学院博士課程単位取得退学。現在，立教大学文学部兼任講師。主要論文「乳児期の伏臥位リーチングの発達にみられる姿勢と運動の機能的入れ子化」発達心理学研究　第19巻第1号　pp.15-24，2008年　他。

佐々木正人（ささき　まさと）【第6章】
筑波大学大学院博士課程中退。教育学博士。現在，東京大学大学院教育学研究科教授。主要著書『アフォーダンス入門』講談社学術文庫，2008年　他。

渡辺弥生（わたなべ　やよい）【第7章】
筑波大学大学院博士課程単位取得退学。教育学博士。現在，法政大学文学部教授。主要著書『子どもの「10歳の壁」とは何か？――乗りこえるための発達心理学』光文社新書，2011年　他。

佐藤公治（さとう　きみはる）【第8章】
北海道大学大学院博士課程中退。博士（教育学）。現在，北海道大学大学院教育学研究院特任教授。主要著書『音を創る，音を聴く──音楽の協同的生成』新曜社，2012年　他。

山住勝広（やまずみ　かつひろ）【第9章】
神戸大学大学院博士課程修了。博士（学術）。現在，関西大学文学部教授。主要著書『ノットワーキング──結び合う人間活動の創造へ』（共編著）新曜社，2008年　他。

上野直樹（うえの　なおき）【第10章】
東京大学大学院博士課程中退。博士（教育学）。現在，東京都市大学メディア情報学部教授。主要著書『仕事の中での学習──状況論的アプローチ』東京大学出版会，1999年　他。

臼井　博（うすい　ひろし）【第11章】
北海道大学大学院博士課程中退。博士（心理学）。現在，札幌学院大学人文学部教授。主要著書『子どもの熟慮性の発達──そのメカニズムと学校文化の影響』北海道大学出版会，2012年　他。

川上清文（かわかみ　きよぶみ）【第12章】
慶應義塾大学大学院博士課程単位取得退学。教育学博士。現在，聖心女子大学文学部教授。主要著書『心のかたちの探究』（共編著）東京大学出版会，2011年　他。

高井清子（たかい　きよこ）【第12章】
日本女子大学大学院修士課程修了。博士（医学）。現在，日本女子大学家政学部教授。主要著書『ヒトはなぜほほえむのか』（共著）新曜社，2012年　他。

鈴木　忠（すずき　ただし）【第13章】
東京大学大学院博士課程修了。博士（教育学）。現在，白百合女子大学文学部教授。主要著書『生涯発達のダイナミクス──知の多様性　生きかたの可塑性』東京大学出版会，2008年　他。

中村徳子（なかむら　のりこ）【第15章】
関西学院大学大学院博士課程単位取得退学。博士（心理学）。現在，昭和女子大学人間社会学部専任講師。主要著書『赤ちゃんがヒトになるとき』昭和堂，2004年　他。

児玉典子（こだま　のりこ）【第16章】
筑波大学大学院博士課程単位取得退学。教育学博士。現在，滋賀大学教育学部教授。主要著書『朝倉心理学講座第3巻　発達心理学』（分担執筆）朝倉書店，2007年　他。

富原一哉（とみはら　かずや）【第17章】
筑波大学大学院博士課程修了。博士（心理学）。現在，鹿児島大学法文学部教授。主要著書『脳とホルモンの行動学──行動神経内分泌学への招待』（共編著）西村書店，2010年　他。

高田　明（たかだ　あきら）【第18章】
京都大学大学院博士課程研究指導認定退学。博士（人間・環境学）。現在，京都大学大学院アジア・アフリカ地域研究研究科准教授。主要論文 'Pre-verbal infant-caregiver interaction.' In A. Duranti, E. Ochs, & B. B. Schieffelin (Eds.), The Handbook of Language Socialization (pp.56–80). Oxford: Blackwell, 2012年　他。

陳　省仁（ちん　せいじん）【第 19 章】
北海道大学大学院博士後期課程単位取得退学。教育学博士。現在，光塩学園女子短期大学特任教授。北海道大学名誉教授。主要著書『「個の理解」をめざす発達研究』（共著）有斐閣，2004 年 他。

岡本能里子（おかもと　のりこ）【第 20 章】
お茶の水女子大学大学院修士課程修了。修士（教育学）。現在，東京国際大学国際関係学部教授。主要著書『メディアとことば 3――社会を構築することば』（共編著）ひつじ書房，2008 年 他。

島田英昭（しまだ　ひであき）【第 21 章】
筑波大学大学院博士課程修了。博士（心理学）。現在，信州大学教育学部准教授。主要論文「挿絵がマニュアルの理解を促進する認知プロセス――動機づけ効果と精緻化効果」（共著）教育心理学研究　第 56 巻第 4 号　pp.474-486，2008 年 他。

海保博之（かいほ　ひろゆき）【第 21 章】
東京教育大学大学院博士課程中退。博士（教育学）。現在，東京成徳大学応用心理学部教授。筑波大学名誉教授。主要著書『認知と学習の心理学――知の現場からの学びのガイド』培風館，2007 年 他。

古賀正義（こが　まさよし）【第 22 章】
筑波大学大学院博士課程単位取得退学。修士（教育学）。現在，中央大学文学部教授。主要著書『〈教えること〉のエスノグラフィー――「教育困難校」の構築過程』金子書房，2001 年 他。

大和礼子（やまと　れいこ）【第 23 章】
大阪大学大学院博士課程中退。博士（人間科学）。現在，関西大学社会学部教授。主要著書『生涯ケアラーの誕生――再構築された世代関係／再構築されないジェンダー関係』学文社，2008 年 他。

高木智世（たかぎ　ともよ）【第 24 章】
カリフォルニア大学サンタバーバラ校大学院博士課程修了。Ph.D.（言語学）。現在，筑波大学大学院人社系准教授。主要論文「幼児と養育者の相互行為における間主観性の整序作業――修復連鎖にみる発話・身体・道具の重層的組織」社会言語科学　第 14 巻第 1 号　pp.110-125，2011 年 他。

柴山真琴（しばやま　まこと）【第 25 章】
東京大学大学院博士課程修了。博士（教育学）。現在，大妻女子大学家政学部教授。主要著書『行為と発話形成のエスノグラフィー――留学生家族の子どもは保育園でどう育つのか』東京大学出版会，2001 年 他。

増山真緒子（ましやま　まおこ）【第 26 章】
カリフォルニア大学ロスアンゼルス校教育学大学院ＭＡ取得。現在，國學院大學，清泉女子大学講師。主要著書『表情する世界＝共同主観性の心理学』新曜社，1991 年 他。

小西行郎（こにし　ゆくお）【第 27 章】
京都大学医学部卒業。医学博士。現在，同志社大学大学院心理学研究科赤ちゃん学研究センター教授。主要著書『赤ちゃんと脳科学』集英社新書，2003 年 他。

本城秀次（ほんじょう　しゅうじ）【第 28 章】
名古屋大学医学部卒業。医学博士。現在，名古屋大学発達心理精神科学教育研究センター教授。主要著書『乳幼児精神医学入門』みすず書房，2011 年　他。

皆川泰代（みながわ　やすよ）【第 29 章】
東京大学大学院博士課程修了。博士（医学）。現在，慶應義塾大学文学部准教授。主要著書 "New Approach to Functional Neuroimaging: Near Infrared Spectroscopy"（共著）Keio University Press，2009 年　他。

発達科学ハンドブック 第1巻
発達心理学と隣接領域の理論・方法論

初版第1刷発行　2013年3月20日

編　者　田島信元・南　徹弘
シリーズ編者　日本発達心理学会
発行者　塩浦　暲
発行所　株式会社新曜社
　　　　〒101-0051　東京都千代田区神田神保町2-10
　　　　電話(03)3264-4973(代)・Fax(03)3239-2958
　　　　E-mail: info@shin-yo-sha.co.jp
　　　　URL http://www.shin-yo-sha.co.jp/
印刷所　亜細亜印刷
製本所　イマヰ製本所

ⒸJapan Society of Developmental Psychology, 2013　　Printed in Japan
ISBN978-4-7885-1330-3　C1011

日本発達心理学会 編

発達科学ハンドブック

いまや発達心理学は，隣接の学問分野から影響を受けつつその領域を広げ，発達的視点を中核においた「発達科学」として発展しつつある。1989年の日本発達心理学会発足以降およそ20年間の研究の動向を展望し，今後の新たな研究への足がかりとなるシリーズを目指す。読者対象は卒論執筆者から大学院生，研究者，専門的実践家まで。（A5判上製）

第1巻　発達心理学と隣接領域の理論・方法論
　　田島信元・南　徹弘　責任編集　　　　400頁／本体4000円

第2巻　研究法と尺度
　　岩立志津夫・西野泰広　責任編集　　　344頁／本体3600円

第3巻　時間と人間
　　子安増生・白井利明　責任編集　　　　336頁／本体3600円

第4巻　発達の基盤：身体，認知，情動
　　根ヶ山光一・仲真紀子　責任編集　　　336頁／本体3600円

第5巻　社会・文化に生きる人間
　　氏家達夫・遠藤利彦　責任編集　　　　360頁／本体3800円

第6巻　発達と支援
　　無藤　隆・長崎　勤　責任編集　　　　376頁／本体3800円

（表示価格は税別です）